prometeo
libros

prometeo
libros

DEL CONCILIO DE TRENTO AL SIDA

Una historia del Barroco

Ignacio Iriarte

DEL CONCILIO DE TRENTO AL SIDA

Una historia del Barroco

prometeo
libros

ÍNDICE

Introducción 11

PRIMERA PARTE
Dominio religioso, dominio racional (1537-1793) 19

I. Política y religión en el Barroco 21
El Concilio de Trento 21
La estructura 26
Política 31
Los autores 36

II. Lenguaje Barroco 47
Por una lengua imperial 47
El teatro de/en las Indias 50
Las contradicciones de la lengua imperial 55

III. Política ilustrada 61
Crisis de conciencia 61
El pensamiento político 66
La secularización del pensamiento político 68

IV. El hombre y el lenguaje ilustrados 75
Lenguaje y subjetividad 75
El empirismo y el entendido 80
Los límites de la Ilustración 84

SEGUNDA PARTE
Dominio romántico (1798-1976) 89

V. La recuperación europea 91
El rescate romántico 91
España 95
Romanticismo y Barroco 99

VI. La recuperación americana 103
    Pervivencia de la revolución 103
    Vago barroquismo burgués 108

VII. Origen, primitivismo y locura 115
    Lo originario 115
    América y la irreductible verdad 119
    Lo barroco 125

VIII. La gran guerra y las vanguardias 127
    Las crisis de entresiglos 127
    España 134
    Barroco y vanguardias 137
    El Centenario 139
    Los límites de Góngora 145

IX. Alejo Carpentier 151
    Vanguardias, sincretismo, real maravilloso 151
    Barroco, origen y americanismo 157

X. Lezama y los origenistas 165
    El Barroco y sus límites 165
    De la militancia política a Verbum 166
    El secreto de Narciso 172
    El estilo 175
    Sutura 177
    Espuela de plata 179
    Nadie parecía 182
    Orígenes 184
    Los límites de lo originario 187
    El programa político 189
    La revolución 195

TERCERA PARTE
Dominio lacaniano (1949-1992) 199

XI. El corte de Lacan 201
    Lacan y el Barroco 201
    Barroco de la mirada 206

Barroco y verdad 210
No todo 215

XII. NEOBARROCO Y CAPITALISMO 217
El significante y el heredero 217
La visión semiológica 219
Liberalismo y revolución 223
Mundo Nuevo 226
La cosmología 233
La crisis del Barroco 236

XIII. EL DESENGAÑO 241
De la subversión al control 241
El desengaño 242
Néstor Perlongher 246

XIV. EL DESENGAÑO EN PRIMERA PERSONA 253
La escritura autobiográfica 253
Cocuyo 257
El sida y el misticismo 264

CONCLUSIONES 267

BIBLIOGRAFÍA CITADA 277

Introducción

Muchos de los escritores del siglo XX que se ocuparon del Barroco creyeron estar descubriendo algo que había estado sepultado durante largo tiempo y que, recién en ese momento, se volvía significativo. Los poetas de la generación del 27 conocían sus deudas con Paul Verlaine, Rubén Darío y Raymond Foulché-Delbosc, pero aun así celebraron el centenario de Luis de Góngora como un acto de reivindicación histórica en tanto consideraron que, por primera vez, se lo leía de manera adecuada. En *El origen del drama barroco alemán,* Walter Benjamin reconoce la labor de la crítica del siglo XIX sobre autores centrales como Pedro Calderón de la Barca y Lope de Vega y sabía que los románticos se habían ocupado de ambos autores; no obstante, comienza su estudio afirmando que el expresionismo y la Gran Guerra permitieron ver con una luz definitiva la cultura del siglo XVII. La misma impresión se encuentra después de los años sesenta. Los ensayos de Severo Sarduy y Néstor Perlongher sobre el componente revolucionario de la cultura del 1600, el descubrimiento tardío de Alejo Carpentier de que América tiene un lenguaje barroco, la sintonía que Jacques Lacan percibe entre Barroco y sujeto freudiano, la afirmación de Gilles Deleuze de que el período muestra la novedad del pliegue, todas esas interpretaciones rutilantes, compuestas desde la literatura, la filosofía, el psicoanálisis y la historiografía, son una muestra no solo de la importancia que para el siglo XX cobró el período, sino también del rol que esos intelectuales creyeron representar respecto a la verdad histórica del Barroco.

Pero a pesar de que los autores recién nombrados sentaron las condiciones sobre las cuales comprendemos ese período, la impresión de novedad que transmiten solo es cierta de manera parcial. No solo nunca se dejó de hablar del siglo XVII, sino que todos entendieron que eran los primeros en hacerlo de una manera acertada. De los ilustrados a los románticos, desde los modernistas hasta los vanguardistas, todos pensaron la cultura del Barroco y todos creyeron ser los primeros que entendían por primera vez ese período complejo, y en gran medida, controversial. El propósito de este libro es elaborar una interpretación de esta larga historia de recuperaciones, rechazos y celebraciones.

Si miramos el ciclo en su conjunto, se pueden advertir algunas continuidades. La primera de ellas es que el Barroco se asemeja a un objeto que va cambiando de manera coherente desde principios del siglo XVIII, a partir de una serie de interpretaciones históricas que conforman lo que Hans Robert Jauss (2000) denomina una cadena de recepción. Para verlo de una manera rápida, podemos tomar como ejemplo la historia de la palabra que le da nombre al período. La Real Academia la registra en 1914 como un adjetivo negativo: "Lo irregular por exceso de adornos, y fuera del orden conveniente en arquitectura y artes plásticas". En 1927 se extendió a cierta literatura en la que "predomina la pompa y el ornato" y, recién en 1970, se volvió un sustantivo específico para la cultura del siglo XVII. En Francia se advierte un comportamiento similar. En su edición de 1743, el diccionario Trévoux "identifica *baroque* con *bizarre* y establece que tanto un modo de pensar, como una expresión, como un rostro, pueden ser calificados de barrocos" (Hatzfeld, 1964: 493). En 1771 el adjetivo se especializó para el arte y, solo a mediados del XIX, se convirtió en un sustantivo referido a la producción artística del siglo XVII. Las transformaciones de la palabra son huellas tardías de lo que sucedió con la valoración del período. Para los ilustrados, la poesía del siglo XVII era efectivamente irregular, extraña y deforme, pues había decidido romper, de una manera totalmente perjudicial según el punto de vista que adoptaron, con una normativa universal fundada en la distinción racional de los ideales de belleza. Las interpretaciones posteriores no se pueden tomar como el descubrimiento de una verdad sepultada debajo de estas opiniones. Por el contrario, todo indica que lo que cambia es la valoración de los prejuicios con que aquellos habían entendido el período. Cuando los románticos reivindicaron el teatro del siglo XVII, no lo hicieron por creer que este era regular y armónico, sino porque la irregularidad, la extrañeza y la deformidad habían comenzado a ser interesantes para el arte y la poesía. El concepto de grotesco, que Víctor Hugo defendió en el *Prefacio de "Cromwell"*, o la estética de lo feo, que ganó cada vez más importancia desde la interpretación que Lessing hizo de *Lacoonte*, desplazaron los ideales de simetría y equilibrio, y prepararon el terreno para la valorización de la irregularidad, la extrañeza y la deformidad[1].

---

[1] Podemos decir, en este sentido, que la interpretación del pasado se basa en una reinterpretación de los prejuicios que tenemos de él. Como demuestra Hans-Georg Gadamer, en *Verdad y método*, importa poco que esos prejuicios sean verdaderos o falsos porque lo fundamental es que imponen criterios de veracidad. José Manuel Rico sostiene que la idea de la decadencia de la literatura española es un prejuicio que comenzó a fraguarse en la polémica en torno a Góngora y que luego pasó a constituir "la piedra angular sobre la que se edificó la crítica

Al lado de esta cadena no interrumpida de interpretaciones, existe una segunda continuidad. Si desde la Ilustración no se dejó de hablar de lo que hoy en día entendemos como Barroco, esto se debe a que en ese momento se produjo algo que dio comienzo a una historia que por un camino u otro llegaría hasta la actualidad. Por cierto, no hay un acuerdo sobre qué es exactamente lo que se produce en ese momento. Para Eric Hobsbawm ("La crisis general del siglo XVII") se trata del choque entre el feudalismo y las fuerzas emergentes del capitalismo; para Antonio Negri (*Descartes político*) se trata del colapso del humanismo y el establecimiento de los cimientos cartesianos de la Ilustración; para José Antonio Maravall (*La cultura del Barroco*) se trata del despliegue de los aparatos represivos e ideológicos de las monarquías a fin de mantener bajo control la crisis general; para Foucault ("¿Qué es la crítica?") se trata del choque entre el poder crítico de los humanistas y la repuesta dogmática de la pastoral cristiana. Todas estas interpretaciones han sido revisadas en diversas oportunidades. Hugh Trevo-Roper (especialmente en "La crisis general del siglo XVII") discute desde temprano la tesis de Hobsbawm y señala que la crisis no se debió a la emergencia del capitalismo, sino al peso creciente de los Estados sobre la población. La respuesta de la época no fue la invención de un nuevo sistema, sino la recuperación del mercantilismo y el diseño de políticas de austeridad. En otro plano, como resume Joseph Bergin (*El siglo XVII*) y expone Pablo Fernández Albaladejo (*La crisis de la monarquía*), se ha abandonado la idea de una crisis general y se prefiere hablar de crisis locales.

Pero entre los siglos XVI y XVII, existe algo que, si no es nuevo, adquiere una nueva intensidad. Al inicio de ese período, nos encontramos con un clima de renovación que repercute entre otras cosas en las ideas sobre el lenguaje, la política y la religión, es decir, en tres de los órdenes fundamentales de la sociedad y en tres de los campos a partir de los cuales se puede pensar al ser humano. Los humanistas se dirigieron a esos territorios con la mentalidad crítica que proporcionaba el conocimiento lingüístico y pusieron en cuestión los textos canónicos, la estructura institucional de la iglesia, las modalidades de escritura y lectura y las ideas hasta entonces vigentes sobre el arte de gobernar. El ejemplo característico es Nicolás Maquiavelo. Maquiavelo descodificó la política en tanto demostró que había que comprenderla como una actividad autónoma respecto de la religión y la moral. Como destaca Claude Lefort en "Maquiavelo y la *veritá effettuale*", para el florentino la

---

literaria de los siglos XVIII y XIX" (2005: 158). Para Rico son "ideas mostrencas que se han venido repitiendo de forma acrítica y, por tanto, asumidas sin reservas, hasta la historiografía literaria del siglo XX" (158). Pero lo contrario también es cierto: la recuperación del Barroco se basó en una resignificación y no en una eliminación de los prejuicios heredados. Me he referido a este tema en "Barroco, hermenéutica y modernidad".

sociedad se caracteriza por el antagonismo entre los que mandan y los que están obligados a obedecer. Esa idea era perturbadora, como lo eran también las críticas a la traducción oficial de la Biblia y el desarrollo de un saber laico que se mostraría en condiciones de cuestionar los fundamentos de la cosmovisión medieval. Sobre ese trasfondo, se puede comprender el siglo XVII. Se trata de un período que intenta responder a la pregunta de cómo organizar la política, la religión y el lenguaje bajo una doble exigencia: por una parte, debía hacerse cargo del conocimiento laico y el antagonismo que recorría la sociedad y, por la otra, necesitaba establecer sobre esa base algún tipo de organización social e intelectual.

Nada refleja mejor esta doble exigencia que la voluntad sistemática que caracteriza las obras clásicas del siglo XVII, como *Leviatán*, *Discurso del método* y los tratados hispánicos sobre lo que en la época se denominó "razón de Estado". Hay en todos ellos un esfuerzo por establecer un sistema, un orden, una racionalidad autosustentada. Pero al mismo tiempo, esos autores se diferencian, lo cual permite darle una cierta precisión a la palabra barroco. Situándose en la órbita del pensamiento cartesiano, Thomas Hobbes pone los cimientos para lo que después va a ser el despegue de la Ilustración, pues a pesar de que hace una defensa encendida del sistema de la monarquía absoluta, piensa la sociedad a partir de sujetos universales que salen del estado natural por medio de la celebración de un pacto mediante el cual instituyen un poder político que se sitúa por encima del religioso. En los países del orbe católico, en los que se desarrolla plenamente el barroco, los autores reconocen la autonomía de los saberes y el gobierno, pero restauran el lugar prominente de la religión como fuente de soberanía, núcleo no criticable de la cosmovisión y órgano de control de los saberes.

Aunque la sociedad y las ideas sobre la subjetividad han cambiado enormemente, el desafío de imponer un orden sobre los antagonismos es un problema que continúa hasta el día de hoy y es lo que define los usos del Barroco a lo largo de la historia. Me voy a detener con detalle en esto. Uno de los propósitos del libro es contar la historia de esa lucha, pero se puede advertir su vigencia en los libros de Gilles Deleuze y Félix Guattari. Aunque ambos están inclinados a la subversión y no a la reorganización, los conceptos de lo molar y lo molecular son elocuentes en este sentido. Lo mismo podemos decir de los lacanianos. Como destacan Ernesto Laclau y Chantal Mouffe en *Hegemonía y estrategia socialista*, un libro que será fundamental en diversos tramos de mi texto, la sociedad puede comprenderse como una superficie de discursos sobre los cuales se operan puntos de capitonado, es decir, significantes que se ponen por encima y articulan el resto dándoles un orden y un sentido. La religión, el pacto social, la razón universal, la nación son el resultado de operaciones de ese tipo, pues se levantan sobre el conjunto y proponen una articulación al generar un orden de los lenguajes y los comportamientos sociales.

Ahora bien, aunque existen continuidades entre el Barroco y la actualidad, también hay que la historia no deja de estar fracturada. Esto significa que no hay una verdad que destacar sobre el siglo XVII que fue emergiendo poco a poco a lo largo de la historia intelectual. Tomando de cerca las observaciones de George Didi-Huberman sobre el anacronismo (*Ante el tiempo*), pero también los aportes de Elías Palti, especialmente, las reflexiones sobre el tiempo y las discontinuidades que elabora en *Aporías*, podemos decir que existen una serie de ciclos que contienen una gran coherencia interna, en los cuales los autores comprenden el Barroco de una determinada manera, y esto significa que lo colocan en un lugar específico dentro de la estética y el pensamiento pues lo que hacen es reflexionar sobre lo actual por medio de él. En este libro, el tema del que me ocupo se desarrolla en cuatro "dominios" que coinciden en general con los nombres clásicos de barroco, ilustración, romanticismo y posestructuralismo (o lacanismo).

La palabra "dominio" en lugar de "época" ayuda a comprender lo que quiero decir. Época se refiere a un clima político, intelectual y artístico que sería generalizable a eso que, de una manera un tanto abstracta, se denomina Occidente. Si empleáramos ese concepto, parte de lo que sucede en la historia del Barroco se perdería. Aunque pueden existir afinidades entre, por ejemplo, el pensamiento inglés y el español, todo indica que entre ellos hay una importante bifurcación. Lo mismo podemos decir de los románticos. Si lo miramos como escuela, el Romanticismo se circunscribe a un período que se inicia a fines del siglo XVIII y concluye en el primer tercio del XIX. Todo indica, sin embargo, que sus preocupaciones se mantienen con vigencia sostenida, aunque con cambios importantes, hasta mediados del siglo XX[2]. Para comprobarlo, basta con tomar en cuenta que los románticos son los primeros en comprender de una manera moderna el concepto de nación. Pues bien, esa preocupación sigue presente en escritores como José Lezama Lima y Alejo Carpentier. La palabra dominio permite poner en evidencia ese tipo de cuestiones en tanto, si bien se inscribe en lo temporal, pone de relieve que existen ordenamientos discursivos marcados por algunas problemáticas fundamentales. En efecto, el Barroco, la Ilustración, el Romanticismo y el Posestructuralismo tienen una coherencia interna y se separan del resto porque están organizados en torno a una serie de conceptos fuertes que establecen los a priori foucaultianos, a partir de los cuales se puede pensar. Los barrocos afrontan el desafío humanista colocando la religión como centro por medio

---

[2] Esta extensión temporal del Romanticismo ha sido comprobada muchas veces. Quisiera destacar especialmente *Rebelión y melancolía*, de Michel Löwy y Robert Sayre.

de la operación lingüística de convertir la Vulgata en un texto no criticable, controlado por una comunidad interpretativa cerrada. La Ilustración, que surge como una crítica a esa organización, propone la instauración de una razón pretendidamente universal situada por encima de la historia. Los románticos conservadores, que ven las consecuencias, para ellos, funestas del movimiento ilustrado con la revolución, cambian ese concepto por el de nación, y ponen así en marcha un ciclo largo que va a boyar en torno a la pregunta por lo originario. Por último, el dominio que abre Lacan puede comprenderse como una época que retoma, por una parte, la estructura romántica y, por la otra, la vacía de contenidos. La época del Barroco ocupa en todos estos dominios un rol significativo: para los ilustrados es una herencia que hay que ordenar y racionalizar, para los románticos es un lenguaje que permite pensar lo originario y para Lacan y los lacanianos es una cultura por medio de la cual se plantea una crítica a las visiones esencialistas del sujeto y la sociedad.

Por una parte, entonces, la historia del Barroco se puede comprender como un desarrollo continuo. Desde el punto de vista estético, muchas de las ideas y prácticas que emergieron en los últimos cuatro siglos se desarrollaron a partir de una reinterpretación de ese período; de la misma manera que, desde el punto de vista político, se continuó ese debate siempre actual de cómo organizar una sociedad. Pero por otra, hay discontinuidad en tanto se produjeron estructuraciones diferentes de esos problemas. La historia del Barroco se mueve como una eterna repetición de problemas fundantes e imposibles de solucionar. De un lado, hay un avance significativo, que puede comprenderse como una secularización y una conformación de las subjetividades modernas; del otro, esa línea se desarrolla como un perpetuo recomenzar del arte, la poesía y la sociedad. La historia del Barroco muestra los intentos cambiantes de organizar una estética, definir una política y establecer una visión sobre el sujeto. De manera más profunda, podríamos decir que lo que está en juego en ella es la búsqueda de una fuente de sentido que permita suturar las imposibilidades que muestra el lenguaje. La religión, la razón, la nacionalidad, lo originario son formas de suturar esa falla, definiendo un arte, una política y un determinado sistema de creencias.

Introducción

Un texto como el que propongo tiene una serie de condiciones que lo hacen posible. La primera es la situación en la que ha quedado el pensamiento y la crítica tras la inversión del signo lingüístico de Lacan. Aunque evidentemente hubo cambios desde entonces, es ella la que nos permite ver en la religión, la razón o la nación conceptos y no realidades puras. La segunda de estas condiciones es un recorrido institucional y una serie de aportes que he tenido el gusto y la satisfacción de seguir y escuchar.

Presenté la primera versión de este libro como tesis doctoral en la Universidad de Buenos Aires con el título *Retóricas del Barroco. De los lectores del siglo XVIII a los escritores José Lezama Lima y Severo Sarduy* (2011). Realicé la primera etapa de la investigación con dos becas doctorales del CONICET, institución a la que pertenezco actualmente como investigador. Durante todo ese tiempo, me nutrí de la experiencia como docente en la carrera de Letras de la Universidad Nacional de Mar del Plata. Mi más sentido reconocimiento a estas dos instituciones. Quisiera agradecer a mis directores, María Coira y Elías Palti, y a los jurados de la tesis, Jorge Panesi, Mónica Marinone y Susana Cella. Asimismo, he participado de los proyectos del grupo *Latinoamérica: literatura y sociedad*, dirigido por Mónica Scarano, en los que pude discutir muchos aspectos de esta investigación.

Con posterioridad a la redacción de la tesis, amplié algunos temas y profundicé otros. Todo eso fue posible gracias a una serie de personas que contribuyeron, sabiéndolo o no, en mis indagaciones. Quisiera agradecer a Alfredo Cosimi, que me orientó en la lectura de Lacan; a Graciela Barbería, con quien comencé los pasos iniciales de esta investigación; a Silvana Santucci, amiga a distancia; quisiera agradecer a Melchora Romanos, a cuyos cursos de posgrado asistí y quien me facilitó bibliografía; a Teresa Basile y a mis amigos Martín Pérez, Candelaria Barbeira y Rocío Fernández. Durante la última etapa, trabé una relación intensa con Ana Porrúa, Matías Moscardi e Irina Garbatzki, con quienes integro el proyecto de investigación "*Figuras de la voz en la poesía latinoamericana contemporánea. Archivo y observatorio de poesía y performance*". Porrúa me ha facilitado bibliografía, he discutido ideas y dimos juntos un curso de posgrado, en el que aprendí mucho más de lo que enseñé.

Por sobre todas las cosas, quisiera agradecer a mi madre, Mabel Echevarría, y a Rocío Rodríguez, mi mujer.

PRIMERA PARTE

Dominio religioso, dominio racional (1537-1793)

I. Política y religión en el Barroco

El Concilio de Trento

De acuerdo con Antonio Fontán (2008), en un país se puede hablar de humanismo cuando se han obtenido tres logros: la restauración del latín clásico como lengua de cultura y comunicación internacional, el descubrimiento de obras y autores latinos perdidos y de poetas y escritores griegos que se desconocían en Occidente y el retorno de la enseñanza de la lengua helénica en las escuelas. Bajo estas condiciones, los humanistas se propusieron recuperar los clásicos de la Antigüedad, priorizando la correcta escritura del latín, el aprendizaje del griego, el logro de traducciones satisfactorias y el establecimiento de los textos y los autores sobre los cuales trabajar. A principios del siglo xv, varios dirigieron este programa también hacia la política y la religión. Su labor se puede ver como un intento de descodificación, pues de lo que se trata es de romper las estructuras nodales de ambos dominios a fin de desarrollar sobre ellos el tipo de labor que el que realizaron sobre los clásicos de la Antigüedad.

En lo que respecta a la religión, uno de los blancos de los humanistas es la traducción canónica al latín de los textos sagrados. En *Elogio de la locura* (1511), Erasmo expresa su desacuerdo con la Vulgata y reclama un tratamiento filológico para restaurar el sentido original; señala que San Jerónimo tergiversó un pasaje de San Pablo para sacar "un argumento a favor de la fe cristiana" (1969: 108). Aunque se trata de una crítica puntual, esta opinión concentra la actitud humanista hacia la Vulgata. En pocos años, el enfoque gana terreno entre los intelectuales y, bajo su impulso, se publican ediciones políglotas de la Biblia. En paralelo, Erasmo critica la estructura institucional de la Iglesia, ya que teólogos, sacerdotes, obispos y papas le daban la espalda a la evangelización, enredados en discusiones estériles y ocupados en aumentar su patrimonio. El programa humanista busca volver a las fuentes de la cristiandad, algo que hay que entender tanto en términos de la escritura, pues intenta reponer el sentido original de los textos, como así también en lo que respecta a las finalidades de la Iglesia.

Esta propuesta impregnó el clima de reforma que se desarrolla a lo largo del siglo XV y que ocupa un lugar preponderante en la primera etapa del Concilio de Trento[1]. Pero el avance sobre la religión se despliega de una manera más firme a través de la obra de Martin Lutero[2]. Lutero comandó una fuerte descodificación de lo religioso a partir de una crítica frontal a la Iglesia, que si bien tiene como desencadenante célebre la cuestionable práctica de las indulgencias, va mucho más allá. Vale la pena resaltar, aunque sea sumariamente, aspectos centrales, como la vuelta a las Sagradas Escrituras como fuente única, eliminando la importancia que la Iglesia le atribuía a las tradiciones por ella conservadas, la traducción de la Biblia a lenguas vernáculas, la doctrina de la justificación por la fe, la reducción de los sacramentos y la supresión de la intermediación de los sacerdotes para la absolución de los pecados. Como destaca Erwin Iserloh, en *Sobre el papado de Roma contra el famosísimo romanista de Leipzig* (1520), Lutero rompe con la institución eclesiástica a partir de cuatro tesis: 1) la cristiandad no es una congregación corporal, sino de corazones, y esta unidad espiritual basta por sí sola para formar una cristiandad; 2) esta cristiandad no tiene una cabeza sobre la tierra y los obispos son mensajeros que solo se distinguen del resto por una ordenación humana; 3) a san Pedro "le fueron dadas las llaves en lugar de la Iglesia entera, no únicamente para su persona" (Iserloh, 124); 4) "Hay, por tanto, que soportar con toda paciencia al papa, admitido por Dios, como si el turco estuviera entre nosotros" (124).

El Barroco es una reacción profunda ante esta avanzada. Pero hay que destacar que no se trata de un retroceso reaccionario ni de una vuelta a la visión medieval. Volver atrás es imposible porque el "momento Maquiavelo", como lo llama John Pocock, pero en este caso deberíamos decir el "momento humanista" e, incluso, el "momento Lutero", transforman el panorama a tal punto que los retrocesos solo pueden realizarse bajo las nuevas condiciones que se han generado. El conservadurismo debería comprenderse en este sentido de una manera mucho más compleja de como se acostumbra. Para tomar un ejemplo alternativo, la nostalgia romántica por la Edad Media es conservadora, pero ese conservadurismo opera en una situación nueva, que

---

[1] El influjo del humanismo se advierte, por ejemplo, en el decreto "sobre la lección (de la Biblia) y predicación", publicado en la sesión V de 17 de junio de 1546 (Jedin, 1972: 143). Sin embargo, no pasa más allá de ese decreto y en rigor el Concilio va en contra de la crítica humanista.

[2] Aunque más tarde se distanció de Erasmo, porque este se negó a reconocer el valor de la Reforma y defendió la unidad cristiana, en los inicios Lutero se movió en los círculos humanistas y su ruptura con la Iglesia puede comprenderse como una radicalización de los propósitos que estos perseguían.

es la del capitalismo y la apertura del proceso de democratización que corre sus rápidos y sus estrechos en el siglo XIX. El dominio barroco es conservador en este sentido: restablece un orden en el marco de las transformaciones que se han producido[3].

Para abordar el tema, detengámonos en el Concilio de Trento. Los decretos que se producen en las 25 sesiones en las que este se desarrolla dan la impresión de que se trató de una asamblea en la que se debatieron y solucionaron de una manera definitiva los principales problemas que afrontaba la cristiandad. Pero esa impresión es falsa. El Concilio se desarrolló en un lapso de tiempo demasiado extenso: entre el proyecto de apertura, fijado en 1537, y la última sesión, de diciembre de 1563, transcurrieron 26 años, con importantes interrupciones. Con tres papas operando concretamente en su desarrollo, dos sedes (Trento y, por poco tiempo, Bolonia) y un debate signado por la competencia entre Francia, España, el Imperio y Roma, pero también entre los papas y el Concilio mismo, la asamblea fue menos una reunión pacífica que un territorio en el que se pusieron en juego posiciones encontradas. Lo mismo vale para el contenido de los decretos. En ellos se reordena la religión a partir del esclarecimiento de los dogmas y se elabora una reforma disciplinar, que apunta tanto a reconfigurar la estructura institucional como a suprimir los abusos que tantas críticas habían levantado. Pero en los decretos, hay también muchos blancos y no pocas ambigüedades, aparte de que determinadas reformas, como la creación de instituciones para formar el clero, la obligación de residencia de los obispos o la prohibición de acumular beneficios eran difíciles de poner en práctica, ya que exigían importantes erogaciones monetarias y al menos una negociación con los poderes fácticos, especialmente con el que conformaban los obispos y cardenales, poseedores de varios obispados y, por tanto, de las rentas que estos generaban. Pero lo que más claramente desmiente la imagen uniforme del Concilio son las arduas discusiones que se encuentran detrás de cada decreto, que Hubert Jedin puso de relieve en su monumental *Historia del Concilio de Trento*.

---

[3] Lo mismo vale decir, aunque desde otro ángulo, en relación con la reforma protestante. Aunque produce una enorme descodificación del campo religioso, una vez que la escisión de la cristiandad es un hecho, las monarquías utilizan las diferentes confesiones, nuevamente dogmáticas, para demarcar las fronteras territoriales. Como destaca Jonathan Israel, con la excepción parcial de Inglaterra y las Provincias Unidas, el sistema prevaleciente en Europa era a mediados del siglo XVII, y claramente desde el último tercio del XVI, doctrinalmente coherente "y estaba preparado para asegurar la uniformidad, el autoritarismo y una formidable resistencia a la innovación y el cambio intelectuales". Por ese motivo, armonizaba "no solo con las jerarquías aristocráticas y eclesiásticas dominantes (36) que gobernaban la Iglesia y la sociedad, sino también con el penetrante absolutismo de la época", situación que, subrayémoslo, no vale solo para el catolicismo, sino también para el resto de las confesiones.

No es mi propósito ahondar en estas discusiones, tampoco dirimir las cuestiones teológicas que se pusieron en juego ni reconstruir los avances y los retrocesos que se dieron en lo que respecta a la aplicación de los decretos. Mi intención es solo poner de relieve que el Concilio ofreció soluciones a los desafíos a los que se enfrentaba la Iglesia e intervino en el escenario político europeo menos a partir de respuestas contundentes a los problemas que lo habían convocado que por medio del establecimiento de un equilibrio tenso y siempre amenazado. En primer lugar, hay que retenerlo de una manera precisa, uno de los propósitos del Concilio era restaurar la unidad de la cristiandad. Según Jedin, Paulo III perdió toda esperanza sobre este último objetivo, sin embargo propuesto por él en la bula convocatoria, cuando decidió trasladar el Concilio a Bolonia bajo la excusa de la epidemia de tifus que amenazó a Trento en 1547. Con esto no solo esquivaba el poder enorme que acumulaba Carlos V, sino que también se mostraba consciente de que en los territorios alemanes la causa estaba perdida. Esto no significa empalidecer sus éxitos. El Concilio logró un consenso sobre una serie de cuestiones dogmáticas de primer orden, como los sacramentos, la adoración de las reliquias, el uso de las imágenes sagradas, la doctrina católica sobre la justificación, la ratificación de la tradición y la Vulgata, el dogma del Purgatorio y el culto a la Virgen María, pero como la unidad de la cristiandad estaba perdida, esos dogmas pasaron a ser los puntales de la lucha confesional. Aunque por una parte, la reforma puede verse como un logro, por la otra, forma parte de las guerras confesionales que van a sacudir el siglo XVII. Desde otro ángulo, si tomamos en cuenta las encendidas discusiones que exigió, se puede percibir que la legislación tridentina es ella misma la cristalización de un equilibrio inestable y de compromiso entre los intereses de España, Francia, el Imperio y Roma. Lo mismo cabe decir de la reforma disciplinar, es decir, lo que atañe a la estructura de la Iglesia y el comportamiento de sus integrantes. Los decretos del Concilio propusieron una reforma enérgica, dentro de la cual se destacan la obligación de residencia y de predicación de los obispos y cardenales y la prohibición de acumular beneficios. Pero este tipo de reformas eran muy difíciles de aplicar, pues comprometían seriamente el estatus de la Curia. Para verlo, recordemos que el cardenal Alejandro Farnesio, vicecanciller que operó de manera decisiva en la última etapa del Concilio, certificó que los decretos tridentinos habían sido aprobados por el papa en el consistorio del 26 de enero de 1564 (Jedín, IV, II: 352). No obstante, para 1556 Iserloh demuestra que tenía un tren de vida nada austero: poseía 10 obispados, 26 monasterios y otros 133 beneficios, entre canonicatos, parroquias y capellanías (Iserloh, 1972: 49).

Si el Concilio elaboró un orden tenso, esa tensión obedece a que opera en un mundo evidentemente complejo. Esa complejidad se explica por la Reforma, la extensión territorial y el poder enorme que han acumulado los estados seculares. Pero por debajo, lo que se encuentra es que la Iglesia está obligada a operar en una realidad en la que se han fracturado lo religioso y lo mundano. Esta cuestión se revela de manera primordial como un problema político. Por supuesto, Roma no hizo suyas las propuestas de Maquiavelo, pero, desde el principio, los papas tuvieron una notable conciencia de las dificultades, es decir, de la mezcla de luchas y negociaciones puramente mundanas que representaba la apertura del Concilio. Más aún, y esto vale especialmente para Paulo III y Pío IV, los papas siempre mostraron una seria desconfianza hacia la asamblea. Ciertamente, estaban en condiciones de influir sobre lo que sucedía en ella pues contaban con delegados y principalmente con el presidente, pero los obispos discutían ideas y tomaban decisiones que podían y muchas veces eran ajenas a sus intenciones. Más serio aún, el Concilio podía colocarse por encima de la potestad del papado porque para no pocos obispos era ese el órgano que representaba de manera universal a la cristiandad. Esto significaba, sencillamente, que el papa quedaba por debajo de las decisiones que se tomaran. Hasta tal punto esta es una cuestión de primer orden, que estuvo en debate desde el principio a partir de la aparentemente inocua discusión sobre la fórmula con la cual se debían encabezar los decretos. Los delegados de Paulo III propusieron la siguiente: "El santo y sacro Concilio de Trento, ecuménico y general, presidentes los legados de la silla apostólica" (Sacrosanto y ecuménico Concilio de Trento, X). El obispo Martelli, seguido por una amplia mayoría, quería agregar las palabras "representante de la iglesia universal". Finalmente, quedó la primera, que evitaba colocar al papa por debajo de las decisiones que se tomaran. Para decirlo con el léxico del pensamiento político del momento, por muy piadosas que fueran sus intenciones, los papas buscaron desde el principio mantener su estado, es decir, el poder, y no estaban dispuestos a compartirlo con la asamblea. Si se trata de una reforma religiosa, esa reforma se consigue en el ámbito nada religioso y completamente profano de la política y los juegos de poder.

El ejemplo contundente de esta situación es la bula de aprobación de Pío IV, publicada el 30 de junio de 1564. Allí el papa resalta el lugar prominente que él ocupa, afirma que los presidentes fueron delegados de la sede apostólica y destaca que había condescendido "con tanto gusto a los deseos del Concilio, que voluntariamente permitimos en bulas dirigidas a nuestros legados, que fuese libre", a pesar incluso de que en él se trataron "cosas peculiarmente reservadas a la sede apostólica" (407). Estas palabras no son vacías: resaltan la autoridad del papa sobre los decretos que han emanado de Trento, como así también sobre los príncipes cristianos en materia religiosa. Pero lo fundamental de la bula es que Pío IV se apropia de manera excluyente de la potestad de interpretar los decretos a la hora de aplicarlos. Afirma con palabras inequívocas que prohíbe "con autoridad apostólica a todas las personas, así eclesiásticas de cualquier orden, condición o graduación que sean [...] que ninguno de ningún modo se atreva a publicar sin nuestra licencia, comentarios ningunos, glosas, anotaciones, escolios" sobre los decretos del Concilio (409). Si pone el énfasis en esta prohibición, es porque está para todos claro que los decretos eran efectivamente interpretables; por lo tanto, su aplicación, variable; razón por la cual Pío IV pone a la autoridad apostólica como la única capaz de decidir en esa cuestión: "Si pareciere a alguno que hay en ellos algún punto enunciado, o establecido con mucha oscuridad, [...] ascienda al lugar que Dios ha elegido; es a saber, a la sede apostólica", dejando en claro que su "autoridad reconoció con tanta veneración el mismo santo Concilio" (410). Luego subraya esto con más claridad: "Nos reservamos la declaración, y decisión de las dificultades y controversias, si ocurrieren algunas, nacidas de los mismos decretos" (412).

Todas estas afirmaciones son tanto más notables cuanto es lo único que la bula dice fuera de las fórmulas de rigor. Pío IV deja en claro el estado del papa, es decir, su autoridad y control, y se coloca como el único autorizado para poner en práctica la acción política necesaria para aplicar la reforma, pues si esa acción está ligada a los propósitos religiosos y su autoridad depende de Dios, se convierte en política en la medida en que se debe evaluar cuándo, cómo y de qué forma se realiza. En otras palabras, si por medio del Concilio, el papa retoma muchas de las críticas provenientes de los humanistas, se arroga, al mismo tiempo, el control de la la interpretación no menos que la potestad de evaluar las circunstancias a la hora de la aplicación. Roma vuelve a codificar la religión, pues esclarece los dogmas y proyecta un reordenamiento institucional, pero lo hace en un mundo nuevo no solo a causa del cisma de Lutero, sino también debido a la complejidad que adquiere el ejercicio del poder después del fin del sistema medieval.

La estructura

Aunque las reformas del Concilio marcan la época del Barroco, podemos decir que, en igual sentido, lo hace esta diferencia entre lo religioso y lo mundano. Para verlo, alcanza con echar un vistazo a la producción literaria de la época. El siglo XVII se encuentra polarizado entre una subjetividad agustiniana, como destaca Laurence Brockliss, es decir, una subjetividad atormentada en tanto el hombre es consciente de que vive en un mundo degradado, y una mundanidad carnal, con la que, por ejemplo, Francisco de Quevedo pondrá fin al ideal del petrarquismo[4]. Juan del Valle y Caviedes toma ambas líneas en su *Diente del parnaso*: se burla de todo y de todos, especialmente de los médicos, amontonando chistes subidos de tono, pero si lo hace, es porque busca que el lector se desengañe de las vanidades para levantar la vista a Dios. En la "Aprobación de este libro", recuerda en este sentido, y sin chiste alguno, las palabras del "glorioso y docto San Agustín": "No está obligado el cristiano a llamar médicos en su enfermedad, porque es más acertado fiar de Dios" (5). El ejemplo más claro de esta dualidad barroca es la Compañía de Jesús. La orden creada por Ignacio de Loyola encarnó como ninguna el espíritu de la Contrarreforma, pero también supo apreciar la diferencia que existe entre los fines religiosos y los medios humanos. Como destaca Julián Navarro Lozano (2005), los jesuitas abrazaron como principio irrenunciable la defensa de la cristiandad, pero eran conscientes de que debían ser tolerantes con el comportamiento de las personas, pues reconocían la diferencia entre los fines y la variedad de medios que se pueden seguir a la hora de alcanzarlos. Esta concepción política tiene su eje en el uso de la casuística en el marco de la confesión, lo cual les permitió una actitud comprensiva hacia los pecados. Si esta moral laxa era fundamental para aumentar la cristiandad, mucho más lo era para confesar a los hombres de poder, pues estos lograban "un tipo de confesor indulgente, hecho a medida para salvar su alma y del que dependen en buena parte su bienestar psíquico y muchos de sus comportamientos cotidianos" (2005: 51)[5].

Esta situación tensa entre lo religioso y lo mundano también se reproduce en las propuestas del Concilio sobre la escritura. En ese aspecto, hay que subrayar que los obispos se ocupan exclusivamente de las escrituras sagradas y de todo lo que atañe al campo de la fe. El punto central, en este sentido, se encuentra en las resoluciones sobre la Biblia, promulgadas en la IV sesión, del 8 de abril de 1546. El primer decreto hace explícito el índice de los libros canónicos que se toman como aprobados por la Iglesia y añade que la verdad y la disciplina también están contenidas "en las tradiciones no escritas", que fueron inspiradas en el Espíritu Santo, y "conservadas perpetuamente sin interrupción en la Iglesia Católica" (29). Con esto el Concilio sale al cruce de la posición de Lutero, para quien la única fuente es la Biblia. El "Decreto sobre la edición y uso de la sagrada Escritura" es más contundente. Contra las críticas de los humanistas y los luteranos, los obispos ratifican la autoridad de la Vulgata, "aprobada en la Iglesia por el largo uso de tantos siglos" y prohíbe "que ninguno, por ningún pretexto, se atreva o presuma desecharla" (31).

---

[4] Laurence Brockliss, "La era de la curiosidad", en Joseph Bergin (2003). Sobre las relaciones de Quevedo con el petrarquismo y su finalización, ver Ignacio Navarrete (1997).
[5] Sigo también en este aspecto el volumen *Los jesuitas. Religión, política y educación (XVI-XVIII)*, coordinado por José Martínez Millán, Henar Pizarro Llorente y Esther Jiménez Pablo.

Aunque no hay un pronunciamiento expreso sobre la traducción de la Biblia, lo cual revela el influjo que en esta primera etapa todavía tenía el humanismo cristiano, el decreto de todos modos erradica la crítica y la libre interpretación[6]. El Concilio afirma que se deben contener los "ingenios insolentes" y prohíbe que estos, que no son otros que los luteranos y los humanistas, se atrevan a "interpretar la misma sagrada Escritura en cosas pertenecientes a la fe, y a las costumbres que miran a la propagación de la doctrina cristiana, violentando la sagrada Escritura para apoyar sus dictámenes, contra el sentido que le ha dado y da la santa madre Iglesia", pues es a ella "a la que privativamente toca determinar el verdadero sentido, e interpretación de las sagradas letras" (31). A renglón seguido, deja sentada la prohibición, que Foucault retoma en "¿Qué es un autor?", de que nadie imprima ni procure se imprima "libro alguno de cosas sagradas, o pertenecientes a la religión, sin nombre de autor; ni venderlos en adelante, ni aun retenerlos en su casa, si primero no los examina y aprueba el Ordinario; so pena de excomunión" (32). Aunque estas son reacciones ante el desafío de los protestantes, intervienen, también, en el interior de las sociedades católicas, en tanto impiden la crítica a la institución y ponen fin a los intentos de desarrollar una lectura libre de las sagradas escrituras.

Evidentemente, lo que se discute en el Concilio no es un mero sistema de creencias, sino la fijación de un cuerpo de ideas dogmático a fin de establecer un control sobre la población. Si los representantes de España, Francia y el Imperio ponen tanta pasión en los debates, esto se debe a que les resultaba absolutamente necesario contar con esos dogmas y con una reforma de la Iglesia que terminara con los cuestionamientos que se le dirigían, a fin de establecer un control ideológico sobre la población. Pero si miramos este y el resto de los decretos con mayor detenimiento, podemos notar que, como vio Andrés Piquer en 1757, en ellos únicamente se legisla sobre cuestiones religiosas. Si el Concilio prohíbe la mirada humanista sobre la Vulgata e impide las críticas a la institución, si establece una comunidad interpretativa cerrada, si pone en marcha órganos de control, no se pronuncia sobre el resto

---

[6] El tema merece, aunque sea, un mínimo comentario. Los obispos españoles se opusieron terminantemente a la traducción, y vale la pena recordar en este sentido que la prohibición de traducir las sagradas escrituras existía desde los Reyes Católicos; a ellos se sumaron los franceses, pues la prohibición se había promulgado en el parlamento de París apenas unos años antes, en 1543 (Jedín, II: 82). Alemania, Italia y Polonia estaban en cambio de acuerdo con las traducciones. Sobre la traducción a las lenguas vernáculas, existen por otra parte vaivenes, que siguen los movimientos del Índice de libros prohibidos. Como indica Po-Chia Hsia (2010), Pablo V encomendó que se morigerara el Índice de libros prohibidos creado en 1559, introduciendo la expurgación y permitiendo la lectura de la Biblia en lenguas nacionales. En 1596, se prohibió nuevamente la lectura de la Biblia en lenguas vernáculas, aunque con excepciones regionales, afincadas en los territorios católicos del norte.

de los saberes. Ese silencio es significativo. La Iglesia no aspira a un control total, sino que se coloca en la cúspide de un edificio en el que también se desarrollan la poesía, la ciencia y el pensamiento sobre el lenguaje. El poder que logra de este modo es notable, pero lo hace en la medida en que, como sucede con la política, se coloca en el centro de un sistema intelectual también nutrido por lo secular e incluso por lo mundano.

Podemos profundizar en este aspecto con las decisiones tridentinas sobre las artes plásticas. El Concilio se pronuncia sobre ellas en un decreto de la apresurada última sesión, en el que también se aprueba la adoración de los santos y las reliquias. Vale la pena recordar que se redacta a pedido de los franceses, a fin de enfrentar las críticas con que los calvinistas tachaban esas prácticas como formas de idolatría. El Concilio las ratifica y, en lo que respecta al arte, establece una serie de requisitos: las obras deben seguir un estricto decoro, tienen como rol enseñar a los iletrados los preceptos de la fe y deben comprenderse como representaciones de la divinidad y no como objetos en los que la divinidad se encuentra de alguna manera[7]. Pero a diferencia del decreto sobre la Vulgata y de las propuestas sobre la reforma disciplinar, las disposiciones sobre el arte no pasaban de esta definición escueta y necesitaron un desarrollo más detenido, que se logró con los tratados sobre las artes que se publicaron durante y después del Concilio.

Destaquemos, en primer lugar, la obra de Gabriele Paleotti. Como recuerda Paolo Prodi (2012), Paleotti tuvo una carrera notable. Su actuación en el estado papal lo convirtió en consejero durante la fase conclusiva del Concilio.

---

[7] Hay que resaltar que ninguna de estas disposiciones sobre el arte era novedosa. La idea de que la pintura representa lo sagrado, pero no lo encarna, es uno de los fundamentos del arte cristiano, presente en el Concilio de Nicea, del temprano 787. Como recuerda Pablo López Raso, este "permite la veneración [de la imagen] entendida como medio de conexión con el referente representado, y prohíbe la adoración entendida como idolatría que proyecta su fe en la representación concreta" (2005: 85). Lo mismo vale para los otros aspectos del decreto sobre las artes: la idea de que la pintura es el libro de los iletrados se encuentra en Santo Tomás y, desde el comienzo, los católicos pensaron esa función para el arte religioso. No obstante, estas ideas cambian en el siglo XVI. El más evidente de estos cambios se encuentra en la idea del arte como vehículo de evangelización. La palabra "propaganda" aparece por primera vez en la Congregatio de Propaganda Fide que crea Gregorio XV en 1622 con el fin de difundir la versión de Roma ante el ataque de Lutero. La evangelización ahora es también una lucha ideológica contra el resto de las confesiones. Otro tanto vale para el deslinde de lo humano y lo divino que está implícita en la teoría de la representación. En el siglo XVI, la distinción es fundamental no solo para contrarrestar las críticas de los luteranos, sino también para erradicar el paganismo que todavía imperaba en la mayoría de la población (sobre este aspecto, ver John Bossy (1985), Jean Delumeau (1979) y Po-Chia Hsia (2010)). El cristianismo era, efectivamente, una religión de las capas cultas, pues el grueso de las personas estaban impregnadas de creencias mágicas. A mediados del siglo XVI, fray Felipe Meneses se lamentaba de esa situación, al comprobar "la grandísima y universal ignorancia de lo que la fe nos enseña y de la obligación que por tener esta fe echamos sobre nosotros" (1567: 8).

Allí secundó a Morone, legado papal y presidente de la asamblea. Luego pasó a formar parte de la congregación para la aplicación de los decretos y en 1566 fue nombrado arzobispo de Bolonia. Durante su gestión, redactó el *Discorso intorno alle imagini sacre e profane*, cuyos primeros dos libros, los únicos que pasarían por la imprenta, aparecieron en 1582, para luego reeditarse en latín en 1596. Siguiendo las directivas del Concilio, Paleotti justifica el uso de las pinturas por parte del cristianismo y critica los múltiples errores en los que incurrían los pintores. Para cumplir con estos propósitos, divide la pintura en sagrada y profana. En la pintura sagrada, diferencia entre la idolatría y el uso que hace la Iglesia. Paleotti enumera ocho categorías, que van desde las imágenes que Dios ordenó que se realizaran, como la serpiente de bronce de Moisés, a aquellas que representan lo sagrado. Con esto defiende la posibilidad de que la divinidad participe en el mundo a través de ciertas imágenes, pero afirma que esas pocas comunicaciones se encuentran bajo el control de la Iglesia. En paralelo, retoma la teoría tridentina de la representación y sostiene que la pintura religiosa es sagrada no porque contenga divinidad, sino porque representa la divinidad. Pero lo que importa destacar en este contexto son sus opiniones sobre la pintura secular. Paleotti hace una encendida defensa de su producción. Dios, según razona en el *Discorso*, no solo quiso crear todas las cosas de la tierra, sino que también le dio al ser humano la capacidad de conocerlas. Como los hombres no siempre siguen el buen camino, retoma la diferencia de San Agustín entre el uso y el disfrute y destaca que las cosas que son para disfrutar son aquellas que contienen el fin en sí mismo (Dios, Padre, Hijo y Espíritu Santo), mientras que las que son para el uso constituyen un medio para alcanzar ese fin. Todas las actividades que no contradigan la finalidad marcada por la religión pueden y deben desarrollarse. Por este camino, subordina la pintura y los saberes profanos a la religión:

> Presupposto tutto questo, ne segue che, potendo tutte le scienze, le arti et operazioni umane servire in qualche modo alla vera sapienza, quando non siano con vizii, superstizioni o altri errori accompagnate, non veggiamo perché da un cristiano debbano essere ricusate secondo la convenienza loro; riconoscendole però per ancelle e mezzane alle cose maggiori e come sottoordinate alle spirituali e sacre, le quali, per essere più prossime al fine che si pretende, conseguentemente sono più nobili delle altre e più eccellenti (1852: S/P).

Las mismas lecciones se pueden sacar de *Dialogo degli errori de' pittori* (1563). En él Giovanni Andrea Gilio se refiere al decoro que deben tener las representaciones sagradas. En ese marco, critica a Miguel Ángel, ya que en su *Juicio Final* abusó del desnudo, según una acusación muy difundida, que más tarde llevaría a Pío V a ordenar que se cubrieran las figuras más escandalosas del fresco. La solución que propone Gilio se encuentra implícita en la estructura del diálogo y la distribución de los personajes: el encargado de dar la última palabra es Ruggiero Coradini, que examina las obras y pondera sobre el acierto de las ejecuciones. Las pinturas que se exhiben en la iglesia tienen que guardar un estricto decoro y deben ajustarse a las interpretaciones ortodoxas de las letras sagradas. Pero Gilio no descarta el humanismo, sino que retoma muchos de sus elementos fundamentales. Los personajes de su texto son eruditos que se encuentran después del invierno y departen en una campiña de colores rojos, blancos y verdes, *locus amoenus* que repone el ambiente bucólico del siglo XVI. Regado de erudición clásica, el diálogo es un largo comentario del precepto de Horacio de que en la pintura y en la poesía todo está permitido, comentario mediante el cual Gilio explicita las cautelas que deben regir ese llamado a la libertad. El autor no suprime el humanismo, sino que lo preserva, aunque subordinándolo a la religión. La estructura va a estar vigente a lo largo del Barroco: autonomía relativa de lo profano y subordinación a lo religioso.

Política

La separación de lo religioso y lo mundano se encuentra representada, especialmente, en el pensamiento político de los siglos XVI y XVII. Tradicionalmente, la política se entendía como una actividad subordinada a los principios religiosos y morales. Como destaca Foucault en *Seguridad, territorio, población*, Santo Tomás consideraba que la primera función que debía cumplir todo gobierno era la salvación espiritual de los gobernados. La política aparecía como una práctica regulada, y por eso mismo codificada, por ese lenguaje máximo que es el de la teología. Aunque su poder no se ejerce sólo sobre esta actividad en particular, es la ciencia superior y por lo tanto un metalenguaje que le da sentido a los actos del gobernante. Como es célebre, Nicolás Maquiavelo rompió con esta perspectiva al postular que la política era un arte autónomo con leyes y fines propios. Una cosa es el orden moral y las obligaciones religiosas, y otra conquistar el poder y defenderlo de los enemigos. Para Maquiavelo, la política es una forma de acción que, elaborada luego de un análisis preciso de la sociedad, debe evaluarse de acuerdo con la utilidad que tiene para que una persona cumpla con los objetivos de la adquisición y la conservación de un Estado[8]. El eje de su pensamiento, y la perturbación que provoca en el mundo católico, se encuentran en las nuevas ideas que, en este marco, desarrolla sobre el origen del poder y el campo en el que éste se pone en juego.

Maquiavelo deja de lado la visión tradicional de que la soberanía provenía de Dios, para afirmar, en cambio, que la sociedad, y por lo tanto el campo del que surge y en el que se desarrolla la política, son enteramente mundanos. Según su punto de vista, la sociedad se caracteriza por el conflicto abierto que se entabla entre el pueblo y la nobleza. El poder político proviene de este choque de fuerzas y se define como la voluntad de dominio de unos grupos sobre los otros. En esto coinciden *El Príncipe* y *Discursos sobre la primera década de Tito Livio*, a pesar de que están dedicados, respectivamente, a la instauración de principados nuevos y al estudio del orden republicano. En el primero, Maquiavelo expone la tesis en el capítulo IX, en donde señala que en toda ciudad existen dos inclinaciones, la primera es la del pueblo, que desea no ser oprimido por los grandes, y la segunda la de los grandes, que desean dominar y oprimir al pueblo. Un principado nuevo puede surgir gracias al apoyo de unos o de otros. La visión de Maquiavelo es tan fuerte que, con una mirada realista sobre el problema, afirma que sólo es duradero aquel principado que se base en el apoyo de las mayorías, mientras que es muy precario el que surge de la adhesión de la nobleza, no sólo porque pertenece a ella una pequeña porción de la población, sino también porque sus integrantes son competidores directos, que no harán otra cosa que disputarle el poder. Al dedicarse a examinar la república, el volumen de los *Discursos* es mucho más claro en este sentido. Como señala en el primer libro, y como subraya Claude Lefort, "la desunión entre la plebe y el senado hizo libre y poderosa" a la república romana. Para Maquiavelo, la grandeza de una república se basa en el conflicto; para mantenerlo abierto, es necesario que el pueblo permanezca en libertad.

Estas ideas transformaron las relaciones que la política mantenía con la moral y la religión[9]. En *El Príncipe*, Maquiavelo afirma que la mayor preocupación del gobernante es mantener su estado, es decir, su poder, y esto significa que, como se lo reprocharán los católicos, convierte al estado en

---

[8] Estas ideas no eran del todo nuevas. La crítica ha resaltado el antecedente de las *Consulte y Patriche*. Se trata de reuniones semioficiales, en las que los Consejos de Florencia pedían opinión sobre temas y problemas puntuales de la ciudad. Una de las grandes innovaciones de Maquiavelo consistió en hacer público este pensamiento que se había mantenido en las sombras. Sobre el tema, ver, por ejemplo, Maurizio Viroli (2009).

[9] En el siglo XX, Carl Schmitt afirma que "El fenómeno de lo "político" puede ser comprendido sólo mediante la referencia a la posibilidad real del reagrupamiento amigo-enemigo" (32). Esto significa que prescinde de "la valorización religiosa, moral, estética, económica de lo "político"" (32).

un fin en sí mismo, transformando la política en una técnica que no necesita más justificaciones que su utilidad. Existen dos ejemplos de esta perspectiva que son tan famosos como significativos. En el primero Maquiavelo aconseja al príncipe que "aprenda a no ser bueno, y a servirse de esta facultad según que las circunstancias lo exijan" (1979: 77). En el segundo le recomienda que aprenda a simular. Después de referirse a las virtudes que de manera ideal debería poseer, sostiene que no es necesario que las tenga todas, porque le basta con aparentar que las tiene. Incluso añade, de una manera controversial, que si fuera manso, fiel, humano, religioso y leal, debería retener su alma para que, en caso de necesidad, sepa hacer cosas contrarias a esos valores. La política se pone por encima y convierte a la moral en un instrumento para la acción.

En los *Discursos*, Maquiavelo parece contradecir estas opiniones. Según razona en ese volumen, la religión cumple un rol central para el mantenimiento del orden y para el desarrollo de la libertad y la grandeza de una república. Pero esta celebración está dirigida a la religión romana, en modo alguno al catolicismo, al que critica con dureza. En el capítulo II del segundo libro se pregunta por qué los antiguos fueron más amantes de la libertad que los hombres del presente. Maquiavelo responde del siguiente modo: "como nuestra religión muestra la verdad y el camino verdadero", "hace estimar menos los honores mundanos, mientras que los antiguos, estimándolos mucho y teniéndolos por sumo bien, eran más arrojados en sus actos" (198). Los romanos sólo beatificaban "a hombres llenos de gloria mundana, como los capitanes de los ejércitos o los jefes de las repúblicas"; los católicos sólo glorifican a los hombres contemplativos (198). Como se desprende de estas palabras, cuando Maquiavelo enaltece la religión, se refiere a una religiosidad cívica, forjada a partir de la gloria terrena, de modo que hay que comprenderla como un sentimiento laico de honor y pertenencia a la ciudad. En los *Discursos* ratifica esta visión al afirmar que el catolicismo busca terminar con el conflicto del que nace la política, inculcándole al pueblo un sentimiento de obediencia extremo, que lo arroja al servilismo. Por eso el mundo se ha convertido "en presa de los hombres malvados, los cuales lo pueden manejar con plena seguridad, viendo que la totalidad de los hombres, con tal de ir al paraíso, prefiere soportar sus opresiones que vengarse de ellas" (199). Tras esta condena al catolicismo, Maquiavelo concluye que, por eso, "no hay en el mundo tantas repúblicas como había antiguamente, y, por consiguiente, no se ve en los pueblos el amor a la libertad que antes tenían" (199).

Las ideas de Maquiavelo impactaron profundamente en los siglos XVI y XVII, como podemos comprobar incluso a partir de las relaciones antes mencionadas entre los papas y el Concilio. Aunque sería abusivo decir que los primeros eran discípulos de Maquiavelo, se muestran conscientes de que operan en un campo marcado por conflictos entre poderes que se encuentran más acá de las disputas religiosas que intentaban resolver. Lo mismo vale para el sistema de poder de los Habsburgo. Si bien la monarquía católica estaba comprometida con lo religioso, supo mantener posiciones ajenas a la ortodoxia. Como recuerda John Elliot, el celo católico de Felipe II no impidió que siguiera su propia política exterior e interior (2002: 162), del mismo modo que, como demuestra Trevo-Roper, la religiosidad de Felipe IV no fue un obstáculo para que pusiera su comercio exterior y el aprovisionamiento de sus flotas en manos de los comerciantes luteranos de Hamburgo, lo que revela que, no sin hipocresía, se apoyaba en sus enemigos, los calvinistas holandeses (2009: 25).

Pero aunque el Barroco retomó muchos aspectos que Maquiavelo puso al descubierto, tanto los autores de la llamada razón de Estado como la monarquía española rompieron con su núcleo conceptual. Las principales discrepancias se encuentran en que la monarquía española se definía como católica, y bajo ningún concepto podía aceptar una posición tan crítica como la del florentino. Las razones para este rechazo no son exclusivamente piadosas. Si Maquiavelo dejaba de lado la religión, era porque entendía que el poder se basaba en los conflictos entre el pueblo y la nobleza. Aunque esta concepción podía dar como resultado un principado, está claro que el sistema natural era el republicano. Si por propia definición la monarquía rechazaba este sistema de poder, estaba, también, en contra de la idea de que éste surgía de los conflictos del mundo terrenal, pues defendía la idea de que el poder provenía de Dios[10]. Esto le daba una fortaleza incomparable a mediano plazo y ponía en juego una relación completamente distinta entre el poder político y la religión.

Aunque estas relaciones están inscriptas desde los orígenes de la monarquía española, especialmente con la creación de la Inquisición y la expulsión de los judíos, adquirieron su forma definitiva durante el llamado proceso de confesionalización. El enfoque, que abreva en las investigaciones de Ernest Walter Zeeden y Wolfgang Reinhar, cambió la mirada que se tenía sobre la Reforma y la Contrarreforma, pues demuestra que en los territorios dominados por las tres confesiones se vivió una situación similar. De acuerdo con José Martínez Millán, gracias a este proceso se definieron los dogmas y se logró la centralización de las monarquías a partir del uso de la religión como

---

[10] La preferencia sin cuestionamientos por el sistema monárquico explica también que el autor predilecto del pensamiento político del Barroco sea Cronelio Tácito, un historiador del Imperio, y no el Tito Livio de Maquiavelo, un historiador de la República. Como observa ese sagaz pensador del siglo XVI que es Franceso Guicciardini, "Insegna molto bene Cornelio Tacito a chi vive sotto e tiranni il modo di vivere e governarsi prudentemente, così com insegna a'tiranni e modi di fondare la tirannide" (1857: 87).

mecanismo para fijar los límites territoriales y controlar la población. Felipe II puso en práctica un programa de este tipo por medio de un sistema de ideas intransigentes y un vasto cuerpo de reformas que estaba orientado a nacionalizar la Iglesia a través de la propuesta de que los generales fueran naturales de los reinos y mediante la aceptación de los acuerdos del Concilio de Trento, entre los cuales figura el ya mencionado decreto de residencia de los obispos. Si la monarquía se define debajo de la religión, la utiliza con una finalidad profana. De este modo coincide con los argumentos de Maquiavelo, pero para defender lo contrario: la religión católica es fundamental, porque es el mejor instrumento para mantener subordinada a la población, pues inculca la obediencia y tapona los conflictos sociales[11].

Esta discrepancia está vinculada con otra igual de central. En sus libros, Maquiavelo analiza la forma en la que se consigue el poder. Elabora una teoría sobre la acumulación de fuerzas y describe los sistemas diferentes que pueden resultar, como el principado o la república. Nada de eso se encuentra en los autores del Barroco. El punto de partida de éstos es el soberano, y esto significa que todo el esfuerzo está puesto menos en pensar la política en abstracto que en justificar la monarquía española. Esto se debe en parte a que los autores tomaron conciencia de la precariedad del poder en la medida en que constataron que la dimensión imperial estaba acompañada de amenazas crecientes y se advertían los síntomas de una decadencia futura[12]. La del Barroco es una teoría defensiva, que aspira a darle un sustento intelectual a la monarquía.

Todo esto indica que el Barroco puede comprenderse como el resultado de una tensión entre la defensa de la religión y la monarquía y el reconocimiento de que existe un orden mundano y una forma de acción que se mueven

---

[11] Para ver la importancia de la religión en el control social, vale la pena recordar la revuelta de Nápoles de 1647. Para Thomas Munck, las causas son las mismas que explican las crisis que recorren Europa: la escasez de alimentos y la carga impositiva. Estalla durante las celebraciones en honor de la Virgen María. Pero los amotinados reivindicaron a Felipe IV y emplearon imágenes religiosas y, por ese motivo, el conflicto no pasó a mayores: los rebeldes se levantaron contra las autoridades locales, pero la lucha estaba circunscripta por la religión y el poder del soberano. Las iglesias jugaron el mismo rol en toda Europa: establecieron una fuente mediante la cual le dieron legitimidad al poder político y ejercieron un control de los actos religiosos y la vida profana. El texto de Munck se encuentra en Bergin (2002: 62-93).

[12] Como destaca José Velázquez Delgado, el punto de inflexión del pensamiento político es el signo más claro de esa precariedad: el fracaso de la Armada Invencible en 1588, pues a partir de ese momento se pasó del optimismo al pesimismo en materia política (2011: 20). Esa sensación de precariedad atraviesa el siglo XVII. Nada lo refleja mejor que los validos de los Austrias menores. Como señala Pedro Ruiz Pérez, esos ministros cumplían el papel de reforzar el absolutismo de la monarquía, pero al reemplazar al monarca "mostraban la precariedad de su esencia, desplegando un juego de máscaras y apariencias que tenían en la etiqueta de la corte su manifestación más evidente y alcanzaban en los retratos reales de Velázquez su forma más depurada" (2010: 8)

de manera independiente respecto de los principios morales y la teología. Esta tensión se resuelve de una manera general, y del todo coherente con el Concilio de Trento, a partir de la idea de que la política es relativamente autónoma, sin dejar de estar subordinada a la religión. Pero ésta es una transacción teórica y práctica que no está exenta de contradicciones. Por eso, el Barroco puede comprenderse a partir de los problemas teórico-políticos que tuvo que resolver. En primer lugar, los autores estaban obligados a definir las relaciones entre política y religión, pues debían hacer explícito hasta qué punto y por qué motivos el príncipe podía moverse con cierta independencia a fin de mantener el Estado. En este aspecto, instauraron una reflexión sobre lo excepcional: en determinadas circunstancias, en situaciones adversas y de gravedad, resultaba legítimo que el príncipe tomara decisiones con independencia de las obligaciones morales y religiosas. En segundo lugar, el pensamiento político del Barroco tenía que demostrar de qué modo se separan lo religioso de lo terrenal, pues los autores necesitaban elaborar una moral cívica. Para Maquiavelo, la cuestión estaba clara: la gloria terrena no tenía nada que ver con la gloria espiritual. La religión romana era modélica porque, a diferencia de la católica, se desarrollaba como un sentimiento laico de pertenencia a la ciudad y empujaba a los hombres a superarse en las acciones terrenales. Aunque varios de los escritores del Barroco estaban de acuerdo con esta posición, sobre todo Baltasar Gracián y Diego Saavedra Fajardo, en ellos la separación era una cuestión más delicada y exigía esfuerzos mayores, pues al menos en los puntos fundamentales la moral cívica debía coincidir con los principios católicos. Por último, el pensamiento político debía resolver estos problemas en el marco de una tercera dificultad: si la monarquía había adquirido una dimensión imperial, también estaba acechada por dificultades extremas y amenazas considerables a su poder. Tensado entre la religión y la autonomía, el Barroco puede comprenderse como un intento nunca logrado de darle respuesta a estos tres problemas fundamentales. Las diferentes soluciones que se dieron permiten trazan una historia sintética del pensamiento político del Barroco.

Los autores

La respuesta más radical a este campo de problemas es la que dio Baltasar Álamos de Barrientos a principios del siglo XVII. El autor elaboró su propuesta en el marco de una situación que veía adversa para la monarquía. Como destaca Manuel Escalante, **Álamos propuso una concepción de la política que le permitiera** a **ésta** mantener el puesto imperial que había conseguido.

Para esto, asumió un pragmatismo extremo que el autor resume con palabras prolijas: en su obra **Álamos abriga** la convicción de que "cuando la salvación de la patria está en juego ya no existe la distinción entre lo justo y lo injusto y entre lo piadoso y lo cruel. Es justo lo que salva y es injusto lo que pierde" (1975: 146). Esta interpretación hace justicia a las intenciones del autor. En *Tácito español* (1614), su texto más recordado, **Álamos** traduce los *Anales* de Tácito, en los que presenta la forma mediante la cual Tiberio logró imponerse para poner en pie el imperio romano. De acuerdo con la óptica que preside esta elección, los años convulsionados de la instauración del imperio podían y debían servir como espejo para una monarquía que también había alcanzado una dimensión imperial. Álamos profundiza este aspecto en los cuantiosos e inorgánicos aforismos con los que comenta el texto y, sobre todo, en la dedicatoria al duque de Lerma. Allí afirma que la política puede evaluarse a partir de la moral, la utilidad y la conveniencia, pero la utilidad es "la más fuerte y poderosa de todas por nuestra inclinación". La lección de Álamos es clara: para mantener el poder, hay que dejar de lado cualquier restricción moral.

El problema era cómo congeniar esta solución con las exigencias de una monarquía que se definía como católica. Este último aspecto, el religioso, tenía, para él y para el resto de los autores del Barroco, dos vertientes: de un lado estaban las relaciones del príncipe con ese otro poder que era la Iglesia y del otro se encontraban las relaciones que **éste** mantenía con Dios. Aunque eran inseparables en los fundamentos, se trata de dos cuestiones que el pensamiento político diferenció con nitidez: de un lado la relación con la Iglesia y del otro el vínculo espiritual con lo divino.

El realismo de Álamos resulta efectivo para resolver el primero de estos problemas. Para verlo, detengámonos en *Nortes de príncipes*, firmado por Antonio Pérez, aunque posiblemente escrito o inspirado por Álamos[13]. En ese texto se pone de manifiesto que una de las amenazas que pesa sobre la monarquía es el poder económico, político y jurídico que, a través de la Iglesia, el Papa tenía sobre los territorios españoles. El diagnóstico era compartido por gran parte del pensamiento político y estaba en la base del proceso de confesionalización que había puesto en marcha Felipe II. Los eclesiásticos tenían tribunales propios y Roma se beneficiaba con las rentas de los obispados, lo cual implicaba una sangría para las arcas del Estado. En *Norte de príncipes*, Álamos o Pérez recomiendan que el príncipe restrinja el número

---

[13] Gregorio Marañón (1950) presentó pruebas sólidas que sugieren que el autor de *Norte de príncipes* sería Álamos. Como destaca Julián Sauquillo (2008: 238-239), basta con saber que el texto sale del círculo del que participa.

desmedido y creciente de los integrantes de la Iglesia a fin de limitar el poder papal[14].

Pero su propuesta tenía dificultades para pensar el otro aspecto del problema, es decir, las relaciones del príncipe con Dios. Aunque en *Tácito español* Álamos se ocupa del tema, lo hace en un aforismo solitario que se pierde en la enorme cantidad de enseñanzas que extrae de la historia de Tiberio. En él dice, con firmeza pero sin nitidez, que "El principal oficio del Príncipe, sea el cuidado de la religión, y de las cosas que tocan al culto divino, y reverencia suyas, haciendo y reedificando, y dotando templos, y más después de una victoria" (105). *Norte de príncipes* es más profuso. En ese libro, Álamos o Pérez se refieren constantemente a la Biblia y riegan el discurso con numerosas protestas católicas. Pero en las dos obras se echa en falta alguna reflexión en la que los autores digan con palabras claras de qué modo la autonomía que defienden coincide con la definición católica de la monarquía. Esta ambigüedad en la que queda el texto no es una cuestión menor. Se trata de un agujero que revela los límites que tenía el realismo en la España católica de principios del siglo XVII. Por una parte, Álamos y Pérez buscan poner en pie una monarquía absoluta. Para esto, recomiendan subordinar la Iglesia, restringir el poder del Papa y liberar la acción. Pero si en este aspecto la propuesta es firme, se vuelve ambigua cuando evalúa las relaciones con la religión, no sólo porque tendrían que haberlo hecho, sino también porque deja sin definir cuál es la fuente de la que surge la soberanía. De un lado, la obra de Tácito muestra que el imperio se basa en las maniobras de Tiberio, lo cual significa que coincide con la procedencia terrenal que postulaba Maquiavelo. Para un autor que se proponía defender el poder de los Habsburgo, ésta era una consecuencia no deseada, porque mostraba el carácter contingente del poder político. Por este motivo, la traducción de Tácito se revela peligrosa, porque hace pública una verdad que en todo caso debía haber quedado circunscripta a los hombres de Estado. Pero del otro lado, las protestas católicas que se advierten en *Norte de príncipes*, no menos que la ortodoxia del círculo del que participa Álamos, lo inclinan a una procedencia divina de la monarquía. El problema es que Álamos no hace explícita esta ambivalencia y la deja como un interrogante sin solución.

El problema, desde luego, tiene dimensiones incalculables para la época. Esto explica que el Barroco haya preferido soluciones menos radicales

---

[14] Esta posición no era solo la de Álamos y Pérez. En realidad, definió una de las líneas políticas más firmes durante la primera mitad del siglo XVII y tuvo como principal portavoz al Conde Duque de Olivares. Como demuestra John Elliot en su monumental biografía, Olivares buscó subordinar todos los poderes a la corona, y llegó a decir, en relación con la iglesia, "que el rey seguía siendo rey del clero" (Elliot 2004: 478). El realismo político de Álamos se acomodaba a la perfección a esta lucha con el papado.

y tomara como punto de partida un territorio discursivo más firme y tradicional. Por ese camino, el pensamiento político estaba en condiciones de cumplir de una manera más clara con las obligaciones religiosas, la utilidad del catolicismo para el dominio de la población y aun la fundamentación de la soberanía. Así podemos verlo en ese polo opuesto al de Álamos que es *Tratado del príncipe cristiano*. Publicado en 1595, en esa obra Pedro Ribadeneyra distingue dos formas de comprender la "razón de Estado". Por un lado, el concepto designa a la "secta de los políticos", nombre con el cual alude a Maquiavelo y sus seguidores, pero también, podríamos agregar, al tipo de enfoque que unos años después vendría a representar Álamos; por el otro, la "razón de Estado" se refiere a una concepción de la política que se organiza en el marco del catolicismo. La primera interpretación hace del Estado una religión, la segunda instaura con la religión un Estado. Casi no hace falta decir que Ribadeneyra defiende esta última perspectiva. En su *Tratado* señala que "Dios es el principio y fin de todas las cosas, y el que las crió para su gloria", razón por la cual "conviene que todas miren a él, y que todas las acciones del hombre, que es el mundo abreviado, comiencen por Dios, y acaben en Dios" (11).

Desde esta perspectiva tradicional, Ribadeneyra restaura las relaciones entre política, religión y moral que Maquiavelo había fracturado. Pero su objetivo no es sólo recordar las obligaciones que según entiende debería cumplir un príncipe cristiano. De una manera más profunda, Ribadeneyra se propone demostrar que los principios católicos constituyen una norma de acción para mantener en pie la monarquía y permiten elaborar, en consecuencia, una moral para el comportamiento en el mundo secular. En su tratado toma por ejemplo la justicia, la virtud y la fortaleza, tres valores que, surgidos de la ortodoxia, hacen practicable un gobierno. El príncipe debe repartir los bienes y los castigos según los merecimientos, siendo a la vez magnánimo y clemente, no sólo porque eso es lo que enseña el catolicismo, sino también porque permite mantener el consenso del Estado.

Pero así como el realismo de Álamos se volvía débil al plantear las relaciones de la monarquía con lo divino, Ribadeneyra llega a un problema igual de profundo, pues se da cuenta de que el príncipe no puede mantener el Estado siguiendo sólo las enseñanzas católicas, debido a que tiene que ejercer el gobierno en un mundo que en el mejor de los casos difiere del ideal. Por ese motivo, abre la posibilidad de que se establezca una pequeña fisura entre política y religión. Para Ribadeneyra, el príncipe nunca debe mentir; no obstante, apoyándose en autoridades ortodoxas, concede que muchas veces está obligado a ocultar sus pensamientos, porque suele tratar con personas en las que no puede confiar. Si el príncipe no puede mentir, es aceptable que disimule. Ribadeneyra se percata de esta concesión al realismo y por esa razón lo matiza con esta comparación con el veneno:

> Y para poner fin a esta materia de la simulación del Príncipe, digo, que así como de la vívora se compone la triaca, que es medicina contra la ponzoña de la misma víbora, pero para que aproveche es menester que sea poca la cantidad, y que vaya corregida y preparada con otros medicamentos saludables: así de esta simulación, y ficción artificiosa se debe usar solamente cuando lo pide la necesidad: y que sea poca la cantidad, y con su dosis y tasa, y confeccionada con las leyes de la Cristiandad y prudencia: porque así se aprovechará y tendrá fuerza contra los Príncipes hipócritas, que como víboras pretendiesen inficionar y matar. Pero si algún Príncipe quisiese mantenerse de carne de víboras, y sustentarse con ponzoña, para prevenirse contra la ponzoña de su enemigo: tomaría la muerte por sus manos, y por matar a su enemigo, se mataría primero a sí (291-292).

Ribadeneyra responde a todos los desafíos a los que se enfrentaba el mundo del Barroco: subordina la política a la religión y muestra que la soberanía proviene de Dios, despliega una moral política católica, establece algunas formas de la excepción y expone los caminos por los cuales la monarquía puede mantener el poder y sortear las dificultades y amenazas que le salen al cruce. Pero la disimulación revela que para que el sistema católico se mantenga en pie, se requiere al menos una mínima cuota de realismo. Aunque sus consecuencias se verán mucho después, se puede notar que esta tensión entre lo político y lo religioso entraña una profunda contradicción. De un lado, el catolicismo puede orientar la política porque es la religión verdadera; del otro, Ribadeneyra reconoce que en la situación actual eso no alcanza para que un príncipe mantenga la monarquía. Una de dos: o el catolicismo es verdadero y no hace falta nada más, o la política es autónoma y lo que ya no hace falta son las obligaciones que a la política le impone la catolicidad. Pero esta contradicción todavía no va a aflorar de una manera tan cruda, sino que, inserta en el sistema conceptual del Barroco, se va a convertir en el motor gracias al cual los autores siguientes van a poder discernir desde lo católico un ámbito específico para la política.

Dos décadas después de la obra de Ribadeneyra, Pedro Barbosa Homen muestra los principios de esta tendencia en *Discursos de la jurídica y verdadera razón de Estado* (1629). Barbosa empieza sus reflexiones separando los territorios político-conceptuales del príncipe y del Papa. Para esto, afirma que el fin del estado civil es el bienestar terrenal y el del pontífice, la beatitud sobrenatural. Esta separación no debe engañarnos respecto de su modernidad. Como demuestra Thomas Hobbes en *Leviatán*, la división entre el poder civil y el poder religioso implica una restricción para el primero porque supone que no puede entrometerse en materia religiosa y ratifica que el poder eclesiástico posee una autonomía económica y legal respecto de las leyes del reino. En esta línea, Barbosa hace explícita la idea de que la monarquía se encuentra debajo del pontífice, porque éste puede quitarle la soberanía toda vez que no cumpla con la defensa de la religión. Pero si bien se mantiene en un ámbito tradicional, la claridad conceptual que maneja en los *Discursos* lo lleva a darle mayor especificidad a la política y logra por primera vez separarla con nitidez de las constricciones religiosas. En su texto compone un edificio sólido y estructurado: la política verdadera es aquella que se ajusta a las virtudes morales, las virtudes morales se aprenden con el auxilio de la razón natural y la razón natural se ajusta al programa divino. Con esto, repone la estructura de la Contrarreforma y cumple, desde el catolicismo, la exigencia de Maquiavelo de que debía existir una norma de comportamiento y de acción secular y por lo tanto específica del Estado.

Bajo estos parámetros trabajan dos de los autores clásicos y más reconocidos del pensamiento político español: Diego Saavedra Fajardo y Baltasar Gracián. El primero ratifica en *Empresas políticas* (1640) la idea de que la soberanía proviene de Dios, diferencia entre poder civil y poder religioso y comparte con Barbosa la primacía del Papa, al situarlo como el verdadero intermediario entre el príncipe y lo divino. Pero Saavedra retoma este esquema y le da una mayor consistencia y profundidad. Como demuestra Jesús Villanueva López, para el autor de *Empresas políticas* la educación del príncipe debe basarse en las virtudes heroicas, y esto significa que su formación debe ser laica, a fin de superar "la timidez y el encogimiento que el aislamiento y una excesiva escrupulosidad en materia de religión podrían producir" (Villanueva 1998: 187). De este modo, define con el catolicismo el tipo de moral que Maquiavelo sólo podía elaborar a partir de una defensa excluyente de la religión romana. Esta perspectiva está asociada con una articulación importante que Saavedra plantea entre razón y moral en el marco de una aguda reflexión sobre la naturaleza humana. Según sostiene en *Empresas políticas*, la naturaleza está compuesta por apetitos que se vuelven perniciosos si no reciben una conducción adecuada. Incluye en esa categoría el amor, la ira, la esperanza y el miedo, pero a lo largo de su texto el concepto gana en complejidad, abarcando también el egoísmo, la maldad, la mentira y la libertad. Con esto deja de lado la discusión sobre la buena o la mala razón de Estado. La simulación, la maldad, el egoísmo, todo aquello que transforma al príncipe en un tirano, no es producto de la razón, sino de una naturaleza descontrolada. Esto le permite resolver el desafío de Maquiavelo, pues demuestra que el uso de la simulación no es el resultado de la razón, sino de los impulsos de una naturaleza degradada. Gracias a esto Saavedra distribuye lo moral y lo inmoral y le da una función concreta a la razón en el ámbito de la política: se trata de una facultad que tiene como propósito mantener las pasiones bajo control.

Al igual que Saavedra, Gracián coloca la política debajo de la religión y le da una autonomía relativa por medio del desarrollo de una virtud heroica. En *El político* (1940) destaca que Fernando de Aragón "Conquistó reinos para Dios, coronas para tronos de su Cruz, provincias para campos de la Fe; él fue quien supo juntar la tierra con el cielo" (1943, I: 69). De los Habsburgo no dice otra cosa: Dios levantó esa casa para amurallar la cristiandad, castigar a los herejes y expandir la santa fe a todos los confines de la tierra. Pero esto no significa que la formación de Fernando y los Habsburgo haya sido la de los sacerdotes. Por el contrario, Gracián resalta que las virtudes de un gobernante se encuentran en el ideal heroico y constituyen capacidades y formas de la moral que tienen un sustento enteramente secular. El jesuita lo manifiesta en todos sus tratados, en los que se dedica a discernir las normas de conducta que deben seguir las personas en la tierra. La cúspide de su trabajo es *Oráculo manual*. En uno de los aforismos más famosos de ese volumen, sostiene lo siguiente: "Hanse de procurar los medios humanos como si no hubiese divinos, y los divinos como si no hubiese humanos" (II, 203). Para José Antonio Maravall (1975) y Aurora Egido (1997), Gracián abandona las justificaciones religiosas y elabora una moral enteramente laicas. Antonio Rivera García (2011) sostiene en cambio que aquel aforismo hay que ubicarlo en la tendencia de los jesuitas de transformar el catolicismo en una religión moral. En lo profundo, las dos interpretaciones coinciden: Gracián transforma el catolicismo en una norma de conducta secular[15].

Con Saavedra y Gracián el pensamiento político llega a su cúspide. En su faz más luminosa, se puede percibir una armoniosa solución de los principales desafíos que enfrentaba el pensamiento político del Barroco. Pero esta cúspide conlleva también la puesta en evidencia de los problemas inocultables que éste debe enfrentar. Si repasamos *Empresas políticas*, la continuidad entre razón, política y moral funciona sólo cuando existe tranquilidad y orden en el reino. Saavedra afirma repetidas veces que el príncipe debe crear leyes justas, diseñar y conservar buenas constituciones, castigar los delitos por igual y distribuir los bienes según los merecimientos. Pero el problema es que el tiempo en que escribía esto no era en absoluto de tranquilidad. Durante todo el valimiento de Olivares se produjo una tensión máxima entre la

---

[15] Lo mismo podemos decir del último aforismo de ese tratado, en el que se refiere a la virtud. Para Gracián, la virtud es una norma de comportamiento heroica y por lo tanto secular. "Ella hace un sujeto prudente, atento, sagaz, cuerdo, sabio, plausible, verdadero y universal" (II, 217). Sin embargo, Gracián logra articular esta visión con la religión: la virtud "se lleva la gracia de Dios y de las gentes" (217).

monarquía y el papado y apenas ocho años después de la publicación de su obra se firmó el tratado de Westfalia, punto de viraje que terminó de llevar a España hacia su declinación. Si Saavedra podía desarrollar una moral basada en los ideales heroicos, este contexto adverso le exigía asumir al menos algo del realismo político que Álamos había puesto en escena. Pero lo más importante es que su sistema se lo reclama: los hombres poseen impulsos inmorales y el mundo en el que se desarrolla la política conforma una naturaleza degradada. Por esto, en muchos tramos de *Empresas políticas* se aparta de la continuidad entre razón y moral y sostiene que la primera es también una facultad que permite evaluar las circunstancias y decidir cuándo y por qué vías es conveniente aplicar los principios. En la empresa Saavedra 22 hace una serie de recomendaciones para el castigo de los delitos que está planteada a partir de este realismo excepcional. Cuando el reino está ordenado, el príncipe sólo necesita que sus ministros apliquen la justicia, pero cuando impera el desorden y se ha perdido el respeto a las leyes es necesario "templar el rigor […] porque si la virtud sale de sí, impaciente de los desórdenes, y pone la mano en todo, parecerá crueldad lo que es justicia" (242). En sintonía con esto, recomienda el rigor con los delitos de unos pocos y la tolerancia con los de la mayoría. Esta visión llega a su extremo cuando se refiere al asesinato en secreto que Tiberio hace de un esclavo que fingía ser Agrippa. Saavedra defiende ese asesinato por razones de Estado: un castigo público podría haber generado revueltas peligrosas. Para sostener la monarquía, es necesario un realismo que en muchos aspectos se revela de una crudeza extrema.

Parecidas consecuencias se pueden extraer de la obra de Gracián. Para demostrar la continuidad entre razón y moral, el jesuita pone en primer plano la sindéresis. Bajo esta perspectiva, la razón empalma con la moral, de modo que el héroe es aquél que sigue el camino que es a la vez recto y verdadero. Pero como el mundo se encuentra a merced de la naturaleza humana, en su obra la razón y la moral también se fracturan. Gracián se hace eco de la famosa máxima de Maquiavelo: "Cuando no puede uno vestirse la piel del león, vístase la de la vulpeja […] por un camino o por otro, o por el real del valor o por el atajo del artificio. Más cosas ha obrado la maña que la fuerza, y más veces vencieron los sabios a los valientes" (II, 193). Esta marcha fluctuante demuestra que para Gracián hay una fisura entre razón y moral, de modo que el hombre debe ser un mixto de serpiente y paloma, lo cual le permite estar prevenido contra los engaños, dominar la naturaleza y acomodarse a la ocasión, proponiendo un término medio que funcione como norma para conducirse en un mundo complejo y degradado. Esta interpretación no es sólo un diagnóstico sobre el mundo, sino que las contradicciones en las que éste se despedaza se trasladan al corazón de su pensamiento. Si bien Gracián reclama que el hombre siga el camino de la virtud, al leer el pesimismo de

Oráculo manual y, sobre todo, de *El Criticón*, no se puede concluir otra cosa que ese camino es para muy pocos, y tal vez para nadie. La exigencia de la virtud es descomunal. Ni el gobernante ni el hombre de la corte pueden conducirse sólo por esa forma ideal. Si deben tenerla como norte de conducta, tienen que saber distinguir con inteligencia los medios de los fines. Desde Ribadeneyra, el realismo es un suplemento por medio del cual el pensamiento político consigue mantener en pie el sistema en un mundo que se ha vuelto extremadamente complejo. En Gracián, ese suplemento se disemina y se amplifica: todos los hombres lo necesitan, porque es un requisito indispensable para conducirse en sociedad.

Casi al finalizar el siglo, esta forma contradictoria llega al extremo con José Alfonso Lancina. En sus *Comentarios políticos a los Annales de Cayo Vero Corneli* Tácito (1687), el autor se saca de encima toda limitación y sostiene que la política está por encima de la moral de los particulares y las manifestaciones externas de lo religioso. Para el autor es esa autonomía la que debe convertirse en el corazón del gobierno: "Para vivir sabiamente de particular bastan las virtudes morales, pero se necesita otras artes para dirigir a otros, y mantener un reino" (93). En sus palabras, escritas en los tiempos oscuros de Carlos II, nada queda de las afirmaciones demasiado controladas de los autores que lo preceden. Pero para un pensamiento que a lo largo del siglo ha reflexionado en torno al soberano, esta autonomía extrema no puede bajo ningún concepto tomar otra fuente que no sea la religión.

En esto demuestra su avance respecto de ese precedente para él central que es Álamos de Barrientos. Como vimos, la principal dificultad de *Tácito español* era que su realismo no le permitía situar la fuente de la soberanía por fuera del orden contingente. Lancina resuelve este problema en tanto se incluye en la tradición de los *arcana imperii*. Como recuerda Frank Ankersmit, en el discurso de los *arcana imperii* se sostiene que el príncipe debe actuar de un modo diferente al de los particulares, porque muchas veces está obligado a hacer el mal para conservar el Estado. En vistas de ese propósito puede mentir, mostrarse engañoso e incluso cometer actos criminales. Gabriel Naudé y Louis Machon, los principales representantes de esta tendencia, retoman el pragmatismo de Maquiavelo, pero con una diferencia crucial: Maquiavelo evaluaba la acción política por medio de la gloria que podía causar, mientras que para los autores de los *arcana imperii* la fundamentación última no está ahí, sino en Dios. Si el príncipe puede realizar acciones inmorales, es porque se encuentra en un territorio en el que, como el divino, se borran las fronteras entre el bien y el mal y sólo debe responder ante Dios por la tarea que éste le ha asignado, que es conservar el Estado[16]. En sintonía con estos autores, Lancina piensa la autonomía a partir de la religión. Escribe en un pasaje central en este sentido:

> El príncipe juzga por los informes extrajudiciales, según su consciencia, porque a Dios sólo ha de dar cuenta de sus obras, y lo primero que ha de mirar la salud del reino. Los castigos en secreto fueron siempre los más acertados, y los más seguros; los públicos dan horror, y muchas veces compasión, o desesperación; los secretos aprehensión, y ejemplo (236).

Saavedra sacaba conclusiones parecidas a partir de la lectura del mismo pasaje de Tácito. Por un lado, hay que reconocer que esta coincidencia muestra las profundas diferencias que existen no sólo entre ambos autores, sino también entre Lancina y el resto de los acá nombrados; pero, por el otro, hay que decir que éste parece el punto de llegada inevitable para un pensamiento político como el del Barroco. Desde el principio, la razón de Estado se propuso establecer un orden en el mundo convulsionado por Maquiavelo. Por mayores que hayan sido las condenas a su obra, los autores intentaron ejercer un control sobre lo que éste había descubierto en tanto reconocieron la autonomía de la política e intentaron subordinarla a la religión. Para esto, se centraron en el soberano (no podían hacer otra cosa, dado que la intención era fundamentar el sistema de poder de los Habsburgo), poniendo de relieve que su autoridad provenía de Dios. El sistema, no hace falta decirlo, tuvo un éxito indiscutible: mantuvo la monarquía, estableció un desarrollo teórico que duró un siglo y sentó las bases de lo que después de las revoluciones comprenderemos como lo nacional, es decir, la consolidación de una religión, un lenguaje y una organización político-territorial. Pero todo indica que, a la postre, el sistema estaba condenado al fracaso, no sólo porque en otros países se habían fijado ya los principios de la Ilustración, sino también porque la contradicción intrínseca de la razón de Estado se vuelve imposible de resolver. Por más vueltas que se le haya dado en el siglo XVII, lo que muestra la autonomía de la política es, como se advierte en las contradicciones de Álamos, que todo poder es contingente. Tácito, ese autor inagotable para los escritores barrocos, lo demuestra de una manera acabada: si Tiberio es emperador, no logra ese título por los dioses, sino porque aplasta los vestigios

---

[16] Como demuestra Peter Donaldson, para Naudé la acción del príncipe es una *imitatio dei*, pues el secreto de Estado lo sitúa en las paradojas y las complejidades de las relaciones entre el bien y el mal (1992: 174). Para Ankersmit, Machon radicaliza el tema al afirmar que muchas de las acciones consignadas en la Biblia son actos maquiavélicos. El ejemplo característico es la crucifixión: para salvar a los hombres Dios sigue el camino terrible de hacer sufrir y morir a su hijo en la cruz.

todavía vivos de la República. Para darle fortaleza a la monarquía, los autores retomaron del discurso tradicional la idea de que la soberanía proviene de Dios. Pero con esto se contradijeron, pues esa soberanía sólo se puede mantener en pie si se hace la vista gorda sobre los principios religiosos y se ponen en práctica decisiones excepcionales que están por fuera de los dictados de la moral. Esto explica el crecimiento desmedido de la autonomía no menos que de la fundamentación cada vez más desesperada de la soberanía a partir de Dios.

Con Lancina, el Barroco llega a un límite que no va a superar: en su obra se vuelve inocultable la contradicción del pensamiento político. Se puede concluir que ese pensamiento es demasiado viejo y habla de algo que ya nos resulta ajeno. Pero habría que revisar una conclusión apresurada como ésa. Así como Maquiavelo muestra una concepción contingente de la sociedad y la distribución del poder, el Barroco señala un intento de organización que se basa en la sutura del conflicto por medio de una sustancia que, como la religión y luego la nación, se proyecta por encima de las contradicciones. En ese movimiento, no en sus soluciones o en sus fundamentaciones, se revela lo que suele llamarse la modernidad del siglo XVII. Maquiavelo y el Barroco son dos formas de pensar el poder que todavía hoy se encuentran en disputa.

II. Lenguaje Barroco

Por una lengua imperial

A tono con las decisiones que el Concilio de Trento toma sobre el control de las sagradas escrituras, en el índice Valdés (1559), se prohíben los libros condenados por los papas, los que están escritos por herejes o los escritos por judíos o musulmanes que tengan como objetivo atacar la religión católica, se prohíben las disputas entre católicos y herejes y los libros que se refieren a ciencias ocultas, se prohíben las interpretaciones irrespetuosas de los santos y de los miembros de la jerarquía eclesiástica y se prohíben los libros contrarios a la Iglesia, las traducciones de la Biblia a lengua vulgar, el uso de esta con fines profanos e irrespetuosos y los libros en los que no aparezcan el nombre del autor o el impresor y que no lleven la fecha ni el lugar de impresión (Joseph Pérez, 2003). Las consecuencias de esta legislación son evidentes. La más clara es que cercena el poder crítico de los intelectuales, pues la única crítica disruptiva que podían hacer era la que ya habían probado los humanistas de principios del XVI: la crítica a los dogmas que sostenían la estructura social[1]. Pero así como en el ámbito de la política la supremacía de la religión se impone a partir de una relativa autonomía de la acción y produce formas nuevas de reflexión a partir de una transacción entre la ortodoxia y las prácticas concretas, de la misma manera, el clima contrarreformista se encauza no solo por la prohibición, sino por la generación de una serie de novedades en el pensamiento y las prácticas de la escritura. La cultura del Barroco, subrayemos esta cuestión, es a la vez represiva y positiva, es decir, no solo impide, sino que también fomenta e incluso obliga a hacer. Desde un punto de vista general, es cierto que el clima contrarreformista

---

[1] Como dice Joseph Pérez, "La Inquisición procuró deliberadamente que los intelectuales no se dedicaran a la crítica, y les obligó, por así decir, a consagrarse a temas puramente estéticos" (2003: 172).

empuja a una celebración religiosa que encuadra en lo ortodoxo, pero también empuja a un terreno profano que se mantiene relativamente autónomo. Si es evidente que la poesía religiosa contribuye a la hegemonía, también, hay que decir que escribir poesía cortesana, hacer tratados sobre la excelencia del castellano, poner sobre los tablados obras que exaltan el orgullo patriótico, todo eso que no estaba prohibido, es en gran medida –cuando no de manera completa– una forma de producir un orden social.

El punto más claro en este sentido se encuentra en el pensamiento sobre el lenguaje. El humanismo se había fijado como uno de sus objetivos el conocimiento lingüístico a fin de mejorar y fortalecer el castellano bajo la idea de que este debía convertirse en una lengua imperial. Antonio de Nebrija lo dice de una manera muy clara en su *Gramática*, que escribe en el momento en el que se producen dos de los hechos que pondrán en marcha el camino de la monarquía hacia la cúspide, es decir, la reconquista de Granada y el descubrimiento del Nuevo Mundo: "Siempre la lengua fue compañera del imperio". La restricción tridentina sobre el humanismo no cercenó ese propósito. Aunque en *Del origen y principio de la lengua castellana*, de Bernardo Alderete (1606), y en *Tesoro de la lengua castellana* (1611), de Sebastián Covarrubias, la religión ocupa un importante lugar, ambos mantienen el programa de Nebrija. Para Covarrubias, la historia ha separado las lenguas actuales de la lengua adánica original y, por ese motivo, se encuentran situadas en un terreno plenamente secular, lo cual justifica la intención de mejorarla. Para Alderete este propósito es aún más claro. El autor recomienda la educación, las gramáticas, la normativa y la poesía a fin de desarrollar las capacidades intrínsecas que posee la lengua española: "Los pocos de los nuestros, que en esto se lucen, y campean, han mostrado, y sacado en público los tesoros escondidos, que el romance encierra" (88 vuelta). Aunque no podemos decir de manera terminante que el autor reponga el acomodo de las palabras a las cosas que solicitaba Juan de Valdés en *Diálogo de la lengua*, hay que notar que esos tesoros darían como resultado una poesía "no liviana, ni licenciosa" y un "verso sonoro, limpio, terso, sin que le falte número", una oratoria vehemente con gran poder de persuasión, una historia que todo lo hincha, sin que por eso quede hinchada, una medicina y una filosofía que se explican con facilidad, destreza y cortesía.

Si se mantiene con vigencia el programa humanista sobre el castellano, podemos decir que con el Barroco esa intención se profundiza. Para verlo, retomemos el fenómeno de la llamada "nacionalización" de las formas poéticas. En *El siglo del arte nuevo*, Pedro Ruiz Pérez hace una serie de planteos esclarecedores en este sentido. A principios del 1600, aparecieron el romancero nuevo, la fórmula dramática vinculada al corral de comedias y las innovaciones narrativas que aparecen en *El Quijote* y la definitiva imposición de la picaresca. Estas transformaciones terminaron de arraigar las formas renacentistas, pero a la vez rompieron con los modelos supuestamente estáticos del pasado y generaron formas en las que se aprecia la singularidad. Por otra parte, el fenómeno se enmarca en la conciencia sobre la dimensión imperial de la monarquía, la desconfianza hacia la heterodoxia y el cordón sanitario que impone Felipe II respecto de Europa (2010: 184). Para comprender estas transformaciones bajo los términos que tomé para la política, podemos decir que, aunque la religión es el elemento central del proceso de confesionalización, cobra importancia, también, el desarrollo de innovaciones literarias mediante las cuales se afianzan códigos expresivos y modos de vivir españoles. En este sentido, la Contrarreforma no elimina el programa humanista de la lengua imperial, sino que lo profundiza, pues se convierte en un código que articula con lo ideológico por medio de la política y la religión y define desde esa articulación un posicionamiento imperial.

Párrafo aparte merece la singularidad de la poesía religiosa. En este caso, la nacionalización se realizó a partir de la tensión de los escritores con las prohibiciones tridentinas. Valentín Núñez Rivera ha publicado un documentado libro que quisiera glosar para dejar sentada esta cuestión. Como comenta el crítico, el Índice de Valdés prohíbe la poesía sacra de Jorge de Montemayor, con influencias erasmistas, iluministas y criptojudías. A partir de entonces, las traducciones bíblicas se repliegan al ámbito manuscrito, pero hacen un aporte que será perdurable a lo largo del Barroco: ajustan la temática cristiana con los modelos horacianos y virgilianos (2010: 30). Este maridaje se abrió paso gracias al fenómeno de la divinización de las obras profanas. El molde, ya plenamente ajustado al ámbito de la moralidad tridentina, llega a su cúspide con los cien sonetos que Lope incluye en la primera parte de sus *Rimas sacras* (1614), en donde asume la forma petrarquista para confesar sus desengaños católicos respecto de los amores que antes había cantado en sus *Rimas* (1604), y con el *Heráclito cristiano*, en el que Quevedo lleva "a cabo la consecución de una *poética bíblica*, cuyo modelo es, por supuesto, fray Luis de León" (2010: 47). Si el romancero nuevo, la comedia de Lope y las innovaciones narrativas generaron un código literario propio que le dio una fuerza inédita a la concepción imperial de la lengua, la poesía religiosa se abrió paso en tensión con las restricciones y, finalmente, impuso una forma de religiosidad española.

Ignacio Iriarte

El teatro de/en las Indias

El programa de la lengua imperial se despliega especialmente en el teatro. El molde de la Comedia Nueva es uno de los nudos a partir de los cuales se difunden temas que contribuyen tanto al fortalecimiento de la monarquía y la cohesión social como a la nacionalización de la escena por medio de la superación de las reglas clásicas. En este marco, Florencia Calvo destaca la importancia de las obras históricas del siglo XVII. En ellas los autores toman argumentos del pasado hispánico y refuerzan el proceso de nacionalización de la poesía. De acuerdo con Calvo, la utilización de argumentos pertenecientes a la historia de España colabora "en la legitimación de este nuevo molde dramático que se construye como propiamente español" (2007: 59). Las obras históricas muestran el costado triunfal de la articulación barroca entre lengua, política y religión, ya que tratan sobre temas como la formación de la monarquía y muestran la efectividad que tiene esa estructura de poder durante la fase de expansión territorial.

Para verlo, detengámonos en los textos que escriben Lope, Tirso y Calderón sobre la conquista del Nuevo Mundo. Los motivos para este recorte son de índole diversa. En primer lugar, la articulación de la lengua con el imperio se pone a prueba con la anexión de los territorios de ultramar. Como segunda razón, quisiera recordar lo que en otro contexto sería una prueba a contrario: el impacto del descubrimiento de las Indias tuvo una repercusión muy menor en las letras españolas. Como dice Melchora Romanos, "en la enorme producción dramática del siglo XVII son contadas las muestras en que el tema aparece como eje central de la acción" (Romanos, 1992: 131). José María Ferri Coll propone cuatro explicaciones para esta situación: la llegada de los españoles a América no tenía entonces el mismo sentido que hoy día, faltaban datos y era difícil contemplar *in situ* los territorios hacía poco adosados a la corona, la expedición al Nuevo Mundo había quedado reservada a nobles de origen no muy claro y el público sencillamente no se sentía atraído por el tema (2010: 308-309). Para el peninsular, América era una tierra lejana no solo territorialmente, sino también en lo que respecta a los sentimientos de pertenencia a una comunidad. Pero esto le da interés a estas obras, pues si en ellas la ruptura de las reglas aristotélicas se vuelve una necesidad (relatan peripecias que implican desplazamientos geográficos enormes y lapsos de tiempo igual de dilatados), también muestran que los escritores se esforzaron por incluir los avatares de la Conquista dentro del repertorio que el público reconocía como propio. Para esto, echaron mano a los ejes alrededor de los cuales se forja un sentimiento colectivo: la lengua, la política y la religión.

La lengua conlleva un problema de singular importancia. En *El Nuevo Mundo descubierto por Cristóbal Colón*, escrita entre 1598 y 1603, en la *Trilogía de los Pizarro*, datadas entre 1626 y 1631, y en *La aurora en Copacabana*, de 1661, Lope, Tirso y Calderón enfrentan el problema técnico de hacer hablar a los indios para que el público los entienda sin dejar de marcar las diferencias entre los idiomas. Llamativamente, los tres lo resuelven de una manera sumaria. Lope presenta a los indios antes de la llegada de los españoles celebrando su culto al sol en un castellano impecable. Para marcar las diferencias, les hace decir a indios y españoles que no se entienden y en el diálogo que mantienen Colón y Palca lo subraya dispersando algunas interpretaciones erróneas. Calderón sigue una solución similar y solo Tirso propone algunas innovaciones. En *La lealtad contra la envidia*, los indios emplean algunas palabras quechuas y, en *Amazonas en las Indias*, resuelve el problema al dejar de lado a los incas y concentrarse en las amazonas, que supuestamente los españoles habrían encontrado en *El Dorado*. Ese pueblo cuenta con Martesia, una hechicera que conoce toda la información del globo y, por lo tanto, también la lengua española.

Aunque se trata de un problema técnico, estas soluciones tienen una importante significación. Los escritores sitúan a los indios dentro de un código lingüístico compartido, de modo que se niegan a la vía contraria de acercar el público al mundo de los indígenas. Replican así la dimensión imperial de España: si para Nebrija el conocimiento de la lengua servía para imponerle a los conquistados el castellano, los dramaturgos muestran esa aculturación de una manera instantánea e ideal. En paralelo, la solución técnica pone de relieve que el castellano únicamente marca diferencias si articula una política y una religión[2].

La religión es un tema recurrente en todas las obras pues uno de los propósitos de Lope, Tirso y Calderón es mostrar que la conquista tuvo como motor principal la evangelización. En *La aurora en Copacabana*, Calderón lleva el tema al extremo al presentar la empresa como una lucha entre la Idolatría y el cristianismo a través de alegorías y juegos de tramoyas de índole espectacular. Pero es Lope quien más profundamente cala en el tema de la religión. En *El Nuevo Mundo*, lo presenta como una forma de marcar diferencias entre españoles e indios, pero también entre España y el resto de las principales monarquías europeas. En las primeras escenas, Colón se encuentra peregrinando entre las cortes para conseguir apoyo para su empresa. Manda a Bartolomé a hacer gestiones a Inglaterra y él busca en Portugal. En las dos monarquías, son rechazados. Inglaterra se encuentra escindida de la cristiandad. Aunque el rey portugués es católico, lo trata como un loco, porque sus

---

[2] Por supuesto, la distinción podía reponerse con el vestuario, pero aun así está claro que la lengua no alcanza para diferenciar a los pueblos y, por lo tanto, no sirve por sí sola para crear comunidad.

ideas no coinciden con las razones de los cosmógrafos. Lope repone entonces los argumentos ortodoxos sobre los vínculos entre política y religión. No lo hace en el momento en que el portugués rechaza lo que considera una locura, sino por medio del contraste de ese rechazo con dos escenas precisas. En la primera, Colón vuela con la Imaginación y asiste a una disputa alegórica entre la Idolatría y la Religión sobre el dominio de las Indias. Ese espectáculo lo convence de insistir a pesar de las razonables trabas con las que rechazan su empresa. En la segunda escena, el Almirante es recibido por los Reyes Católicos, momento en el que Isabel dice: "Tan justo celo y tal principio creo,/ que del cielo será favorecido,/ de mi consejo inténtese el viaje" (vv. 948-950). A esto debemos agregar que Lope, al igual que Colón en el *Diario del primer viaje*, vincula la decisión de los reyes con la reconquista de Granada. Las fronteras simbólicas de España están marcadas por la religión. Si esto es claro para Inglaterra, lo mismo vale para Portugal: el rey antepone la razón de Estado a la evangelización. Otro tanto cabe decir de *La aurora en Copacabana*. Calderón presenta a la Idolatría como una fuerza demoníaca que se vale de la simulación para engañar y sojuzgar a los indios. En un pasaje, ese personaje le revela al Inca que el mito de que su ancestro es hijo del Sol es un artilugio que inventó con el cacique Manco Capac para hacerse del poder. Frente a esta simulación maquiavélica, los conquistadores reponen los vínculos ortodoxos entre política y religión. Por supuesto, no eliminan los propósitos económicos de la Conquista, pero los subordinan al programa evangelizador.

En términos políticos, la posición de los tres autores es clara. El sentimiento y la singularidad española se define a través de la lealtad a la corona, como se puede ver, de una manera representativa, en *Amazonas en las Indias*. En ella Tirso afronta el problema de mayor envergadura durante los primeros años de la conquista y colonización: el de los encomenderos. Horst Pietschmann presenta el asunto con gran agudeza y un notable poder de síntesis[3]. En los primeros años de la conquista, y más precisamente en la Santo Domingo en la que cien años después pasó su temporada Tirso, se experimentan dos modelos de colonización. El primero, proyectado por Diego Colón, buscó el desarrollo de "una sociedad autónoma y distinta de la castellana, con fuertes influencias del sistema señorial" (2003: 75); el segundo, impulsado por Fernando el Católico, proponía un modelo de explotación centralizado por la corona. Sería demasiado extenso desarrollar esta oposición, pero vale la pena recordar el rol que en ella jugó Bartolomé de Las Casas. Como es célebre desde su *Brevísima relación*, Las Casas se opuso a los conquistadores y el sistema de la encomienda. Su propuesta se revela aún más clara en *Remedio contra*

---

[3] "Los principios rectores de la organización estatal en las Indias". En Annino y Guerra (2003: 85-113).

la despoblación de las Indias Occidentales (1542). Dirigido a Carlos V, en ese texto, Las Casas rechaza el sistema de la encomienda, pero al lado de los argumentos morales ofrece razones políticas y económicas. De acuerdo con sus opiniones, el sistema concentra la riqueza en manos de los encomenderos: si se pone en libertad a los indios, los tributos fluirían hacia las arcas reales. En lo que respecta a la política, Las Casas le advierte lo siguiente al rey: "Si V. M. permite que las encomiendas prosigan podría resultar en alguna parte un peligro de perder V. M. la soberanía del país" (1822: 322). Destaca la amenaza que representan los descendientes de los conquistadores, "mucho más orgullosos, arrogantes y vanos que los otros españoles", porque pueden formarse la idea de "alzarse con el señorío y la soberanía de algunas provincias contra V. M." (323). Por todo esto, exige que las Indias se subordinen a la corona y le solicita al rey que no aumente la nobleza americana:

> V. M. ha dado algunos títulos de Duque, de Marqués, y de Conde. Yo suplico a V. M. que no conceda otros, porque solo sirven de aumentar el orgullo de los que han conseguido esas decoraciones y todo cede contra los infelices indios. Pero en cualquier caso importa mucho que ningún título se dé con señorío y menos con jurisdicción de los indios, porque hay peligro de que algún día el agraciado quiera ser Rey (324).

El mismo año en que Las Casas escribe esto (1542), Carlos V promulga las Leyes Nuevas, que ordenan que todos los indios sean liberados y se reviertan las encomiendas a la corona tras la muerte de su beneficiario[4]. Con esta legislación, ratificada por Felipe II, la monarquía pone fin a las pretensiones autonomistas y la sociedad mestiza que habían proyectado los conquistadores.

Situada su acción en estos años decisivos, en *Amazonas en las Indias* se discuten las formas de organización política que tendrá el virreinato del Perú. Tirso trabaja el tema a partir de las dos opciones que se abren ante Gonzalo Pizarro: la búsqueda de una autonomía a través del casamiento con una noble indígena o la lealtad a la corona. La disyuntiva está planteada desde el primer momento cuando Menalipe le propone casamiento para reinar tierras independientes. El conquistador rechaza la idea con palabras motivadas por un profundo sentimiento de lealtad: "Vengo en nombre de mi rey,/ leal a sus órdenes sigo./ Esta bélica región/ por dueño suyo te adora;/ si te doy la mano agora/ tendrá la envidia ocasión/ de afirmar que me levanto/ contra mi rey con la tierra" (vv. 649-654). La disyuntiva vuelve a aparecer cuando se anuncian las Leyes Nuevas. Con el tono del memorial de agravios, Caravajal

---

[4] Para este aspecto, ver David Brading, "La monarquía católica". En Annino y Guerra (2003).

le formula una propuesta similar a la de Menalipe. Poco después se presenta junto con Almendras, mientras Pizarro se encuentra en su finca con los católicos desengaños de la vejez, y ambos lo incitan a que encabece la rebelión contra las disposiciones y contra el nuevo virrey. Pizarro desiste por lealtad a la corona, pero lidera el levantamiento cuando Caravajal le revela que han puesto presa a su sobrina. Tras vencer al virrey, este le propone un programa que invierte los consejos antes citados de Las Casas: debe constituir monarquía, crear títulos de nobleza, hacer órdenes militares, escribir a Nueva España para que lo obedezcan como rey, casarse con una nieta de los Incas para lograr la adhesión de españoles e indígenas y levantar fuerte en Portobelo y presidio en Panamá. Pizarro no cede y, cuando piden su muerte, elige ese destino para mantenerse leal:

> ¡Pues morir,
> morir, ingratos! Perderme
> y no admitir tal infamia,
> no eclipsar la sangre mía,
> no echar en ella tal mancha.
> ¡Desamparadme, avarientos!
> Sepa mi rey, sepa España
> que muero por no ofenderla,
> que pierdo, por no agraviarla,
> una corona ofrecida
> tan fácil de conservarla
> cuanto infame en poseerla (vv. 3091-3102).

El Pizarro de Tirso se convierte en un modelo de lealtad en tanto en él se articulan esas tres actividades que son hablar, creer y obedecer. No es casual que esa articulación se vislumbre en la conflictiva cuestión de la conquista de las Indias: se trata del lugar en el que la lengua debe imponerse sobre las demás, se trata de un territorio lejano en términos espaciales y temporales que pone en evidencia la necesidad de quebrar las reglas aristotélicas, se trata de un espacio que reclama la evangelización y, sobre todo, se trata de un ámbito en el cual se diseña una burocracia amplia y compleja para controlar el poder de los criollos a fin de que la monarquía logre mantener sus inmensas posesiones. En sus reflexiones lingüísticas y en sus obras poéticas y teatrales, la escritura del Barroco constituye una maquinaria verbal que se asienta en la religión y la monarquía y se propone defender en el plano simbólico esos dos poderes para garantizar el dominio. En las obras de tema indiano, la lengua se muestra en consecuencia como la compañera del imperio: demuestra su extensión territorial, singulariza los códigos poéticos que maneja, enaltece la religión y pone en el centro la monarquía.

Las contradicciones de la lengua imperial

Esta cima a la que llega el teatro barroco no deja de tener sus claroscuros. Esto no se percibe en las obras a las que acabo de hacer referencia, sino en los textos de otros escritores españoles, que reconocen que ese lugar presentaba cada vez mayores amenazas. Álamos pone de relieve los peligros que acechan a ese momento fundacional del Imperio Romano al que se asiste durante la época de Tiberio. Saavedra no está solo cuando se alarma por la retracción económica y la disipación en las costumbres: todo el discurso de la razón de Estado trata de conjurar los peligros que socavan el poder. Si nos remontamos a Maquiavelo, podemos decir que el pensamiento político no emerge en los momentos tranquilos de una sociedad, sino en aquellos en los que el poder se revela inestable y amenazado. Aunque *La vida es sueño* se refiere a un poder político todavía anclado en el estudio de los astros, Calderón muestra que los interrogantes se concentran en el poder y las formas de desestabilización internas y externas que lo amenazan. Las razones que explican esta sensación de inestabilidad las hemos visto ya en ese punto de llegada del pensamiento político que es Lancina: por una parte, la autonomía de la política se vuelve cada vez más una exigencia para mantener la monarquía, pero, por la otra, horada la estabilidad misma del sistema pues demuestra que este no es necesario sino contingente.

Estas sombras impactan en la escritura. Pero si bien ese impacto se explica por el hecho de que el imperio del cual la lengua es compañera se encuentra década tras década cada vez más resentido, también hay que poner de manifiesto que existen contradicciones intrínsecas que se hacen evidentes desde principios del siglo XVII. En efecto, la lengua del Barroco nos da sus luces y sus sombras debido a que brota de la monarquía católica. Pero si eso genera una enorme potencialidad, al mismo tiempo la limita, pues la lengua puede hacer todo menos criticar ese sistema de poder. En este sentido, el lenguaje queda encerrado en un juego de espejos del cual no podrá salir cuando la monarquía advierta el ocaso de su posición imperial.

Veámoslo a partir de la famosa polémica en torno de las *Soledades*[5]. Todos los autores ingresan a ese campo de batalla con el propósito de darle a la lengua una dimensión imperial. Para cumplir con él, Góngora defiende la recuperación del latín. Como él mismo dice, es "lance forzoso venerar que nuestra lengua a costa de mi trabajo haya llegado a la perfección y la alteza de la latina" (43). Para Góngora, el latín es *la* lengua imperial y no concibe otra forma de levantar el castellano que no sea por medio de una recuperación de la sintaxis y el léxico de los romanos. En sus intervenciones en la polémica,

---

[5] Cito los textos de la polémica de la antología de Ana Martínez Arancón (1978).

Lope señala, en cambio, que esa dimensión se debe a que el castellano se difundió gracias a las conquistas militares de la monarquía y manifiesta que su perfeccionamiento no se logra con la copia de las extranjeras, sino con el encuentro de aquellos rasgos que la hacen particular. Para demostrarlo, recuerda que los italianos envidian a los españoles: esa envidia no surge de los períodos largos e intrincados, sino de la capacidad del castellano para formular un concepto de manera concisa.

Pero debajo de las seguridades sobre el imperio castellano, los textos de Góngora muestran que los ideales humanistas comenzaron a entrar en contradicción. Los lectores más tempranos de las *Soledades* y el *Polifemo* se dieron cuenta de que, si el cordobés buscó levantar el castellano a la dignidad del latín, sacrificó la claridad expresiva. Pedro Valencia le comenta en carta de 1613 que el *Polifemo* y las *Soledades* pecan de afectación y separan *res* y *verba* porque engrandecen con "palabras y extrañezas" pensamientos que en el fondo son menores. Por este motivo, le recomienda que repase los clásicos y vuelva a "su natural, que solía parecer sencillo, liso, desnudo y claro como verdadero". Los dos propósitos que se habían fijado los humanistas entran en contradicción: para alcanzar la lengua imperial, se debe abandonar el acomodo de las palabras a la cosas, como si el cerebro barroco se replegara tanto que únicamente concibiera esa empresa a través de una apretada erudición. Esta contradicción se conecta con la visión problemática que Góngora tiene sobre el poder. En sus recepciones críticas, Fernández de Córdoba y Juan de Jáuregui censuran las escenas de cacería que coloca como dedicatorias de las *Soledades* y el *Polifemo*. El primero, que admira al poeta, le recuerda que hay cosas más graves de las que suelen ocuparse personas de esa eminencia; el segundo, por entonces frontal enemigo, concede que la caza es loable en príncipes, pero "es sólo un entretenimiento y gusto, no acción heroica en lo militar ni en lo civil" (157). Aunque Góngora conocía las críticas de Fernández de Córdoba antes de poner en circulación la *Soledad* primera, no la corrigió, tal vez, porque se sentía seguro de lo que valía, tal vez, porque consideraba que la caza era una actividad digna para la nobleza. Pero por un camino tal vez involuntario, muestra que el poder se exhibe como una representación o un espectáculo. Debajo podemos ver un axioma que será fundamental para Gracián: cuando la representación se inflama, el poder se vacía.

Desde este punto de vista, las dedicatorias de Góngora son menos un antojo personal que el síntoma de una situación que comienza a invadir el mundo del Barroco. ¿No lo refleja el recuerdo constante que hace el pensamiento político del reinado austero de Fernando de Aragón? ¿No se advierte acaso cómo se congela el tópico de las armas y las letras en la décima 109 de sor Juana? Esto sintoniza con la crítica que Góngora sí hace de manera consciente a la navegación. Como demuestra Lía Schwartz Lerner, aunque el "Discurso contra la navegación" retoma un tópico clásico que hunde sus raíces en la Antigüedad, Góngora lo reactiva dentro de esa potencia naval que era España e intercala reproches a los principales hitos del descubrimiento del Nuevo Mundo (1984: 320). Participa con esto del difundido examen de que la inundación de riquezas de las Indias produjo una inflación en la moneda, los vestidos y los derroches de la corte. En la empresa 69, Saavedra lo dice de manera muy clara: la abundancia de plata hizo que los españoles menospreciaran el trabajo, lesionó el aparato productivo y horadó el valor del metal. ¿Cuáles eran los remedios para esa situación? Volver al mercantilismo e instaurar políticas de austeridad. Góngora se incluye en este clima y anticipa los diagnósticos y las soluciones: censura la Conquista y recupera el menosprecio de corte y alabanza de aldea evocando la austera sociedad pastoril.

¿Era consciente de estas líneas que se cruzan en su poema? Su exposición laberíntica demuestra que, si lo era, solo podía reponerlas en un discurso que asume las mismas contradicciones que tensan al mundo representado. Si busca fortalecer el castellano, termina con la claridad; si se propone resaltar el poder de la nobleza, lo hace por medio de escenas de cacería. Por un lado, canta el imperio; por el otro, entiende que el Descubrimiento ha llevado a España a una crisis que amenaza con ser terminal. Góngora se introduce en el claroscuro del Barroco: su obra se conecta con el pensamiento político que recorre el siglo, no porque coincida con tal o cual autor, sino porque demuestra que el imperio está amenazado por las contradicciones.

Quevedo mira las cosas de un modo más frontal. Si en Góngora la codicia es el piloto del Descubrimiento, en Quevedo esa palabra ocupa su lugar entre los pecados capitales e invade toda la sociedad. En los *Sueños,* la encuentra en el gasto disoluto, el exceso de adornos, la navegación y el comercio; en *El buscón,* la descubre en el intento de los personajes de saltar de un estamento a otro utilizando una razón de Estado que para él está ligada a la hipocresía y la simulación. Por eso mismo, la palabra se carga de significación cuando la utiliza para atacar las innovaciones de Góngora: "Ni sé qué codicia u qué gloria mueve a los charlatanes de mezclas, y a los que escriben taracea de razonar prosa espuria y voces advenedizas y desconocidas, de tal suerte que una cláusula no se entiende con la otra" (104). En Quevedo la codicia acerca el gasto cortesano, la crisis social y la retórica gongorina. Pero además, el autor formula estas desconfianzas con el reconcentrado lenguaje del laconismo. Como destaca Jorge García López, se trata de un estilo introducido en España por Virgilio Malvezzi a través de *Il Romulo*. El autor de *El Buscón*, que tradujo la obra en 1632, "debió ver en el laconismo malvezziano el ejemplo de una práctica literaria que él mismo había experimentado a partir de la agudeza de su carácter y de su palabra: el estilo lacónico, en suma, valía como formulación más clásica y acabada de una inclinación personal" (162). En el mismo sentido, "su traducción de Virgilio Malvezzi delata la búsqueda de un clasicismo alternativo al florido gongorismo" (162). Además, el laconismo desborda al comportamiento cívico: como estilo propio de la sentencia moral, entronca con la sátira al derroche y la búsqueda de políticas de austeridad.

Aunque Gracián ya no participa de la polémica, su obra muestra un punto de llegada de este proceso. El jesuita valora a Góngora, pero al igual que Quevedo prefiere el laconismo. En *Agudeza y arte de ingenio,* sostiene que el "estilo asiático" es propio de oradores, mientras que el lacónico es el que emplean los filósofos morales (1943: I, 557-558). Su prosa, refulgente y seca, se concentra en sus últimos libros en darnos una imagen pesimista y amargada de la sociedad. Admira los momentos de nacimiento en los cuales la acción no necesita de ostentaciones y encuentra su modelo en Fernando de Aragón, príncipe que hizo un reino a fuerza de inteligencia diplomática y fortaleza militar. Si en *El Político* todavía ve en Olivares un reflejo de esa luz, en *El Criticón* descubre que ya no queda nada a qué aferrarse. Gracián condena su época porque la fastuosidad de los trajes oculta la pobreza de las acciones. Pero a pesar de la claridad de su diagnóstico, no sale de los laberintos de su mundo, porque le es imposible liberar la razón a fin de elaborar una crítica que demuela el edificio del Barroco. Debido a esto, los personajes del *Criticón* se sientan resignados a ver girar la rueda del tiempo:

> Volteaba la rueda y escondíase el buen tiempo y todo lo bueno con él. Aquellos hombres buenos y llanos sin artificio ni embeleco, tan sencillos en el vestido como en el ánimo, sin pliegues en las capas y sin dobleces en el alma, con el pecho desabrochado, mostrando el corazón, la conciencia a ojo, con el alma en la palma y por eso victoriosa: hombres del tiempo antiguo y con todo eso muy ricos y sobrados, desaliñados y nunca más bien puestos. Que, cuando los hombres eran más sencillos, aseguran que había más doblones. Escondíanse aquéllos y salían otros antípodas suyos en todo embusteros, mentirosos, falsos y faltos, que se corrían de que les llamasen buenos hombres, más pequeños de cuerpo y también de alma. Y con ser todos palabras, no tenían palabra. Mucho de cumplimiento y nada de verdad. Mucho de circunstancias y nada de sustancia (310).

Gracián escribe estas palabras en la segunda mitad del siglo XVII, período en que las derrotas cercan a una monarquía cuyo poder de influencia se encuentra averiado. Si la lengua es compañera de este imperio en decadencia, esto no se debe a que se pueda poner en paralelo la prosa sentenciosa con las pérdidas políticas. Por el contrario, para Gracián la escritura moral es una forma de criticar esa situación lamentable que se abre a sus ojos. Pero ese lenguaje reconcentrado muestra en parte las causas de la decadencia española, pues es un efecto del repliegue de los saberes que se viene desarrollando desde principios del siglo XVII. En su célebre poema sobre el autor, Borges lo imagina en el infierno continuando el laberíntico *Agudeza y arte de ingenio*. Aunque la imagen es demasiado dura, esa concepción del lenguaje se enreda hasta el infinito, justo en el momento en que surge la prosa abierta, comunicativa y racional de los hombres que ponen en marcha la crisis de conciencia que dará origen a la Ilustración. Otro tanto podemos decir de la preferencia de Gracián por el aforismo. Como explica Álamos, la palabra se toma de la medicina y la astrología y desde entonces está unida al pensamiento político. Pero a mediados de siglo, ese pensamiento queda demasiado enredado en la tensión entre lo necesario y lo contingente como para encontrar la solución a los problemas desatados. Ese repliegue del lenguaje parece un corolario de la estructura de la Contrarreforma: si se repliega, es porque no está en condiciones de desarrollar una crítica al sistema político-teológico del que ha surgido.

El resultado al que se llega no deja de ser curioso. En términos políticos, el sistema barroco buscaba subordinar la autonomía por medio de la religión. Esto significa que operó sobre los antagonismos, es decir, estableció una nueva codificación por medio de la cual estos se resolvían en el cuerpo doble, terrenal y sobrenatural, del príncipe. Gracián muestra que, a mediados de siglo, ese sistema ya no puede cumplir con los propósitos para los cuales había sido llamado. Como demuestra Aurora Egido (1986), *El Criticón* dice que la realidad es una versión degradada del ideal. Aunque Gracián no abandona el catolicismo, la Ciudad de Dios está tan lejos que lo único que puede mostrar es una naturaleza corrompida, redescubriendo por esa vía el antagonismo al cual el Barroco había buscado conjurar. Pero si es claro en el diagnóstico, no está en condiciones de darle una solución: lo único que le queda es contemplar desde el ideal esa naturaleza corrompida y ese todos contra todos en el que se ha despedazado la sociedad.

¿Existía una salida distinta? Por cierto que sí: si se quita la ciudad de Dios, la competencia de todos contra todos se convierte en sistema, porque esa guerra entre los hombres no es otra cosa que el capitalismo, pues la fuerza del capitalismo surge de ese estado de competencia generalizado. Pero esa salida no implica, notémoslo, una dialéctica por la cual la crisis da paso a un orden nuevo. *Oráculo manual* se refiere a los cortesanos. El conflicto que perturba a Gracián, como a todos los barrocos, pertenece a la corte, porque es un pensamiento centrado enteramente en el soberano. La Ilustración no toma las partes irreductibles de ese orden para generar uno nuevo. Por el contrario, empieza por otro lado: por el hombre en el estado de naturaleza. Le interesa ese conflicto prepolítico que funda lo político, porque a partir de él va a poner en primer plano una disputa que es de otro orden, una disputa entre los hombres libres, esos que más temprano en algunas regiones, más tarde en otras, van a ser los burgueses. Cuando la Ilustración termine de desplegarse, el siglo XVIII va a romper de manera irreparable con el Barroco.

III. Política ilustrada

Crisis de conciencia

En *Meditaciones metafísicas*, texto que –no hay que olvidarlo– dedica a la Sagrada Facultad de Teología de París, René Descartes comprueba que el mundo no puede proporcionar certezas; luego, accede a la iluminación del *cogito* y, finalmente, llega a la conclusión de que la única manera de salir del solipsismo es demostrar la existencia de Dios. Descartes sitúa la verdad en Dios, pues toda certeza tiene que estar resguardada porque él así lo dispuso, pero, por este camino, libera al hombre de las preocupaciones religiosas y lo deja en condiciones de avanzar en la comprensión científica sin preguntarse a cada paso por las relaciones que el mundo tiene con lo divino[1]. De este modo, da por tierra con la estructura de la Contrarreforma, pues si bien se inserta en el proceso de separación de lo secular y lo divino, lo radicaliza de tal modo que los saberes dejan de estar subordinados a la religión y, poniendo fin a la escolástica y los compendios inorgánicos de la casuística, convierte la racionalidad en la grilla que define al hombre y, a la vez, permite explicar la realidad.

Esta propuesta tiene entre sus consecuencias la obra de Thomas Hobbes. A diferencia del pensamiento barroco sobre el soberano, Hobbes toma como punto de partida el hombre en la situación prepolítica de la naturaleza. Si la geometría comienza con los axiomas y el pensamiento cartesiano con las ideas innatas, Hobbes desarrolla su trabajo a partir de las leyes naturales, que impulsan a los hombres a defenderse a sí mismos y buscar la paz. A causa del miedo que tienen entre sí, realizan un pacto mediante el cual instituyen un Estado a través de la cesión a su titular del poder de vida y muerte. Por este camino, Hobbes se separa de una manera nítida del pensamiento político

---

[1] Jonathan Israel sintetiza este paso con el desagrado que le causó a Pascal: "En vez de evadir toda la cuestión de Dios, como debería de haber hecho, lo pone a apretar un botón" (2012: 40).

español. En primer lugar, plantea que la justicia se crea con el pacto social y no tiene existencia previa. Por este motivo, las leyes que dicta el soberano son siempre justas y, bajo esta idea, pierden interés los debates sobre la excepcionalidad y la autonomía relativa del Estado. En segundo lugar, rompe con la idea de que existe una separación entre el poder eclesiástico y el poder civil, pues el Estado queda por encima de la Iglesia, una Iglesia que tendrá que atenerse a las decisiones que emanen de él. En tercer lugar, *Leviatán* termina con la diferencia cualitativa entre el soberano y los súbditos: para la razón barroca, esa diferencia se apoya en la mayor o menor cercanía a Dios porque lo divino le confiere al soberano un estatuto distinto, un cuerpo doble, a la vez terrenal y supraterrenal; para Hobbes los hombres son todos iguales y lo único que los diferencia es la mayor o menor acumulación de poder. Por último, el autor desplaza el punto de partida del pensamiento barroco, pues mientras estos comienzan por una sociedad ya construida, Hobbes instala como origen de lo político el antagonismo primordial que se entabla entre los hombres en el estado de naturaleza. Allí aparecen las leyes naturales y en él comienza el Estado. La razón se convierte entonces en un mecanismo para acumular poder sobre los demás, como queda claro en la siguiente definición del derecho natural: "La libertad que cada hombre tiene de usar su propio poder, como él quiera, para la *preservación* de su propia naturaleza, es decir, de su propia vida y, por consiguiente, de hacer toda cosa que en su propio juicio, y razón, conciba como el medio más apto para aquello" (132).

Pero a pesar de estas diferencias, Hobbes todavía se mueve en un territorio cercano al del Barroco, pues, al igual que los teóricos de la razón de Estado, busca poner en pie una monarquía absoluta que restrinja el antagonismo a perpetuidad. Por esta razón, Oliver Marchart (2009: 76) discute la interpretación de Sartori: Hobbes no funda lo político, es decir, la condición por la cual la sociedad se organiza a partir de la lucha, sino que termina con la política, ya que el Estado no admite ningún poder que lo cuestione. Unas décadas más tarde, John Locke supera esta concepción del poder. En *Tratados sobre el gobierno civil* (1689), concuerda con Hobbes en que, antes del Estado, los hombres son iguales entre sí y poseen una razón natural. Pero esa razón no los lleva a preservarse del peligro, sino que los convence de que "nadie puede dañar a otro en su vida, salud, libertad o posesiones" (22). A partir de esta naturalización del mandamiento de amarás a tu prójimo como a ti mismo, Locke concluye que los hombres están en condiciones de castigar a los transgresores. Coincide con Hobbes en que, en el estado natural, los hombres hacen un pacto para instituir un poder superior que se encargue de evaluar las contravenciones y administrar las penas, pero los hombres no transfieren un poder absoluto, sino que renuncian al poder de defenderse y defender sus posesiones. Los fundamentos distintos sobre la ley natural son coherentes con las preferencias en cuanto al sistema de gobierno que ambos proponen. Para Hobbes el Estado tiene que fundarse en una monarquía absoluta; para Locke este debe basarse en la división de poderes. Esta diferencia articula con otra: para Hobbes la propiedad surge con el Estado y es una concesión de la monarquía; para Locke la propiedad comienza en el estado de naturaleza. Sentando las bases de la concepción moderna del trabajo, afirma que el hombre le añade a la cosa un valor extra con el trabajo, lo cual le permite considerarla de su propiedad. Hobbes propone un Estado que se levanta sobre los hombres; Locke establece los cimientos del Estado a partir de una vida que se ha desarrollado antes de él. En Locke la razón sigue siendo poder, pero en tanto poder de producir y aumentar las riquezas. Por este camino, Locke abre la posibilidad del desarrollo de una política que está ligada a la competencia entre los hombres y las restricciones que estos le imponen al Estado.

Esta transformación no puede extrapolarse a España y sus territorios de ultramar. Como recuerda Richard Pipes, los *Tratados sobre el gobierno civil* son el resultado de la experiencia parlamentaria y las luchas entre los propietarios y la corona que se desarrollan en la Inglaterra del siglo XVII y, a pesar de que los escribe antes, se enmarcan en el contexto de la Revolución Gloriosa (1688). Nada semejante se encuentra en territorio español. Las explicaciones para esto son variadas, pero en general, se remontan al siglo XVII. Como destaca Hugh Trevo-Roper (2009), las diferentes crisis económicas que se produjeron en Europa requerían dos soluciones: recortar las sinecuras de la Iglesia y el Estado y retornar al mercantilismo tradicional. A diferencia de los Países Bajos, que lograron los dos objetivos; a diferencia de Francia, que mantuvo el absolutismo, pero reformó la economía; a diferencia de Inglaterra, que contaba desde antes con una política mercantilista, España no logró esos objetivos. Las causas se encuentran en la inercia de la corona, la debilidad de la clase media y la fortaleza de la Iglesia, que controló de manera eficiente a la población, lo que multiplicó los templos, la riqueza eclesiástica y los cargos de la corte. En cuanto a las reformas económicas, se advierte la misma situación: las voces mercantilistas eran débiles y el espíritu burgués carecía de la fuerza que tenía en otras regiones. Para François López (1981), la revolución de los precios y la disminución y ruina de la producción impulsaron a los burgueses a invertir en la compra de tierras, refugio con el que ponían a salvo el dinero ante el proceso inflacionario y accedían a un estilo de vida señorial. Esto está acompañado por una notable resistencia del clero. Al peso que este tenía en la economía y la población (137.619 eclesiásticos, solo en Castilla en 1747), hay que sumarle el monopolio casi exclusivo de la educación y la presencia diaria que la religión tenía en la vida cotidiana, desde el bautismo hasta la extremaunción y el entierro, pasando por los sacramentos, las misas obligatorias, las procesiones y las festividades.

Como consecuencia de todo esto, la Ilustración hispánica se desarrolló con algo de demora y lo hizo gracias a una articulación de los intelectuales con el Estado. Aunque las formas que asumió esa articulación son múltiples y complejas, podemos reponer una mínima muestra del tema con el fenómeno bien conocido de las Academias Reales. La creación de varias de ellas comienza durante el reinado del último de los Habsburgo y se afianza desde el gobierno de Felipe V, lo cual demuestra que la "crisis de conciencia" llega a España en el último cuarto del siglo XVII. La Real Academia de la Lengua es un ejemplo característico en este sentido. Su creación fue solicitada por Juan Manuel Fernández Pacheco sobre la base de la tertulia que presidía en su biblioteca. La propuesta no estaba elaborada desde la monarquía, sino que provenía de los intelectuales. Hay que resaltar, además, que aunque la solicitud estaba dirigida a Felipe V, tanto Fernández Pacheco como la mayoría de los que lo acompañaban se habían formado durante los últimos años de Carlos II. Las mismas conclusiones se pueden sacar de Juan de Cabriada. El autor publica su *Carta phylosophica medica-chymica* en 1689 y destaca en ella los descubrimientos científicos producidos en el campo de la medicina, y en especial la circulación de la sangre, que daba por tierra a Galeno y la práctica de las sangrías. Cabriada se levantó contra el estado de la ciencia y los planes de estudio de las universidades y, para lograr las reformas necesarias, le solicitó a la monarquía la creación de una Academia Real de Medicina. Como recuerda Eva Velasco Moreno, fracasó en su pedido, pero consiguió que la tertulia que se reunía en casa del médico Juan Muñoz Peralta desde 1697 se transformara en la regia Sociedad de Medicina y demás Ciencias de Sevilla (2000: 44). Lo mismo podemos decir de Benito Feijoo. En "Sobre el adelantamiento de las Ciencias, y Artes en España", solicita a la monarquía la creación de academias:

> ni de mis declamaciones, ni de las de otro algún particular creo se puede esperar mucho fruto, en orden a introducir, y extender el conocimiento de las Ciencias, y Artes útiles, de que en España hay tan escasa noticia. Es menester buscar más arriba el remedio, y subir hasta el Trono del Monarca para hallarle. ¿Y cuál es éste? La erección de Academias Científicas debajo de la protección Regia (388-389).

Esta forma que asume la Ilustración en España le da una serie de peculiaridades que es importante reponer a la hora de pensar la superación del Barroco. La primera de ellas es que se encauzó bajo la modalidad de lo que Jonathan Israel denomina "Ilustración moderada"[2]. Efectivamente, el propósito

---

[2] La propuesta, sin embargo, tiene ya varias décadas y se encuentra, por ejemplo, en el clásico *La crítica ilustrada de la realidad*, de José Carlos Chiaramonte.

central de los ilustrados no era eliminar la religión, sino preservarla, pero a la vez restringir el desborde de la iglesia barroca, con el fin de desarrollar las nuevas ideas.[3]

El punto nodal de este avance se encuentra en la lucha contra la escolástica aristotélica. La escolástica fija principios incuestionables e impone que el saber avance por medio de un sistema deductivo. Por este camino, la Iglesia mantenía bajo control el conocimiento e impedía el desarrollo de las nuevas ideas. En 1724 Diego Mateo Zapata abre el debate con su *Ocaso de las formas aristotélicas*. Desde las primeras palabras, pone en su mira al contrincante: "Logra Aristóteles una tal veneración en España, que pierde toda la razón, y juicio, el que se aparta de las máximas y sentencias de este Oráculo" (1-2)[4]. En 1757 Andrés Piquer continúa la lucha con *Discurso sobre la aplicación de la filosofía a los asuntos de la religión para la juventud española*. Saturado de erudición católica, en ese libro recupera los dogmas y ratifica la tradición, la patrística, los concilios y la iglesia. Con una visión que, en principio, continúa la del Barroco, afirma que esas autoridades son las únicas que pueden dar una interpretación correcta de las Sagradas Escrituras. Pero esta ratificación tiene ahora consecuencias inesperadas. Piquer demuestra que las autoridades rechazaron desde el principio la filosofía secular como algo impropio para el ámbito de la fe. A lo sumo, elaboraron compuestos eclécticos para desarrollar algún aspecto de la teología. Piquer sostiene que de los decretos no se desprende ninguna posición a favor de tal o cual sistema. En sintonía con esto, se detiene en las preferencias que muestra San Agustín hacia el platonismo en detrimento del pensamiento aristotélico. Con este bagaje, relativiza la autoridad de la escolástica: se trata de un método que puede dar sus frutos a la teología, pero debe tomarse como una de las herramientas que el teólogo está en condiciones de emplear para demostrar algún aspecto de la doctrina. En línea con esto, separa el ámbito secular del ámbito religioso.

Para Piquer el saber de la iglesia, únicamente, se concentra en lo espiritual. De este modo, despeja el campo para que el conocimiento científico se desarrolle con entera libertad. A partir de este quiebre, da un paso no menos significativo: si bien reconoce la existencia de milagros, sostiene que la evaluación de los mismos debe estar a cargo de la ciencia, pues sólo mediante

---

[3] En este campo, se destacan las críticas de Benito Feijoo a los falsos milagros, que le quitaban terreno a la medicina, o las censuras de Gregorio Mayans a los falsos cronicones y los abusos retóricos de los sermones; los primeros, porque iban en contra del conocimiento histórico; y los segundos, porque mantenían en el misterio una palabra que, sin embargo, debía retornar a la enseñanza y a la racionalidad.

[4] Sin embargo, este emergente de la Ilustración queda cercenado: *Ocaso de las formas aristotélicas* fue suprimido por las autoridades eclesiásticas, y la Inquisición le abrió un proceso a Zapata, que concluyó con la condena a un año de prisión y el exilio por diez años fuera de Madrid (Israel, 660-661).

pruebas científicas es posible averiguar si esos acontecimientos rompen o no las leyes naturales. De este modo, Piquer restringe, incluso en estos casos, los alcances del poder religioso.

El pensamiento político

Inserta en esta secularización de la cultura, la Ilustración hispánica redefine el pensamiento político, las ideas sobre el lenguaje y elabora una nueva subjetividad. Pero en este caso, debemos distinguir entre los propósitos y los resultados a los que se llega a fines del siglo XVIII. Si en principio los ilustrados se proponen fortalecer la monarquía y racionalizar el lenguaje, al finalizar la centuria terminan por vaciar las bases que sustentan el poder de la primera y las seguridades que buscaban en el segundo. Para demostrarlo, me voy a detener primero en el pensamiento político y, luego, en la elaboración de una nueva subjetividad en el marco del pensamiento estético.

Como demuestra Teófanes Egido, la política borbónica continuó en muchos sentidos la de los Habsburgo. Una de las tareas que se había impuesto el conde-duque de Olivares era controlar la intervención de la Iglesia en el territorio de la corona. El punto fundamental, desde luego, era la designación de los obispos. La corona contaba con el Patronato Regio, gracias al cual estaba en condiciones de designar a los obispos y recaudar los diezmos en América, Filipinas y Granada. Lo deseable era extender esa jurisdicción a todos los territorios de la monarquía. Los Habsburgo, como se sabe, no lo lograron. Los Borbones continuaron este proyecto y mantuvieron el impulso regalista de la centuria anterior. Debemos agregar, además, que los funcionarios que participaron de esta batalla histórico-legal no vieron una diferencia entre la nueva monarquía y la del pasado. En *Tratado de la regalía*, Pedro Campomanes enumera todos los autores que lo preceden en la exigencia al papa sobre los derechos de la corona. No se olvida de los que actuaron durante el siglo XVII, entre los que destaca a Juan Chumacero y Domingo Pimentel, quienes le presentaron a Urbano VIII el famoso *Memorial* (1633). Coherente con esta historia, Campomanes concluye que esta "serie de grandes hombres ha estado por tres siglos continuados, promoviendo la causa del patronato real, su extensión y efectos, debiéndose a su desvelo, que se hubiese conservado la memoria y las razones del rey en esta célebre y antigua cuestión" (8). Si con estas palabras subraya que los derechos sobre el Patronato tienen un sólido respaldo jurídico, también demuestra que la monarquía es la misma que comanda los destinos desde antes del Barroco.

Pero a pesar de las continuidades, el regalismo borbónico presenta importantes diferencias respecto del que operó en el siglo XVII. La primera de ellas es un cambio en cuanto a la energía que ahora ponen los representantes de la corona. En el pensamiento barroco, los alegatos a favor de limitar el peso de la Iglesia eran firmes, pero en general moderados. Todavía en el siglo XVII, se escuchaban las voces de los jesuitas, para quienes el papa estaba por encima de la monarquía. Además, las propuestas de Antonio Pérez y Álamos de Barrientos, que asumían en su contexto posiciones radicalizadas, no pasaban de la búsqueda de un equilibrio entre las jurisdicciones. Lo mismo vale para Saavedra, Gracián y Lancina: todos recomendaban al príncipe que restringiera el peso de Roma en territorio español, pero ninguno ponía el Estado por encima del papa. Esta moderación desaparece en el *Pedimento fiscal de los 55 puntos*, que Melchor de Macanaz presenta al Consejo de Castilla en 1713. El autor retoma el *Memorial*, de Chumacero y Pimentel: Macanaz reproduce las quejas contra los derechos que esgrime el Vaticano sobre los religiosos en territorio español, critica la sangría económica que Roma le provoca a España a través de la concesión de beneficios eclesiásticos a extranjeros y propone reducir el número de sacerdotes y restringir el peso económico del clero. Pero, en el *Pedimento*, radicaliza los argumentos, pues proyecta "una situación eclesiástica que, salvo en "los misterios tocantes a la fe y religión" —de indiscutible competencia de la Iglesia—, debe "sujetarse a la jurisdicción real, en todo lo atañente al gobierno temporal" (Egido, 1979: 148). En su dictamen inquisitorial, uno de los censores revela las diferencias entre el *Pedimento* y el *Memorial*: "si el autor de éste se contuviera en el respeto y veneración con que el otro se dio, no hubiera especial nota", pero resulta que este "quiere que el remedio se ponga por mano secular, queriendo extender su jurisdicción hasta lo sagrado"[5].

El *Pedimento* no logró ponerse en práctica, y Macanaz cayó en desgracia. Las razones se encuentran en que, en esa época, Felipe V retrocede en sus pretensiones. Esto se cristaliza con la firma del Concordato de 1737, en el que el papa reconoce los reclamos de la monarquía sobre el Patronato, pero deja la solución en suspenso y propone la conformación de una comisión a tal fin, lo cual en los hechos significa mantener el dominio jurisdiccional de Roma. Una década más tarde, la indignación de los ilustrados se deja sentir bajo las plumas de Mayans y Campomanes. Ambos trabajan con una amplia tradición jurídica y se apoyan en los decretos del Concilio de Trento, pues utilizan las austeras disposiciones para enfrentar a una Iglesia que, según juzgan, ha excedido los límites y no se atiene a lo que estas ordenan. Mayans interviene con *Examen del Concordato de 1737* (1747) e *Informe*

---
[5] Citado por Egido (1979: 149).

canónigo-legal (1754). En ambos se propone demoler jurídicamente el Concordato. Para esto recupera los decretos disciplinares del Concilio y se apoya en la pragmática de Felipe II que le da fuerza de ley a los decretos tridentinos. Demuestra, así, que el rey se ha convertido en el protector de la Iglesia española, "pues la iglesia de España está en España, y es miembro de ella, sirviese su cuerpo, como es razón, en las necesidades públicas, y no a la Curia Romana, que continuamente va chupando la sustancia de este nobilísimo y libre cuerpo con irregulares exacciones". Como demuestra Antonio Mestre (1968), Mayans proponía devolver el poder a los obispos para que fueran los encargados de reorientar la iglesia. En *Tratado de la regalía*, Campomanes abandona esa moderación. Con un extenso recorrido por la tradición jurídica, demuestra que el Patronato es un derecho legítimo de la corona. Rechaza la figura del rey como protector y sostiene que todas las iglesias le pertenecen a la monarquía tanto por derecho de conquista como así también porque es ella la que ha fundado y dotado todas las catedrales, con las parroquias a ellas subordinadas. En simultáneo con la redacción de este programa, en 1753 la monarquía firma con el pontífice un nuevo Concordato, que realiza los propósitos de Campomanes: la corona consigue el derecho de nombrar a casi todos los obispos (el papa se reserva la potestad sobre 52) y cobrar impuestos sobre los bienes eclesiásticos. Trece años después, la expulsión de los jesuitas termina de consolidar esta línea de acción. El mundo del Barroco se vuelve parte del pasado.

La secularización del pensamiento político

Aunque el Concordato de 1753 significa una inflexión profunda en la historia política española, importa que nos detengamos en que articula con una mutación no menos central en el pensamiento político. En los tratados barrocos, los autores se concentraban en el soberano y en el vínculo que este tenía con Dios para darle legitimidad tanto a la soberanía como a la acción autónoma que muchas veces exigía el ejercicio del poder. La estructura intelectual estaba planteada sobre la base de la Ciudad de Dios. En el siglo XVIII, esta fundamentación no desaparece de golpe, pero se produce un cambio significativo, que por supuesto está ligado a la pérdida de influencia económica, política e intelectual de la Iglesia. Como dice Tulio Halperín Donghi (1985), los ilustrados dejan de pensar la política a partir de la Ciudad de Dios para dirigirla al logro del bienestar social.

Para ver este proceso, concentrémonos primero en *Memorias literarias de París* (1751). En ese libro, Ignacio Luzán recorre la capital francesa con la atención puesta en las novedades que encuentra en Francia y extrae un programa para aplicar en territorio español. Estudia "los principios" que juzga universales de la cultura francesa y sostiene que se pueden trasladar a España, pues "siempre que en cualquiera otra parte se echen los mismos cimientos, se pongan los mismos medios, y concurran las mismas causas, se conseguirán los mismos progresos, y las mismas ventajas" (3). Con una plena confianza en la aplicación del método deductivo, el autor postula que las instituciones, los planes de estudio y las obras literarias son principios mediante los cuales se pueden formar sujetos racionales y, de esa forma, erradicar los prejuicios que nublan a la población. Con genio ecléctico, para lograrlo se hace eco del empirismo y sostiene que, al nacer, la mente del hombre es una página en blanco que debe ser llenada. Luzán se propone vaciar la tradición española, forjada en la erudición perniciosa del Barroco, para reemplazarla por un sistema coherente de ideas racionalmente fundamentado[6]. Entre los principios que propone, la religión ocupa un lugar muy menor: le dedica un breve espacio a las formas que tiene la teología y la oratoria francesas.

En sus reflexiones, comenta que no ha escuchado ningún sermón del cual "no haya salido bien instruido, edificado, y compungido. No se oye allí la pueril afectación de cláusulas, con retruécanos de similcadencia, ni reina la viciosa retórica de campanudas voces, de conceptos falsos, y de pinturas poéticas" (176). Luzán no innova en este sentido, sino que comulga con el tipo de reformas que había presentado Mayans en *El orador cristiano* (1733), pero en su texto se revela de manera clara la voluntad de terminar con la religiosidad exterior del Barroco para llevar el sentimiento religioso al fuero interno, y de esta forma despejar el camino a una concepción de la política que se basa exclusivamente en la capacidad de desarrollar mejoras en la sociedad.

Saltemos ahora el Atlántico y detengámonos en el último cuarto del siglo XVIII. En *El lazarillo de ciegos caminantes* (1775/1776), Alonso Carrió de la Vandera describe su viaje desde Montevideo a Lima como Segundo Comisionado para el arreglo de Correos y ajuste de Postas en el Virreinato del Perú[7]. A través de la máscara de Concolorcorvo, propone un sistema de reformas para transformar el servicio de correos en servicio oficial de la corona

---

[6] Como se puede ver, Luzán es un ecléctico. Sobre este punto, me remito a Ivy McClelland (1973) y Russell Sebold (2008).

[7] Durante años, la crítica se concentró en despejar las dudas sobre la autoría del libro. Esto se debe a que Carrió le cedió la voz narrativa a Concolorcorvo y a que en el título completo del libro se nos advierte que el texto está conformado por los extractos que tomó el inca ya sea de otro diario o del viaje que realizó el Visitador. Como señala Antonio Medina Lorente, Concolorcorvo, efectivamente, fue el amanuense de Carrió en el tramo de su viaje comprendido entre Córdoba y Potosí (1985: xv). Como contrapartida, la voz del Visitador aparece en muchos tramos como el que autoriza qué es lo que Concolorcorvo puede o no puede escribir. Durante el siglo XIX, los lectores peruanos decidieron esta controversia a favor del inca, mientras que

ajustando el Virreinato a las directivas de Carlos III. Elabora, además, un programa ambicioso que apunta a mejorar la organización social y las formas de expresión y educación. El diagnóstico que Carrió hace del virreinato aparece en el extenso tramo que le dedica a la provincia de Tucumán. Allí señala que la tierra es fértil y los ganados se reproducen de manera generosa, pero los hombres carecen de un arte correcto para aprovechar el potencial económico que se puede extraer de esa prodigalidad. Sus mayores y más enérgicas críticas se dirigen hacia los gauderios. Se trata de individuos que desperdician una vaca con tal de comer un corte en particular y tienen una forma bárbara de conducirse en las tareas rurales, lo que produce ineficiencias de todo tipo en lo que respecta a la economía del sector. Dentro de este diagnóstico, Carrió se detiene con especial cuidado en la escasez de la población. Para el autor de *El lazarillo*, "la falta mayor es la de colonos, porque una provincia tan dilatada y fértil apenas tiene cien mil habitantes" (93), lo que lo lleva a proponer al rey que implemente una política de inmigración. Tanto el diagnóstico como la solución van a calar profundamente en América, desde San Alberto a Domingo Faustino Sarmiento, pero interesa destacar que se hacen en paralelo con una crítica sostenida a las universidades, que mantienen la erudición barroca, y que Carrió no cree necesario hacer manifestaciones religiosas de ningún tipo. La base de sustento del poder se desplaza: se abandona la fundamentación religiosa y se pone cada vez más el énfasis en la racionalización de la vida y el bienestar de la población.

Algunos años más tarde, y ahora de nuevo en España, Rubín de Celis compone en *El Corresponsal del Censor* una verdadera utopía ilustrada. Bajo el pseudónimo de Ramón Harnero, el autor cuenta que se encuentra un papel en la calle con la descripción de una isla. El náufrago que la ha hecho presenta un panorama asombroso: los habitantes han puesto en pie una sociedad casi perfecta. El sistema educativo se basa en la justicia, la humanidad y la generosidad y enseña a obedecer las leyes y la autoridad del príncipe y de los magistrados. En el ámbito sanitario, los isleños se han percatado de la necesidad de radicar los hospitales en el campo a fin de que las enfermedades no se propaguen y los convalecientes se recuperen más rápido. Como la viruela arrebataba buena parte de la población, escribieron tratados científicos sobre la enfermedad a fin de estimular a los padres a prevenir el contagio. Muy pocas veces, hacen uso de las purgas y las sangrías, porque saben que son remedios poco útiles y arriesgados; en su reemplazo, utilizan la medicina natural y previenen las enfermedades con el ejercicio y la templanza en el

---

en el siglo xx se acumuló una importante documentación que respalda la autoría de Carrió. Hace unos años, esta hipótesis quedó confirmada gracias al descubrimiento que hizo Jerónimo Herrera Navarro (2004) de una carta de Carrió a Campomanes en la cual le agradece la lectura de su libro.

comer. Erradicaron a los pobres, pues los pusieron a trabajar en lo que hoy en día llamaríamos obras públicas financiadas por el Estado. Si alguno se resiste, lo encierran en una casa de Misericordia, donde lo mantienen y lo obligan a carmenar lana. Los isleños no tienen más nobleza que la del mérito a través del ejército, la invención de algún artefacto de utilidad o la carrera de las letras. En lo que respecta a la justicia, el gobierno ha encargado a varios sujetos que redactaran un código con leyes reducidas y claras y dispuso la creación de un tribunal que tienda a buscar el acuerdo extraoficial. Los isleños suprimieron la prisión por deudas, rebajaron a lo justo el número de abogados y escribanos, determinaron que las prisiones fueran lugares óptimos para vivir, suprimieron la tortura para las confesiones, graduaron las penas de acuerdo con los delitos y limitaron los procesos a un plazo máximo de dos meses. En cuanto a la vida literaria, todos los meses se imprime una gaceta y por ella el visitante se enteró de que los ciudadanos pueden deponer a los gobernantes y magistrados por negligencias en el ejercicio de sus funciones.

Aunque en otras entregas Rubín hace protestas católicas y en varios tramos recuerda con admiración a Saavedra Fajardo, este programa supera el pensamiento político del Barroco. Saavedra les habla al príncipe y a sus ministros, pone el eje en las relaciones entre el soberano, la moral y la religión; Rubín interpela a la opinión pública, que comienza a formarse alrededor del café con la lectura de los periódicos morales. Esta diferencia no es menor. En el Barroco, el pensamiento político se ocupa del soberano. Si eso le permite mostrar una cierta autonomía de la acción, lo hace en el marco de una reflexión sobre los vínculos entre la ciudad terrena y la ciudad de Dios. Como en Luzán y Carrió, el programa de Rubín es enteramente laico: se ocupa del bienestar de la población. Esta superación se pone de relieve en los dos únicos aspectos que el autor ve negativos en su utopía: los tratados científicos contra la viruela no pudieron erradicar los prejuicios de los poco ilustrados y, por alguna piedad mal entendida, los isleños entierran a los muertos dentro de la ciudad. Aunque no habla de la Iglesia, los dogmas a los que se refiere son creencias que impiden el avance de la razón. Según un movimiento que ya se advierte en Luzán, Rubín seculariza lo político, pues se olvida de los fundamentos católicos y muestra que la base de sustento de la monarquía se encuentra en las capacidades que tiene para erradicar los prejuicios, liberar la razón y dejar que esta tome impulso a fin de conseguir el bienestar.

En *Cartas sobre los obstáculos que la naturaleza, la opinión y las leyes oponen a la felicidad pública*, Francisco Cabarrús lleva a las últimas consecuencias este programa. En ese libro, el autor afirma ahora sin matices que "todos los hombres saben que Dios no formó ni las monarquías, ni las repúblicas" (16). Para pensar la soberanía, se remite entonces al pacto señalando con Locke que el Estado es el poder que los hombres establecieron para proteger la propiedad privada y administrar la justicia a fin de castigar a aquellos que atenten contra ella. Fiel a esta idea, Cabarrús rechaza la aristocracia de herencia, reivindica el espíritu burgués, condena el embotamiento de la religión e imagina un programa educativo de alcance universal orientado a la utilidad. Sin embargo, la novedad de estas ideas no debe engañarnos. Cabarrús escribe las Cartas en 1792 (las publica en 1808), en pleno fragor de la Revolución Francesa, y alertado contra ese acontecimiento que considera traumático. Por eso mismo, su sistema de reformas apunta a sostener la monarquía, pues entiende que las revoluciones estallan cuando se mantienen las "condiciones góticas" que han dominado durante veinte siglos las sociedades europeas.

Pero las Cartas muestran la situación tensa a la que se ha llegado. Para mantener la monarquía, Cabarrús no encuentra otra alternativa que transformarla casi por completo. Si deja de lado la fundamentación religiosa de la soberanía, al mismo tiempo recomienda separar el poder judicial del poder ejecutivo. Como demuestra Lefort, esta división es el aporte fundamental del liberalismo y el eje de un proceso de democratización que va a transformar la sociedad, pues si les da a los ciudadanos una seguridad jurídica que los saca de la arbitrariedad del poder y les permite litigar contra el Estado, promueve, asimismo, que esos mismos ciudadanos asuman el derecho a tener derechos. Resulta sin duda admirable que Cabarrús exponga esta innovación, percatándose de que la eliminación del carácter absoluto de la monarquía permite el desarrollo del espíritu burgués, pero al mismo tiempo demuestra que para evitar la revolución es necesario elaborar una reforma profunda del sistema de poder que se había jurado defender y fortalecer.

Por debajo de esta grave contradicción, el texto de Cabarrús demuestra, a pesar suyo, que la Ilustración no está en condiciones de establecer una organización social, de modo que las soluciones que propone marcan de una manera nítida los límites del programa ilustrado. Podemos verlo a partir de sus reflexiones sobre el conocimiento. Para Cabarrús, es necesario liberar las trabas que lo mantenían restringido, de modo que las luces deben correr de parte a parte porque esa es la base para el bienestar. Pero esa libertad de pensamiento no garantiza el orden, pues la crítica desatada puede horadar las bases mismas del poder político. Por esa razón, Cabarrús tiene que reponer la restricción, del todo arbitraria, de que está prohibido escribir contra el Estado. El autor comprende esta restricción a partir del estado de derecho que acaba de recomendar: "Si llegasen los autores al punto de predicar la resistencia á las leyes, las malas costumbres y los delitos, ¿no están armadas para perseguirlos y castigarlos las mismas manos que vengan la resistencia a la justicia, la violación de la honestidad pública y demás crímenes?" (1808, Carta II: 74). Pero si está claro que la defensa de las malas costumbres y los delitos son condenables, el problema es quién decide calificarlos de esa manera; del mismo modo, la resistencia a las leyes podría tomarse como un mecanismo para transformar en un sentido progresivo la realidad. Con esto, Cabarrús restituye la idea de un poder que en última instancia deja de fundamentarse en la razón para hacerlo en el poder mismo que tiene.

Pero el punto más grave, en la obra de Cabarrús, se encuentra en que al fin de cuentas su programa de reformas es impracticable. Tras páginas de afirmaciones confiadas y luminosas, concluye con estas palabras apesadumbradas:

> Yo no he hecho más que apuntar las varias ideas que ocurren sobre este interesante punto á un solitario que medita, que se esfuerza a medir todos los objetos solo por su razón, y que casi siempre concluye melancólico e indignado, porque tropieza a cada paso con la crédula estolidez de los muchos, y con la descarada mala fe de los pocos (V: 86-87).

No se nos debe escapar que estas afirmaciones son en parte una pose. La Ilustración inicia ese movimiento característico del siglo XIX por medio del cual el alma noble se separa del resto gracias a que desdeña con ceño fruncido o con bostezo estudiado eso que Cabarrús denomina con fuerza la estolidez. Pero, entre los ilustrados, este gesto es mucho más que una pose: revela que el programa de reformas, y por ende la Ilustración misma, se queda en una minoría, pues choca contra una muchedumbre que no quiere saber nada de ellas. De esa forma, Cabarrús revela con sinceridad los límites de la Ilustración. Para que esta se ponga en práctica, es necesario implementar una reforma drástica en el sistema educativo, imponer una transformación política sin precedentes, liberar la circulación de las ideas y destrabar las fuerzas productivas. Nada de eso es realizable ni en el corto ni en el mediano plazo, de modo que la Ilustración queda enfrentada a una muchedumbre que no puede o no quiere saber nada de ella. Por eso mismo, y esto lo muestran los argumentos del propio Cabarrús, lo único que se puede esperar es la revolución y la anarquía. Los límites de la Ilustración están descubiertos: si puede proyectar reformas, no puede elaborar un nuevo orden social. Se abre entonces una crisis que nuevamente va a transformar el pensamiento, esta vez de una manera definitiva.

Pero antes de definir los contornos de esa crisis, veamos qué sucede en el ámbito de la subjetividad y el lenguaje[8].

---

[8] Aunque no es objeto de este comentario, vale la pena resaltar que los ilustrados no son los únicos que opinan en este momento de incertidumbre y contradicción. Existe una posición tradicionalista, que representa Joaquín Lorenzo Villanueva. En *De la lección de la sagrada Escritura en lenguas vulgares* (1791) recuerda que con la Biblia "se esparce la semilla de las buenas costumbres, se extirpan las máximas ajenas de la simplicidad evangélica y perniciosas a la sana política, se aprende la subordinación a las potestades, y el buen orden que debe reinar en todas las jerarquías del Estado" (dedicatoria). En *Catecismo de estado* (1793), Villanueva

revive la idea de que la soberanía proviene de Dios. Cabe destacar, además, que en este contexto se autoriza la traducción de la Biblia a lenguas vernáculas. Benedicto XIV lo aprueba en 1757 y el Inquisidor General de España refrenda la decisión en 1782. No se trata de un triunfo póstumo de los humanistas, sino todo lo contrario: como bien sabe Villanueva, difundir la Biblia se ha vuelto imperioso, pues esa lectura parece la única que está en condiciones de mantener al pueblo en obediencia. Pero este reflujo tradicional, que parece mejor dispuesto a darle respuesta a la crisis en la que cae el siglo XVIII, tampoco carece de contradicciones. Aparte de que la fundamentación religiosa del poder es insostenible tras un siglo de debates, las proclamas de Villanueva se acercan al peor Maquiavelo. Para decirlo con Ribadeneyra, el autor no hace del Estado una religión, sino que, peor aún, toma la religión como herramienta para mantener el Estado.

IV. El hombre y el lenguaje ilustrados

Lenguaje y subjetividad

La transformación del movimiento ilustrado tiene como eje la emergencia de una nueva subjetividad. No importa que tomemos un ensayo sobre el lenguaje, un alegato contra los milagros o un tratado político: el discurso está conducido por un sujeto que afirma evaluar las cosas con el solo empleo de la razón. Si bien Carrió tiene una capacidad destacable para hacer un diagnóstico y elaborar reformas, se presenta como alguien que recomienda lo mismo que recomendaría cualquier hombre de razón. El esquema escolástico autoriza las opiniones a partir de una racionalidad abstracta que parte de las esencias y llega a la experiencia por procesos deductivos; el discurso ilustrado parte de principios racionales y, en su inflexión empirista, mira las cosas para desarrollar generalizaciones: en ambos casos, busca razonar con el lector. En *Tratado de la regalía*, Campomanes lo dice de un modo conciso: "No pretendo que el lector me crea sobre mi palabra: ruégole coteje por sí las citas, para que juzgue si hay en ellas puntualidad" (XVII).

El símbolo de este nuevo sujeto se encuentra en la preferencia por el género epistolar para la redacción de ensayos y tratados sobre reformas políticas y administrativas. Con este molde, el escritor no impone un sistema, sino que lo construye a los ojos del lector, a quien le pide que acompañe y corrobore lo que dice. Feijoo sirve como modelo con las *Cartas eruditas y curiosas*, aunque también hay que recordar las *Cartas marruecas* de José Cadalso, las *Cartas* recién mencionadas de Cabarrús, e incluso un texto adverso a las nuevas ideas, como *Cartas eruditas por la preferencia de la filosofía aristotélica para los estudios de religión*, lo cual demuestra la difusión del género aun entre los detractores de las ideas ilustradas. Lo mismo surge de los diarios de viajes. En sus *Lettres persanes* (1721), el Barón de Montesquieu afirma que los españoles han descubierto América sin conocer nada de su propio continente. Aunque José Cadalso se queja de estas opiniones, explican el acentuado interés por los diarios de viajes. María Dolores Albiac Blanco (2011) registra una verdadera explosión del género, en la que se destacan *Memorias literarias de París, Itinerario de las carreras de postas de dentro y fuera del Reino* (1761), de Campomanes, *Itinerario español o Guía de caminos para ir de Madrid a todas las cortes* (1767), de José Matías Escribano, y por supuesto, *El lazarillo*, de Carrió. En todos ellos, se articulan el esclarecimiento de la prosa, la representación de la realidad y el desarrollo de una mirada racional mediante la cual se busca transformar la sociedad.

La formulación más clara de este nuevo sujeto se encuentra en las reflexiones sobre el lenguaje. Para verlo, remitámonos a *La poética*, cuya primera versión Luzán publica en 1737. El volumen se propone terminar con la decadencia de la poesía y sacar a España de los estragos que ocasionaron los escritores del Barroco por medio de la restauración de los ideales clásicos que se encuentran tanto en la Antigüedad como en el siglo XVI. Este programa tiene como puntos destacables la moderación de la retórica, la recuperación en el teatro de las unidades aristotélicas y el control de la representación a través de ideas claras y distintas que el escritor debería encarnar en los personajes. Como destaca Russell Sebold, Luzán desarrolla este sistema a través de un método ecléctico que, en general, se inspira en el racionalismo cartesiano. El autor le asigna un rol secundario a la experiencia y prefiere sustentar sus afirmaciones apelando por deducción a principios anteriormente demostrados. Sostiene así que la poesía es "imitación de la naturaleza en lo universal y en lo particular" (190), principio a partir del cual deduce los géneros y aun las reglas de unidad, tiempo y acción para el teatro. Pero el verdadero eje de *La Poética* se encuentra en que presenta una concepción sobre la subjetividad. Apoyándose en este caso en el empirismo inglés, el autor sostiene que las facultades del hombre se dividen en fantasía, ingenio y juicio: "Las dos primeras potencias son como los brazos del poeta, que hallan materia nueva y maravillosa, o la hacen tal con el artificio; el juicio es como la cabeza, que las preserva de excesos" (272). Poco después, se remite a Locke y a Muratori y demuestra que los objetos sensibles "introducen en nuestra alma una imagen o copia de sí mismos, la cual imagen [...] se imprime y dibuja en el celebro o en otra parte donde el alma ve y comprehende esas imágenes" (277)[1]. El hombre trabaja estas imágenes a partir de dos facultades: la fantasía y el entendimiento. La fantasía es una facultad que combina las impresiones de manera libre, mientras que el entendimiento es un esquema racional para discernir, separar y comparar ese material.

Luzán distingue tres tipos de operaciones. De acuerdo con la primera, el

---

[1] Como destaca María Elena Arenas Cruz (2003), Muratori tomó de Locke este análisis y Luzán siguió con fidelidad la asimilación del teórico italiano.

entendimiento concibe imágenes sin que la fantasía aporte otra cosa que impresiones mínimas tomadas de la experiencia, como cuando generalizamos a partir de casos concretos; de acuerdo con la segunda, hay un trabajo conjunto de las dos facultades, cosa que sucede cuando la fantasía, conducida por el entendimiento, une y separa las sensaciones formando imágenes nuevas; según la tercera, la fantasía usurpa las riendas al entendimiento y manda despóticamente en el alma, lo que da como resultado imágenes que son "hijas de una loca y desenfrenada fantasía, en las cuales todo es falsedad, desorden y confusión", razón por la cual "no caben en la poesía, ni aun en los discursos de hombres de sano juicio, dejándose solo para los que, o dormidos sueñan, o calenturientos desvarían, o enloquecidos desatinan" (278).

Luzán elabora con esto una teoría para comprender las obras poéticas. El empleo exclusivo del entendimiento da como resultado las preceptivas. Las otras dos operaciones explican la existencia de obras buenas y malas. Son buenas todas aquellas en las que las imágenes de la fantasía son gobernadas por el entendimiento. Estas no se reducen a la imitación simple de la naturaleza, pues la poesía puede representar las cosas como son (una batalla o una tormenta), como pueden ser (los amores de Dido y Eneas) o como podrían ser, caso este último en que el escritor presenta una verdad, la belleza de un prado, utilizando metáforas mediante las cuales lo describe como una mujer hermosa. La mala poesía es aquella que libera la fantasía del entendimiento y se acerca al sueño y la locura.

Esta concepción del sujeto conlleva un replanteo de las relaciones de los escritores con el pasado. En primer lugar, Luzán toma la Antigüedad y el siglo XVI español y, convirtiéndolos en un sistema coherente, los transforma en norma universal. Para conseguir esto, utiliza las dos vertientes de su perspectiva ecléctica: por un lado, las reglas poéticas conforman un cuerpo legislativo orgánico que parte de principios y llega a lo particular a través de procesos deductivos; por el otro, sugiere que un hombre en pleno ejercicio de sus facultades encontraría por sí mismo esas normas, pues las podría reconstruir a partir de inducciones correctas sobre la representación. En paralelo, establece un diagnóstico en general severo sobre la poesía del siglo XVII. Para Luzán, Góngora tuvo un gran ingenio y le parecen rescatables las obras menores, pero se descarrió en los poemas extensos, "usando sin medida un estilo sumamente pomposo y hueco, lleno de metáforas extravagantes, de equívocos, de antítesis, de retruécanos y de unas transposiciones del todo nuevas y extrañas en nuestro idioma" (172). Aunque Lope tuvo también un talento irrepetible, alcanzó la madurez en el 1600 y se vio obligado a desarreglar la fantasía para lograr el éxito en los tablados.

La propuesta sobre el sujeto y la normativa que ella permite ponen de manifiesto dos cuestiones de singular importancia. En primer lugar, revelan que el pensamiento sobre el lenguaje y las reflexiones estéticas se muestran más avanzadas en lo que respecta a la secularización si establecemos como punto de comparación las ideas sobre la política pues, a través del eclecticismo, Luzán plantea sin mayores vueltas que la fuente de legitimidad es la razón universal. En segundo lugar, las críticas a la poesía del siglo XVII dejan en claro que el sujeto de la Ilustración no está antes del discurso, sino que se desarrolla en la práctica a partir de las críticas a los prejuicios y los dogmas. Si la nueva subjetividad es inseparable de la universalización de los períodos juzgados como clásicos (siglo XVI y Antigüedad), también, lo es de la cultura del Barroco.

Esto tiene una importancia crucial para comprender el lugar que, a partir de entonces, va a ocupar el Barroco. En su libro sobre Lope de Vega, Enrique García Santo-Tomás sostiene que el siglo XVIII transformó al autor de *Fuenteovejuna* en un "punto de fricción". Si bien los ilustrados lo condenaron al anticanon, esa condena lo convirtió en un autor fundamental, no solo porque lo prohibido es atractivo, sino también porque se transformó en parte esencial de la idea de que el presente había superado el pasado (García 2000: 188-193). Esta relación compleja entre los siglos XVII y XVIII puede sintetizarse a partir del concepto hegeliano de *Aufhebung*. En la *Ciencia de la lógica*, Hegel recuerda que el término significa conservar, mantener, como así también cesar, poner fin, y muestra que "lo que se ha eliminado es a la vez algo conservado, que ha perdido sólo su inmediación, pero que no por esto se halla anulado" (1968: 97-98). El sujeto de la Ilustración surge de la *Aufhebung* de la época del Barroco y esto quiere decir tres cosas. En primer lugar, es una superación de la cultura del siglo XVII y solo se puede comprender a partir de ese acto por el cual rompe la relación inmediata con ella. En segundo lugar, esta *Aufhebung* pone de relieve que, a partir del 1700, el Barroco se convierte en el foco oscuro de la racionalidad, pues la negación del siglo XVIII lo sitúa en los márgenes de una fantasía desordenada. En tercer y último lugar, esto indica que no hay olvido, sino conservación de ese pasado pues, aunque estuviera equivocado, los ilustrados se muestran en condiciones de volver a él para corregir los exabruptos y desarrollar una nueva poesía.

Para ver cómo funciona esta operatoria, remitámonos al llamado estilo sublime. Para Luzán, el propósito del estilo sublime es representar personajes y acciones por medio de las virtudes que poseen, utilizando expresiones grandes, pensamientos nobles, sentencias graves y palabras escogidas. En este campo, los escritores corren el peligro de no dar "oídos a los visos del juicio", de modo que pierden "la verdadera elevación y nobleza" y producen un "estilo túrgido e hinchado, que entre los ignorantes ha ocupado el lugar del estilo sublime" (356). A pesar de esto, Luzán admite la posibilidad de corregir este tipo de errores. Pensemos, por ejemplo, en la primera estrofa de la *Soledad primera*. Con una compleja articulación de mitos y constelaciones, Góngora nos comunica que la acción transcurre en primavera. Aunque tienen que haberle desagradado sus excesos, Luzán parece convencido de que, con una pizca de moderación, la estrofa se podía utilizar, como podemos ver en un tramo de su "Juicio de Paris renovado":

> En la estación que el hijo de Latona
> Por el signo de Libra el curso extiende,
> Cuando el otoño fértil se corona
> De hermosa fruta, que en el árbol pende
> Y en los dones de Baco y de Pomona
> El hacendoso agricultor entiende,
> Mirando alegre que ya premia el cielo
> Su trabajosa vida y su desvelo (111).

Sin embargo, las similitudes permiten ver las importantes diferencias entre ambos escritores. Góngora representa la primavera con la entrada del Sol por la constelación de Tauro. No contento con esto, recuerda la transformación de Júpiter en toro durante el rapto de Europa, sugerencia que lo lleva a una correlación puntillosa entre los cuernos, el pelo y el alimento del animal y la luna, los rayos del sol y las estrellas. Aunque Luzán utiliza la misma materia, en sus versos "corrige" la redacción de Góngora en tanto controla sus "desbordes". Los dioses que convoca se convierten en un léxico con el cual reemplaza las palabras prosaicas por conceptos solemnizados, procedimiento mediante el cual levanta los temas españoles a lo universal (el poema está dedicado a la entrada de Fernando VI a Madrid, el 10 de octubre de 1746). En la misma línea, "corrige" el hipérbaton barroco, pues limita el recurso a unos pocos versos e incluso a simples transposiciones dentro de uno solo, predominando la colocación del verbo al final de la frase o trastocando el orden habitual sujeto/predicado, con lo cual consigue un tono a la vez nítido y majestuoso. El lenguaje ilustrado surge del ordenamiento de la poesía del Barroco: separa la comedia de la tragedia, separa las pasiones y las ideas, elabora una sintaxis ampulosa y construye un léxico universal y pretendidamente imperecedero por medio de la mitología romana[2].

---

[2] En "Calderón imitado en el Neoclasicismo español", José Berbel Rodríguez destaca cómo Luzán, en *La virtud coronada* (1742), se sirve de diversos motivos del teatro calderoniano. Observa en las conclusiones: "La superación del modelo dramático del barroco no se realiza excluyendo todo cuanto pudiera pertenecer a Lope o a Calderón. De la misma manera que un orfebre hace incrustar pequeñas piedras preciosas en una joya de mayor tamaño, así Luzán incorpora fragmentos musicales y cantados, acepta una relativa polimetría versal y consiente también que en su tragedia haya un gracioso y algunos episodios y motivos procedentes de la comedia de capa y espada" (319). En otras palabras, Luzán es consciente de que no puede

Todo esto indica que la Ilustración y el sujeto que en ella emerge surgen de una operatoria crítica contra los prejuicios y las oscuridades heredadas del Barroco y por lo tanto en el marco de un acto de lenguaje. La subjetividad ilustrada se produce en la redacción de cartas o diarios y en la comunicación con una esfera pública a la que pertenece y contribuye a definir. No importa que nos aboquemos a la poesía, la política o un texto científico. Podemos pensar en un campo aparentemente puro como la cura de los enfermos o los debates en torno de la legitimidad de los derechos de la monarquía sobre las iglesias. La posición ilustrada surge en el momento en que se ejerce una crítica sobre la captura eclesiástica de las curas a través de los milagros o cuando se desempolvan los documentos para rastrear las legitimidades de origen. Esta liberación conlleva la reescritura de los elementos por medio de un lenguaje que separa, clasifica y, como se puede ver en la solemnidad neoclásica, jerarquiza, ya que deja en claro que una cosa son los temas nobles de la aristocracia y otra los temas humildes de los comunes. Para decirlo con Laclau y Mouffe (1987), si la Ilustración rompe los misterios del Barroco, emprende una rearticulación hegemónica de los elementos liberados. Se trata de una lucha contra las prácticas no racionales: descodificación de los significantes estructurados por el Barroco (la poesía, los saberes, lo jurídico) y recodificación simultánea de ellos a partir de un lenguaje que se presenta como razón universal.

El empirismo y el entendido

Como destaca José Checa Beltrán (2004), el neoclasicismo triunfa en los años cincuenta y esto conlleva una serie de importantes transformaciones. Inmaculada Urzainqui demuestra que los preceptistas borran el apoyo explícito en tal o cual autor y comienzan a referirse de manera más general a "los maestros del Arte". Esto se debe a que buscan una poética unitaria (la mención de autoridades conjura contra la imagen universal) y a que "una parte importante de las doctrinas literarias que circulaban en España eran moneda corriente en toda la Europa culta" (1997: 20). Estos cambios muestran la

---

prescindir de los signos aceptados por el público, pero toma esa tradición y la reprocesa dentro de una perspectiva ilustrada. Cabe agregar que en la misma situación se encuentra la sátira. En *La poética*, Luzán elabora un importante rescate de varias de las figuras del Barroco y elogia los textos jocosos de Lope, Quevedo y ese autor de transición que es Gerardo Eugenio Lobo. Pero si los ilustrados mantienen la parodia barroca, por ejemplo, con la canonización de *El Quijote*, lo hacen en tanto la reconducen para establecer una sátira que permita la reforma social. Como dice Cadalso, la novela de Cervantes "desterró con tanto acierto algunas viciosas costumbres de nuestros abuelos" (3).

mutación que se produce en las ideas ilustradas. En la primera mitad del siglo, la articulación entre racionalismo y empirismo establece un conjunto organizado de reformas culturales. Aunque los métodos de reflexión tienen una historia en gran medida autónoma, el lugar dominante del racionalismo revela la etapa programática de la Ilustración pues presenta un sistema sin contradicciones ni puntos oscuros. Con el triunfo del neoclasicismo, la batalla se muestra resuelta entre las capas cultas, de modo que el empirismo gana la partida: la poesía y la ciencia se basan en procesos de inducción y generalización conducidos por la razón natural.

En *Investigaciones filosóficas sobre la belleza ideal*, Esteban de Arteaga asume esta perspectiva y afirma que las ciencias se han convertido en experimentales y los filósofos han dejado de tratar la moral por medio de "principios aéreos" (1789: 9). En este marco, sostiene que la belleza es el "arquetipo o modelo mental" que el hombre consigue "después de haber comparado y reunido las perfecciones de los individuos" (66). En sí misma, la definición es una consecuencia del empirismo: Arteaga no busca el concepto a partir de principios como la armonía y el equilibrio, sino que se apoya en procesos de generalización sobre figuras particulares. Con esto, la poesía se transforma de dos maneras fundamentales. Se resignifica la relación que esta mantiene con el mundo. Para Luzán, la poesía se definía como "imitación de la naturaleza en lo universal y en lo particular". Como se apoyaba en un sistema externo de ideas, el autor prefería la representación universal, que consiste en componer personajes, escenarios y objetos como símbolos de ideas prefiguradas de antemano. Con Arteaga, la poesía se orienta en cambio a la representación del objeto tal cual es. El abandono del sistema externo y el apoyo en una razón interna suponen una segunda modificación. Si bien para Arteaga el arte imita la naturaleza, lo hace interpretándola con el lenguaje que emplea (poesía, artes plásticas, música o danza) y tiene como propósito despertar en el receptor las mismas sensaciones que le provocaría la contemplación del objeto representado. Por este camino, le confiere una importante autonomía a lo estético, pues el artista puede lograr una obra admirable, también, cuando representa lo feo o lo horroroso, ya que lo importante no es que responda a un ideal preconcebido, sino que encauce correctamente la representación.

En *Curso de humanidades castellanas*, Jovellanos continúa esta perspectiva. El autor toma como punto de partida la idea de que "El alma del hombre conoce todos los objetos de la naturaleza por medio de los sentidos; y después de conocerlos tiene la facultad de conservar su imagen" (205). Como sostiene Locke, el conocimiento opera a través de generalizaciones, abstracciones, análisis y especificaciones de las sensaciones recibidas. Tras estas ideas, radicaliza la estética de Arteaga. Para Jovellanos, las definiciones de la poesía que se apoyan en la imitación son insuficientes, porque la imitación es un concepto muy general en el que también se incluyen otras artes. De ahí concluye que la poesía es "el lenguaje de la pasión o de la imaginación animada, formado por lo común en números regulares" (306). Con esta inflexión subjetivista, el autor supone que el ánimo del poeta se encuentra animado por algún objeto "que enciende su imaginación, o empeña su corazón, y que por consiguiente comunica a su estilo una elevación proporcionada a sus ideas, y muy diferente de aquel tono de expresión que es natural al hombre en el estado ordinario de su alma" (306). Estas ideas repercuten en su tratamiento de la preceptiva. Si bien Jovellanos recupera las reglas teatrales de Luzán, se concentra solo en la eficacia que estas tienen para conseguir una mejor verosimilitud y para despertar en el espectador el efecto buscado. Arteaga evalúa al artista por su capacidad para suscitar las sensaciones que produce el objeto representado; Jovellanos profundiza esta idea en tanto se desentiende de la representación y resalta que la estética se apoya exclusivamente en lo que en la teoría de los actos de habla se denomina significado perlocutivo. Las reglas dejan de ser incuestionables y se vuelven parámetros no dogmáticos que los escritores deben tomar en cuenta a fin de lograr que el espectador o el lector reaccionen de la manera buscada.

Esta transformación del pensamiento estético genera dos tipos de problemas: cómo definir un criterio estético y en base a qué parámetros se sigue estableciendo un rechazo de la época del Barroco. Los ilustrados resuelven el primero a través de la figura del entendido. El entendido es aquél que ha hecho un número considerable de experiencias en el campo estético y está capacitado para enunciar juicios certeros sobre las obras. Para Antonio de Capmany, se trata de un pintor o un escritor cuyo gusto supone siempre "un gran juicio, una larga experiencia, una alma noble y sensible, un entendimiento elevado, y unos órganos delicados" (1777: 11). Esos hombres "saben distinguir los géneros y las situaciones: son patéticos, sublimes, majestuosos, graciosos como y cuando es menester" (11). Para Jovellanos, los entendidos son los críticos, palabra que repite constantemente a lo largo de sus reflexiones sobre poesía. Para David Hume, son aquellos que están "cualificados para emitir un juicio sobre una obra de arte, o establecer su propio sentimiento, como la norma de la belleza" (1983: 42). Nacida de la experiencia y de los procesos correctos de inducción, esta capacidad los habilita para ocupar no sólo un lugar prominente en relación con las actividades estéticas, sino también en las instituciones culturales.

El segundo problema, la superación histórica del Barroco, es en cambio más difícil de resolver. En principio, los criterios racionales siguen explicando la eliminación de esa poesía. Para Arteaga y Jovellanos, el valor de una obra se encuentra en su comunicabilidad, pues ambos se apoyan en los efectos que los trabajos artísticos y literarios producen sobre los receptores. Por ese motivo, están en condiciones de objetivar un rechazo selectivo de la época del Barroco: los poemas mayores de Góngora o el catálogo de ejemplos que Gracián propone en Agudeza y arte de ingenio serían textos inválidos porque lo que consiguen despertar en los lectores es a lo sumo un nada estético sentimiento de confusión. Pero el verdadero punto de fricción es el teatro. Si abandonamos el sistema racional externo, que prescribe que la belleza debe ajustarse a la armonía, el equilibrio y a las unidades de tiempo, lugar y acción, y si en su reemplazo nos apoyamos en los efectos que puede despertar la representación, entonces las obras de Lope, Tirso y Calderón deberían ponerse por lo menos como textos satisfactorios.

En toda su dimensión, el problema recibe una respuesta en *Memoria para el arreglo de la policía de los espectáculos*. Jovellanos redacta el texto para la Real Academia de la Historia y a pedido del Consejo de Castilla, un año después de su caída en 1789, cuando Floridablanca persigue la prensa e impide el ingreso de textos franceses ante las alarmas de la Revolución. Como sostiene García Santo-Tomás, se trata de un texto jurídico en el que propone una reforma integral de la cultura con el fin de que el Estado la conduzca por la senda de la utilidad y el bien común (213-214). Pero en este contexto, lo que interesa es la evaluación que hace de las obras del Barroco. Coherente con su estética subjetiva, Jovellanos declara su admiración por los dramas del siglo XVII: "justamente celebrados entre nosotros, que algún día sirvieron de modelo a otras naciones, y que la porción más cuerda e ilustrada de la nuestra ha visto siempre y ve todavía con entusiasmo y delicia" (285). En estas palabras hay que subrayar que los que admiran el teatro barroco pertenecen a "la porción más cuerda e ilustrada". Por más que violen los preceptos, por más que rompan las reglas, por más que no encuadren en *La poética*, los entendidos reconocen el alcance de la escena barroca. Jovellanos destaca "sus bellezas inimitables, la novedad de su invención, la belleza de su estilo, la fluidez y naturalidad de su diálogo, el maravilloso artificio de su enredo, la facilidad de su desenlace, el fuego, el interés, el chiste, las sales cómicas que brillan a cada paso en ellas" (285).

Pero a pesar de esta admiración, a pesar de estas palabras encendidas, Jovellano reclama que sean desterrados. Aunque recuerda los preceptos, la verdadera razón de su dictamen es político, y tiene en vistas la defensa de la monarquía: "están plagados de vicios y defectos que la moral y la política no pueden tolerar" (285). En su reemplazo recomienda que el Estado favorezca obras "capaces de deleitar e instruir, presentando ejemplos y documentos que perfeccionen el espíritu y el corazón" (286). En él podrán verse "continuos y heroicos ejemplos de reverencia al Ser supremo, y a la religión de nuestros padres; de amor a la patria, al Soberano, y a la constitución, de respeto a las jerarquías, a las leyes, y a los depositarios de la autoridad" (286).

En la misma línea, Jovellanos sabe que si este teatro perdura, esto no se debe tanto a las obras, sino al público que lo va a ver. Como en el siglo XVII, ese público se muestra a sus ojos bullanguero y heterogéneo desde un punto de vista social. Jovellanos propone una serie de decisiones drásticas en ese sentido: recomienda subir el precio de las entradas a fin de erradicar al pueblo y, en paralelo, aconseja que se pongan butacas en la sala, de modo que "cada uno será conocido, y tendrá a sus lados, frente y espalda cuatro testigos que le observen, y que sean interesados en que guarde silencio y circunspección" (294). Con esto, busca un tipo de recepción racional y pasiva, para terminar con el poder de influencia del espectador. Por este camino, Jovellanos subordina la libertad estética al reformismo monárquico y transforma el teatro en un canal mediante el cual imponer las ideas del Estado. En *El Corresponsal del Censor*, Rubín de Celis coincide con él: es necesario disolver el vínculo activo del público con el teatro –vínculo que no es otro que el dinero con el que los espectadores pagan a los actores– por medio de subsidios estatales y de veedores que elijan las obras que se han de representar.

Los límites de la Ilustración

El pensamiento estético llega a una situación similar a la que llega el pensamiento político a fines del XVIII: la crítica de la que emerge el sujeto ilustrado termina por horadar la base de sustento de esos dos enclaves intelectuales, pues el avance de la racionalización implica una ruptura definitiva de la fuente religiosa de la soberanía, del mismo modo que el triunfo de la poética neoclásica termina por borrar el sistema universal desde el cual se regulaban las obras poéticas. Por debajo, existe una similitud acaso más importante. El proceso de secularización del pensamiento político llega a dos tipos de contradicciones, como demuestra el caso de Cabarrús: en primer lugar, limita la competencia burguesa mediante un Estado que solo es límite en tanto es poder; y en segundo lugar, el sistema de reformas se revela impracticable en la actualidad, pues la muchedumbre continúa en la estolidez, fuerte palabra que significa, recordémoslo, falta total de razón y discurso. En Cabarrús, la Ilustración llega al límite porque, si ha terminado con el sistema intelectual que le daba sustento a la monarquía, no está en condiciones de proponer en lo actual otro que lo reemplace. En el campo estético, se produce una situación similar. Si Jovellanos reconoce la excelencia del teatro barroco, el único motivo que le queda para rechazarlo es la conveniencia del Estado. Aunque celebran la monarquía, las obras de Calderón y Lope muestran la precariedad del poder y mezclan demasiado tragedia y comedia, temas nobles y humildes, aristocracia y pueblo común. Pero el mayor problema es que el público reproduce esa mezcolanza, de modo que el escenario muestra la porosidad de las clases sociales y la precariedad del poder no solo a los ilustrados, que pueden distanciarse reflexivamente de las obras, sino también a un pueblo que se ha convertido en peligroso. Las recomendaciones de subir el precio de las entradas y poner butacas son las que, en este sentido, dicen la verdad: es necesario ordenar, clasificar, separar, volver circunspectos a los espectadores, pero sobre todo, erradicar a los comunes. El pensamiento político y el pensamiento estético muestran dos formas distintas por medio de las cuales la Ilustración llega al descubrimiento de que no hay un fundamento trascendental, ya sea del poder político (religión), ya sea de lo estético (razón universal). Sin embargo, no hay todavía alternativas para organizar el conflicto y los ilustrados quedan enfrentados a una muchedumbre peligrosa a la que no le queda otra alternativa que dominar y excluir.

La solución para esta situación precaria se encuentra en la nación. En su formulación moderna, ese concepto aparece en la *Declaración* de 1789 de la Revolución Francesa. Como sintetiza Lefort, "por un lado surge la imagen de un ser colectivo en el seno del cual cada uno se encuentra englobado, mientras que, por el otro, aparecen individuos independientes, libres de moverse como lo entienden, de acceder a los empleos a los cuales están en condiciones de pretender y libres de expresar su opinión y de practicar su creencia" (2014: 195-196). Aunque los dos vectores pueden confluir, no se confunden, porque proponen dos tipos de organizaciones distintas basadas, la primera, en la unidad de la nación, y la segunda, en el reconocimiento de la pluralidad y la capacidad de reclamar derechos y disentir. Estos dos vectores van a tensarse en las décadas sucesivas y tienen vigencia en la actualidad, pero en conjunto ponen de relieve una disputa y a la vez un principio de organización.

Resaltemos el cambio de paradigma que de esta forma se genera. Si empleamos los conceptos de Laclau y Mouffe, el Antiguo Régimen y la sociedad liberal se definen a partir del mismo tipo de operaciones de articulación de la hegemonía. Hay algunos significantes (religión, razón, nación) que están en condiciones de establecer "puntos nodales" y estructurar las contradicciones. Pero la diferencia que existe entre el "punto nodal" de la religión y el de la nación es que el primero se plantea desde afuera de la historia, mientras que lo nacional es un producto de ella. Aunque funciona como un eje "cuasi-trascendental", pues está en condiciones de mostrarse como una entidad prepolítica, se convierte en un objeto de disputa, porque lo nacional puede definirse de diversas maneras y en principio todos pueden decir qué es. A diferencia de lo religioso, que consigue colocarse por encima de la historia, lo nacional proviene desde lo histórico y, en tanto no puede definirse de una vez y para siempre, está marcado por oposiciones y contradicciones. En la salida de la Ilustración, que es lo que nos interesa en este momento, lo nacional funciona como una forma de establecer uno de los parámetros bajo los cuales se sortea la anarquía y se reorganiza sobre bases nuevas la sociedad.

El concepto ya asoma en Cabarrús. Cuando dice que todo puede criticarse y todos los derechos pueden multiplicarse menos el derecho del Estado a hegemonizar la sociedad, reinstala allí un sentimiento patriótico que debería enseñársele a los alumnos en la escuela, e incluso sugiere una cierta simetría y un cierto reemplazo de la religión: "Esta enseñanza elemental y tan fácil ha de ser por consiguiente común a todos los ciudadanos [...] ¿No van todos a la iglesia? ¿Por qué no irían a este templo patriótico? ¿No se olvidan en presencia de Dios de sus vanas distinciones? ¿Y que son estas ante la imagen de la patria?" (Carta II: 79). Pero en Cabarrús, el concepto todavía es débil como para que resuelva los problemas que enfrenta. En primer lugar, se trata de algo que se puede enseñar por medio de la razón, pues se apoya en "los principios sociales, los elementos de la legislación, [...] el interés común e individual que nos reúne" (78). En segundo lugar, es una supuración del poder del Estado, una fundamentación suplementaria, una herramienta para que este se mantenga en pie. No se trata de que la nación, incluso hoy en día, no sea eso, pero para que tenga la fuerza necesaria es obligatorio que olvide esa emergencia y se ponga por encima del Estado. Este paso definitivo no lo da Cabarrús, sino Jovellanos, a principios del siglo XIX. Como dice Halperín Donghi, para él la nación es una entidad histórica, pero puede situarse en un plano independiente y más alto que el de los gobernantes, de modo que está en condiciones de sobrevivir aun cuando el Estado quede abolido por cualquier circunstancia o acción (1985: 101).

Si a partir de entonces la nación es menos una ideología que un eje a partir del cual establecer una articulación hegemónica de los discursos, esto significa que está en condiciones de mantener una relación diferente con eso que el siglo XVIII no pudo procesar: la muchedumbre. Los ilustrados no veían otra alternativa que reformarla o excluirla; los románticos van a adoptar, en cambio, una relación productiva, debido a que no se trata ahora de reprimir las expresiones que brotan de ella, sino de apropiarse de muchos de los significantes que pone en juego (tradiciones, relatos, perfiles, actitudes, incluso desviaciones respecto de la norma universal) para establecer una sintaxis nueva que permita un orden social. Esto conlleva un cambio decisivo para la literatura. A fines del siglo XVIII, esta se encuentra subordinada a los programas de reforma estatales; en el siglo XIX, se presenta como un lenguaje que está en condiciones de resignificar los elementos populares. La historia del Barroco se juega en este salto entre dos dominios divergentes. A fines del siglo XVIII, es el foco oscuro de la Ilustración, pues es un pasado enredado en la escolástica, el misterio de la retórica y los milagros falsos; a partir del XIX, esa colocación se resignifica: los románticos recuperan el Barroco precisamente porque les permite definir una discursividad orgánica de lo nacional.

SEGUNDA PARTE

Dominio romántico (1798-1976)

V. La recuperación europea

El rescate romántico

Detengámonos en las dos épocas de Friedrich Schlegel. Durante la publicación de *Athenaum*, el crítico desarrolla los principales tópicos de la escuela romántica. El eje pasa por la idea de fragmento. El fragmento no es un pedazo que ha quedado de una unidad rota en el pasado. Como demuestran Phillipe Lacoue-Labarthe y Jean Luc-Nancy, se trata de algo más complejo porque apunta a un absoluto que es exterior, al mismo tiempo que está implicado en él. El fragmento promete una unidad que no puede realizarse en lo actual. Cada texto se comprende como la intuición y, al mismo tiempo, como la imposibilidad de formular en palabras la Obra definitiva. A fines del siglo XVIII, el fragmento cobra un importante valor porque rompe con la normativa centrada en la Antigüedad y asume la búsqueda de la forma que tendrá la poesía romántica. El cumplimiento definitivo de la modernidad no opera en lo actual como una unidad a la que se aborda desde diferentes ángulos, sino como aquello que falta en lo contemporáneo y se proyecta como promesa en el porvenir. En la época de *Athenaum*, el fragmento, el absoluto y la nueva mitología están articulados con el avance revolucionario de la Ilustración. El famoso fragmento 216 es claro en este sentido:

> La Revolución Francesa, la *Doctrina de la ciencia* de Fichte y el *Meister* de Goethe son las tendencias más grandes de la época. Quien se escandalice por esta clasificación, y a quien no le pueda parecer importante ninguna revolución que no sea ruidosa y material, no ha alcanzado la amplia y elevada perspectiva de la historia de la humanidad[1].

---

[1] Cito de Lacoue-Labarthe y Nancy (2012: 165). Ver, asimismo, Carugati – Girón (2005: 14).

Como destacan Michel Löwy y Robert Sayre, en esta época, Schlegel elabora una propuesta republicano-jacobina. El fragmento 216 pone en sintonía la búsqueda de una nueva poesía (Goethe), una nueva filosofía (Fichte) y una situación política no menos nueva a partir de la Revolución de 1789. De acuerdo con esto, la búsqueda de las reglas de la poesía moderna conecta con la emergencia de un sujeto libre que, tal como establece Kant en su artículo sobre la Ilustración, tiene en sí las reglas morales, de modo que ya no necesita de instituciones externas que constriñan su libertad. En este sentido, el romanticismo es inicialmente la traducción literaria de la revolución burguesa.

Pero, en Schlegel, estas ideas se disuelven cuando los ejércitos napoleónicos entran en Alemania. Heinrich Heine no se lo perdona: "El pobre Friedrich Schlegel no vio en los dolores de nuestro tiempo los dolores del nuevo nacimiento, sino la agonía de la muerte, y por temor a la muerte se refugió en las temblorosas ruinas de la Iglesia Católica" (94). Aunque el Napoleón que triunfa en Berlín se ha coronado emperador, Schlegel no radicaliza su postura, sino que abraza el partido reaccionario de la monarquía y el catolicismo. De este modo, se convierte en uno de los promotores de "una escuela hostil al espíritu francés", "que exaltaba, tanto en el arte como en la vida, todo lo que perteneciera a la tradición popular alemana" (63). Heine descarga toda su rabia comentando que se trata de una escuela que "caminaba codo a codo con los esfuerzos de los gobiernos y las sociedades secretas": "Napoleón, el gran clásico, tan clásico como Alejandro y César, se derrumbó, y los señores August Wilhelm y Friedrich Schlegel, los pequeños románticos, tan románticos como Pulgarcito y el Gato con Botas, se erigieron como vencedores" (63).

Si en *Athenaeum* la poesía se inspira en el grito de libertad de la revolución, ahora el romanticismo se transforma en una operación cultural que se levanta contra los ideales que esta puso en juego y articula con la oleada reaccionaria que cubre buena parte de Europa desde principios del XIX. En su *Curso de literatura dramática* (1809-1811), August Schlegel revela de una manera representativa ese movimiento al separar la Antigüedad y la Modernidad a partir de la religión y las concepciones divergentes sobre el ser humano. Los griegos, según argumenta en su ensayo, comprenden al hombre como un ser que puede cumplir sus deseos con bienes que pertenecen al mundo que lo rodea desarrollando una religión antropomórfica que se reduce a la personificación de las fuerzas naturales. La cultura que nace con el cristianismo medieval piensa por el contrario que el hombre es un ser de carencia que únicamente puede satisfacer sus deseos a través de un absoluto colocado en el más allá. Esta separación explica, para Schlegel, las diferencias que existen entre la poesía de los antiguos y la de los modernos. La primera se apoya en el ideal de la armonía, que en el ámbito dramático se consigue a través de las unidades teatrales, pues comulga con la personificación religiosa de las fuerzas sobrenaturales. El arte cristiano aspira, en cambio, a plasmar la búsqueda del absoluto. Su corazón estético se encuentra en la discordancia entre el hombre y el absoluto y entre su capacidad expresiva y la fuente inalcanzable de sentido. August y Friedrich Schlegel comprenden la escritura a partir de la religión, esa que el siglo de las luces vino a horadar, y, más importante aún, ponen en primer plano que la cultura moderna se forja en torno del sistema feudal.

Sin embargo, el giro de los hermanos Schlegel es más complejo de lo que Heine está dispuesto a reconocer. En primer lugar, hay que destacar que si desde el punto de vista político se trata de un repliegue, desde la historia y la literatura se advierte un avance decisivo respecto de los ilustrados. Aunque estos tenían un enorme interés por el pasado, lo miraban como europeos blancos y cultivados, de modo que convirtieron la racionalidad en parámetro para evaluar las épocas bajo la óptica de la verdad y el error. Esto los llevó a tener una visión de la lengua, la política y la religión que, desde el punto de vista actual, carece de relatividad cultural. Si bien reconocían las diferencias lingüísticas, entendían que toda lengua debía estar regulada por el entendimiento y los fines comunicativos; juzgaban, en consecuencia, que los preceptos franceses eran similares a los ingleses o españoles. En las mismas circunstancias se encuentra la política. Como demuestra Luzán en *Memorias literarias de París*, los principios educativos no cambian de una región a otra, de modo que lo que funciona en Francia se puede trasladar a otras naciones. Por último, aunque los ilustrados entendían que la religión era un campo que se basaba en la fe, circunscribieron esa dimensión que consideraban no criticable a fin de darle una organización correcta al culto y una transmisión racional de las enseñanzas. Los hermanos Schlegel transformaron de una manera completa estos problemas en tanto lograron darle un sentido específico a los aportes del pasado. La clave de esa reconceptualización se encuentra en el reemplazo del sujeto racional por el carácter nacional. Ese nuevo sujeto no está formado de manera abstracta, sino que es un producto de la historia. Esto significa que todo hombre piensa a través de una lengua y mira el mundo desde un sentimiento y una creencia que comparte con el resto de sus conciudadanos.

En este movimiento complejo, ideológicamente conservador e intelectualmente avanzado, la época del Barroco se vuelve central. En principio, debemos notar que, en la etapa jacobina, el período no parece ocupar un lugar especial. En *Conversación sobre la poesía,* Friedrich Schlegel rescata a Cervantes, pero se trata de un escritor que la Ilustración siempre reivindicó como un clásico; además, lo coloca en pie de igualdad con Dante y Shakespeare, articulando a los tres como expresiones fundamentales para buscar la nueva mitología. Con el vuelco conservador, la época del Barroco gana una dimensión distinta. Como dice Heine, los Schlegel revalorizaron especialmente a Calderón: "Las pías comedias del sacerdotal poeta castellano, cuyas flores poéticas estaban rociadas con agua bendita y perfumadas con el incienso de la iglesia, fueron imitadas con toda su santa grandiosidad, con todo su lujo sacerdotal, con toda su bendita insensatez", de modo que "en Alemania florecieron aquellas poesías estúpidamente profundas y devotamente coloridas en las que los personajes se enamoraban de un modo místico, como en *La devoción de la Cruz*, o se batían por el honor de la Madre de Dios" (58). Los Schlegel definieron su vuelco conservador a través de la reivindicación de parte de la literatura española del siglo xvii.

Esto explica que, en *Historia de la literatura antigua y moderna* (1815), Friedrich Schlegel dedique importantes páginas a la literatura española. Según entiende, después de Garcilaso y Boscán, esta se convirtió en la expresión máxima de lo nacional. Hay en ella una moral y una religiosidad profundas, incluso cuando el tema inmediato no es ni la moral ni la religión. Todas las obras, a pesar de las diferencias que la singularizan, muestran desde diversos ángulos lo español. Dentro del Barroco, Schlegel hace, sin embargo, un deslinde fundamental. Por una parte, rechaza la lírica, que encuentra estragada a causa de la desviación de Góngora y sus seguidores; y por la otra, exalta la épica y la dramaturgia, en donde los escritores supieron articular los intereses estéticos e intelectuales con los sentimientos y la lengua populares. Para Schlegel, la gloria del teatro acompaña la gloria de la monarquía hasta mediados del siglo xvii. Destaca a Lope de Vega, pero exalta a Calderón. De acuerdo con el crítico, el cristianismo del autor no se revela tanto en las peripecias de la obra, sino en un sentimiento que le es peculiar. Todas las materias, incluso aquellas que pertenecen al ámbito más profano, se encuentran imantadas por la pureza religiosa. Para Schlegel, Calderón es el más cristiano y, por eso, el más romántico de todos los poetas (135). Su hermano August no se queda atrás: Calderón escapó de los laberintos de la duda para ingresar en las seguridades de la fe, desde donde representa la imagen tormentosa del mundo con una imperturbable tranquilidad espiritual.

España

Este rescate del teatro barroco se traslada con algunos años de demora a España[2]. Como destaca Derek Flitter, el primer indicio de esta repercusión es la obra de Johann Nikolaus Böhl von Faber (1770-1836). Naturalizado español y residente en Cádiz, el crítico alemán realizó una campaña tenaz para introducir el pensamiento romántico en España. Como se ve en sus *Vindicaciones de Calderón y del Teatro Antiguo Español* (1820), se apoya en August Schlegel, Madame de Staël y Simonde Sismondi[3]. En la labor crítica de Böhl se advierten, además, la influencia del organicismo de Herder y el comienzo de un sentimiento nacional ya definido. El eje de su propuesta se encuentra de manera pulcra en la traducción que realiza de un texto del historiador prusiano Friedrich Ancillon (1767-1837). Ancillon comienza afirmando que "Una nación es un agregado de individuos, sujetos a un mismo gobierno, que hablan un mismo idioma, y protestan unas mismas costumbres" (2). Aunque estas palabras podrían haber sido las de un hombre de los siglos pasados, Ancillon añade que "El carácter nacional se compone de las ideas y principios, acciones y hábitos, afectos y gustos que dominan en el mayor número, por lo que cualquiera producción del arte gustará a proporción de las relaciones que tenga con este carácter nacional" (2). La novedad de los románticos se encuentra en que comprenden el arte y la sociedad a partir de este nuevo sujeto de la historia. Para Böhl y Ancillon se trata de una entidad que se encuentra en los márgenes de una razón pretendidamente universal. Por ese motivo, nace entre los humillados y los vencidos por Napoleón, como destaca el prusiano bajo la traducción de Böhl:

> Nunca ha sido más necesario insistir en la conservación de las particularidades nacionales e individuales que en la era presente. El genio del mal que poco ha señoreaba el mundo bajo el nombre de Bonaparte, ponía particular conato en destruirlas, minando sus principales apoyos las formas de gobiernos, las creencias y los idiomas. Una triste y lúgubre filosofía se proponía los mismos fines con sus niveles metafísicos y generalidades abstractas. Todo iba a abismarse en el caos de un ser general, en el cual los seres individuales figurarían por momentos como ampollas para volver a hundirse en la tenebrosa masa (5).

---

[2] Hace algunas décadas la crítica entendía que el romanticismo se había demorado hasta el retorno de los exiliados liberales en 1833. Pero se ha comprobado que las ideas románticas surgen en los años veinte tras el impacto que tienen los hermanos Schlegel. Sobre este punto, ver David Gies (1975) y Derek Flitter (1995). Para un panorama del romanticismo español, ver Celia Fernández Prieto (2011: 439-490).

[3] Las obras clave son *De l'Allemagne* (1813), de Madame de Staël, y *De la Littérature du Midi de l'Europe* (1829), de Simonde Sismondi.

El carácter nacional se puede comprender como una inversión de los vínculos ilustrados entre razón y sentimiento. Si bien el siglo XVIII había valorado ambas facultades porque eran centrales para la creación poética, los ilustrados le asignaban un rol prominente a la razón. Tomando una dirección opuesta, los románticos critican las reglas y le dan una especial importancia a lo sentimental. En *Conversación sobre la poesía*, Friedrich Schlegel lo dice de manera muy clara: "La razón es sólo una y la misma en todos: sin embargo, así como cada hombre tiene su propia naturaleza y su propio amor, del mismo modo cada uno lleva en sí su propia poesía" (33). Böhl repite las mismas ideas, pero añade el rol que cumple el carácter nacional. Si la razón es universal, pues "Las demostraciones lógicas y matemáticas convencen a quien es capaz de comprenderlas", no sucede lo mismo con la imaginación, porque "en los varios tintes y accidentes de ella que distinguen los diferentes linajes de hombres, estriba aquella hermosa diversidad en las producciones del ingenio que caracteriza las poesías nacionales" (56). Esta visión no solo está ligada al lenguaje, sino que articula con la idea de que la monarquía es un sistema de gobierno que, frente al avance ilustrado, está en condiciones de resguardar la nación y se vincula, por supuesto, con la religión. En *Pasatiempo crítico*, Böhl evalúa la moral deísta en los siguientes términos: "Era consiguiente que cuando se trataba de socabar [sic] la Religión se procurase substituirle una especie de moralidad natural envuelta en retóricas retumbantes, para persuadir al hombre que con ella sola podría ser virtuoso y feliz" (66).

Bajo estas condiciones, Böhl retoma el quiebre estético que los hermanos Schlegel producen respecto de la normativa clásica. Para el crítico, el arte debe crear sus propias reglas y no puede seguir parámetros universales. Böhl demuestra esto con la traducción de un fragmento de August Schlegel: "Llamamos *forma mecánica* la que se labra con moldes, y *forma orgánica* la que es innata. De esta clase son las formas que nos ofrece la naturaleza desde la cristalización de las sales hasta la figura humana" (2). La forma mecánica, hecha con moldes predefinidos que se le imponen a la materia, representa la normativa de la Ilustración; la forma orgánica es aquella que cada obra y cada carácter nacional generan. Con estas premisas, Böhl rescata el teatro del siglo XVII: ese teatro ha llevado al máximo la expresión nacional, no solo porque sus obras revelan un sentimiento monárquico y religioso ajustado al pueblo, sino también porque lo hacen tras menospreciar los parámetros de la Antigüedad. Con esto produce una importante transformación conceptual, como se advierte en las diferencias que existen entre sus reivindicaciones del teatro barroco y las que hicieron los escritores residuales del siglo XVIII. Para un autor como Ignacio de Loyola Oyanguren, que publicó *Discurso crítico sobre el origen, calidad y estado presente de las comedias de España* (1750), las reglas clásicas no eran verdades universales, sino cuestiones de convención. Por este motivo, defendía a Lope y Calderón contra las opiniones de los neoclásicos. Böhl los defiende por motivos opuestos: como las reglas efectivamente son verdaderas, pues se forman orgánicamente en las obras, no solo queda invalidada la propuesta universal de los ilustrados, sino que además cobra un valor hasta entonces impensable el teatro del siglo XVII.

Diez años después de los principales trabajos de Böhl, Agustín Durán saca su *Discurso sobre el influjo que ha tenido la crítica moderna en la decadencia del Teatro Antiguo Español*[4]. Allí defiende a los dramaturgos barrocos sobre la base de los principios que habían fijado los románticos alemanes. Para esto, retoma la diferencia entre Antigüedad y Modernidad y la remarca a través de la ruptura que la Edad Media impone en términos políticos, religiosos y artísticos. Para Durán, en esa época, la monarquía destruye la democracia y toma a su cargo la responsabilidad de gobernar. No considera que ese acto es un despojo, sino que lo ve como un enriquecimiento de la vida: "De aquí resultó que a los goces y ocupación de tomar más o menos parte en la dirección del estado, substituyeron los hombres los placeres más tranquilos e individuales, que proporciona el régimen monárquico del nuevo orden social" (1828: 62). Al verse libres de estas obligaciones, los hombres "empezaron a dar más importancia a su existencia como individuos, dedicando en pro de la vida doméstica todos los cuidados" (62-63). Esta transformación está acompañada por una mutación religiosa igual de significativa. Para Durán, el griego percibe una imbricación entre lo sagrado y lo profano, como se advierte en que sus mitologías son personificaciones de las fuerzas naturales. La Edad Media prohibió esta idolatría y colocó en el alma una dimensión espiritual inalcanzable. Esto tiene importantes consecuencias para la creación artística. En la Antigüedad, la representación dispone de manera armónica los elementos visuales con los que personificar el contacto directo con los dioses. El cambio medieval no puede ser más profundo: como la nueva religión persigue un ideal invisible e inexpresable, la poesía abandona la representación armónica del mundo y, por primera vez, se fija la búsqueda del absoluto:

---

[4] Como demuestra Gies en su notable biografía de Durán, Böhl le manda una carta en la que aprecia que continúe con la labor que había emprendido diez años atrás. Cabe resaltar, además, que los trabajos de Durán son el resultado de su labor como archivista. Gies señala que su interés por la colección de documentos data de su etapa sevillana, entre 1806 y 1817. Mientras desarrolla su carrera en leyes, "Durán began to take an interes especially in old Spanish drama, and began to collect copies of rare or forgotten Works, which he would often read with more enthusiasm than his law books" (1975: 33). Al morir en 1862, y tras haber hecho una pródiga carrera como archivista, en la cual se destaca la dirección de la Biblioteca Nacional desde 1854, su colección estaba nutrida de 1283 manuscritos de obras de teatros, aparte de que era poseedor de más de tres mil libros publicados (Gies, 49).

> ¿Qué imaginación, aun la más perspicaz, podrá abarcar la inmensa distancia que media entre las creaciones poéticas, inspiradas por tan sublime creencia, y aquellas a que se presta la mitología gentilicia? En esta todo se personifica y materializa, en aquella es todo espiritual e indefinible: en la una todo se ve y es palpable, en la otra todo es fe, e idealidad: allí la hermosura, la guerra y la ciencia eran entes personificados, y aquí cuantos bienes y males reinan en el Universo, son distribuidos por una sabia providencia para provecho de los hombres (1828: 64).

En paralelo con esta separación entre Antigüedad y Modernidad, Durán propone una comprensión histórica de las relaciones entre razón y sentimiento. Para el crítico, las dos facultades se organizan de manera distinta en cada pueblo, y esto lo lleva a reemplazar la norma universal por otra que se basa en el carácter que tiene cada pueblo en particular. De acuerdo con el crítico, la nación española se formó a partir de la fusión de lo árabe y lo europeo. Las corrientes del norte, que llegaron a la Península a través de los trovadores, trajeron un tipo de mentalidad racional, mientras que la influencia de los árabes aportó una fuerte impronta imaginativa. A partir de esto, diseña una nueva normativa: se debe mantener el equilibrio entre estas dos tendencias fundamentales. La poesía española debe ser "el amalgama modificado de la de aquellos pueblos" en tanto es lo que singulariza el carácter español: "Sin ser tan exacta y filosófica como la de los franceses, es mucho más rica, brillante y fluida; y sin ser tan audaz y exagerada como la de los árabes, es más verosímil y razonable" (10-11).

A partir de esta normativa, Durán elabora una historia de la literatura española. En el siglo XVI, Garcilaso reúne las formas métricas de la poesía italiana, la expresión sencilla y sentimental de los pueblos del norte y la lírica imaginación de los orientales. El 1600 se muestra, en cambio, de una manera menos homogénea. Durán continúa el rechazo de la poética gongorina que habían desarrollado los ilustrados, pero le confiere a ese prejuicio una fundamentación diferente. Para los críticos del siglo XVIII, Góngora se había dejado ganar por una fantasía que lo llevó a escribir una poesía desbocada, que lo hundió en el error y lo acercó a la locura; para Durán, Góngora se dejó ganar por el componente arábigo de la imaginación. Si para los ilustrados el poeta se desviaba de lo universal, para el autor del *Discurso* abandonó el alma española. En paralelo, Durán rescata ahora de una manera plena el teatro del siglo XVII. Se trata de una expresión literaria que logró expresar de una manera admirable el carácter nacional:

> Las glorias patrias, los triunfos de sus guerreros, los de sus héroes cristianos, el amor delicado y caballeroso, el punto de honor y los celos, todo se

refería, se cantaba y ponía en acción sobre la escena nacional, que conservó todas sus bellezas y superioridad hasta fines del mismo siglo (12-13).

Fiel a la idea romántica de que la Antigüedad y la Modernidad son distintas, Durán evalúa el teatro comparándolo con el de los griegos. En el teatro clásico, los personajes poseen virtudes y vicios formulados de manera abstracta. Su ideal estético se encuentra en la armonía de lo visible, según el tipo de religión de la Antigüedad, que se basa en la personificación de las fuerzas naturales; el teatro moderno nace de la caballería, las tradiciones nacionales y la espiritualidad del cristianismo, y tiene el propósito de retratar al hombre singular, dominado internamente por virtudes, vicios y contradicciones, arrojado a una aventura personal que sirve de ejemplo para la sociedad en la que vive. Si el teatro clásico es la personificación sagrada, el romántico apunta a "los inmensos espacios de la eternidad", "la sumisión del entendimiento humano a la fe divina" y "la noble y generosa galantería de los siglos medios" (74-77). Por este motivo, no puede haber regulación de lo clásico sobre lo romántico: ambas épocas deben evaluarse por la capacidad que tienen para expresar el pueblo al que pertenecen.

Romanticismo y Barroco

El rescate romántico del Barroco es lo suficientemente complejo como para reducirlo solo al giro conservador en el que se incluye. Para retomar desde atrás, la Ilustración llega a una crisis orgánica debido a que carece de un foco que reemplace la religión como fuente de sentido. Los románticos lo proporcionan a través del carácter nacional. Ese concepto no es un mero reemplazo de la religión. Como demuestra el interés que los románticos tienen sobre el pasado, el carácter nacional se forja en la historia: incluso si se basa en una unidad integrada antes de la Ilustración, no deja de ser un hecho histórico que deja fuera de su campo cualquier intervención sobrenatural. En este sentido, es un concepto que opera en la conmoción revolucionaria y es inseparable de ella, lo cual quiere decir que es menos un retorno que una búsqueda por terminar con la ruptura a fin de encontrar un nuevo orden social. La importancia del Barroco y la Edad Media se advierte en que le confieren a la nación una fuerza cuasitrascendental. Esto se debe a que por medio de esos períodos, los románticos le dan al pueblo una organicidad que se labra durante siglos y ponen en el centro el sistema de creencias y la monarquía. Pero la nación no es la reposición de la monarquía y el catolicismo, porque de ninguna manera la monarquía vuelve a ser absoluta ni el catolicismo vuelve a operar por encima del pensamiento político y el lenguaje. No hay restauración de la época del Barroco. Lo que sucede es que la nación, esa comunidad surgida de la historia, absorbe la permanencia de la monarquía y la dimensión religiosa de la catolicidad. Desde ese lugar cuasitrascendental hegemoniza los elementos dispersados y fragmentados por la Revolución.

La complejidad de esta transformación se puede apreciar a partir de una comparación entre las concepciones sobre el lenguaje literario que inaugura ese periodo con las que manejan los ilustrados. La poesía del siglo XVIII compone un orden altamente estratificado. En Luzán, la normativa clásica procura un tipo de representación que se denomina general: el escritor debe partir de las ideas puras y luego encarnarlo en los personajes. Aunque también acepta la representación particular, que consiste en exponer las cosas tal cual son, esta se restringe a la comedia, pues se trata de un género en el que se abordan los asuntos menores y se trabaja con las figuras del pueblo. Esta preferencia establece un sistema que es a la vez poético y político: la nobleza se separa del pueblo común y la poesía tiene que encarnar valores nítidos y articulados con el Estado. Como se advierte en Jovellanos, esto se replica en la actitud que mantienen ante el público del teatro, pues entienden que se deben distinguir las clases sociales y lograr un tipo de recepción circunspecto y racional. Esto mismo explica la posición del escritor: el ilustrado es un funcionario de la corona, un colaborador de alguno de ellos o un agente de las instituciones del Estado. Su literatura no es literatura en el sentido actual, sino un discurso con el que aspira a ordenar la realidad imponiendo una racionalidad a la economía, la política, la religión, el lenguaje. En este sentido, la Ilustración se define a partir de la representación general, en tanto intenta imponer sobre la realidad un orden que está marcado por ideas nítidas y precisas y por un sistema de clasificación social no menos riguroso. La razón define un lenguaje, una política e incluso un lugar restringido y privado para la religión.

Tras las revoluciones, esta concepción tiene serios problemas para establecer una organización en esos tres ámbitos puntuales. Por eso mismo, por más conservador que parezca, el dominio romántico opera de lleno en el proceso de democratización que se abre a fines del siglo XVIII, aspecto que nuevamente podemos precisar a partir del lenguaje literario. Como demuestra Jacques Rancière (2011), la profunda innovación de los románticos se encuentra en que por primera vez la literatura asume una visión igualitaria, que permite el ingreso de objetos de todo tipo y habilita a los personajes, incluso a los de extracción humilde, a tener sentimientos elevados, como se advierte en *Madame Bovary*. En este marco, los románticos ponen en marcha una representación particular, que cada vez se va a afirmar más, para dar paso a la escritura realista y la novela moderna. En sintonía con esto, el personaje no se construye a partir de una idealidad predefinida, sino que el punto de partida es que en el hombre existe una profunda contradicción. Esto explica la diferencia de actitudes hacia el teatro del Barroco. Los ilustrados rechazan la Comedia Nueva porque en ella se mezclan los géneros, lo cual significa que emplean la representación particular para presentar los temas nobles y no trasladan hacia el espectador una visión nítida de la moralidad. Los románticos vuelven al siglo XVII precisamente por eso: porque los escritores mezclan tragedia y comedia y componen un tipo de personaje que, como demuestra Arnold Hauser (1974), lejos de encarnar coherentemente las virtudes y los defectos, muestra la existencia de sentimientos contradictorios y conflictivos en su interior.

En la recuperación romántica del Barroco, operan cuatro vectores. En primer lugar, lo rescatan porque es un período que la Ilustración había colocado en los márgenes de la razón. En segundo lugar, es una época que permite oponerse a la Revolución. En tercer lugar, y de manera contradictoria, es una estética que funciona dentro del proceso de democratización y, gracias a su mezcla de géneros y clases, articula con él. En cuarto lugar, el Barroco permite operar con esa fuerza liberada, pues trabaja con la democratización estética y propone de manera utópica la referencia a un período monárquico y religioso. El rechazo de los ilustrados y el rescate de los románticos se basan en las relaciones que mantienen con la muchedumbre según dos lógicas distintas. Los primeros buscan reformar ese monstruo estólido y procuran encarnar en la realidad los ideales prefijados de antemano. La Ilustración ordena, jerarquiza, pero sobre todo, se mueve bajo la lógica del símbolo. La recuperación romántica del Barroco instala una relación alegórica con la muchedumbre: toma los elementos del pueblo y los articula con una sintaxis nacional.

Por este camino, los románticos recuperan la subordinación del lenguaje y la política a la religión que había establecido el Barroco, sólo que le dan a esa religiosidad el estatuto cuasitrascendental e histórico de lo nacional. Se trata de un movimiento complejo, a la vez progresivo y regresivo, articulado con una historia en curso que los románticos reconocen como tal. Por eso mismo, al interior del dominio romántico, y por supuesto al interior de la interpretación sobre el Barroco, se produce una tensión entre la clausura que permite lo nacional y la apertura que sin embargo se mantiene por medio del absoluto. Esto es claro, incluso, en la inflexión conservadora de los hermanos Schlegel y en Agustín Durán: lo nacional se define por una lengua, una política y, sobre todo, por una religión; pero a la vez, esa religión, transferida o en proceso de transferirse hacia la poesía, establece un absoluto que el lenguaje no puede nunca expresar. De un lado, los románticos utilizan el Barroco para hegemonizar al pueblo; del otro, elaboran una concepción de la poesía que apunta a un absoluto inexpresable. Por una parte cierran el sistema y organizan la sociedad; por la otra manifiestan que ese cierre sólo es posible a partir de la referencia a algo que en este mundo se revela únicamente como una fisura. En su historia anacrónica, el Barroco queda desde entonces situado en esta problemática central para la modernidad. Se trata de una tensión entre la clausura y la fisura que va a estar vigente hasta José Lezama Lima.

VI. La recuperación americana

Pervivencia de la revolución

En América, la recuperación del Barroco se produjo luego de un proceso más largo y complejo. La causa de esta demora se encuentra en que durante buena parte del siglo XIX no estuvieron dadas las condiciones para una empresa de ese tipo, pues los intelectuales pusieron como eje la ruptura con España y articularon lo nacional con el léxico de la Ilustración. Esto es visible, incluso, en los emblemas patrios. Como destacan José Emilio Burucúa y Fabián Alejandro Campagne (2003), las banderas, los escudos y los himnos, creados entre 1810 y 1830, contienen los símbolos universales, como el gorro frigio, junto con algunos otros que remiten a las poblaciones autóctonas, como el sol, que es una referencia incaica presente en la bandera argentina[1]. En América, lo nacional articula con la libertad respecto de la dominación extranjera, la inclusión en el movimiento ecuménico iniciado en 1789 y la puesta en marcha de un proceso de racionalización del territorio que permita la consolidación de la independencia a través de la eliminación de los prejuicios y el desarrollo de las fuerzas productivas.

Por este motivo, los románticos americanos mantienen los principales valores de la revolución ilustrada, de acuerdo con un movimiento que se percibe con nitidez en "Alocución a la poesía". En ese famoso poema, Andrés Bello comienza cerca de sus coetáneos alemanes e ingleses: retoma el menosprecio de corte y alabanza de aldea, se refiere a la decadencia de la cultura europea y procede a una celebración de la naturaleza. Todos estos temas pertenecen a la escuela romántica, pero Bello los articula con el propósito de transformar la realidad. Si la famosa prodigalidad de la naturaleza remite al asombro con que Colón miró el Nuevo Mundo, en su poema parece más bien

---
[1] "Mitos y simbologías nacionales en los países del cono sur". En Annino y Guerra (2003: 433-474).

un manifiesto a favor del *laissez faire*: el escritor pide que se libere de trabas las fuerzas productivas. Para esto llama a las élites a que abandonen el ocio y conmina a los trabajadores a que vuelvan al campo a fin de desarrollar la economía americana. Mientras los románticos ingleses, españoles y alemanes recuperan la mitología medieval y ven en lo rural refugios nostálgicos contra la modernización, Bello establece un programa civilizador, que enuncia con la sintaxis universal del neoclasicismo, el léxico romano y la incorporación de algunas palabras y leyendas locales.

Esta imbricación de las matrices románticas e ilustradas se percibe también en la posición de los escritores. Si la tarea urgente que estos se imponen es definir la nación a través de una simbología nacional, lo hacen desde un lugar que mantiene con el Estado una relación que todavía está cerca de la que se encuentra en el siglo XVIII. Esto no significa que sean funcionarios. Pueden no serlo, pero con una convicción que tiene sus raíces en el siglo XVIII, exigen la construcción de un poder estatal que monopolice la violencia y establezca una serie de políticas que racionalicen el territorio y la población. Julio Ramos lo resume a través de la polémica entre Bello y Sarmiento: la diferencia entre ambos no se explica por una lucha entre neoclasicismo y romanticismo, sino porque Bello habla desde la Universidad, emplazada en un Chile institucionalmente más sólido que la Argentina, mientras que Sarmiento escribe para "supeditar la 'arbitrariedad' de los intereses particulares bajo el proyecto de la *res publica*" argentina (38). Esta permanencia de los ideales ilustrados se puede comprobar a partir de los sistemas de representación. El romanticismo reemplaza la representación general por la representación particular. En la América del siglo XIX, se advierte en cambio una constancia, no sin mixturas y matizaciones, de la representación general. Como los escritores participan de la construcción del Estado, lo particular se encuentra subordinado a ideas generales en las cuales se manifiesta la lucha por la racionalización, como se advierte en la oposición civilización/barbarie, en sus diferentes configuraciones, desde Sarmiento a Rómulo Gallegos.

En este marco, merece destacarse la obra de Juan María Gutiérrez. A mediados de 1870, el crítico inicia su famosa polémica con Juan Martínez Villegas tras rechazar el nombramiento como integrante de la Real Academia Española. Para Gutiérrez, su pertenencia a ella sería un retroceso debido a que se trata de una institución que pertenece a la monarquía. Al calor de la polémica, radicaliza esta posición a través de un romanticismo tenaz. Señala que las bellas letras son "la más genuina expresión, el alma de las sociedades, el *yo* de los pueblos, la fisonomía propia de una colección de hombres asociados con fines determinados, con creencias políticas idénticas, viviendo con un mismo propósito" (116). Pero este romanticismo no puede confundirse con el de los conservadores europeos. Gutiérrez inscribe la lengua, la originalidad y el proyecto de las naciones dentro de la liberación de las trabas productivas y la revolución burguesa. Si el rechazo de la Real Academia se debe a que se trata de una forma no demasiado disimulada de dominio cultural, obedece, también, a que la imposición de una gramática y una normativa vendría a poner frenos a un lenguaje que está en plena transformación gracias a las corrientes inmigratorias que llegan a América.

Pero si en este contexto interesa Gutiérrez, es porque nos permite ver con claridad la imagen del Barroco que se forma en los dos primeros tercios del siglo XIX americano. En sus numerosos ensayos críticos, se refiere de manera extensa a los principales escritores del período: Pedro Peralta Barnuevo, Juana Inés de la Cruz, Juan del Valle y Caviedes y Juan de Ayllón. Las ideas que desarrolla en los exámenes sobre esos autores se encuentran plasmadas de una manera impecable en "Doctor don Peralta Barnuevo" (1874-1875). Gutiérrez inicia su trabajo con una pequeña anécdota que es importante retener. Su conocimiento de Peralta se lo debe a un viaje que hizo a Perú, en donde pudo ver que el antiguo convento de San Juan de Dios se había transformado en la estación principal del ferrocarril del Callao y la Universidad de San Marcos en el recinto de las sesiones parlamentarias. La revolución, el progreso, la Ilustración han desalojado el oscurantismo eclesiástico y los enredos de la escolástica que cubrieron con sus sombras la época colonial. Para Gutiérrez, la historia es el triunfo de la racionalidad y los ideales republicanos. Si se dirige al pasado complejo del siglo XVII y parte del XVIII, lo hace para encontrar en los textos los signos de esta lucha.

En su trabajo sobre Peralta, y esta es una actitud que se encuentra en el resto de sus textos, el autor aparece como una figura bifronte en la que es necesario separar las luces de la oscuridad. Para Gutiérrez, Peralta condenó su poesía a la prisión laberíntica de lo que llama el estilo culterano. Pero el crítico no se queda en un mero reproche al mal gusto. Con una singular energía, explica que ese lenguaje plagado de callejones sin salida y propósitos nimios o poco claros fue una de las herramientas mediante las cuales los Habsburgo sometieron a los americanos. El altar y la corona, el fanatismo y la credulidad, la pésima dirección en el estudio de las humanidades, dominadas por la Compañía Jesús, "son los verdaderos responsables de esa sombra negra que se extendió a sabiendas sobre las inteligencias claras de los americanos, para que no se apercibieran de la puerilidad en que sus amos y explotadores les mantenían" (44). Pero a pesar de que la poesía de Peralta quedó encerrada en esta prisión, Gutiérrez está convencido de que en el fondo habita en él un espíritu ilustrado. Para justificarlo, rescata los trabajos científicos y la dirección de obras de ingeniería. Recuerda, por ejemplo, que Peralta diseñó una escollera para contener las calamidades del mar que asolaban de manera periódica la ciudad. Podríamos alegar que esa obra no desentona con el espíritu del Barroco, pues sabemos que por entonces se fomentaron ese tipo de desarrollos tecnológicos. Gutiérrez no lo ve así. Para ratificar esa impresión, rodea el relato con una atmósfera oscurantista. Para la gente que habitaba las colonias, el océano era "un monstruo que de cuando en cuando se lanzaba, asociado del terremoto, a devorar las poblaciones" (28). Con su módica escollera, Peralta contuvo el mar, pero también erradicó esa mitología oscura que únicamente habitaba en las mentes de las personas de la colonia, estragadas por la monarquía y la religión.

Bajo esta visión del pasado, Gutiérrez desarrolla una concepción histórica, perdurable en ensayistas posteriores como Mariano Picón-Salas, que se basa en lo que podemos llamar la pequeña diferencia ilustrada o americana. A sus ojos el pasado colonial solo es interesante si los documentos muestran un apartamiento respecto de las estructuras españolas, apartamiento que está marcado por un impulso ilustrado. Bajo esta perspectiva, realiza un homenaje a sor Juana Inés de la Cruz. Aunque la escritora también se le aparece como una figura bifronte, en la que se registra el funesto contagio de la erudición y la retórica barrocas, se rinde a los encantos de la pequeña diferencia, que en su caso está ligada a la condición femenina. Para Gutiérrez, la monja es una autora que, incluso cuando cae en las redes de la escolástica, se las arregla para darle una cierta delicadeza que se vuelve llamativa: "La vemos discurrir y silogizar como un escolástico y sentir al mismo tiempo con la delicadeza propia de su sexo. Toma la ciencia de los libros; pero sus armas son las de la sensibilidad" (325). La convicción sobre la existencia de este sentimiento no abandona ni por un momento a Gutiérrez. Por este camino, la monja se despega de la cultura del siglo XVII y se convierte en un "sujeto revolucionario":

> la iluminada niña de la alquería fue la primera revolucionaria que conozcamos, contra el régimen colonial de las primeras letras. Ella no pudo someterse "a las perezas del deletreo" como dice a su modo el P. biógrafo Calleja, y se soltó a leer de corrido, por más que la maestra, llena de extrañeza hasta escandalizarse por semejante infracción de las reglas, quisiese contener el vuelo del *puntero* y de la boquita de oro de la extraordinaria discípula (303).

La historiografía de la pequeña diferencia es una lucha en dos planos. En primer lugar, Gutiérrez descubre en ella una batalla entre la razón y el oscurantismo que permite explicar el presente en el que nos encontramos. En segundo lugar, es una lucha que se vuelve actual, no tanto porque el crítico juzgue que el triunfo de la razón todavía no se ha dado de manera definitiva, pues en todo caso ese programa, que se desarrolla en lo político y lo económico, excede los textos que escribe sobre el Barroco, sino que si forma parte del presente, esto se debe a que Gutiérrez emprende con la pequeña diferencia una máquina de lectura mediante la cual libera los documentos del dominio español y los rearticula como lenguaje americano.

Pero así planteada, esa empresa tiene un problema que se revela crucial especialmente en relación con el Barroco. Si se puede aceptar provisoriamente la tesis de que la escolástica y el culteranismo son ideologías extranjeras, no se puede desconocer que tuvieron una gran aceptación en suelo americano. Gutiérrez no desconoce este asunto y sabe perfectamente que varias de las vertientes del Barroco conectaron de una manera intensa con lo popular. Pero las imposibilidades de rescatar el legado hispánico y la reinscripción del programa romántico al servicio de una voluntad ilustrada no solo le impiden vincularse con el Barroco, sino también mantener una relación franca con ese tema[2].

Sus mejores argumentos sobre la cuestión se encuentran en sus lecturas sobre Caviedes. La atención que este le despertó demuestra que el peruano le resultó a la vez repudiable y atractivo. Por una parte, Gutiérrez sostiene que está cerca de lo popular y mira con desdén su falta de ilustración: "Caviedes no era capaz de un propósito elevado, ni tenía convicciones adquiridas en el estudio contra las incertidumbres de la ciencia de la salud" (264). Por la otra, sin embargo, confiesa que muchos de sus poemas hacen "brotar el rubor en el rostro de la inocencia, y la risa, imposible de contener ante las felices y saladas ocurrencias del mordaz limeño" (273-274). En el texto que le dedica en los años sesenta, resuelve estos sentimientos encontrados de una manera peculiar. Por una parte, se cree en la obligación de corregir a Caviedes: "Un metro más noble que el romance, el auxilio del consonante que tanto relieve da a la poesía y la ausencia del retruécano, darían a los pensamientos de Caviedes la elevación y la dignidad que al escribirlos tenían en su cabeza" (278). ¿Por qué no pudo llegar a esta solemne dignidad? Porque "el poeta de la "ribera" carecía de cultura y de estudios" (278). Pero Gutiérrez logra procesar el gusto que a pesar de todo siente por el poeta señalando que, en el siglo XVII, esa falta de estudios lo alejó de la formación estragada del Barroco y lo transformó en un satírico al cual volver para encontrar un antecedente ingenioso.

Por este camino, y a pesar de la impronta romántica que se encuentra en sus concepciones sobre la lengua, Gutiérrez asume una posición ilustrada. En primer lugar, tanto contra los desvíos culteranos como contra la entrega de la palabra a lo popular, el crítico procura el desarrollo de un estilo sublime mediante el cual la literatura dirija al lector "por la senda de lo bello" con el propósito de "levantarle el espíritu" (228). Con estas recomendaciones, no

---

[2] Esta dificultad para vincularse con el pueblo se inscribe en una de las peculiaridades que Beatriz Sarlo descubre en el romanticismo argentino: "su conexión débil con las formas orales y tradicionales que son consideradas formas "menores"" (1997: 272).

hace otra cosa que defender la elaboración de una poesía civil, basada en la representación general, por medio de la cual construir la nación desde el Estado. En segundo lugar, a través de la historiografía de la pequeña diferencia, propone una crítica selectiva mediante la cual salva partes del pasado, pues es precisamente la voluntad ilustrada que a pesar de todo late debajo de varios de los escritores la que conforma un soporte para pensar una tradición literaria que vaya más atrás de 1810. En tercer lugar, establece una relación con lo popular que se mueve dentro de parámetros que, incluso en sus reflexiones sobre Caviedes, se revelan innegociables. Por una parte, rechaza la influencia del pueblo sobre las expresiones literarias: al pueblo no hay que escucharlo, sino que hay que reformarlo; por la otra, continuando un tipo de trabajo que Carrió de la Vandera lleva a su máxima expresión a través de la figura de Concolorcorvo, admite que el poeta puede servirse de la palabra picante para ejercer una crítica mediante la cual liberar las ideas ilustradas. La sátira del Barroco consigue de este modo cierta legitimidad, que solo es tal cuando se la traduce en clave ilustrada: debe ser una operatoria mediante la cual los escritores destruyan con la parodia el dogmático oscurantismo barroco que todavía pesa sobre la población.

El uso de las palabras "romántico" e "ilustrado" no puede reducirse a una mera clasificación de actitudes. Por el contrario, ellas revelan que, a pesar de las décadas transcurridas, Gutiérrez compone lo nacional a través de una mezcla de apertura y cierre de la Revolución: por una parte, libera sus energías y mantiene una concepción revolucionaria tanto del lenguaje como de la política y, para esto, sitúa lo nacional menos como una herencia del pasado que como una proyección abierta al futuro; por la otra, procura que la conducción de ese proceso quede en manos de unos pocos. Por una y otra razón, el Barroco es un territorio todavía vedado para los americanos. Pero Gutiérrez también muestra las posibilidades de su emergencia: cuando esos pocos decidan que se ha terminado el ciclo revolucionario, es decir, cuando decidan que es tiempo de robustecer la estructura social porque el lugar prominente que ocupan ya no es tan seguro, cuando eso suceda, entonces el Barroco tendrá un nuevo valor.

Vago barroquismo burgués

Ese cambio se produce durante el último cuarto del siglo XIX. El dato saliente es la publicación de *Cantos de vida y esperanza*, libro de 1905 en el que Rubén Darío se refiere con admiración a Góngora y Cervantes. Pero como acabo de sugerir, esta actitud hacia la cultura del siglo XVII no es la obra de un solo escritor, sino que está ligada a un reacomodo más general que se opera sobre la burguesía, el Estado, el lugar de la literatura en la sociedad y las relaciones culturales entre América y España.

Si tomamos impulso de los años anteriores, podemos decir que el programa ilustrado se encuentra formulado por John Locke a través de la separación de lo que más tarde se conocerá como sociedad civil y Estado. La gran peculiaridad de la Ilustración hispánica, en nada disímil de los desarrollos americanos, es que ese es un futuro a conquistar, razón por la cual los ilustrados se apoyan en el Estado para realizar las reformas necesarias y liberar las fuerzas de la burguesía. El discurso de Gutiérrez está marcado por este programa: cuando rechaza la Real Academia y defiende la pluralidad de lenguas que ha traído la inmigración, lo que busca es mantener en libertad las fuerzas a fin de que desarrollen un pensamiento que solo puede conseguirse contaminando el castellano con las lenguas de la industria y el comercio que se hablan en el resto de Europa. Si el Estado debe continuar la racionalización del territorio y la población, también es necesario liberar las inteligencias a fin de que la población desarrolle un espíritu ajustado a la modernidad.

Cuando Darío llega a Buenos Aires (1893), encuentra una sociedad consolidada, sobre todo si tomamos en cuenta que viene de poner en pie diarios que sirven de respaldo a los fugaces dictadores que se disputan el poder en su Centroamérica natal. Esta consolidación no se apoya solo en la existencia de un Estado fuerte, sino también en la presencia de una burguesía asentada. Los datos sobre los que se basa esa situación son muy conocidos. La burguesía argentina funda su fortaleza en la articulación de la producción primaria con el mercado mundial y el fomento de la inmigración, que en pocos años trastocó su fisonomía. Como demuestra Ángel Rama (1985), este proceso obligó a que el estrecho grupo de intelectuales, que todavía a mediados de siglo coincidían con la elite gobernante, abriera sus puertas para cubrir las necesidades que se registraban en rubros como la educación, la literatura y el periodismo. Este proceso de democratización del campo intelectual transforma de manera definitiva el lugar que ocupaba la burguesía. Más que antes, se transforma en lo que Antonio Gramsci denomina clase dirigente, es decir, una clase que está en condiciones de dominar el estado y articular grupos sociales que no pertenecen a sus filas, lo cual implica una distinción entre el poder del Estado y la hegemonía en el seno de la sociedad civil. El dato simbólico de estos cambios es el viraje de *La Nación*. En 1883 el periódico anuncia en su "profesión de fe" que deja de ser una publicación partidaria para convertirse en una empresa comercial. Como afirma Susana Rotker, esto revela que "hacia la década del '80 la prensa latinoamericana sufrió un cambio similar al de los escritores: ambos empezaron a dejar de ser tan solo difusores del predicado estatal, para buscar su propio espacio discursivo"

(85). Este desprendimiento está motivado por la autonomía que el periódico consigue en cuanto a sus intereses, pues *La Nación* busca ahora un rédito económico a través de los avisos publicitarios, que a su vez consigue gracias a la mercantilización de la literatura. Si la burguesía domina el Estado, también se propone ordenar la opinión pública y la sociedad civil[3].

Esta distinción abre por primera vez la posibilidad de una autonomía del escritor en América Latina. Como demuestra Pierre Bourdieu, esta no se define como una independencia absoluta respecto del poder económico y político. La autonomía es, por el contrario, uno de los productos de la burguesía. Esto supone una relación ambivalente con la elite. Como sintetiza Graciela Montaldo, desde la independencia "la cuestión estaba abierta: ¿qué estaban dispuestos a conceder los letrados a las clases peligrosas con las que coyunturalmente se aliaban? En el 1900, con el cierre definitivo de ese largo ciclo, parece claro: no el lugar de la letra aunque sí su circulación" (2004: 121). El intelectual acepta trabajar en los diarios y los emprendimientos editoriales de la burguesía. Rubén Darío es el ejemplo característico de esta relación ambivalente. Por una parte, logra revolucionar el verso castellano porque escribe en *La Nación* y porque viaja recurrentemente gracias a sus cargos diplomáticos. No se trata solo de un sustento económico: el diario y los viajes son definitivos también para su estilo. Pero a la vez, diseña una poesía mediante la cual rechaza el utilitarismo burgués, publica *Prosas profanas* y, en *La Nación*, las notas que más tarde conforman *Los raros*[4]. No debemos simplificar esta relación contradictoria que instaura la autonomía. Como demuestra

---

[3] Aunque los límites son siempre convencionales, hay que destacar que en la Argentina el proceso de formación de una opinión pública es explosivo. En *El discurso criollista en la formación de la Argentina moderna*, Adolfo Prieto recoge un informe de Ernesto Quesada sobre las publicaciones periódicas entre 1877 y 1882 que arroja los siguientes resultados: a comienzos de ese ciclo, se publicaron 148 periódicos; mientras que al final, se registran 224. Al finalizar la centuria, esa fuerza de expansión se registra no solo en términos cuantitativos, sino también en lo cualitativo, pues se mantiene un periodismo empresarial, como *La Nación* y *La prensa*, pero también un periodismo politizado, dentro del cual hacen su aparición las publicaciones del anarquismo y el socialismo. Esta expansión se refuerza con la profesionalización y mercantilización de la prensa, dos aspectos que redundan en la conformación de estrategias internas al campo periodístico para sobrevivir y expandirse en un clima relativamente libre. Esa autonomía se advierte, siempre siguiendo los datos de Prieto, en el vigor del criollismo popular, que está lejos de los gustos de la elite. En este aspecto, el interés que despiertan las novelas de Eduardo Gutiérrez es tan impresionante como la reacción de los representantes de la alta cultura: no apelan a un poder externo para perseguir esa supuesta desviación, sino que la condenan desde el interior del campo resaltando sus carencias simbólicas. En igual sentido, *La Nación* y *La prensa* buscan dominar la opinión pública a través de la capacidad de producción, la profesionalización y la "seriedad" de sus notas.

[4] Como dice Adriana Rodríguez Pérsico, los escritores pensaron el rol del artista tomando como referencias sujetos ajenos a la normalidad social, como el genio, el maldito, el aristócrata, el pobre, el santo y el loco. Estos rasgos definen la relación ambivalente del escritor con la burguesía: de un lado, separan al artista de la sociedad normalizada; mientras que del otro,

Rancière, si ella vale es porque produce una visión sobre la sociedad, lo cual significa que construye esa sociedad y se mueve en la frontera compleja que existe entre la apertura absoluta de lo democrático y las capacidades que tiene de construir un cierto orden hegemonizando los significantes que flotan libres en lo social.

En este clima, el Barroco ingresa a través de dos modalidades. En primer lugar, lo hace a partir de una cierta afinidad entre los lenguajes del siglo XVII y los que estructuran el clima finisecular del XIX. En *Latinoamérica, las ciudades y las ideas,* José Luis Romero se refiere al Modernismo como "un vago barroquismo burgués". Ese "barroquismo burgués" es un concepto que se justifica por el lujo verbal de la literatura de ambos períodos, pero, también, porque tanto el Barroco como el Modernismo son formas de ordenar la sociedad por medio de un cierre del sector dominante. En este sentido, la retórica compleja del siglo XVII establece un saber letrado que excluye a los que no están avezados en él, de la misma forma que la alta cultura de fines del siglo XIX elabora un lenguaje y una concepción estética de distinción. Un ejemplo característico es *Prosas profanas.* En él Darío afirma de manera rotunda que no podría hablarle a un presidente. Se trata en parte de una hipocresía, porque durante su vida Darío les habló en más de una ocasión a presidentes de todo tipo, pero la afirmación es sincera si entendemos que con esto se desvincula de la poesía civil que había puesto en pie Bello y todavía reclamaba Gutiérrez. En su reemplazo, desempolva el momento decadente de la Francia del siglo XVIII, afirmando que su "órgano es un viejo clavicordio pompadour, al son del cual danzaron sus gavotas alegres abuelos" (180). Si de este modo Darío se desentiende del liberalismo democrático que impulsa la burguesía, ese rechazo no deja de ser ambiguo, pues propone un cierto orden social. Significativamente, en esa operatoria, pone la burguesía hispanoamericana, privilegiadamente la argentina, ante el espejo de la aristocracia parisina del siglo XVIII: si esta va a caer bajo el peso de la Revolución y la guillotina, aquella estaría a punto de desmoronarse por la fuerza que tiene el proceso de democratización que puso en marcha y que por esos años comienza a escapársele de las manos. Con un proyecto que aparentemente sabe infructuoso, Darío congela esa burguesía antes de su desaparición.

Este vínculo nebuloso entre el Barroco y el Modernismo se encuentra también en *De sobremesa.* A lo largo de esa novela, José Fernández amasa una multitud de proyectos políticos, científicos, literarios y comerciales. Aunque en principio sorprende esta capacidad (Silva se encarga de exaltarla en boca de los que rodean al personaje), la sorpresa desaparece si la comparamos con

---

demuestra que el artista necesita de ella para definirse como tal, contradicción que en términos estructurales funda la literatura moderna.

los intelectuales del siglo XVIII y primera mitad del XIX. En España podemos recordar a Jovellanos, que escribió con rigor tanto un curso sobre humanidades como una memoria sobre legislación agraria, por citar solo los aspectos salientes de su laberíntica labor. Bello y Sarmiento no se quedan atrás: ambos fueron, entre otras cosas, funcionarios públicos, educadores, viajeros, escritores, científicos y lingüistas. Pero esta comparación no está hecha para desmerecer la prolífica personalidad de José Fernández, sino para resaltar la diferencia que existe entre él y sus antecesores. A partir de Heinrich Wölfflin, podemos interpretar esa diferencia con la oposición ligereza/gravedad. Para el historiador suizo, "las formas esbeltas y sutiles del Renacimiento dan paso a cuerpos masivos, grandes, de pesados movimientos, de marcada musculatura y abundante vestimenta" (1986: 86). Esta gravedad se disemina en el mundo del Barroco: opera en la religión, las relaciones sociales, las pompas del poder terreno y espiritual y, lo que es más importante, el desaliento de los personajes. No podemos trasladar punto por punto estas características a los modernistas, pero ponen de relieve que José Fernández es lo que podemos llamar un héroe cansado y desalentado. Si sus proyectos no pasan de eso, es porque se desencanta de manera inmediata. Esta falta de fuerzas no significa una ruptura con la clase: si el desaliento y el hastío abren una verdad a la que luego deberemos volver, también ponen fin al empuje de la burguesía en lo que respecta a la transformación política y social. Lo mismo podemos decir de una novela anterior como *En la sangre*: Eugenio Cambaceres se muestra horrorizado, al igual que Quevedo en *El buscón*, de que el pueblo ascienda utilizando los signos culturales[5]. El Barroco comienza a asomar en América a través de esta afinidad nebulosa como un signo que no difiere del que asume en Europa: los escritores intentan ordenar y detener el proceso de democratización.

Nada lo refleja mejor que el momento en que Darío hace explícita estas afinidades en *Cantos de vida y esperanza* mediante sus homenajes a Góngora y Cervantes. Volveremos sobre esos textos de una manera más puntual, pues por ahora interesa ver lo que revelan de una manera global. Si algo muestra Darío con esos textos, y con aquel libro en el cual los recoge, es el restablecimiento de las relaciones políticas y culturales con España. En efecto, "Trébol" lo escribe durante su viaje como corresponsal de *La Nación* a España para retratar el clima sombrío que se vive después de la derrota ante Estados Unidos y, aunque el contenido prioritario es el rescate de Góngora, está dedicado al

---

[5] Juan Ritvo propone una afinidad de estas características entre *El Buscón* y *La guerra gaucha*, de Leopoldo Lugones (2006: 27-44). En este marco, es importante destacar la lectura que Ana Porrúa propone en *Caligrafía tonal* sobre el escritorio de José Fernández. La mesa de trabajo es un leitmotiv que Porrúa recorre desde la novela de Asunción Silva hasta la poesía objetivista, pasando por el neobarroco.

centenario de Velázquez, esa joya del pasado que los españoles podían rescatar en momentos sombríos como los que pasaban; y lo mismo podemos decir de "Letanía de nuestro señor don Quijote", escrito en 1905 para el centenario de la primera parte de la novela de Cervantes. El Barroco funciona en este sentido como un signo privilegiado de un movimiento más general que está vinculado a la inclinación por parte de varios intelectuales a rescatar el legado hispano-cristiano de los países hispanoamericanos. El contexto explica una de las causas de este fervor novedoso, si lo comparamos con el rechazo no demasiado lejano de Gutiérrez a la RAE: como deja en claro el propio Darío en "A Roosevelt", la guerra hispano-norteamericana y la creación del Estado de Panamá son acontecimientos que prenden la alarma respecto del imperialismo, de modo que las raíces hispano-cristianas comienzan a subrayarse como núcleos que conforman lo nacional, precisamente, para establecer una diferencia nítida y afrontar desde ese sentimiento unificador los peligros neocoloniales. Pero esta reivindicación de las raíces hispano-cristianas no se explica solamente por el temor al imperialismo anglosajón. Como demuestran Halperín Donghi (1998) y Jorge Myers (2003), es también para las elites una forma de señalar su prominencia sobre una sociedad que se transforma al pulso del crecimiento de la población y el arraigo masivo de inmigrantes, con lo que eso implica en cuanto a tradiciones lingüísticas, religiosas, culturales y fundamentalmente políticas. Luego del largo camino recorrido desde Bello, Darío sugiere en *Cantos de vida y esperanza* una definición nacional que, si no se puede sustraer a la historia que la ha creado, se reclama anterior a la política, punto nodal mediante el cual hegemonizar bajo el método de la alegoría el resto de los grupos sociales.

En este recorrido, el Barroco no es el elemento central, sino uno de los signos del proceso que vive la cultura. Pero el ritmo diferente que la valoración de ese período muestra en España y América pone de relieve que cumple una misma función durante el siglo XIX: el Barroco es una alegoría mediante la cual detener el ciclo revolucionario que estalla con la Ilustración. La imagen con que Heine muestra a los hermanos Schlegel huyendo de los ejércitos napoleónicos para refugiarse en Calderón y la forma con que Durán celebra la instauración medieval de la monarquía es estructuralmente similar al modo mediante el cual el modernismo establece afinidades con el Barroco para desarrollar una cultura aristocrática que permita congelar la sociedad. El hombre de la Ilustración hace, transforma, seculariza; el personaje finisecular se muestra cansado. El primero lucha contra las trabas del Antiguo Régimen; el segundo camufla el poder político y económico con un ropaje aristocrático y elabora una narrativa nacional para hegemonizar y, por lo tanto, ordenar el proceso democrático abierto a fines del siglo XVIII. En esta clausura, el Barroco aparece en la atmósfera como un broche mediante el cual se cierra el sistema.

VII. Origen, primitivismo y locura

Lo originario

El dominio romántico se propone organizar la sociedad a través de una operación sobre los elementos que pone en juego la democratización. La revalorización del Barroco debe comprenderse en este proceso general por el cual la cultura dominante intenta ordenar, conducir, y en muchos casos detener esa dinámica histórica a través de la composición de un lenguaje, una política y una religiosidad. Pero como se advierte en las ambivalencias de los hermanos Schlegel, la búsqueda de los escritores está marcada también por un absoluto que, en tanto inexpresable, establece una fisura en el sistema. De un lado, el dominio romántico reúne; del otro muestra que esa unidad es inalcanzable.Pero en el siglo XIX, el Barroco también revela la imposibilidad de ese cierre. Si comprendemos el romanticismo como un dominio, es decir, como un tipo de discurso que continúa hasta bien entrado el siglo XX y que se caracteriza por intentar contestar problemas de orden cultural y social, podemos decir, por una parte, que está organizado a partir de la elaboración de una clausura del ciclo revolucionario a través de la elaboración de una narrativa nacional y el descubrimiento de que el hombre está enfrentado a un absoluto en el que se encontraría su verdad. De manera más fuerte, lo que organiza lo romántico es lo que Foucault denomina lo originario. En *Las palabras y las cosas,* sostiene que lo "que se anuncia en lo inmediato de lo originario" es "que el hombre está separado del origen que lo haría contemporáneo de su propia existencia" (232). El ser humano no es contemporáneo de "aquello que lo hace ser –o de aquello a partir de lo cual es–, sino que está preso en el interior de un poder que lo dispersa" (325). Pero en su reverso, el origen también es "aquello que está en vías de volver, la repetición hacia la cual va el pensamiento, el retorno de aquello que siempre ha comenzado ya, la proximidad de una luz que ha iluminado desde siempre" (323). El origen se encuentra a la vez en el pasado perdido y habla desde el futuro como programa. Pero también, podemos decir, se encuentra en el absoluto, tanto sea que se trate de la Obra del primer momento del romanticismo alemán, de la idealidad cristiana tras el retroceso de los Schlegel o de la fuerza erótica que a cada paso revela Darío. Esto pone de relieve que, si el Barroco se instala en esta problemática de lo originario, también pone de manifiesto que esos puntos nodales mediante los cuales se organiza lo social y lo subjetivo están marcados en el fondo por una imposibilidad. Esa imposibilidad es crucial para la recuperación del siglo XVII.

Si acentuamos la importancia del absoluto como fisura, podemos sintetizar estas dos direcciones por medio de la problemática de lo originario. En *Las palabras y las cosas*, Foucault sostiene que lo "que se anuncia en lo inmediato de lo originario" es "que el hombre está separado del origen que lo haría contemporáneo de su propia existencia" (232). El ser humano no es contemporáneo de "aquello que lo hace ser –o de aquello a partir de lo cual es–, sino que está preso en el interior de un poder que lo dispersa" (325). Pero en su reverso, el origen también es "aquello que está en vías de volver, la repetición hacia la cual va el pensamiento, el retorno de aquello que siempre ha comenzado ya, la proximidad de una luz que ha iluminado desde siempre" (323). El origen se encuentra a la vez en el pasado perdido y habla desde el futuro como programa. Pero también, podemos decir, se encuentra en el absoluto, tanto sea que se trate de la Obra del primer momento del romanticismo alemán, de la idealidad cristiana tras el retroceso de los Schlegel o de la fuerza erótica que a cada paso revela Darío. Esto pone de relieve que, si el Barroco se instala en esta problemática de lo originario, también pone de manifiesto que esos puntos nodales mediante los cuales se organiza lo social y lo subjetivo están marcados en el fondo por una imposibilidad. Esa imposibilidad es crucial para la recuperación del siglo XVII.

Para verlo, remontémonos primero a la Francia de principios del siglo XIX. Como demuestra Rafael Ferreres (1975), durante el romanticismo, España se puso de moda entre los escritores. En el *Prefacio de Cromwell* (1825), Víctor Hugo cita a Lope de Vega y a Tomás Iriarte y, en 1822, su hermano traduce el romancero español. En esta moda, también, se enrolaron François-René de Chateaubriand, Alfred de Vigny, Alfred de Musset y Teophile Gautier. La hispanofilia de este último lo llevó a cargar una máquina de daguerrotipo y soportar largas jornadas en diligencias para captar en *Voyage a Spagne* algo de la esencia de aquel país. En esas tierras, buscó un país romántico que no estuviera contaminado por la civilización[1]. Aunque sus esperanzas chocaron

---

[1] "Encore quelques tours de roue, je vais peut-être perdre une de mes illusions, et voir s'envoler l'Espagne de mes rêves, l'Espgna du romancero, des ballades de Victor Hugo, des nouvelles de Mérimée et des contes d'Alfred de Musset" (1856: 17).

contra Madrid, se cumplieron en las corridas de toros, la gente de los pueblos, las iglesias y las pinturas religiosas. Si bien para Gautier España había perdido mucho de su romanticismo, todavía lo conservaba en esos y otros aspectos de la cultura, como la alfarería, el arte del mimbre y la manera de enjaezar las bestias de carga, tres aspectos en los que España se destacaba:

> Il y a trois choses qui sont pour moi des thermomètres précis de l'état de civilisation d'un peuple : la poterie, l'art de tresser soit l'oiser soit la paille, et la manière de harnacher les bêtes de somme. Si la poterie est belle, pure de formes, correcte comme l'antique, avec le ton naturel de l'argile blonde ou rouge ; si les corbeilles et les nattes sont fines, merveilleusement enlacées, relevées d'arabesques de couleurs admirablement choisies ; si les harnais sont brodés, piqués, ornés de grelots, de huppes de laine, de dessins du plus beua choix, vou pouvez être sûrs que le peuple est primitif et très-voisin encore de l'état de nature : des civilisés ne savent faire ni un pot, ni une natte, ni un harnais (1856: 105).

El primitivismo del que habla Gautier se acerca en parte a los reproches que Gutiérrez hace del Barroco, pues para ambos revela el atraso de una nación. Pero en *Voyage a Spagne,* el concepto ha mutado sensiblemente: el escritor también caracteriza con él la verdad profunda de las organizaciones humanas. Este deslizamiento está ligado a la historia de la palabra romántico. Como demuestra Jauss (2000), el término estaba referido al mundo de los libros de caballería. En la Inglaterra del siglo XVII, comienza a generalizarse para designar tanto lo inverosímil como lo insólito en la vida cotidiana. Pronto se asocia con lugares antiguos e incluso con la soledad de la naturaleza. A principios del siglo XVIII, esos lugares todavía se perciben en comparación con los que representan las novelas, pero luego pierden esa dependencia y al finalizar la centuria se asocian con el encanto descubierto por la poesía, "mundo hundido en la lejanía del tiempo y que solo podía captarse aún en las reliquias y ruinas" (2000: 47). Cuando se abandona la referencia a lo medieval y se busca lo romántico en todo vestigio del pasado, el paisaje se une con la historia: "La historia y el paisaje entran en una relación recíproca en esta actitud, que busca en la lejanía de la historia lo verdadero de una naturaleza que fue, y, en cambio, en la proximidad de la naturaleza circundante el todo ausente, la perdida infancia del ser humano" (48). Ahora bien, como revela Gautier, el primitivismo pone de relieve que si el sujeto puede percibir esa verdad, no le es posible volverse contemporáneo de ella, pues el atraso solo es interesante para un parisino, de la misma forma que la niñez solo cobra interés cuando se ha perdido. Lo originario revela su felicidad al precio de una fractura: muestra que el hombre nunca es contemporáneo de su origen.

El deslizamiento de lo primitivo corre en paralelo con un proceso similar que se registra en la locura. Cuando Gautier pasa por Toledo, se dirige a la iglesia del Hospital del Cardenal y, en ese lugar, tiene la oportunidad de ver dos cuadros del Greco. De acuerdo con el escritor, este desde el principio vivió horrorizado de que lo consideraran un simple imitador del Tiziano. Esta preocupación lo llevó a radicalizar la originalidad, perdiéndose en los meandros de la locura. Gautier fundamenta esta opinión con los dos cuadros que encuentra en la iglesia. El primero representa una Sagrada Familia y, aunque tiene singularidades evidentes, a primera vista, parece un Tiziano. El trabajo que le llevó, y ese equívoco resultado, le sirven a Gautier para especular sobre la salud mental del pintor: "Le peu de raison qui restait au Greco dut chartier tout à fait Dans le sombre océan de la folie, après avoir achevé ce chef-d'oeuvre" (171). El otro cuadro pertenece a la segunda manera, que el Greco produjo desde los abismos de la locura:

> L'autre tableau, dont le sujet est le *Baptême du Christ*, appartient tout à fait à la seconde manière du Greco : il y a des abus de blanc et de noir, des oppositions violentes, des teintes singulières, des attitudes strapassées, des draperies cassées et chiffonnées à plaisir ; mais dans tout cela règnent une énergie dépravée, une puissance maladive, qui trahissent le gran peintre et le fou de génie (172).

Si el primitivismo está deslizándose hacia un nuevo sentido, lo mismo se puede decir de la locura. Como demuestra Foucault en *Historia de la locura en la época clásica*, en el siglo XVIII, el concepto equivale a la sinrazón, la falsedad y el error. Luzán es un ejemplo característico en este sentido: entiende la locura, la enfermedad y el sueño como estados en los cuales la razón pierde su función regulativa. Pero en el siglo XIX, la locura se convierte en la verdad profunda del ser humano. En Gautier el proceso todavía no está consumado del todo, pues si bien se siente atraído por la segunda manera del Greco, no termina de convencerse de su relevancia estética. No deja por esto de descubrir un camino que se va a asentar a lo largo del siglo XIX. Se trata de una subversión del sujeto ilustrado, pues invierte los términos y coloca la verdad en aquello que se opone a la razón. Sin embargo, como sucede con el primitivismo, el encuentro de este nuevo centro implica menos una certeza que una imposibilidad: la verdad se encuentra en esa sombra que limita al sujeto y pone en crisis la racionalidad con la que este podría definirla.

Si el Barroco es un reordenamiento de la sociedad, al mismo tiempo, es un lenguaje que se revela en condiciones de plantear esta problemática, pues va a presentar modelos estéticos insoslayables para desarrollar esta verdad de las organizaciones humanas. En lo que respecta a la locura, se abre paso de una manera mucho más definida. Cuando Gautier se refiere a la búsqueda de originalidad del Greco, señala que la obsesión de ser tomado como un imitador de Tiziano lo llevó a los extremos y los caprichos más barrocos: "Cette préoccupation le jeta Dans les recherches et les caprices les plus baroques" (1845 [1856]: 171). Situado en los márgenes del proceso que puso en marcha el siglo XVIII, el Barroco participa de la reorganización social y, al mismo tiempo, revela que la modernidad se basa en esas certezas en última instancia imposibles que son los orígenes de la historia y el ser humano.

América y la irreductible verdad

Debido a la necesidad de poner en pie los estados nacionales, Sarmiento, Echeverría y Bello mantienen sobre la naturaleza una mirada ilustrada mediante la cual aspiran a ordenarla y hacerla producir, de modo que el primitivismo de Gautier se demora en llegar. Pero esta caracterización cambia con el "Poema del Niágara". En ese texto, Juan Antonio Pérez Bonalde convierte la naturaleza en un lugar sublime en tanto se trata de un espacio en donde el sujeto afronta lo originario: allí se pregunta sobre su existencia y allí descubre que la respuesta es un enigma insondable. Los modernistas abandonaron este encuentro fugaz, pues aunque continuaron al acecho de una verdad, dejaron de buscarla en la naturaleza para hacerlo en esas formas del artificio que son los paraísos artificiales del arte, la droga, el elitismo y los interiores de las grandes casas, saturados como una mónada de pliegues culturales. Por este camino, retoman el primitivismo, pero lo sacan de la naturaleza y lo sitúan en el interior del sujeto, como la verdad profunda que lo sostiene. Podemos apreciar ese cambio en "El reino interior", de Darío, o en el texto de *Los raros,* que le dedica a Leconte de Lisle:

> Imaginaos un Pan que vagase en la montaña sonora, poseído de la fiebre de la armonía, en busca de la caña con que habría de hacer su rústica flauta, y a quien de pronto diese Apolo una lira y le enseñase el arte de arrancar de sus cuerdas sones sublimes. No de otro modo aconteció al poeta que debiera salir de la tierra lejana en donde nació, para levantar en la capital del Pensamiento un templo cincelado en el más bello Paros, en honor del Dios del arco de plata (32-33).

Si el primitivismo pasa de la naturaleza al interior del ser humano, lo hace porque se aloja en el erotismo y se conjuga con la locura. Como demuestra Foucault, la locura coincide con lo primitivo porque "revela la verdad elemental del hombre", pues lo reduce "a sus deseos primitivos, a sus mecanismos simples", presentando su "infancia cronológica y social" (1992: II, 275). En este acercamiento, juega, también, un rol destacado la palabra decadencia, porque la locura no solo es el descenso a la infancia, sino que empieza también "con la vejez del mundo, y cada rostro que la locura adopta en el curso del tiempo habla de la forma y la verdad de esta corrupción" (1992: II, 275). Los modernistas se hacen cargo de esta transformación. Como dice Adriana Rodríguez Pérsico, "El señalado, genio, maldito, aristócrata, pobre, santo, loco, héroe y demonio es, sin lugar a dudas, sinónimo de artista" (2008: 84). Darío y Silva lo demuestran a partir de la relación ambigua que mantienen con la psiquiatría. Ambos le prestan una llamativa atención al médico (Darío le dedica uno de los ensayos de *Los raros* a Max Nordeau) pues, representante de la normalidad social, los excluye de ella. Por este camino, Darío y Silva descubren una verdad insospechada para los ilustrados: el hombre se define por la locura y la sensualidad.

Para el Barroco, estas transformaciones son capitales, como se puede comprobar, primero, en las relaciones difusas que mantiene con los modernistas y, luego, a partir de la recuperación explícita de Góngora. Dentro del primer movimiento, vale la pena detenerse en Julián del Casal[2]. Según recuerda Ramón Meza, Casal había leído tanto a los clásicos universales como a Núñez de Arce, Zorrilla, Bécquer y Espronceda, lecturas que se dejan sentir en el clima melodramático que tienen muchos de los primeros poemas de *Hojas al viento*. En el temprano "Amor al claustro" se detiene en la mezcla de sentimientos hacia Jesucristo que experimenta una joven que ha entrado al claustro debido a la muerte de su novio. El tema lo alinea con el romanticismo europeo, pero el poema de Casal también recuerda el claroscuro del Barroco y la postura de la joven parece una trasposición libre del "Éxtasis de Santa Teresa", de Bernini:

> De sus mórbidas formas, el ropaje
> Adivinar dejaba los encantos,
> Como las sombras de ondulante nube
> De blanca luna el ambarino rayo.
> Sus ebúrneas mejillas transparentes
> Conservaban aún el sonrosado
> Tinte que ostentan las camelias blancas,
> Al florecer en la estación de Mayo.
> Brotaba de sus labios el aroma
> De las fragantes flores del naranjo,

---

[2] Sobre Julián del Casal, me remito a *Julián del Casal o los pliegues del deseo*, de Francisco Morán.

> Y, en actitud angélica, elevaba
> Hacia el Señor las suplicantes manos (9).

Como sucede en la escultura de Bernini, Casal representa a la joven a través de las ropas. Esa representación no es solo temática, sino también formal, pues el hipérbaton de la frase asume desde ese plano la pesadez y los repliegues de la tela, del mismo modo que la palabra "cuerpo" se elide debajo de esa materia ampulosa. Algo similar podemos decir de "Autobiografía". En ese poema, el escritor habla de la muerte de su juventud a través de una figura que recuerda *La piedad,* de Miguel Ángel: "Mi juventud, herida ya de muerte,/ empieza a agonizar en mis brazos,/ sin que la puedan reanimar mis besos,/ sin que la puedan consolar mis cantos" (6-7). Buscadas o no, estas afinidades con las esculturas de los siglos XVI y XVII ponen de relieve una preocupación también compartida por lo religioso que, en el caso de los artistas barrocos, está ligado a los ejercicios espirituales de la Compañía de Jesús. Entre las actividades que realizaban durante las jornadas de retiro, los creyentes debían imaginarse con viveza las escenas de la Pasión, con especial énfasis en la crucifixión. Como destaca Werner Weisbach, Bernini era un practicante de los ejercicios espirituales y, como sucede con muchos otros artistas, se inspiró en ellos para sus obras. Casal conecta con estas prácticas tanto por el sentimiento religioso que maneja como por el estilo compositivo con el que los desarrolla. Pero si la piedad barroca no le es ajena, hay un cambio importante respecto de ella, porque Casal parte de la pérdida de las seguridades que daba la religión institucionalizada. En el siguiente poema, se separa sin vueltas de la Iglesia:

> ¡Triste del que atraviesa solitario
> El árido camino de la vida
> Sin encontrar la hermosa prometida
> Que lo ayuda a subir hasta el Calvario!
> ¡Triste del que, en recóndito santuario,
> Le pide a Dios que avive la extinguida
> Fe que lleva en el alma dolorida
> Cual seca flor en roto relicario!
> ¡Pero más triste del que, en honda calma,
> Sin creer en Dios ni en la mujer hermosa,
> Sufre el azote de la humana suerte,
> Y siente descender sobre su alma,
> Cual sudario de niebla tenebrosa,
> El silencio profundo de la muerte!

El sujeto que habla parece un cura que apostrofa al incrédulo desde el altar. Casal representa su ruptura con la Iglesia: podemos imaginarlo mientras se levanta de la silla, esa que debe haber ocupado en el Real Colegio de Belén durante su bachillerato, y, a medida que camina hacia la puerta, escucha los anatemas del orador. Pero Casal no abandona la búsqueda religiosa ni tampoco algunos de los símbolos fundamentales que puso en juego el catolicismo, sino que traspone la religiosidad a la poesía y convierte la Pasión de Cristo, esa que los barrocos imaginan a través de los ejercicios espirituales, en la pasión sentimental de un hombre que descubre que la trascendencia se ha alejado de la tierra desértica en la que vive, lo cual lo empuja a esas certezas menos estables y perecederas que son la droga y el arte.

En "Mi museo ideal", serie de poemas en los que traspone algunos de los cuadros de Gustave Moreau, reaparece de una manera subrepticia uno de los temas capitales del barroco español: allí reproduce la obra del pintor francés que tiene como tema la fábula de Polifemo y Galatea. Escribe Casal:

> En el seno de su gruta,
> Alfombrada de anémonas marinas,
> Verdes algas y ramas coralinas,
> Galatea, del sueño el bien disfruta.
> Desde la orilla de dorada ruta
> Donde baten las ondas cristalinas,
> Salpicando de espumas diamantinas
> El pico negro de la roca bruta,
> Polifemo, extasiado ante el desnudo
> Cuerpo gentil de la dormida diosa,
> Olvida su fiereza, el vigor pierde,
> Y mientras permanece, absorto y mudo,
> Mirando aquella piel color de rosa,
> Incendia la lujuria su ojo verde (110).

No sabemos si el escritor tuvo en mente a Góngora cuando redactó el poema. La falta de una mención explícita tal vez revele que el escritor del siglo XVII había caído por entonces en un olvido casi absoluto. Pero cualquiera haya sido el motivo, lo que importa es que Casal se conecta con el Barroco a través de las refracciones que genera el gusto primitivista y decadente de los franceses. El exotismo oriental con el que trabaja Moreau se acerca a la idea de Durán de que Góngora se había desviado hacia lo árabe y se vincula con la búsqueda de Gautier del primitivismo que para él latía en la España de principios del XIX. Para emplear el concepto de Montaldo (1994), el texto de Casal es un *patchwork*, pues en él se integran diferentes tiempos y diferentes configuraciones estéticas. Hay que resaltar, asimismo, que Moreau compone su cuadro a través de una atmósfera onírica que rompe con la representación. Casal lo repone con el empleo de colores fuertes como el verde, el azul y el dorado. Se detiene, además, en una ambivalencia que no se encuentra en el cuadro de Moreau: Polifemo pierde su fiereza al contemplar el cuerpo desnudo de Galatea, pero la lujuria se enciende en su mirada. Si Polifemo se vuelve humano, no es porque elimine los impulsos sexuales, sino porque los reprime, transformándolos en una verdad que está a punto de desatarse en cualquier momento. Por medio de esta afinidad todavía vaporosa, Casal da vuelta el diagnóstico de los ilustrados: Góngora efectivamente se acerca a los sueños y al delirio, aunque eso es precisamente lo que lo hace interesante para la modernidad.

Rubén Darío explicita los vínculos entre Modernismo y Barroco con el tríptico de sonetos "Trébol", con el que participa en los homenajes a Velázquez de 1899. Pero en lugar de hacer una poesía encomiástica tradicional, le cede la voz a Góngora, quien en endecasílabos remarca la gloria de Velázquez y aprovecha para lamentarse por haber sido olvidado. El pintor toma la palabra y lo reconforta anunciándole que "ya empieza el noble coro de las liras/ a preludiar el himno a tu decoro" (39). En el tercer poema, ahora en alejandrinos, Darío reivindica a Góngora y ratifica que está a un paso de la consagración. Como es de esperar, recupera, en el primer soneto, varios de los rasgos estilísticos de Góngora. El hipérbaton y el verso bimembre, así como también el comienzo, que recuerda el famoso "Mientras por competir con tu cabello", son marcas inconfundibles:

> Mientras el brillo de tu gloria augura
> Ser en la eternidad sol sin poniente,
> Fénix de viva luz, fénix ardiente,
> Diamante parangón de la pintura,
> De España está sobre la veste obscura
> Tu nombre, como joya reluciente;
> Rompe la Envidia el fatigado diente,
> Y el olvido lamenta su amargura.
> Yo en equívoco altar, tú en sacro fuego,
> Miro a través de mi penumbra el día
> En que el calor de tu amistad, Don Diego,
> Jugando de la luz con la armonía,
> Con la alma luz, de tu pincel el juego
> El alma duplicó de la faz mía (38-39).

En un plano, Darío traza un puente entre España e Hispanoamérica a través del rescate de las raíces hispano-cristianas de la cultura, mientras que, en otro, convierte a Góngora en un modelo para las innovaciones poéticas que él había practicado en *Prosas profanas*. Si en "Trébol" Góngora y Velázquez hablan en endecasílabos, él utiliza alejandrinos, metro con el cual resalta que su obra se parece al Barroco porque ambos hacen un trabajo revolucionario con el lenguaje. Esto significa que coloca al poeta como un modelo para el tipo de poesía que ejemplifica Verlaine, como destaca en "Yo soy aquel que ayer no más decía": "Como la Galatea gongorina/ me encantó la marquesa verleniana/ y así me juntaba a la pasión divina/ una sensual hiperestesia humana" (11).

Esta afiliación llega a su momento de mayor claridad en "Letanía de nuestro señor Don Quijote", que Darío escribe para el centenario de la novela de Cervantes:

> Ruega generoso, piadoso, orgulloso,
> Ruega casto, puro, celeste, animoso;
> Por nos intercede, suplica por nos,
> Pues casi ya estamos sin savia, sin brote,
> Sin alma, sin vida, sin luz, sin Quijote,
> Sin pies y sin alas, sin Sancho y sin Dios.
>
> De tantas tristezas, de dolores tantos,
> De los superhombres de Nietzsche, de cantos
> Áfonos, recetas que firma un doctor,
> De las epidemias de horribles blasfemias
> De las Academias,
> Líbranos, Señor (62).

Al igual que "Trébol", el poema se inscribe en el hispanismo de entresiglos; pero, al mismo tiempo, Darío transforma al personaje de Cervantes en un héroe que promete regenerar la fragmentación de la modernidad. Como demuestra Foucault, la locura del Quijote equivale en la época al error y está causada por su pertenencia a un mundo que ha sido desplazado por la episteme de la representación (1999: 53-55). Darío lo saca de ese ámbito, que es el de la verdad y el error, y afirma que se levanta "contra las leyes y contra las ciencias,/ contra la mentira, contra la verdad" (61); en el mismo movimiento, lo coloca en el campo de la fantasía y la pasión: "la adarga del brazo, toda fantasía,/ y la lanza en ristre, todo corazón" (61). Esto transforma a Don Quijote en un símbolo del escritor contemporáneo, en tanto queda cerca de las relaciones problemáticas que los artistas mantienen con la modernidad, especialmente encauzadas por el vínculo ambivalente con los psiquiatras. En el mismo sentido, la religiosidad que impregna el poema, fraguada a partir de una trasposición estética de la plegaria, rompe con la ortodoxia y sitúa al personaje dentro de los dilemas que tan bien expone Casal: si Darío sostiene que la religiosidad se ha retirado del mundo (se trata de un mundo "sin Sancho y sin Dios"), su vuelta al *Quijote* funda una nueva religiosidad, esta vez poética. Frente a la ortodoxia católica, Darío transforma el Barroco al situarlo en lo originario modernista, ese espacio en el que se articulan el antimodernismo, el primitivismo, la locura y la decadencia[3]. Nuevamente, ese espacio se convierte menos en una certeza que en un interrogante abierto, pues el absoluto que persigue el Quijote no se puede poner en palabras. Si de un lado el Barroco participa del proyecto de reorganizar la sociedad, del otro es un lenguaje que pone en evidencia que el hombre y la sociedad giran alrededor de un interrogante imposible de responder.

Lo barroco

Eugenio D'Ors concluye este proceso con *Lo barroco*, libro de 1935, en el que, sin embargo, recopila textos que saca desde principios de siglo. En "La querella de lo barroco en Pontigny", el ensayista retoma la oposición clásico/barroco de Wölfflin y decide que lo clásico y lo barroco son categorías universales, situadas en una suerte de cielo platónico desde el cual descienden para realizarse en la historia. Esa opción, sostenida con argumentos a menudo caprichosos, lo lleva a sintetizar, con un enfático autoritarismo, la idea de que el Barroco es un lenguaje que muestra la verdad irreductible del hombre y la sociedad.

Para D'Ors, el Barroco es el estilo del primitivismo, la decadencia y la locura. En "Churriguera" (1908), recuerda a Zenón de Elea, a quien identifica como un "filósofo maldito". Otro tanto le corresponde a Américo Vespucio: "un explorador maldito [porque] queremos hacerle pagar caro la ventaja de haber legado su nombre al Continente descubierto por Cristóbal Colón". Zenón y Vespuccio son, previsiblemente, realizaciones del eón barroco. Aparte de Churriguera, el más significativo de sus ejemplos es Góngora, a quien comprende como un "poeta maldito, [que] soporta, como la noción médica de "artritismo", el padrinazgo de las más variadas enfermedades" (23). En "El *Widermann*", afirma que el estilo de la civilización se llama clasicismo

---

[3] Después de Darío, el Modernismo quedó asociado con el Barroco. En "La nueva generación de novelistas" (1904), Emilia Pardo Bazán se pronuncia en contra del "pseudo-gongorismo afrancesado que corrompe a algunos escritores de América" (616); en "Para un estudio de la literatura española" (1914), Antonio Machado se refiere al "neobarroquismo" de Darío (786). Luego, en *Las máscaras democráticas del modernismo*, Rama piensa el rescate de Góngora como una forma mediante la cual los modernistas reconocieron sus afinidades con el Barroco (62). En fechas más recientes, Enrique Foffani sostiene que "Hay en el formalismo de Darío un imaginario barroco más gongorino que quevediano" (2007: 19).

y el estilo de la barbarie barroco. En el más extenso "De Robinson a Gauguin" (1925), desarrolla este último aspecto. En un acápite sobre Rousseau, recuerda la superioridad "del estado natural en el hombre respecto de las conquistas de su civilización" (25). Para D'Ors esta fue la gran innovación del romanticismo, pero el romanticismo no es otra cosa que la vuelta del Barroco. No sorprende, en este sentido, que D'Ors haya explicitado también la identificación del Barroco con la locura:

> Imaginemos un país en que las cosas hubieran pasado de esta manera. Imaginemos una infancia educada por locos... Si bien se mira, ¿no ha ocurrido que, durante más de una centuria, la infancia entera de todos los países y de todas las condiciones sociales haya sido, más o menos indirectamente, educada por un loco: por Juan Jacobo Rousseau?
>
> Una sociedad como la que evoco –o imagino– tenderá necesariamente, en su expresión, en su estilización, al empleo de las formas características de lo barroco (52).

Con estas palabras, D'Ors redondea el ciclo abierto por los hermanos Schlegel. Ese ciclo entrega una imagen del Barroco profundamente anacrónica. Esto no se debe en sí a los usos cambiantes con que se ha comprendido ese período artístico e intelectual. Más profundamente aun, en D'Ors el Barroco pierde especificidad para convertirse en un nombre que puede imponérsele a cualquier umbral histórico. Como si se tratara de un lenguaje que tiene todos los sinónimos a su disposición, el siglo XVII logra, bajo las elucubraciones del ensayista catalán, que todos los momentos históricos de inseguridad intercambien papeles. Al igual que *Prosas profanas*, el Barroco se vuelve un baile de máscaras al que asisten todos los siglos y todas las culturas. Pero si habilita una multitemporalidad, eso no puede hacernos olvidar que la razón se encuentra en que el Barroco es un lenguaje que se ha anclado en lo contemporáneo. Esa colocación no se altera desde los hermanos Schlegel: por un lado, el Barroco promete una reorganización de lo social dentro del maremágnum que pone en marcha la Ilustración; por el otro, descubre que lo que le da certeza a ese orden, sea en la subjetividad o en lo social, es menos una positividad que un enigma.

VIII. La gran guerra y las vanguardias

Las crisis de entresiglos

Durante la primera mitad del siglo XX, la problemática de lo originario se mantiene con vigencia en tanto es una de las claves para comprender el Barroco. Las reflexiones sobre el período son en gran medida indagaciones sobre los orígenes: el origen del arte moderno, el origen de las culturas nacionales, el origen de la modernidad. Asimismo, a principios del siglo XX se asienta una forma de comprender el Barroco que lo pone en paralelo con el presente: ese período complejo comienza a tener importancia para pensar y orientar interpretaciones sobre una actualidad dinámica y en muchos casos terrible. Con el foco puesto en el Barroco, la pregunta sobre los orígenes es, también, una pregunta sobre cómo orientarse en lo contemporáneo. Todo esto es especialmente claro en los grandes historiadores de fines del siglo XIX y principios del XX, en los que nos detendremos en este capítulo: Heinrich Wölfflin, Werner Weisbach y Walter Benjamin.

Pero a la vez, hay que destacar estos autores proponen dos grandes novedades. En primer lugar, abandonan la mirada selectiva sobre la cultura del 1600 (recordemos que los románticos valoraron el teatro y dejaron de lado la lírica). En oposición a esto, Wölfflin, Weisbach y Benjamin se ocupan del período de una manera global. En este marco, se debe subrayar que en este período se estabiliza la palabra Barroco para designar, en su conjunto, la cultura del siglo XVII. La segunda gran innovación es que se profundiza la contradicción entre la tendencia a establecer una organización social y la contraria, de comprender el Barroco como un período que revela una falla estructural tanto en el ser humano como en la sociedad. Esto está asociado con el paralelo histórico: en un mundo signado por importante innovaciones, pero también por el drama de la Gran Guerra, resulta casi natural que los historiadores antes nombrados retomaran las dos tendencias en las que está diagramada la interpretación del Barroco para, o bien procurar un intento de darle nueva organización a lo social, o bien demostrar que la realidad ha estallado en antagonismos imposibles de reducir. Aunque esta tensión se despliega en las décadas subsiguientes, y tiene su resolución definitiva con la obra de Jacques Lacan, aparece ya a principios del siglo XX.

Dentro de este conjunto de temas, el más visible es la definitiva integración del período. El primero en lograrlo es Wölfflin. El historiador suizo presenta el núcleo de sus ideas en *Renacimiento y Barroco* (1888). En ese libro, se propone demostrar que el Barroco no es un apéndice decadente del Renacimiento, sino un período que tiene sus particularidades, lo cual hace legítimo el intento de estudiarlo como una forma singular de expresión. Para afrontar estos objetivos, establece una oposición entre ambos a partir del par ligereza/gravedad. La ligereza es el estilo de representación renacentista, que se encuentra en las obras equilibradas y límpidas de la poesía, la escultura, la pintura y la arquitectura, como se puede ver en las églogas de Garcilaso. El Barroco está dominado, en cambio, por la gravedad, pues, entre otras cosas, el arte debe representar de manera pomposa la grandeza de los poderes de la monarquía y la Iglesia. Con esta oposición, Wölfflin da un paso significativo en la medida en que abandona el criterio de selectividad para plantear que los estilos clásico y barroco tienen una razón de ser profunda que los vuelve interesantes por igual. Asimismo, el historiador revela que esta comprensión de los períodos artísticos se debe a la profunda transformación que se ha producido en el campo estético desde el corte de los románticos alemanes. Para Wölfflin, la gravedad del siglo XVII es visible e interesante porque reaparece en las óperas de Wagner.

En *Conceptos fundamentales en la historia del arte,* Wölfflin desarrolla de manera plena estos planteos. En ese libro de 1915, refuerza la idea de que el Renacimiento y el Barroco son modos opuestos de representación a través de cinco reglas mediante las cuales describe los cambios que van de una época a la otra. Entre los siglos XVI y XVII, Wölfflin destaca cinco oposiciones: lo lineal y lo pictórico, lo superficial y lo profundo, la forma cerrada y la forma abierta, lo múltiple y lo unitario y la claridad absoluta y la claridad relativa. Para Wölfflin el Renacimiento propone un tipo de representación racional, mientras que el Barroco se sitúa en el campo de la percepción, enfoque que puede comprenderse a partir de la primera de estas reglas. El artista del siglo XVI utiliza líneas nítidas, contornos precisos y remarcados como si las figuras estuvieran cortadas por una tijera. La obra no muestra lo que se ve, pues lo que se ve siempre tiene claroscuros, manchas, imperfecciones, continuidades de una cosa a la otra; lo que muestra es una imagen retocada por el intelecto a fin de que aparezca tal como debería ser. Para Wölfflin, el artista barroco abandona esa inclinación e intenta pintar el mundo como aparece a los ojos. En un cuadro del siglo XVI, el estampado de un vestido tiene una asombrosa claridad y los contornos, incluso los más pequeños y delicados, son absolutamente nítidos. En un cuadro de Velázquez, y pensemos por ejemplo en el vestido de la infanta en *Las meninas*, el estampado está difuminado, porque el pintor intenta representarlo como lo vería cualquier persona.

En Conceptos fundamentales, el autor profundiza el paralelo histórico dándole un importante soporte argumentativo. Para Wölfflin, la historia del arte se desarrolla a partir de una alternancia entre modos de representación clásicos y barrocos. Si desde fines del siglo XIX se revalorizó la pintura del XVII, es porque, desde el Romanticismo, el arte plástico trabaja, también, con un tipo de representación naturalista, basada en el claroscuro. Aunque Wölfflin no propone explicaciones de profundidad sobre estas coincidencias, hay que resaltar que, por debajo, lo que encuentra en el Barroco, el Romanticismo y el Impresionismo es la reivindicación de lo sensorial, como fuente más primaria que la razón.

Pero aunque Wölfflin dio un paso decisivo para la rehabilitación del Barroco, el proceso llega a su momento definitorio cuando se abandona el criterio puramente estético y se construye la época, desde un enfoque social. Ese enfoque, que se inicia con Werner Weisbach y Walter Benjamin, se puede comprender a partir del reemplazo de la importancia que adquiere el concepto de "crisis". Aunque en la actualidad estamos acostumbrados a pensar el siglo XVII por medio de esa palabra, es necesario recordar que ésta es una innovación del 1900. En efecto, la palabra "crisis" no existía como tal en los siglos XVII y XVIII. En cambio, lo que existía era "decadencia". La edición de 1737 del *Diccionario de autoridades* define "decadencia" como "Declinación, descaecimiento, menoscabo, principio de la ruina de algún Imperio, Monarquía y otra cosa semejante". La palabra significa el fin de un período determinado e indica que este sería reemplazado por otro. Esta visión dominaba a los ilustrados cuando contemplaban el siglo XVII: pensaban que se trataba de un período decadente no solo porque consideraban que, en ese momento, la poesía había perdido la racionalidad clásica, sino también porque eso les permitía cortar con ella, de modo que el avance de las Luces era una forma de superar los errores del pasado. Si bien los románticos rehabilitaron el teatro del Barroco, mantuvieron la idea de la decadencia transfiriéndola a Góngora y a sus seguidores. Pero impusieron un movimiento que comienza a impactar entre los simbolistas, pues en ese entonces, la decadencia se volvió un adjetivo cada vez más interesante, en la medida en que, conectada con el primitivismo romántico, decía la verdad de una sociedad. El vuelco de la época de entresiglos puede comprenderse como una consecuencia de este desplazamiento que viene desarrollándose desde principios del siglo XIX en tanto es en esa época que se sustituye la idea de la decadencia por la de crisis. La historia de esa palabra muestra bien el desplazamiento que se opera:

en 1729, significa "juicio que se hace sobre alguna cosa, en fuerza de lo que se ha observado y reconocido acerca de ella"; en 1780, se añade la idea de "Mutación considerable que acaece en alguna enfermedad, ya sea para mejorarse, o para agravarse más el enfermo"; en 1852, se agrega que crisis es un "momento decisivo de un negocio grave y de consecuencias importantes"; y en 1899, se especifica un significado para la frase "crisis ministerial". La aplicación de la idea al siglo XVII termina de transformar el período en tanto se comienza a ver su producción artística y aun sus dificultades políticas y económicas como signos interesantes de una conmoción en la que se derrumba lo heredado y comienza algo nuevo.

Esta transformación se anuncia ya en *El Barroco, arte de la Contrarreforma*. En ese libro notable de 1921, Werner Weisbach propone como punto de partida el colapso del programa humanista a mediados del siglo XVI. El Barroco es una respuesta a esta crisis pues intenta reordenar la sociedad tras el cisma de Lutero y el saco de Roma. Para Weisbach, esta restauración no se explica por el solo hecho de que la Iglesia y las monarquías intentaran conservar el poder, sino que el Barroco es también la respuesta espiritual que buscaban los hombres y las mujeres que, con las guerras, las hambrunas y las pestes, habían quedado a la intemperie. Si en Wölfflin el Barroco coincide con el momento en el que se liberan las fuerzas artísticas, en Weisbach el período adquiere la fisonomía de la crisis, la inestabilidad y la restauración. Esa idea le otorga una legitimidad histórica inigualable, pero al mismo tiempo, y de manera más fuerte que en Wölfflin, lo transforma en un espejo al cual recurrir toda vez que en el presente se asista a una conmoción social y espiritual.

Weisbach, que escribe con el recuerdo vivo de la Gran Guerra, es un ejemplo notable en este sentido. Esto no significa que en su texto haga comparaciones explícitas: sabe demasiado bien que las guerras confesionales del siglo XVI tienen poco que ver con la Primera Guerra Mundial, de la misma manera que el arte de los cortesanos no puede compararse con un presente conmocionado por las vanguardias. Pero aun así, el autor justifica la publicación de su libro en un contexto "de guerra, de revolución y de duras pruebas" (53). Weisbach escribe sobre el colapso del humanismo en el momento en que colapsa el capitalismo heredado del siglo XIX, rociado de gas mostaza y jaqueado por una revolución bolchevique que parece capaz de realizar el ecumenismo que proclama. Entonces, sostiene en esa misma justificación que "el dominio de lo espiritual y lo universal puede ser, para los alemanes, un consuelo y una satisfacción en su destino" (1921: 53). Nos topamos así con un acercamiento de las dos épocas y con una simetría en cuanto a las soluciones que se le pueden dar a los dramas. El Barroco es la respuesta a la crisis del humanismo: recupera el dominio de la religión a fin de conjurar los antagonismos desatados. Del mismo modo, Weisbach, que mira el desastre de la guerra y las contradicciones que amenazan al capitalismo clásico, busca en el presente una recuperación de ese ámbito, para él originario, que es lo espiritual.

Benjamin trabaja cerca de Weisbach. En *El origen del drama barroco alemán*, comienza reconociendo que el Barroco ha ganado interés en Alemania debido a la época crítica que pone de relieve el Expresionismo. Como Weisbach, Benjamin reprime enseguida el anacronismo y se concentra en la reconstrucción histórica del período. En el transcurso del libro, esta posición historicista, sin embargo, fracasa. Para comprobarlo, detengámonos en uno de los argumentos centrales de su libro, la idea de que la cultura del siglo XVII es el resultado de la secularización que la Contrarreforma impuso a católicos y luteranos. El fin de las explicaciones religiosas, argumenta en su libro, habría generado la crisis del 1600:

> aun cuando la secularización promovida por la Contrarreforma se impuso a ambas confesiones, las inquietudes religiosas nunca perdieron su importancia, pero aquel siglo les negaba cualquier tipo de solución religiosa, exigiéndoles o imponiéndoles una solución profana en su lugar. Estas generaciones tuvieron que vivir dolorosamente sus conflictos bajo el yugo de esta imposición y bajo el aguijón de tal exigencia. [...]
> Nada más alejado de la Contrarreforma que la expectativa de un tiempo terminal o incluso de una revolución temporal, los cuales llegaron a constituir la fuerza motriz del Renacimiento, como ha revelado Burdach. Su filosofía de la historia tenía como ideal la "acmé": una edad de oro de la paz y de las artes, ajenas a cualquier dimensión apocalíptica, instaurada y garantizada *in aeternum* por la espada de la Iglesia (64-65).

Vale la pena resaltar que esta tesis es el eje del que brotan los conceptos de duelo, melancolía, ruina y alegoría. Si bien Benjamin desarrolla los dos primeros a partir del artículo de Freud sobre el tema, hay que reconocer que con ellos consigue nombrar la situación espiritual en la que se encuentran los hombres tras la retirada de lo religioso. La situación melancólica y luctuosa obedecería, entonces, a la pérdida de sentido trascendental tanto de las cosas como de las personas, retirada que sería similar a la que Freud describe cuando se pierde a un ser amado (retirada de la libido del mundo) y a la desvalorización más fuerte y problemática del propio yo (melancolía). La ruina y la alegoría son dos conceptos que se desprenden de esta situación. Si bien Lucas Fragasso, en su estudio sobre Benjamin, destaca que la ruina funciona como naturaleza en tanto naturaleza caída, hay que entender el concepto como el nombre que identifica el mundo tras la secularización. La ruina no es el edificio derruido, sino el mundo tras la retirada de la explicación trascendental. Esta situación luctuosa explica que el hombre abrace la alegoría: el melancólico recolecta las ruinas y les otorga un nuevo aunque precario sentido.

Pero volvamos a la tesis que sostiene este árbol conceptual. Si Benjamin afirma que la Europa del período se caracteriza por la retirada de lo religioso, esto significa que las iglesias empujan al hombre a que busque su salvación en la historia profana. ¿Pero es esta verdaderamente la situación? En el ámbito de la Contrarreforma, la tesis es muy problemática. Aunque es cierto que el Concilio de Trento deslindó lo humano y lo divino y empujó a los escritores a optar entre la ortodoxia o lo profano, estableció un vínculo de subordinación entre esos dos órdenes. La situación es muy clara en la política, que es el ámbito más profano del siglo XVII: si bien los tratadistas marcan fronteras entre el Estado y la Iglesia, lo hacen para delimitar el alcance de las atribuciones seculares de Roma dentro de los territorios de la corona, de ningún modo para abandonar la idea de que la política está legitimada por la religión. Aunque Gracián vacía el cielo de contenidos profanos, plantea que las guerras deben tener como fundamento la defensa de la cristiandad; si Saavedra y Lancina confirman que la política es autónoma respecto de la religión y la moral, lo hacen porque entienden que esa autonomía es un atributo que Dios le confiere al soberano. En cuanto al supuesto fin de la escatología católica, basta con tomar en cuenta que uno de los puntos clave del Concilio de Trento es la ratificación del Purgatorio: las acciones en el mundo tienen un significado muy preciso en el más allá, como bien lo demuestran los autos sacramentales. A esto hay que agregarle que las profecías no desaparecieron. En su estudio sobre Jerónimo de Villanueva, Carlos Puyol Buil demuestra que los vaticinios que hacen las monjas endemoniadas de San Plácido se tomaron con toda seriedad. Aunque no parece del todo convencido, las cartas entre Olivares y la abadesa comprueban que al menos en algún momento el valido se esperanzó con los presagios sobre un hijo varón. Igual de importante es que antes de que la Inquisición ordenara el encarcelamiento de Fray Francisco García Calderón (junio de 1628), el prior del convento envió cartas al Dr. Gaspar Gil en las que le pedía que estudiara el memorial que había confeccionado, en el cual buscaba demostrar "que las maravillas de San Plácido eran de origen divino" (Puyol Buil, 1993: 199). Todo esto demuestra que, en el mundo barroco, las comunicaciones con lo divino formaban parte de la realidad.

Podemos interpretar que la propuesta demasiado tajante de Benjamin se explica porque busca darle dimensión a una situación que pertenece al ámbito protestante. Aun así, sus opiniones tienen problemas. Se ha demostrado que el luteranismo y el calvinismo fueron tan ortodoxos, dogmáticos y escolásticos como los católicos, pues para las monarquías la religión era una herramienta fundamental para demarcar fronteras y mantener el orden dentro de los reinos. Pero pensemos la supuesta retirada de las explicaciones religiosas a partir de un fenómeno bien conocido como la caza de brujas. De acuerdo con Trevor-Roper, las persecuciones comienzan antes de la Reforma tras el pedido de los dominicos que evangelizaban las zonas montañosas, en donde la cristianización, si había llegado, lo había hecho mixturándose con formas paganas. Poco después, las alarmas bajan a las llanuras y, tras el cisma de Lutero, ganan a católicos y protestantes y permanecen vigentes hasta principios del siglo XVIII. En la Alemania luterana, Christian Thomasius se destacó por su crítica a estas actividades, pero esas críticas apuntaban a la crueldad de las torturas, no a la creencia en las brujas y el demonio. Thomasius "cree que el diablo actúa, desde el exterior y amparado por la invisibilidad: lo único que no cree es que el diablo tenga cuernos y cola; también cree en las brujas: solo descree de su pacto con el diablo, del aquelarre, de los íncubos y los súcubos" (Trevor-Roper, 2009: 183). Aunque Thomasius se encuentra lejos del fanatismo, su caso demuestra que para los luteranos lo sobrenatural también formaba parte de la realidad. El siglo XVII no se caracteriza por la secularización, sino por el peso que las diferentes iglesias tienen sobre la sociedad.

Por este camino indirecto e involuntario, Benjamin enfrenta pasado y presente y transpone significantes de un tiempo a otro. Esta operación puede comprenderse a través de los conceptos de duelo, melancolía, ruina y alegoría, pues si bien esas palabras calan profundo en muchas de las obras del siglo XVII, pertenecen a la retirada completa de lo religioso que se produce desde mediados del siglo XIX y que tiene a Nietzsche como estandarte principal. Lucas Fragasso sostiene que, en Benjamin, la tristeza hace referencia "a la consumación del proceso de secularización que Georg Lukács describió como el momento en que el mundo de los hombres ya no es ni 'casa paterna' (*Vaterhaus*) ni 'patria' (*Heimat*), y sintetizó en una fórmula definitiva: el 'desamparo trascendental'" (128-129). Este desamparo no tiene lugar en el siglo XVII, ya que ese mundo siempre amenazado por hambrunas, guerras y pestes veía en la religión un resguardo y una fuente para legitimar las acciones. El desamparo es lo que experimentan las personas durante la Gran Guerra, con millones de muertos en las trincheras, porque ya no cuentan con lo religioso para darle sentido a los sacrificios sobrehumanos que acaban de hacer. ¿No es esto lo que explica que la alegoría, ese concepto que Benjamin forja para describir el Barroco, termine siendo fundamental para el arte inorgánico de la vanguardia? ¿No es el anacronismo lo que hace que el desamparo nos recuerde la obra de Julián del Casal y no la de Calderón? Aunque Benjamin contribuye a la comprensión histórica del siglo XVII, su obra es un estudio sobre el diálogo que el Barroco mantiene con la actualidad.

Como viene sucediendo desde los románticos alemanes, la cultura del 1600 aparece en Benjamin cuando las promesas de la Ilustración se enfrentan con sus límites y sus fracasos. Como viene sucediendo desde los románticos alemanes, la cultura del 1600 aparece en Benjamin cuando las promesas de la Ilustración se enfrentan con sus límites y sus fracasos. Pero lo más importante es que el autor sitúa el período en el campo de problemas que se desarrolla desde principios del XIX: por un lado recupera la importancia del Barroco para pensar la tradición nacional, en su caso la tradición alemana, mientras que por el otro toma la cultura del 1600 para indagar sobre lo originario. Sin embargo, Benjamin da un paso significativo, porque, desde el interior del dominio romántico, rompe con sus soluciones: pone de manifiesto que la fuente de sentido se ha retirado del mundo en tanto se encuentra desde el principio vacía. Nada lo refleja mejor que su concepción del trabajo alegórico. Desde los románticos la alegoría funciona como un método para organizar la sociedad; en Benjamin, se convierte en una operación que las personas pueden hacer para arreglárselas con unas ruinas que no tienen sentido fuera de la historia que las ha arrumbado. El desamparo trascendental es eso: no hay nada que justifique la marcha contingente de los sucesos, porque no hay ley por encima de la historia. Con un movimiento que recién va a terminar de definirse con Lacan, Benjamin toma el Barroco y rompe, con él, el dominio romántico. En su obra, el lenguaje, la política y el hombre no tienen otra justificación que la marcha de una historia signada por los antagonismos desatados. En lugar de la razón de Estado, sobre la mirada del melancólico pesa la obra de Maquiavelo.

Estas ideas ganan toda su dimensión en "Tesis de la filosofía de la historia". En ese texto, Benjamin alegoriza desde el primer párrafo, en el que habla del marxismo y la teología, y retoma el concepto de ruina en el famoso pasaje en el que trabaja con el cuadro de Paul Klee. El ángel de la historia, dice Benjamin, mira hacia el pasado y ve cómo se amontonan las ruinas de lo que fue, pero un huracán envuelve las alas y lo arrastra perpetuamente al futuro. En "Tesis", el mundo está marcado por un antagonismo sin solución entre los que mandan y los que obedecen, y aunque en ese texto recupera una inteligibilidad de la historia, lo hace a partir de ese sujeto colectivo, absolutamente contingente, que es el que conforman los sometidos. En Benjamin, el Barroco es un lenguaje para romper con el romanticismo y pensar los conflictos irreductibles de la sociedad y la cultura.

España

Si saltamos ahora al ámbito hispano-americano, se pueden advertir los mismos temas que manejan los alemanes: crisis subjetiva, búsqueda de una tradición nacional y emergencia de lo originario. Pero hay dos diferencias cruciales. En primer lugar, aunque la melancolía ocupa un importante lugar en la obra de José Lezama Lima, en general, ese y el resto de los escritores formados durante la primera mitad del siglo XX son ajenos al tono sombrío de Weisbach y Benjamin. En los alemanes, la crisis de la subjetividad se produce en el contexto dramático de la Gran Guerra; en España e Hispanoamérica, esa crisis se mantiene en el terreno luminoso de la revolución literaria y teórica de las vanguardias o en la búsqueda no menos optimista de una tradición nacional. En segundo lugar, segunda diferencia con los alemanes, en América y España, las relaciones entre lo local y lo universal tienen una configuración distinta. Para Benjamin, se puede comprender el sentido de la época a partir de una lectura atenta del barroco alemán. Weisbach no se queda atrás. Aunque se ocupa de todo el Continente, especialmente de Italia, el autor entiende que esa universalidad es consustancial al espíritu alemán. Ninguno de los dos advierte las limitaciones geoculturales de sus enfoques, y si no lo hacen, es porque han naturalizado que sus países dominan intelectualmente el escenario internacional y sus dramas y felicidades vendrían a representar los del resto de la humanidad. Nada de esto se encuentra en los hispano-americanos, sino lo contrario: la recuperación del Barroco obedece a que buscan en el pasado algunos signos que les permitan alcanzar una universalidad cuya norma se encuentra en el extranjero. Aunque la época de las vanguardias tensa el legado romántico, en el ámbito hispano-americano el Barroco, y especialmente Góngora, se encuentran signados por las dos problemáticas centrales: de un lado es un lenguaje central para continuar una indagación sobre lo originario, como verdad irreductible del ser humano y la cultura, y del otro es un legado histórico decisivo para fortalecer una tradición nacional.

En el ámbito hispano-americano, el Barroco resurge en un campo de confluencias conformado por Francia, España y América. El disparador de esta vuelta al pasado es Paul Verlaine, cuando dijo admirar a Góngora y Calderón. Como demuestra Dámaso Alonso, esa admiración era superficial: su rudimentario manejo del castellano pudo ayudarle a descifrar alguna estrofa, de ningún modo a conocer su compleja escritura (1978: 753-754). Pero aunque su interés pudo ser "esnob" y "superficial" (son palabras de Alonso), Verlaine estableció las bases para la valoración del Barroco español tanto en Francia como en España e Hispanoamérica. En su país, esta difusa imagen tiene como consecuencia indirecta la obra insigne de Raymond Foulché-Delbosc, quien hacia 1900 copió el manuscrito Chacón, para publicarlo en 1921. Más aún, la centralidad de Francia no se debe solamente a los aportes filológicos que realizan sus críticos: los autores de ese país son los primeros que levantan el paralelo Góngora/Mallarmé, que tanta importancia va a tener en España y América para la relectura anacrónica del autor de las *Soledades*[1].

El impacto, en el ámbito hispano-americano, se deja sentir casi de inmediato. Cuando logra verlo en un café de París, Darío se acomoda en el espejo que produce Verlaine y comienza a reivindicar a Góngora. Poco después, el sistema América-España-Francia gana en rigurosidad. Entre 1916 y 1921, Alfonso Reyes colabora con Foulché-Delbosc en la edición del manuscrito Chacón y en 1923 publica una edición del *Polifemo* en la colección "Índice", dirigida por Juan Ramón Jiménez. Si bien sus contribuciones son de índole filológica, Reyes retoma el paralelo Góngora/Mallarmé y le da una importante legitimidad. En "De Góngora y de Mallarmé" (1920), afirma que "Había que esperar a que la juventud de lengua española –que, por de contado, tenía noticia de Mallarmé– alcanzara también un grado de familiaridad suficiente con su tradición propia para decidirse a abrir los libros de Góngora" (1996: 161). Celebra luego la comparación que Miomandre hace entre el poeta y Mallarmé; luego, saca conclusiones más provechosas de Milner, recordando que, aunque diferentes, hay algo que aproxima al español y el francés: "la fuente ideal, el estado psicológico del artista, lo consciente y premeditado del esfuerzo, la religión poética", así como también "la oscuridad no intentada por sí misma, que resulta como una necesidad interior de ambas tentativas" (161).

Si el Barroco es una búsqueda de modernidad en el pasado, esto explica que los escritores tuvieran una temprana conciencia de las diferencias entre el sentido histórico y las posibilidades anacrónicas del siglo XVII. En "Necesidad de volver a los comentaristas", Reyes sostiene que en la recepción creativa de Góngora no es necesario recuperar el significado histórico de las palabras que conforman sus poemas, ya que lo que hay en Góngora "de virtud puramente lírica o de raro hallazgo verbal no requiere notaciones históricas ni mitológicas"; pero si se quiere saber qué es lo que dijo el poeta, es necesario volver a los comentaristas de la época, porque "nadie entiende ni podrá entender nunca, mediante los solos recursos de la sensibilidad y del gusto, una abrumadora multitud de pasajes del Polifemo, las Soledades, el Píramo y Tisbe" (1996: 150). Reyes profundiza esta distinción en "Sabor de Góngora" (1928): "La alusión erudita a veces aparece tan tramada con el pensamiento poético, que si cazamos la alusión, de paso hemos dado muerte al encanto mismo de la poesía" (1996: 192).

---

[1] Como recuerda Andrés Sánchez Robayna, la primera propuesta, en este sentido, es de Rémy de Gourmont, que la presenta en "Gongora et le gongorisme", del temprano 1912; luego, le siguen los trabajos de Francis Miomandre y Zdislas Milner.

En "Un escorzo de Góngora" (1924), Gerardo Diego manifiesta esta diferencia de una manera incluso más clara. El escritor describe dos grandes figuras de Pedro Berruguete (1450-1503). Aunque las obras están saturadas de historia, al encontrarse en el museo, demasiado cerca del espectador, aparecen "en un escorzo desenfocado e inédito que les presta una curiosa familiaridad con ciertas expresionistas actitudes de la escultura y de la danza modernas" (1924: 76). El autor reconoce que este sentido no se encuentra en las figuras, pero la interpretación es justa si se utiliza a Berruguete para desarrollar un arte contemporáneo. Esto mismo sucede con el paralelo entre Góngora y Mallarmé: si se los compara en términos filológicos, la ilusión desaparece, pero en términos creativos, ese vínculo es admisible, pues convierte a Góngora en un autor al que se puede volver para abrir la poesía a la modernidad.

Barroco y vanguardias

El despliegue de la lectura anacrónica se puede comprender a partir de la referencia de dos autores: José Ortega y Gasset y Juan Ramón Jiménez. En *La deshumanización del arte,* el primero presenta la conocida tesis de que, si en el pasado los escritores y artistas lograron una comprensión masiva, es porque utilizaron su competencia para expresar sentimientos humanos. El arte de las vanguardias rompe con esta dependencia: la abstracción demuestra que la pintura no se define por la representación del mundo, sino por la combinación de formas y colores, y la poesía moderna desdeña los sentimientos para labrar una forma lingüística deshumanizada. La tupida retórica de Góngora, impregnada de musicalidad y dominada por un forzamiento de la sintaxis, vuelve en este contexto, pues ese contexto habilita que se olvide la búsqueda del latín, con todas las implicancias que tiene esa búsqueda, a la que se dedicó el poeta cordobés. Distinta es la importancia de Juan Ramón Jiménez. El escritor se encuentra lejos de la retórica sobrecargada del Barroco. Hay que destacar, además, que si bien se apasionó por Darío, se alejó de su influencia y prefirió la sobriedad estilística y la búsqueda de un absoluto poético inexpresable[2]. Pero el autor sigue siendo central debido a que fue el que con mayor claridad asumió la visión simbolista sobre la poesía. Como destaca

---

[2] En ese tránsito, se puede resumir el camino que toma la literatura española de entresiglos. Como demuestra José Carlos Mainer (2010), la renovación poética de Darío se convirtió en uno de los estilos para resolver la exigencia de modernidad y nacionalidad; pero hacia 1910, esa respuesta estaba agotada: Antonio Machado, Unamuno y Juan Ramón comenzaron a buscar una palabra más austera y sincera.

Gerald Brown, "Juan Ramón ansiaba creer que tras la apariencia de las cosas hay una esencia absoluta y eterna que existe independientemente de la conciencia humana, y que el Poeta puede poseer el privilegio de tener intuiciones de esta esencia inmanente" (1983: 143). En este sentido, Juan Ramón se convierte en uno de los horizontes a partir del cual se pone en práctica la reevaluación anacrónica del autor de las *Soledades*.

En estas expresiones, hay una compleja y a menudo contradictoria mezcla de direcciones y preocupaciones. En primer lugar, y como puso en claro Juan Carlos Mainer (2010), la vanguardia española es, como la de los hispanoamericanos, una incorporación del rupturismo, pero también una búsqueda por definir tradiciones literarias y culturales nacionales. En igual sentido, hay un rechazo del romanticismo, por vía de la deshumanización, pero la preocupación por lo originario se reabsorbe tanto por medio del absoluto de Juan Ramón como así también por la intuición bergsoniana y el inconsciente freudiano. En *Literaturas europeas de vanguardia*, Guillermo de Torre trazó algunos lineamientos ordenadores de este campo convulsionado y situó, con aguda precisión, el lugar que en él comenzó a desempeñar el Barroco.

En "Desde el mirador teórico", que contiene extensas glosas a *La poésie d'aujord'hui*, de Jean Epstein, el crítico manifiesta que las literaturas de vanguardia se pronuncian a favor de una autonomía gracias a la cual el creador está en condiciones de rendir artísticamente la realidad. Para demostrarlo, recupera algunas ideas de Ortega y Gasset y señala que "el artista de cuño nuevo" sabe perforar "la zona de la realidad mediata, donde aflora el verdadero manantial del arte: arte autónomo, arte que se baste a sí mismo, que tenga un valor independiente de la proyección sentimental que sobre él pueda verter el lector" (306-307). Sin embargo, corrige parte de la visión de Ortega, pues advierte que es imposible que el arte realice una auténtica deshumanización. El proceso es para él más complejo: si en el pasado el poema era un instrumento expresivo, el cubismo y el ultraísmo descubrieron un camino opuesto según el cual "la inquietud subjetiva, no debiendo presentarse escuetamente por sí misma, irradia hacia las materiales concreciones, las transforma y vivifica y, al penetrarlas, les insufla un espíritu nuevo, reformando sus aspectos y, en definitiva, recreándoles estéticamente" (312-313).

A partir de esta perspectiva, de Torre afirma que la poesía está en condiciones de expresar la verdad del hombre. Según sugiere en su ensayo, el inconsciente freudiano y la intuición bergsoniana subvierten la visión tradicional en tanto apuntan a la fuerza primaria sobre la cual se labra la subjetividad y el conocimiento científico. La "evasión del realismo objetivo" que propone la nueva lírica coincide con esta revolución intelectual en tanto presenta un "ilogismo" y un "anti-intelectualismo cenestésico" que surge de "un estado de delirio, al margen de todo control lógico habitual" (316).

En el marco de esta propuesta, de Torre define la metáfora como un modo "de comprensión brusca, de comprensión en movimiento. No describe una idea inmóvil y solitaria, sino la relación entre dos ideas, que tan pronto se atraen como se repelen, se juntan o se disocian" (333). Luego completa el argumento afirmando que la metáfora es "un teorema en el que se salta, sin intermediario, desde la hipótesis a la conclusión" (333). Se trata de un tipo de conocimiento ajeno al racional y, si bien no explicita esa relación, encarna la intuición bergsoniana: la metáfora revela de una manera autoevidente una verdad sin que se establezca una mediación reflexiva.

En este marco, Guillermo de Torre rescata a Góngora como un antecedente de las vanguardias y, para esto, le da legitimidad al paralelo con Mallarmé. Sin desconocer las diferencias que establece Milner entre ambos escritores, elabora un catálogo de afinidades que se inician por la oscuridad, entendida como "resultante de los meandros y circunvoluciones que describen sus espíritus", para luego pasar a un abanico de conexiones temáticas y formales, como la cabellera femenina y el empleo masivo de la metáfora. Por debajo, unifica la poesía simbolista y vanguardista con el Barroco. De un lado comprende al autor de las *Soledades* a partir de la autonomía del lenguaje y la subversión del sujeto que lo acompaña; y del otro, le da una dimensión neobarroca a la literatura actual. Góngora se convierte en un vanguardista *avant la lettre* debido a que es el primero que en lugar de expresar las emociones proyecta su subjetividad al mundo exterior y lo transforma a voluntad.

El Centenario

Estas ideas presiden las celebraciones del Centenario de Góngora. En la crónica sobre el evento, Gerardo Diego recuerda que, en abril de 1926, él y otros poetas sintieron la inminencia de la fecha y proyectaron el homenaje para anular las grises celebraciones oficiales[3]. Explicita luego el ambicioso proyecto editorial que se fijaron, que consistía en la publicación de doce libros que contenían las obras de Góngora y una serie de textos en homenaje[4]. Dentro de la celebración, se destaca el "auto sacramental de fe en desagravio de tres siglos de necedades" (1928: 694), en el que se quemaron monigotes de trapo que representaban a los enemigos de Góngora junto con, entre otros,

---

[3] El texto fue publicado en la revista *Lola* en 1928. Sigo de la reproducción de Mainer (2010: 693-699).

[4] De ellos se publicaron tres: *Soledades*, *Romances* y una *Antología poética en honor de Góngora*, con poemas de autores que van desde Lope a Rubén, preparados por Alonso, José María de Cossío y Diego.

la *Poética*, de Luzán; un tomo de *Historia de las Ideas estéticas en España*, de Menéndez Pelayo; *Teoría de Andalucía*, de Ortega y Gasset; y *Poussin y el Greco*, de Eugenio D'Ors.

Aunque muchos de los escritores que participaron del homenaje no tardaron en alejarse de las premisas que los reunieron, el fervor gongorino se inserta en el clima de ruptura de las vanguardias y la búsqueda de una belleza absoluta que se alcanza a través de la defensa irrestricta de la autonomía poética. En el muy lejano 1961, Alonso explicita indirectamente esas condiciones:

> Góngora fue además un anhelo de superación, una fórmula límite –límite del lenguaje, límite de las capacidades humanas–. El arte contemporáneo vive precisamente de esas sacudidas de inquietud, de experimento, de hallazgo de fórmulas nuevas. Góngora –extremado, poeta límite– fue un antecedente de esos intentos (268-269).

Esta voluntad experimental atraviesa los homenajes poéticos del Centenario, entre los que merece destacarse la "Soledad tercera". En ese extenso poema, Rafael Alberti retoma con inteligente erudición el estilo de Góngora: utiliza la silva, el uso violento del hipérbaton y encabalga la historia, como demuestra Javier Pérez Bazo, en el proyecto original del cordobés. Si, de acuerdo con Díaz de Rivas, el poeta había pensado cuatro poemas, cada uno en una locación distinta (las dos primeras *Soledades* están situadas en el campo y la ribera, mientras que las otras dos habrían tenido lugar en la selva y el yermo), Alberti sigue ese criterio y sitúa su "Soledad tercera" en la selva (Pérez Bazo, 1998: 136). En igual sentido, recupera la figura del náufrago y convierte la fábula en una excusa para plasmar una belleza autónoma respecto del contenido. Pero Alberti utiliza en un sentido moderno estos aportes del siglo XVII. En Góngora, las metáforas representan el mundo, mientras que, en Alberti, son las transformaciones metafóricas y no el mundo el objeto del poema. Al principio del texto, encontramos al náufrago que duerme sobre una roca y se despierta por la presencia del viento. Góngora podría haber elaborado versos plagados de alusiones mitológicas para describir el juego que el viento hace con el bosque o con las olas del mar, pero el referente hubiera permanecido intacto, porque el plano irreal sirve en su caso como instrumento para el plano real del mundo referido. En Alberti, en cambio, lo irreal constituye la materia del poema, pues el viento tiene, sin metáfora, una fisonomía humana:

> De cometa, la cola
> celeste y trasatlántica, cosida
> al hombro por un ártico lucero;

> mitra en la almena de su frente sola;
> la barba, derretida,
> de doble río helado
> y luna azul de enero;
> grave, ante el asombrado
> y atento alborear del peregrino,
> de su verde cayado
> haciendo cortesía,
> rudo, se sonreía
> el viento de la selva y el camino (1961: 222).

El viento rompe el cerco de los árboles y el náufrago encuentra a las ninfas, que intentan seducirlo, bailando a su alrededor. Luego ingresa un unicornio y las ninfas huyen y quedan convertidas en árboles:

> de su frente, la siempre al Norte espada,
> chispas los cuatro cascos, y las crines,
> de mil lenguas eléctrico oleaje,
> ciego coral los ojos, el ramaje
> rompiendo e incendiando,
> raudo, entró declarando
> la guerra a los eurítmicos jardines
> de las ninfas, que, huidas,
> en árboles crecieron convertidas (1961: 225).

Góngora sirve como modelo porque permite retomar el patrimonio nacional para elaborar una poesía moderna. En el caso de Alberti, esto se consigue –como subraya Aurora Egido– a través de un barroquismo dinámico que conecta con la forma en acción que plasmó Pablo Picasso en la pintura (2009: 219). Siguiendo esta perspectiva, podemos comprender la "Soledad tercera" a partir de algunos de los postulados de Wölfflin sobre el Barroco. Si en las pinturas barrocas las escenas parecen a punto de desarmarse y si en la arquitectura los ornamentos esconden los cortes de los volúmenes para generar la impresión de que los edificios están todavía creciendo, del mismo modo, la poesía de Alberti se desarrolla de manera libre: deja de lado la representación para mostrar una generación plástica de imágenes en constante proceso de transformación. Vale la pena subrayar que en Alberti esta metamorfosis dinámica no articula con cuestiones como la precariedad del poder político o el sentimiento estoico de la vida, sino que esa coincidencia formal le permite al autor apropiarse del patrimonio del siglo XVII para plasmar desde lo propio el *élan vital* de Bergson.

En la "Fábula de Equis y Zeda", Gerardo Diego lleva la visión anacrónica al extremo. Como observa Elsa Deheninn, se trata de un texto inspirado en los principios cubistas, autónomo y cerrado sobre sí mismo, que "crée sa propre vie, sa propre dimension, sa propre beauté, tout en procédant comme la nature" (1962: 183). Si de este modo avanza respecto de Alberti, esto se debe a que, en lugar de *agiornar* la poesía de Góngora, compone "le poème que Gongora, s'il avait vécu en 1927, aurait pu écrire" (1962: 186). En este sentido, se puede leer el "Góngora, 1927", que Diego coloca como apertura y en este sentido, también, se puede entender que el cordobés aparezca menos en las alusiones que dispersa en la obra que en el tono entre serio y burlón con el que encara su fábula. Las dos sextinas que abren el texto son ilustrativas:

> Era el mes que aplicaba sus teorías
> cada vez que un amor nacía en torno
> cediendo dócil peso y calorías
> cuándo por caridad ya para adorno
> en beneficio de esos amadores
> que hurtan siempre relámpagos y flores
>
> Ella llevaba por vestido combo
> un proyecto de arcángel en relieve
> Del hombro al pie su línea exacta un rombo
> que a armonizar con el clavel se atreve
> A su paso en dos lunas o en dos frutos
> se abrían los espacios absolutos.

Diego asume el tono del cordobés en lugar de recuperar procedimientos poéticos puntuales. Podemos verlo recordando los romances "Arrojóse el mancebito" y "Aunque entiendo poco griego", textos en los que Góngora aborda la conocida historia de Leandro y Hero en dos fechas bien distintas: 1589 y 1610[5]. En su primera versión, alterna estrofas serias con otras humorísticas; en "Aunque entiendo poco griego", que relata el momento en que Leandro y Hero se encuentran y se enamoran, unifica el tono paródico al darle la voz a un sujeto complejo y ambivalente que parece recién llegado a la cultura letrada. Podemos imaginarlo como un rústico que ha adquirido cierto conocimiento de griego, tiene una facultad natural para hacer versos y maneja algunos relatos míticos y algunos tópicos literarios, lo cual permite darle materialidad corporal a la poesía y referirse a cosas en principio tan poco

---

[5] Lo que sigue a continuación se basa en la lectura insoslayable que Melchora Romanos hizo durante un seminario de posgrado en la Universidad Nacional de Mar del Plata al que tuve la oportunidad de asistir.

poéticas como los calzones. Este rebajamiento de la historia se replica con el uso de expresiones típicas de la oralidad castellana, como el don y el doña, tan vulgarizados en la época, para referirse a Leandro y Hero. En su homenaje poético, Diego se vincula con Góngora a través del tono, de modo que está en condiciones de soslayar los rasgos estilísticos y temáticos del autor de las *Soledades* para moverse con libertad; plantea un texto plástico, con metáforas violentas, que rompe con la representación en pos de la creación de un mundo nuevo. Los obsequios que el amante le ofrece a la amada son ilustrativos en este sentido. Diego no solo utiliza imágenes escatológicas ("Para ti el fruto de dos suaves nalgas/ que al abrirse dan paso a una moneda") o metáforas violentas ("Para ti el arrebato de las algas"), sino que desplaza la historia a la materialidad de la escritura:

> A ti la bella entre las iniciales
> la más genuina en tinta verde impresa
> a ti imposible y lenta cuando sales
> tangente cuando el céfiro regresa
> a ti envío mi amada caravana
> larga como el amor por la mañana (1997: 150)

Si Alberti se apega al estilo de Góngora para desarrollar una poesía pura, Diego se queda con un tono burlón, lo que da como resultado un poema abstracto, de corte cubista, plagado de metáforas inesperadas. De este modo, transforma el romance en una seducción de las letras dentro de un mundo de tinta verde que espera plasmarse en el papel. Nada lo refleja mejor que su título: el sintagma "Fábula de X y Z" rompe la esencialidad de los enamorados al colocar en orden las últimas letras del alfabeto.

Aunque la obra de Federico García Lorca está profundamente arraigada en los problemas humanos, en sus textos sobre Góngora siguió este clima de ideas. En "La imagen poética de don Luis de Góngora", conferencia que leyó por primera vez en 1926, recupera la visión vanguardista del autor. Según reconoce en su texto, muchos de los procedimientos que empleó han muerto, pero hay otros que tienen plena vigencia, entre los que destaca la concepción de la metáfora como eje del poema. La importancia que Lorca le confiere a este hecho empalidece el resto de sus comentarios y pone de relieve que para él su aporte consiste en esta capacidad, que es necesario estudiar para escribir en la actualidad. Góngora "Inventa por primera vez en el castellano un nuevo método para cazar y plasmar las metáforas y piensa sin decirlo que la eternidad de un poema depende de la calidad y trabazón de sus imágenes" (240).

En sintonía con estos postulados, Lorca escribe los fragmentos de su inconclusa "Soledad insegura"[6]. Al principio del texto (o lo que podemos juzgar es su principio), el poeta se acerca a la costa y, como si se tratara de una escultura, cincela el nacimiento de Venus en la orilla del mar. Escribe en los primeros versos:

> Rueda helada la luna, cuando Venus
> con el cutis de sal, abría en la arena,
> blancas pupilas de inocentes conchas.
> La noche cobra sus precisas huellas
> con chapines de fósforo y espuma.
> Mientras yerto gigante sin latido
> roza su tibia espalda sin venera.
> El cielo exalta cicatriz borrosa.
> Al ver su carne convertida en carne
> que participa de la estrella dura
> y el molusco sin límite de miedo (1997: 482).

La luna es un tópico de Lorca y el cutis de sal y los párpados abriéndose como dos conchas son imágenes en las que se mezclan el erotismo y la locación de la escena. Ambos componentes confluyen, además, en la comparación de la diosa con un "molusco sin límite de miedo". Si este erotismo conecta con el de Góngora, no deja de mostrar diferencias marcadas, en tanto esa energía no está tratada desde lo temático, sino que se ha reabsorbido en lo formal. Ese uso transformador del siglo XVII no es la única innovación. Aparte de que emplea endecasílabos sin rima, sitúa la escena a la noche, abandonando la luz que predomina en Góngora. Esto delata la influencia de Mallarmé, a quien cita abundantemente en la conferencia: el hijo de una noche de Idumea, la unidad de la noche y el misterio, la luz de un genio que se ilumina en la oscuridad, todos temas que aparecen en "Cette nuit". Bajo esa recuperación doble, Lorca muestra una nueva dimensión de los usos anacrónicos de Góngora: si, al igual que Alberti y Diego, abandona la representación del mundo, el misterio de la noche y la transferencia del erotismo desde lo temático a lo formal ponen de relieve que en su caso el escritor cordobés es

---

[6] De acuerdo con Pérez Bazo, el proyecto aparece en una carta a Guillén del 2 de marzo, en la que Lorca incluye cuatro endecasílabos del texto. En otra del 14 de febrero del año siguiente, le comenta que está componiendo el poema y que, de terminarlo, piensa enviarlo al homenaje a Góngora que estaba preparando Diego. En el texto, incluye tres fragmentos, que cuentan un total de cuarenta y seis endecasílabos. Por los tres versos que concluyen el manuscrito, se puede deducir que el tema es el náufrago de las *Soledades*: "Mientras en medio del horror oscuro/ mintiendo canto y esperando miedo./ voz inquieta de náufrago sonaba" (1997: 483). El poema quedó inconcluso y lo que se reconstruyó es tan solo una presentación, en la cual aborda el nacimiento de Venus.

un maestro de la metáfora que hay que utilizar menos para lograr una poesía pura que para expresar bajo la órbita de Bergson aquello que late en el ser humano y que es inexpresable en el discurso racional.

¿No es esto, precisamente, lo que define *Romancero gitano*? En ese poemario, Lorca se coloca a mitad de camino de la poesía popular y la poesía minoritaria, para llamarla según los postulados elitistas de Ortega y Gasset, dando como resultado un equilibrio de opuestos difícilmente repetible en la poesía universal. No podríamos interpretar palabra por palabra versos como "Grandes estrellas de escarcha/ vienen por el pez de sombra/ que abre el camino del alba" (1928: 12), pero sabemos que el poema habla de una mujer que espera y un hombre que busca una cama para morir. Ante la autonomía que predomina en las búsquedas gongoristas de Alberti y Diego, Lorca se muestra como un adelantado, pues encuentra en el autor de las *Soledades* un modelo formal a seguir y entiende que ese lenguaje solo es aprovechable si sirve para hablar de ese drama en el que se desenvuelve la vida.

Los límites de Góngora

El Centenario es una de las estaciones por las que pasa la literatura española y, a decir verdad, muchos de los escritores que se sintieron tocados por el fervor de Góngora tardaron muy poco en superarlo. Tres poéticas, presentadas en *Poesía española. Antología 1915-1931*, permiten vislumbrarlo con pulcritud[7]. En la primera, perteneciente a Pedro Salinas, se percibe una insistencia en la pureza: "La poesía es una aventura hacia lo absoluto. Se llega más o menos cerca, se recorre más o menos camino, eso es todo" (1997: 72). El poeta escribe para seguir explicándose su poesía, aunque sabe que jamás "lo explicará todo, la poesía total y final de todo" (72). Salinas cita una serie de modelos: "Llamo poeta bello, por ejemplo, a Góngora, a Mallarmé. Llamo poeta auténtico, por ejemplo, a San Juan de la Cruz, a Goethe, a Juan Ramón Jiménez" (72). Pero otras poéticas demuestran un notorio cambio de actitud. La primera es la de Jorge Guillén, quien se encuentra a gran distancia de las propuestas de Ortega y Juan Ramón. En su texto, recuerda una charla mantenida con Valéry: "El mismo Valéry me lo repetía, una vez más, cierta mañana de la rue Villejust. Poesía pura es todo lo que permanece en el poema después de haber eliminado todo lo que no es poesía. *Pura* es igual a *simple*, químicamente" (96). En tres frases, Guillén resume *La deshumanización*, pero para separarse de ella: "Como a lo *puro* lo llamo *simple*, me decido resueltamente

---

[7] Sigo la versión Lama (1997).

por la poesía compuesta, compleja, por el poema con poesía y otras cosas humanas" (97). Una posición equiparable se encuentra en Gerardo Diego. En su texto, presenta nueve definiciones de poesía, la más significativa de las cuales es la siguiente: "La Poesía no es álgebra. Es aritmética, aritmética pura. El álgebra es la Filosofía. La Literatura es todo lo más aritmética aplicada, aritmética mercantil, contabilidad" (1934: 138). La aritmética estudia los números y las operaciones que se pueden hacer con ellos; el álgebra es una generalización de la aritmética y se propone leyes generales. Para Diego, la poesía debe contaminarse de realidad. Con esta frase da vuelta la afirmación de *La deshumanización*: "La poesía es hoy el álgebra superior de las metáforas" (68).

Después de 1930, el formalismo y la pureza han dejado de tener sentido. Alonso lo dice en la nota, ya citada, a su edición del Polifemo (1961):

> En este tiempo mucho han cambiado los puntos de vista en el campo de la poesía española. Pero, contempladas a la altura de 1961, "pureza" poética, imagen intensa y sorprendente, etc., nos parecen jalones necesarios en el desarrollo de la poesía en España, sí, pero ¡cuán lejos ya! Sacudidos muchas veces por la vida, hoy nos preocupan otras cosas muy distintas: quisiéramos dar la vida sin interposición, mover con materiales más o menos pulidos, los corazones humanos (268).

La propuesta de esta poesía humana excede el marco de este trabajo, pero permite destacar que, en España, el Barroco termina agotándose en un juego formal. Esto supone una importante mutación, que representa de manera acabada la labor filológica del propio Alonso: si las vanguardias consumen la fuerza anacrónica de Góngora, el Barroco se convierte en un objeto histórico, abierto a una extensa y prolífica indagación. Por cierto, esta investigación no deja de encuadrarse en una reflexión en la que el pasado y el presente se cruzan: si algo muestran los estudios históricos, en especial *La cultura del Barroco* de José Antonio Maravall, es que esa mezcla de luces y sombras que constituye el siglo XVII permite revelar, por una parte, la enorme capacidad literaria española y, por la otra, las causas por las cuales España vio dificultado su acceso a la Ilustración, de acuerdo con una problemática que todavía impacta en el libro de Jorge Luis Marzo, *La memoria administrada*.

Pero lo que interesa en este libro no es una historia de la historia del Barroco, sino la conexión del Barroco con lo actual. Por ese motivo, debemos saludar por última vez a España y dirigirnos a Cuba, debido a que, aunque el interés sobre el período tiene diferentes anclajes territoriales (España, América Latina, Alemania, Francia), es Cuba, después de las vanguardias, el verdadero centro del Barroco.

Insertos en las indagaciones románticas sobre lo originario y lo nacional, los cubanos volvieron a articular el Barroco como una forma de pensar esas actividades básicas del hombre que son hablar, creer y vivir en comunidad. Dos autores representan la cúspide y, al mismo tiempo, el agotamiento de esta propuesta, que se inicia a principios del siglo XIX: Alejo Carpentier y José Lezama Lima. A ellos nos dedicaremos a continuación.

IX. Alejo Carpentier

Vanguardias, sincretismo, real maravilloso

En sus primeros años, Carpentier se convirtió en uno de los autores centrales del fervor por lo negro que imantó parte de la vanguardia cubana. Como destaca Leonardo Padura (2002), bajo esa inspiración escribió los libretos para las obras musicales *La rebambaramba* (1926) y *El milagro de anaquillé* (1927) y las letras de *Cinco poemas afrocubanos* (1927-1928). Con estos textos, Alejo Carpentier se inscribió en un movimiento general, que Elisse Lister sintetiza señalando que "mientras las vanguardias europeas recurren a tradiciones y pueblos lejanos y extraños para innovar y encontrar elementos que puedan contraponer a la llamada *cultura de occidente*, etnocéntrica, para los escritores caribeños esto se encuentra en su entorno inmediato" (2005: 81). En esta primera época, se encuentran en Carpentier dos convicciones que van a recorrer su obra: la oposición spengleriana Europa/América como decadencia/vitalidad y la tesis de que la vitalidad está ligada a que en América todavía late lo originario bajo las formas de sus sincretismos culturales. Esto no significa que no existan transformaciones técnicas e ideológicas en su extensa literatura, pero esas transformaciones, incluida la adopción del Barroco, se pueden comprender bajo estas dos cuestiones.

En la época de las vanguardias, su obra más importante, se sabe muy bien, es *¡Écue-Yamba-O!*, comenzada en la cárcel de La Habana y concluida y publicada en Europa en 1933. En ella, Carpentier plasma su interés por la cultura afrocubana y las rupturas de las vanguardias a través de la historia de Menegildo Cué. Fuertemente estereotipado, Menegildo es un negro que nace en los alrededores de un ingenio en constante crecimiento debido a la demanda en alza del azúcar cubano. Rozando la vida adulta, mata a otro hombre por disputarle la mujer y, trasladado a la capital para cumplir su condena, sale en libertad. Ingresa a la sociedad secreta de los ñáñigos y muere en un enfrentamiento con una facción rival a la suya. El argumento plasma los intereses de la vanguardia cubana: Carpentier se concentra en lo africano, transpone largas descripciones de sus ritos y rompe con la novela realista presentando un texto que tiene resonancias cubistas, futuristas y surrealistas. La primera frase muestra bien esa actitud: "Anguloso, sencillo de líneas como figura de teorema, el bloque del Central San Lucio se alzaba en el centro de un ancho valle orlado por una cresta de colinas azules" (31).

No obstante, para el Carpentier de madurez ¡Écue-Yamba-O! no logró los propósitos que perseguía. En "Problemática de la actual novela latinoamericana" (1964), asegura que "todo lo hondo, lo verdadero, lo universal, del mundo que había pretendido pintar en mi novela había permanecido fuera del alcance de mi observación" (17). Esto significa que, a pesar del vanguardismo y el interés por las raíces africanas, la novela no pudo salir de lo que podríamos llamar una "actitud realista": elabora una descripción externa de lo que está al margen de la razón occidental. Si tomamos en cuenta que, para Ángel Rama (2007), la transculturación se produce a partir de las fusiones que se registran en los ejes de la lengua, la estructura literaria y la cosmovisión, podemos decir que ¡Écue-Yamba-O! continúa signada por el distanciamiento regionalista entre la cultura dominante y las culturas alternativas. En la novela, hay una separación nítida entre la lengua y la cosmovisión del narrador y las que poseen los personajes. Si bien Carpentier propone algunas integraciones del mundo africano a la estructura del texto, como la circularidad temporal, se trata de algo que solo es perceptible luego de un análisis detenido. En contraste, ¡Écue-Yamba-O! tiene deudas con la muy occidental novela de aprendizaje. Frente a la prístina naturalidad con que Guillén amolda la lengua de los negros en *Sóngoro Cosongo*, la novela se coloca en los diálogos interculturales, pero se queda muy atrás en cuanto a la síntesis y las fusiones.

Para demostrarlo, quisiera tomar un tramo amplio del texto, en el que se habla de las creencias de Menegildo:

> Salomé no había descuidado su vida espiritual. Unos meses antes, sentándolo ante el altar de la casa, lo había iniciado en los misterios de las "cosas grandes", cuyos oscuros designios sobrepasan la comprensión del hombre... Menegildo escuchó en silencio y jamás volvió a hablar de ello. Sabía que era malo entablar conversaciones sobre semejantes temas. Sin embargo, pensaba muchas veces en la mitología que le había sido revelada, y se sorprendía, entonces, de su pequeñez y debilidad ante la vasta armonía de las fuerzas ocultas... En este mundo lo visible era bien poca cosa. Las criaturas vivian engañadas por un cúmulo de apariencias groseras, bajo la mirada compasiva de entidades superiores. ¡Oh, Yemayá, Shangó y Obatalá, espíritus de infinita perfección...! Pero entre los hombres existían vínculos secretos, potencias movilizables por el conocimiento de sus resortes arcanos. La pobre ciencia de Salomé desaparecía ante el saber profundísimo del viejo Beruá... Para este último, lo que

contaba realmente era el vacío aparente [...]. Así como los blancos han poblado la atmósfera de mensajes cifrados, tiempos de sinfonía y cursos de inglés, los hombres de color capaces de hacer perdurar la gran tradición de una ciencia legada durante siglos, de padres a hijos, de reyes a príncipes, de iniciadores a iniciados, saben que el aire es un tejido de hebras inconsútiles que transmite las fuerzas invocadas en ceremonias cuyo papel se reduce, en el fondo, al de condensar un misterio superior para dirigirlo contra algo o a favor de algo... Si se acepta como verdad indiscutible que un objeto pueda estar dotado de vida, ese objeto vivirá. [...] Basta tener una concepción del mundo distinta a la generalmente inculcada para que los prodigios dejen de serlo y se sitúen dentro del orden de acontecimientos normalmente verificables (65-68).

En este pasaje, no hay uno sino dos acercamientos entre el narrador y el personaje. En primer lugar, se encuentran las descripciones que podríamos denominar etnográficas, enfoque predominante en toda la novela, que se vuelve evidente si tomamos en cuenta que la primera edición venía acompañada de fotografías e ilustraciones y el subtítulo era "Historia Afro-Cubana", en lugar de "novela" (González Echeverría, 2004: 107). Como ejemplo, podemos detenernos en la primera frase, en la que el narrador cuenta que la madre educó a Menegildo en los misterios religiosos. La novela fija un marco que lo distancia del personaje, al poner en claro que las creencias son de los otros y sugerir que se trata de creencias y no de verdades. Otro tanto se advierte al final: "Si se acepta como verdad indiscutible que un objeto pueda estar dotado de vida, ese objeto vivirá". El uso del condicional revela la sintaxis ideológica con la que trabaja Carpentier, pues pone de relieve que el hombre formado en la cultura occidental puede aceptar el mundo afrocubano solo si suspende la búsqueda de explicaciones racionales. El mismo registro se encuentra en la comparación que Carpentier hace en la mitad del pasaje: "los blancos han poblado la atmósfera de mensajes cifrados, tiempos de sinfonía y cursos de inglés", sentencia con la que destaca la futilidad de esos logros, pero deja en claro que estos son palpables, mientras que "los hombres de color" únicamente saben, verbo que coloca todo lo que sigue en el ámbito de la posibilidad. Sin embargo, ya en esta novela, Carpentier encuentra otro tipo de contacto con el mundo negro a través del estilo indirecto libre. Aunque con esa técnica mantiene la separación cultural, consigue fusiones parciales y produce una cierta ambigüedad mediante la cual el narrador parece avalar las opiniones del personaje.

El fragmento muestra los límites y las potencialidades de ¡*Écue-Yamba-O!* Por una parte, como destaca Juan Marinello, Carpentier "llevó a sus intentos líricos más sabiduría que emoción", lectura que podemos complementar con la imposibilidad de establecer una verdadera fusión entre lo blanco y lo negro[1]. Pero por otro lado, hay que reconocer que *¡Écue-Yamba-O!* tiene el valor de que pone en evidencia la multitud de voces y creencias que coexisten en Cuba y las trabas ideológicas y las posibles soluciones técnicas que existen a la hora de representar esa heterogeneidad. Los textos posteriores de Carpentier pueden pensarse como un intento de superar los límites antes mencionados. El mismo autor ha destacado (y la crítica en general ha repetido) la importancia que para este cambio tuvo su viaje a Haití de 1943. En todo caso, y luego de esa fecha, publicó una serie de textos, entre los que se destacan *La música en Cuba*, "Viaje a la semilla" y *El reino de este mundo*, en los cuales encuentra respuestas para las dificultades que trabaron su primera novela.

La música en Cuba ha sido ampliamente trabajado por la crítica desde que González Echeverría llamó la atención sobre su importancia, razón por la cual haré algunas menciones rápidas y generales. En ese libro, Carpentier destaca que la revolución haitiana hizo que Cuba se convirtiera en un gran productor de azúcar, lo que llevó al país a abrir sus puertas a una masa de población negra que pudiera cubrir las necesidades laborales. Con los inmigrantes, vinieron los ritmos y sentaron las bases de la música cubana. La importancia que le confiere a la historia, especialmente, el compás revolucionario que se abre entre fines del siglo XVIII y principios del XIX, no se reduce meramente a lo temático. Como observa González Echeverría, Carpentier abandona el estilo vanguardista por una "prosa añeja, arcaizante, recargada y barroca" (151). Encuentra, así, un modo de comprender la interacción de las raíces culturales a través de la búsqueda de las formas históricas mediante las cuales estas se integraron. Sus novelas posteriores, especialmente, *Los pasos perdidos* y *El acoso*, describen un mundo detrás del cual existe un denso bloque histórico que lo sustenta. A partir de entonces, el sincretismo se apoya en estos estratos temporales.

"Viaje a la semilla" desarrolla estas preocupaciones de una manera plena. Para remontar el transcurso de la historia, Carpentier comienza con la siguiente frase: "Entonces el negro viejo, que no se había movido, hizo gestos extraños, volteando su cayado sobre un cementerio de baldosas" (2002: 14). El acto invierte el curso del tiempo, de modo que el relato cuenta de atrás para adelante la historia del personaje, desde la muerte al vientre de la madre. Carpentier incorpora de una manera más aguda las interacciones culturales que se producen en la historia cubana. William Luis (1991) sostiene que "Viaje a la semilla" surge de la tensión entre la idea occidental del tiempo

---

[1] "Veinticinco años de poesía cubana". En *Literatura hispanoamericana. Hombres, mediaciones* (1937). Cito por la antología *Ensayo cubano del siglo XX*, de Rafael Hernández y Rafael Rojas (2002: 137).

y la cosmovisión africana, que se basa en la búsqueda por parte del hombre de la armonía con la naturaleza. Se puede apreciar además que la circularidad que buscaba en ¡Écue-Yamba-O! se encuentra ahora mucho más lograda. Pero esta incorporación de lo negro no es una simple adopción de la cultura africana, sino el descubrimiento de una tensión cultural. Si bien el viejo da comienzo al relato, el texto hace algunas pequeñas modificaciones a un texto tan poco africano como El extraño caso de Benjamin Button, de Francis Scott Fitzgerald, y asume las potencialidades que ha descubierto el cine. Además, aunque toma el tiempo circular, Carpentier desarrolla el cuento bajo la idea de lo que Elías Palti denomina "el tiempo de la modernidad", que suele simbolizarse como una flecha que avanza hacia el futuro. Si bien es cierto que esta concepción impide la repetición, esta solo es una limitación de la experiencia, porque en términos intelectuales puede ser "reconstruido en forma retrospectiva como si los sucesos carecieran de temporalidad propia" (Palti, 2001: 32). Pero si se mantienen las discrepancias entre lo blanco y lo africano, Carpentier elabora una innovación técnica que supera las limitaciones de ¡Écue-Yamba-O!: si volvemos a la frase inicial, el narrador dice que el negro hace "gestos extraños", es decir, extraños para un hombre perteneciente a la cultura blanca y urbana. La palabra esa, "extraños", es central, pues con ella desplaza la mirada etnográfica de ¡Écue-Yamba-O! por una mirada extrañada, que aunque separa el mundo africano, establece una situación ambigua en la que confluyen ambas culturas[2].

Carpentier despliega estas innovaciones en El reino de este mundo. Nuevamente, se trata de un relato sobre el período de las revoluciones y se sitúa en ese lugar central para el escritor que es Haití. Para acercarse a la cultura afro-caribeña continúa muchos de los hallazgos de "Viaje a la semilla" y los completa con otros que es importante resaltar. Ante todo, desplaza al prólogo la mirada racional, que todavía pesaba en ¡Écue-Yamba-O! Con esto explicita una perspectiva compartida por él y sus lectores, que es por supuesto la que se encuentra en la cultura letrada. Pero en paralelo, transforma la mirada

---

[2] Aunque recién gana protagonismo en los años cuarenta, esta mirada extrañada acompaña a Carpentier desde el inicio. La clave se encuentra en la madre del escritor. Ekaterina Valmont nació en Nijni-Novgorov, situada en los márgenes del río Volga. Cuando el padre abandona la familia en 1923, la situación económica empeora y Carpentier tiene que dejar su carrera de arquitectura para iniciarse en el periodismo. Aparentemente, la madre también lo hace: aparece firmando una serie de artículos, publicados entre 1923 y 1924, algunos de cuyos títulos son "Meditaciones carnavalescas", "El arte del ballet ruso" y "Cosas de Cuba". Sergio Chaple (1996) demostró con abundantes pruebas que esos textos no pueden haber sido escritos por la madre, ya que manejaba mal la escritura del español. En esa época, Carpentier había comenzado a escribir y, para incrementar los ingresos por esas colaboraciones, se hizo pasar por la madre describiendo desde ese punto de vista algunas escenas cubanas, como las del carnaval. Carpentier observó Cuba con el asombro que pudo haber tenido una rusa nacida a orillas del Volga.

etnográfica en una mirada estética mediante una incursión fragmentaria en la historia de la literatura. De acuerdo con los famosos argumentos que despliega, los surrealistas buscaron lo maravilloso de una manera artificial, mientras que el latinoamericano lo puede encontrar en lo real. Esta apertura no se logra con un desarrollo discursivo, sino que para que surta efecto es necesaria la fe, un concepto particularmente complejo, que se puede comprender como el reemplazo de las explicaciones racionales por la mirada extrañada. Al lado de esta perspectiva, Carpentier hace una elección técnica complementaria: utiliza con agudeza el indirecto libre, que ya operaba en *¡Écue-Yamba-O!* Gracias a estas soluciones, *El reino de este mundo* profundiza en la atmósfera ambigua para asumir las diferencias culturales. El narrador relata los sucesos que viven los africanos y deja sentado, si uno mira milimétricamente la prosa, que él pertenece a un mundo distinto, en el cual todo eso no tiene lugar. Podemos verlo en el momento de la ejecución de Mackandal:

> Mackandal estaba ya adosado al poste de torturas. El verdugo había agarrado un rescoldo con las tenazas. Repitiendo un gesto estudiado la víspera frente al espejo, el gobernador desenvainó su espada de corte y dio orden de que se cumpliera la sentencia. El fuego comenzó a subir hacia el manco, sollamándole las piernas. En ese momento Mackandal agitó su muñón que no habían podido atar, en un gesto combinatorio que no por menguado era menos terrible, aullando conjuros desconocidos y echando violentamente el torso hacia adelante. Sus ataduras cayeron, y el cuerpo del negro se espigó en el aire, volando por sobre las cabezas, antes de hundirse en las ondas negras de la masa de esclavos. Un solo grito llenó la plaza.
>
> —Mackandal sauvé!
>
> Y fue la confusión y el estruendo. Los guardias se lanzaron, a culatazos, sobre la negrada aullante, que ya no parecía caber entre las casas y trepaba hacia los balcones. Y a tanto llegó el estrépito y la grita y la turbamulta, que muy pocos vieron que Mackandal, agarrado por diez soldados, era metido de cabeza en el fuego, y que una llama crecida por el pelo encendido ahogaba su último grito. Cuando las dotaciones se aplacaron, la hoguera ardía normalmente, como cualquiera hoguera de buena leña, y la brisa venida del mar levantaba un buen humo hacia los balcones donde más de una señora desmayada volvía en sí. Ya no había nada que ver.
>
> Aquella tarde los esclavos regresaron a sus haciendas riendo por todo el camino. Mackandal había cumplido su promesa, permaneciendo en el reino de este mundo. Una vez más eran birlados los blancos por los Altos Poderes de la Otra Orilla. Y mientras Monsieur Lenormand de Mezy, de gorro de dormir, comentaba con su beata esposa la insensibilidad de los negros ante el suplicio de un semejante -sacando de ello ciertas consideraciones filosóficas sobre la

desigualdad de las razas humanas, que se proponía desarrollar en un discurso colmado de citas latinas- Ti Noel embarazó de jimaguas a una de las fámulas de cocina, trabándola, por tres veces, dentro de uno de los pesebres de la caballeriza (1993: 45-46).

Carpentier logra la escena gracias a la técnica precisa con la cual mueve al narrador. El primer párrafo describe hechos concretos: trasladan al condenado a la hoguera, dan la orden y el fuego comienza a subir por las piernas; entonces, las ataduras se rompen, Mackandal salta y cae entre los negros. Para ellos se trata de una salvación, ocasionada por los poderes mágicos del líder. El segundo párrafo está hecho para confirmar que los esclavos, efectivamente, creen eso no menos que para sugerir la incredulidad del narrador. Carpentier logra esto al lanzar a los guardias sobre la multitud. Como están ocupados en defenderse, los esclavos no pueden ver que arrastran a Mackandal y lo tiran a la hoguera sin mayores solemnidades. El narrador no dice que el líder muere en las llamas, sino que vuelve a los negros, que ven que la hoguera arde con normalidad. El último párrafo funde lo real (la muerte de Mackandal) y la creencia de los negros (se ha salvado) con el estilo indirecto libre. *El reino de este mundo* se basa en este tipo de definiciones técnicas gracias a las cuales Carpentier logra una imagen ambivalente sin abandonar su pertenencia a la cultura occidental. Al combinar el interés histórico, el extrañamiento y el indirecto libre, incorpora las diferentes culturas del continente para crear una narrativa que está en condiciones de volverse representativa para América Latina.

Barroco, origen y americanismo

En los años sesenta, Carpentier redefine su propuesta a través de la recuperación del Barroco. Aunque se trata de un gesto tardío, no deja de tener sus razones. Ante todo, hay que recordar que su narrativa se propone incorporar el conflicto que se abre en América entre la racionalidad occidental y las prácticas que escapan a ella. El Barroco, no el Barroco histórico, sino el que proviene de los modernistas y la generación del 27, está colocado en esa contradicción entre una razón que parece agotada y la fuerza irreductible del ser humano. El prólogo de *El reino de este mundo* lo demuestra a través de la inflexión spengleriana que le imprime Carpentier: por un lado, la cultura europea está fosilizada; mientras que, por el otro, América Latina posee una vitalidad que está más allá o más acá de la razón. Por otra parte, el escritor se propone resolver esta preocupación a través de una indagación histórica en la que se conjugan temporalidades diferentes en un mismo plano. El ejemplo es *El acoso*, compuesta sobre un tiempo lineal breve, el lapso que dura la ejecución de la *Sinfonía heroica,* de Beethoven, pero notablemente espeso, con capas temporales que se envuelven como una cebolla. Por este camino, Carpentier no solo conecta con el Barroco, sino que impulsa un embarrocamiento del lenguaje a fin de definir un objeto, un personaje o una situación.

El escritor se inscribe definitivamente en él con "Problemática actual de la novela latinoamericana" y "Lo barroco y lo real maravilloso". Como destaca González Echeverría, "la índole barroca de la literatura latinoamericana" se apoya para Carpentier en dos ideas: la necesidad de "nombrar por vez primera realidades que están fuera del cauce principal de la cultura de Occidente" y presentar una realidad que es "una amalgama de estilos de muchas épocas y tradiciones culturales" (2004: 286). De acuerdo con el crítico, entre ambas propuestas hay una contradicción: en la primera, Carpentier sostiene que hay que nombrar de nuevo; y en la segunda, que es necesario trabajar con lo ya nombrado. Para González Echeverría esto significa que su narrativa se basa en un acto que es más bien el de renombrar.

En ese procedimiento, como es visible en el prefijo, hay un vínculo polémico con la tradición. Por este camino, establece lo que podemos llamar un "barroco crítico", mediante el cual fija posiciones sobre los tres elementos fundamentales que provienen del siglo XVII. Según su punto de vista, el escritor debe embarrocar la lengua a fin de expresar por sí misma y sin apoyo de glosarios la realidad americana. El acto de renombrar es una operación crítica respecto de la literatura heredada porque se basa en un rechazo de la representación realista para volver a los principios nominativos. En sintonía con lo anterior, Carpentier mantiene la idea de que el escritor debe romper lo Occidental para asumir las religiosidades divergentes y los sucesos maravillosos. Renombrar es nombrar aquello que el naturalismo había mal-nombrado. Por estos dos caminos, el escritor establece una política cultural: asume la tesis de D'Ors de que el Barroco es una constante y defiende el carácter barroco de la cultura latinoamericana apoyándose tanto en el conjunto (heterogeneidad cultural que a lo largo de la historia superpuso diferentes estilos) como en las partes, ya que, desde los tiempos precolombinos, el continente estuvo dominado por el eón barroco. Para Carpentier la literatura debe expresar esa heterogeneidad.

Los cambios que se operan entre la obra de los años cuarenta y cincuenta y la plenamente barroca que desarrolla desde los sesenta suelen plantearse a partir de *Los pasos perdidos*. González Echeverría ha calado profundamente en el tema al señalar que la novela es el relato de un fracaso. El narrador-protagonista viaja en búsqueda del origen, puntualmente el origen de la música, aunque en rigor se trata del origen de la historia. Cuando llega a ese momento utópico, se da cuenta de que no puede participar de él. Hay en esto un tema que Derrida ha comprendido con agudeza y obsesión: la escritura, la de la novela, pero también, la de la partitura que el narrador-protagonista desea escribir, implica una borradura del origen, de modo que este solo puede pensarse como la tachadura de la letra, lo cual significa que, desde el principio, ya nos hemos alejado de él. Para González Echeverría esto significa el fin de una inspiración romántica que hasta entonces habría acompañado al escritor, y el desarrollo de una escritura que suprime la búsqueda del origen por los juegos de máscaras que lo imposibilitan. Pero en este marco, habría que puntualizar dos cuestiones. En primer lugar, como vimos en los capítulos anteriores, la fuerza del romanticismo no se encuentra en la creencia de que el origen es alcanzable. Aunque no se pueden negar las importantes innovaciones que le imprime Carpentier a la cuestión, se mueve dentro de un ámbito que ya aparece en Gautier: la convicción de que el primitivismo es la verdad irrecuperable de las sociedades. Si bien *Los pasos perdidos* es el relato de un fracaso, repone el tema romántico de lo imposible instalándolo en América como una máquina que está en condiciones de darle nueva vida a la literatura y de articular desde la universalidad del logos los elementos sueltos y hasta entonces irreductibles de la heterogeneidad. Lo que permite unir los diferentes tiempos, lo que permite articular los diferentes personajes y situaciones, es un origen que no por imposible deja de operar como fuerza que aglutina. En segundo lugar, y en paralelo con esta cuestión, el descubrimiento de que el hombre está separado del origen no es algo que descubre en su madurez, sino que se encuentra desde *¡Écue-Yamba-O!* Si Carpentier se preocupa por las técnicas de acercamiento a lo no racional, es porque entiende que desde el principio hay una separación infranqueable entre la cultura occidental y ese primitivismo que, sin embargo, es la única fuente que está en condiciones de vivificarla.

Con esto no quiero decir que *Los pasos perdidos* no sea un corte en su narrativa. Efectivamente, lo es. Pero ese corte no es un abandono del tema romántico, sino una reconceptualización del problema. En su narrativa anterior, Carpentier mostraba que no hay posibilidad de identificarse con lo africano, pues las opciones técnicas de *¡Écue-Yamba-O!* y *El reino de este mundo* indican que no existe verdadera comunicación entre ambos mundos. Sin embargo, lo primitivo tiene importancia y produce cosas, por ejemplo, sincretismos, a pesar de ese más allá en el que se mantiene porque fuerza la escritura de una determinada manera. Después de *Los pasos perdidos,* Carpentier se mantiene dentro de esta lógica, pero se produce un esclarecimiento de la cuestión: el origen se vuelve ubicuo, pues no se trata de un grupo humano privilegiado, sino de una fuerza que recorre el Continente, y solo puede mostrarse a partir de la proliferación de signos, máscaras, ficciones, disfraces con los cuales se lo borra. América todavía está cerca del nacimiento, pero Carpentier lo comprende como la efervescencia de lo suplementario, de modo que saca lo originario de la utopía de los principios para situarlo en determinados momentos de la historia hispanoamericana. ¿Cuáles son esos momentos? Carpentier responde por medio de la apropiación de las ideas de D'Ors. En América los tiempos se superponen, y esto significa que está cubierta por capas históricas divergentes. Lo que caracteriza al Continente es que está nombrado de maneras diferentes muchas veces, de modo que el origen de la nominación está perdido, pues esa pluralidad se manifiesta siempre en actividad por más que se corra la línea histórica más y más hacia el pasado. Pero Carpentier no plantea la existencia de una red de significantes que se cruzan desde códigos divergentes, sino que la pluralidad implica interrupciones, luchas y solapamientos de los lenguajes. La fuerza del origen se repliega en esas fisuras que interrumpen las tradiciones culturales.

Concierto barroco (1974) es un relato fundamental para esta reconceptualización. Carpentier se sitúa de nuevo en el siglo XVIII y hace viajar a los protagonistas (el amo mexicano y un sirviente negro habanero) a Europa. En dupla hegeliana, los personajes llegan a Venecia y en los carnavales conocen a Haendel, Vivaldi y Scarlatti. Como el amo va vestido de Moctezuma, su disfraz inspira a Vivadi a redactar una ópera sobre el personaje, que ejecuta junto con los otros músicos. El relato pierde entonces el anclaje cronológico y se amplía el compás de tiempo hasta la emergencia del jazz. El viaje desde América a Europa, el juego de disfraces y el clima carnavalizado advierten sobre las diferencias sustanciales que existen entre esta narrativa y la anterior. Por ejemplo, aunque con el tema de la ópera Carpentier repone uno de los mitos más perdurables de la historia mexicana (se encuentran allí los personajes centrales de Moctezuma, Cortés y la Malinche, tan recurridos para pensar la identidad nacional), se niega a seguir un curso a esa altura tan trillado y, en su reemplazo, elabora un juego de disfraces y subraya el carácter carnavalesco de la representación. Pero esto no significa que abandone la problemática de lo originario, pues Carpentier articula los disfraces y la ficcionalidad con una fuente de sentido que, como en sus novelas anteriores, identifica con la vitalidad americana. En *Concierto barroco* lo subraya recuperando la típica oposición de su narrativa entre la abundancia americana, resaltada desde el principio a través de la insistencia de la plata, y el "olor a aceite rancio" de Madrid. En igual sentido, después de ver la ópera de Moctezuma el amo repite lo mismo que Carpentier dijo para defender lo real maravilloso: "Fábula parece lo nuestro a las gentes de acá porque han perdido el sentido de lo fabuloso" (79).

En *Concierto barroco*, la fuerza del origen se ha desplazado, no solo porque esta se revela a partir de las ficciones y los enmascaramientos que permite, sino también porque se vuelve una creación histórica y, de una manera más clara que antes, articula pasado y futuro. Los cambios en los personajes (y la disolución misma de la relación amo/esclavo al final del relato) lo muestra con puntualidad. El amo se disfraza de Moctezuma. Se trata de una máscara, e incluso de una impostura, pues es un habitante de Nueva España que se muestra orgulloso de su riqueza. Pero Carpentier advierte que esa identidad está marcada por un origen débil y oscuro: "Nieto de gente nacida en algún lugar situado entre Colmenar de Oreja y Villamanrique del Tajo" (29). Notemos que la cercanía entre las localidades (unos 17 kilómetros) subraya que ese origen está vaciado de contenido, pues simplemente se pierde en la historia. Se trata de un hombre rico sin prosapia alguna. Frente a ese origen verdadero, aunque insustancial y discutible, el disfraz de Moctezuma que, en principio era lo ficcional por excelencia, se transforma en la posibilidad de asumir una identidad. Al ver la ópera, el narrador deja de llamarlo amo y lo nombra "indiano", comienza a disolverse la relación de sometimiento en la que mantiene a Filomeno y, lo que es más importante aún, el propio personaje se sorprende de que sus simpatías están con Moctezuma. En el caso del blanco, la identidad se encuentra en la recuperación de una línea histórica interrumpida. No es un mito de los orígenes, sino el deseo de los vencidos, que se ha transformado en mito y, por lo tanto, en fuente, precisamente, por haber quedado sin realizar.

Filomeno vive un proceso algo distinto, pues se trata del esclavo en la dialéctica hegeliana, pero de consecuencias similares. La ópera comienza cuando, parado ante un cuadro que muestra a la serpiente tentando a Eva, pronuncia una poesía afrocubana, típica de la época de las vanguardias. Los versos finales, "Ca-la-ba-són/ Son-Son" son interpretados por Antonio Vivaldi en latín, "Kábala sum sum sum". Notemos que, a pesar de que guarda poca relación con los anteriores negros de su narrativa, Filomeno da inicio a la música con un conjuro religioso y es reapropiado en los mismos términos por parte de los europeos. Al finalizar el relato, ese sincretismo, que se resolvía a favor de lo europeo, termina dado vuelta: el personaje asiste a un concierto de Louis Armstrong en el que la Biblia vuelve "a hacerse ritmo y habitar entre nosotros".

Concierto barroco no suprime lo originario, sino que lo sitúa en lo histórico y lo comprende como lo que fue desde el principio para Carpentier: el choque cultural, que produce dominaciones y subordinaciones y que en el largo plazo desarrolla una nueva cultura. Renombrar no es perder las raíces bajo un juego de máscaras, sino encontrar los momentos fundacionales a fin de articular los estilos superpuestos. En muchos sentidos, en esta etapa, Carpentier comprende el Barroco bajo la lógica que le imprime Lezama Lima en *La expresión americana*. Muchos de los temas que este desarrolla en el ensayo están en la novela de 1974: la triple ascendencia de lo americano, es decir, lo español, lo africano y lo indio; la idea de que el sincretismo permite asumir una posición independentista, que Lezama subraya a partir del Indio Kondori y el Aleijadinho; y, sobre todo, la idea de que el Barroco no es el arte de la Contrarreforma, sino el de la contraconquista y la revolución.

La propuesta de Carpentier viene a demostrar, entonces, la potencialidad que adquiere el Barroco en el marco de la problemática americana para la composición de una narrativa que permita dar cuenta de la heterogeneidad del continente. En este sentido, pone de relieve que el estancamiento que encuentran los escritores de la generación del 27, desparece en esta región en tanto se convierte en un lenguaje que está en condiciones de expresar la potencia originaria de su mezcla cultural. Nutrido de lo real maravilloso, Carpentier compone, desde los años '60, lo que podemos llamar un "estándar del Barroco", si acentuamos en "estándar" el sentido que la palabra tiene en el ámbito del jazz, es decir, un tema que se ha transformado en clásico y que puede ser tomado y versionado por otros. Para el autor, el Barroco es el resultado de la heterogeneidad cultural, tanto porque se trata de un lenguaje que produce sincretismos, como así también porque articula el logos occidental, esclerotizado según su punto de vista, con la religiosidad vital que se encuentra diseminada en el Continente. Semejante propuesta es una conceptualización de gran parte de la literatura latinoamericana y, al mismo tiempo, un programa que ha sido retomado innumerables veces.

Carpentier encarna su concepción del Barroco en Filomeno. Al final de la novela, el personaje decide seguir los ritmos de la ciudad, musicales y experienciales, para dirigirse al futuro. Ese futuro está a la vez abierto y cerrado. Está abierto, porque la música nacida de la fusión de lo blanco y lo negro va a transformarse de diferentes maneras; está cerrado, porque esa música circunscribe el radio de acción, pues está articulada con un origen que el escritor solo puede nombrar por medio de la religión. Si Filomeno pone en marcha el proceso con un conjuro contra la víbora, muestra el triunfo del sincretismo con un concierto en el que Armstrong toca temas católicos con la inflexión negra del jazz. Como desde el inicio de su obra, la modernidad puede ponerse en marcha si se sumerge en las fuentes de lo religioso. Pero no nos dejemos engañar por esa palabra demasiado marcada. En Carpentier, la religión no designa un sistema orgánico e institucionalizado de creencias, sino que, si utiliza esa palabra, es porque es la única que puede designar lo originario, esa fuerza viva que, sin embargo, es irreductible a la razón. Carpentier circunscribe el estándar del Barroco en tanto pone de manifiesto que el origen, aunque imposible, existe como tal. Hasta la ruptura de los años sesenta, ese estándar vuelve al origen para variar con sus máscaras, ficciones y enroscamientos la melodía inicial y perdida de la creación.

X. Lezama y los origenistas

El Barroco y sus límites

José Lezama Lima, una década más joven que Alejo Carpentier, elabora una indagación radical sobre lo originario. Repongamos lo que dice Cintio Vitier sobre "Muerte de Narciso":

> Un tiempo original, es decir, un verdadero principio. Nuestra poesía, como si nada hubiera ocurrido, tomaba contacto, soñadoramente, con el anhelo mítico inmemorial que estaba en la imagen renacentista de la isla y, poniéndose al amparo de la virgen que es fecundada por el rayo de luz y de los pacientes oros de los transcursos naturales, comenzaba de nuevo matinalmente su discurso (1998: 310)

Como sostiene con agudeza el ensayista, "Muerte de Narciso" es mucho más que las palabras de ese poema célebre y oscuro: conecta lo cubano con el nacimiento posible de toda cultura. Pero Vitier se desliza desde el "tiempo original" a conceptos como "verdadero principio", "anhelo mítico", "imagen renacentista de la isla" y "comenzaba de nuevo matinalmente su discurso". Con esto reconoce que no existe una equivalencia entre origen y comienzo, pues el primero da inicio al tiempo, mientras que el comienzo designa un momento importante dentro de la historia. Como dice Derrida, el origen es origen porque se borra, y eso quiere decir que es imposible de pensar[1]. El movimiento oscilante de Vitier dice, por una parte, que la obra de Lezama es una indagación sobre lo originario, y, por la otra, que al tratarse de algo imposible de formular, necesariamente establece algunas suturas por medio de las cuales suelda su palabra y el conjunto de la cultura cubana con esa

---

[1] Como dice Derrida en "Ousia y Gramme", "Si el ser, según este olvido que habría sido la forma misma de su venida, no ha querido nunca decir más que lo que es, entonces la diferencia quizá sea más vieja que el ser mismo" (1998: 102).

fuente de sentido. Por este camino, repone la problemática central del dominio romántico: lo originario es lo que promete cerrar el sistema y al mismo tiempo es lo que impide que se imponga un cierre definitivo.

Aunque Lezama fue renuente a nombrarse a sí mismo como barroco, esta indagación radical sobre lo originario lo convierte en el escritor al que mejor le cuadra esa nominación, porque su obra co-incide con la cultura del siglo XVII: en ella repone en clave moderna la estructura de la Contrarreforma, ya que piensa el lenguaje y la política subordinándolos a un origen que comprende en términos religiosos[2]. Además, hay que destacar que, en su literatura, se produce una amalgama de todos los tiempos en los que se puso en debate el Barroco: su obra tiene rasgos románticos, continúa el léxico y las indagaciones poéticas de los simbolistas y, a pesar de que desde el principio rompió con ellas, trabaja con el estado de cosas que dejaron las vanguardias, porque su poesía sería sencillamente impensable sin cuestiones como la crisis de la representación, la ruptura de la sintaxis y la transformación lexical; tampoco sin el pensamiento político que desarrollaron los escritores de la *revista de avance*. A esto debemos sumarle el marxismo, ya que si bien Lezama no fue marxista, celebró y padeció una revolución que sí lo fue. En su obra, los códigos se superponen, como si la historia se hubiera amontonado en ella. Esto se debe a que, en Lezama, el ciclo que se inicia con los románticos llega al límite de su propia formulación y finalmente se consume. Por todos estos motivo, creo justificable que repasemos con algo de detenimiento algunos de los principales rasgos de su trayectoria literaria e intelectual.

De la militancia política a *Verbum*

Lezama ingresa a la universidad en 1929 y en 1938 se gradúa como abogado[3]. Por diversos testimonios, sabemos que, al principio de su carrera, se dejó tentar por el activismo político. En "Lectura" (1959), afirma haber participado de la protesta contra Machado del 30 de septiembre de 1930, en la que

---

[2] Escritor católico, la crítica siempre ha resaltado la importancia de la religión en la escritura de Lezama.

[3] Hasta la Revolución, Lezama vivió de la abogacía: primero, trabajó en un bufete de La Habana; en 1940 entró en la cárcel como Secretario del Consejo de Defensa Social; y en 1949, consiguió su traslado al Ministerio de Justicia. Según Moreno Fraginals, en la cárcel Lezama tenía una jornada de seis horas diarias, que dedicaba al estudio y organización de expedientes de presos comunes que cumplían condenas por escándalo público, robo y juegos prohibidos (en Espinosa, 1986: 99). Eloísa Lezama Lima presenta un panorama más tétrico: "Allí vivió días de horror por las insurrecciones de los penados y su desconocimiento del manejo de las armas" (1979: 16). Tal vez, la hermana exagere un poco. Seguramente, se trataba de un empleo

es asesinado el dirigente estudiantil Rafael Trejo. En "Lanzar la flecha bien lejos" (1970), asegura que desde los catorce años se había interesado por la Reforma Universitaria. Otros testimonios confirman que por esos años estuvo cerca del activismo. José Antonio Portuondo destaca su admiración por Julio Antonio Mella, asesinado en México en 1929. En su etapa de estudiante, le rindió un gran homenaje, que Portuondo recuerda de la siguiente manera:

> Por aquellos años, Lezama estaba en el grupo de los estudiantes más politizados. Me acuerdo que en una oportunidad en que se repudió a un profesor que daba una conferencia en la Asociación de Estudiantes de Derecho, fue él quien dio la orden para que todos los alumnos abandonásemos la sala. Después que se había hecho la presentación del conferencista y en presencia del rector, Lezama se puso de pie y gritó: "¿Cómo puedo quedarme a escuchar al hombre que dio un baile en su casa el mismo día de la muerte de Mella?" Esto sirvió de señal para que todos los estudiantes nos levantáramos y abandonásemos el local (Espinosa, 1986: 18-19)[4].

A partir de estos recuerdos personales, podemos afirmar que, antes de convertirse en escritor, Lezama habría participado del clima ideológico formado en los años '20, con los puntales de las vanguardias literarias y la Reforma Universitaria. Como destaca Celina Manzoni, en esos años tumultuosos se le dio forma a la idea de que Cuba era una república frustrada, una palabra que será fundamental para Lezama, pero que ya en la época emplean Juan Marinello y Julio Antonio Mella, debido a que la revolución de independencia había quedado inconclusa y a que no existía una tradición nacional sólida sobre la que asentarse. Consecuentes con este diagnóstico, los vanguardistas se propusieron diseñar una serie de políticas orientadas al rescate de la tradición y se pensaron como líderes de un movimiento intelectual que llevaría a la Isla a su realización.

Pero así como Lezama superó rápidamente las poéticas fosilizadas de las

---

burocrático, si tomamos en cuenta que, cuando logró su traslado al Ministerio de Defensa, le escribió a Rodríguez Feo con alegría, recordaba que en aquel trabajo se aburría de manera indescriptible: "su mediocridad, su continuidad, se habían convertido para mí en algo duro e inhóspito, que me pesaba por dentro y por fuera" (1991: 158).

[4] Ni Trejo ni Mella son actores secundarios en la historia política cubana. Aunque el primero es asesinado muy joven, se convierte en un símbolo de la lucha revolucionaria. Mella no solo es el fundador del Partido Comunista y el dirigente estudiantil que comandó la radicalización de la Reforma Universitaria, sino también uno de los creadores del ideologema de la revolución inconclusa, de tanta importancia para el campo intelectual durante la primera mitad del siglo xx: en "Glosas al pensamiento de José Martí" (1926), afirma que hay que hacer "un análisis de los principios generales revolucionarios de Martí, a la luz de los hechos de hoy" (1975: 269); en "Tres aspectos de la Reforma Universitaria", sostiene que hay que llevar la Revolución de independencia a su definitiva realización.

vanguardias, del mismo modo abandonó, también desde temprano, su participación en la política activa. Cuando en 1934 volvió a la universidad (había permanecido clausurada por el régimen de Machado), rechazó la propuesta de Eduardo Depuy de afiliarse al Partido Auténtico y le reprochó que se dedicara a la "politiquería" (Espinosa, 1986: 25). Por esos años, comienza a abocarse de lleno a la poesía. En 1932, tiene listo *Inicio y escape*, poemario inédito en el que trabaja desde 1927, en cuyos textos no menciona una sola vez a Trejo, Mella, la Reforma o la radicalización. Ya desde entonces, abandona la política en el sentido tradicional del término para dedicarse a la escritura de una obra que esté en condiciones de buscar de otra manera la revolución que aguarda en el porvenir.

Lezama presenta la primera versión de su programa en la revista universitaria *Verbum* (tres números, 1937)[5]. La publicación pertenecía a la Asociación Nacional de Estudiantes de Derecho, pero el escritor la desvinculó de los temas jurídicos para convertirla en un espacio de creación literaria y reflexión cultural. En ella, también, rompió con el activismo político para encauzar de una manera poética el problema de lo nacional. Para verlo, es imprescindible recordar las propuestas de Beatriz Sarlo y Carlos Altamirano sobre las publicaciones periódicas: "Toda revista –dicen los autores– incluye cierta clase de escritos (declaraciones, manifiestos, etcétera) en torno a cuyas ideas busca crear vínculos y solidaridades estables, definiendo en el interior del campo intelectual un "nosotros" y un "ellos"" (97). *Verbum* segmenta el campo universitario de una manera rotunda en tanto se fija como propósito superar la militancia política a fin de instalar una preocupación cultural. Su estrategia consiste en situar el "nosotros" en el presente y convertir a los militantes en figuras que forman parte del pasado. La nota de presentación, sin firma, pero escrita por Lezama, lo dice con la ambigua apertura de su estilo: "No hay duda alguna que nuestra Universidad en su fase actual –consecuencia de etapas sucesivas de ociosas vacaciones y de entusiasmos superficiales–, atraviesa el momento subrayable en que el dolor de no haber sabido articular su expresión, empieza a recorrerla" (I, 1). La institución "ha sido hasta ahora un mero eco de las equivocaciones radicales que dentro del *demos* suelen presentarse en forma de llamadas contradictorias y de antinomias irresolubles" (1).

La nota se esclarece cuando se la contrasta con "Presencia de 8 pintores". En ese ensayo, también publicado en el primer número de *Verbum*, Guy Pérez Cisneros hace suyo el diagnóstico de que la república está frustrada y afirma que el presente no ofrece argumentos o mitos potentes que defender o atacar.

---

[5] *Verbum* estaba financiada por el decano de la facultad. El director era René Villarnovo y Lezama fue su secretario de redacción. Pero el primero no publicó un solo texto en la revista, mientras que Lezama publicó en todos los números y marcó el espíritu de la publicación.

Cuba se ha vuelto un "vacío informe, irrespirable", una atmósfera "gelatinosa y sin asperezas", dominada por una prensa "mercantil y mercenaria, barrera infranqueable para todo principiante, servil instrumento de los gustos más morbosos y malsanos de nuestro pueblo" (119). En igual sentido, supera de una manera compleja el tiempo de las vanguardias: en ese texto, se ocupa de varios de los pintores que comenzaron su obra en esa época, pero condena el afrocubanismo como una cultura turística y pone de relieve que esa generación ha fracasado. Para Guy Pérez, esto se debe a que el activismo político carecía de base cultural. En consecuencia, reinstala el tema de la frustración en el campo de la cultura:

> antes que entregarnos al desempeño de papeles políticos que no nos corresponden y que no tienen base, tenemos que despertar una sensibilidad nacional de cultura [...] El deber ahora no está en la política, está en el estudio desinteresado y rudo, liberado de toda preocupación de exámenes; en la búsqueda del centro de gravedad de nuestra civilización y de nuestra economía; en el desarrollo de un orgullo patriótico, sano, potente, sincero y de una sensibilidad nacional (I, 67).

Lezama elabora un movimiento similar en "Gracia eficaz de Juan Ramón y su visita a nuestra poesía". En ese texto, el escritor se pregunta por la expresión y prueba las respuestas que diseñaron Paul Valéry y Rainer María Rilke. Del primero, destaca la búsqueda de una conciencia absoluta sobre el lenguaje; y del segundo, la persecución de verdades sólidas. A pesar de estos intentos, para Lezama ambos revelan una poesía fracturada: el resto de inconciencia que tiene Valéry y la angustia de Rilke por la imposibilidad de lograr una certeza generan una melodía "que se extingue en la muerte, como un carbón que va cediendo ante la invasión de las aguas nocturnas, permitiéndose existir en la despedida de sus puntos sucesivos" (III, 58). Ante la disyuntiva, levanta la poesía de Juan Ramón, que revela la plenitud esencial de las cosas. Rilke está arrojado del paraíso, al que le escribe una poesía nostálgica; Valéry rechaza lo religioso para buscar la plenitud en la conciencia de sí; Juan Ramón propone una poesía en la que se unen las palabras, el cuerpo y el espíritu en pos de un absoluto que crea todas las cosas. Este salto atrás le permite una superación del tiempo de las vanguardias que es característico de su obra. Con Juan Ramón, Lezama toma el lenguaje estallado, algo que se advierte en el manejo libre que el cubano hace del lenguaje, y lo articula con la fuerza religiosa y romántica de lo religioso. Al mismo tiempo, este salto es una intervención en lo político, porque asume la falta de integración de lo nacional, ese vacío que ha dejado el carácter inconcluso de la revolución de independencia, y lo imanta con lo religioso, que se proyecta como teleología en el porvenir.

Las condiciones de esta propuesta, a la vez poética y política, se encuentran en "El secreto de Garcilaso". En ese ensayo, Lezama interpreta a Góngora a través de lo que denomina "orbe poético". Se trata de un tipo de escritura que "comporta una señal de mando por la que todas las cosas al sumergirse en él son obligadas a obediencia ciega, aquietadas por un nuevo sentido regidor" (I: 14). Luego continúa:

> Orbe poético —ya en el caso de Góngora, ya en el de la mística del siglo XVI—, que se va apoderando de las cosas, de las palabras, quedando detenidas por la sorpresa de esa aprehensión repentina que las va a destruir eléctricamente, para sumergirlas en un amanecer en la que ellas mismas no se reconozcan. Animales, ángeles y vegetales, fines en su impenetrabilidad, en su sueño desesperante, son dentro de la red de un orbe poético, medios ciegos por la impetuosidad de la nueva unidad que los encierra (14).

Lezama sitúa a Góngora en el contexto cultural de los reinados de Felipe III y Felipe IV. En este plano, la operatoria es una búsqueda de originalidad que surge después de la perfección de Garcilaso y en medio de la lenta pero inexorable decadencia española. Pero el concepto también apunta a la actualidad, pues la búsqueda de originalidad corresponde a la literatura moderna y tal vez solo a ella se le pueda atribuir. Escribe Lezama: "En el centro de un orbe poético no tiene que estar el poeta, el cual puede indiferentemente, usemos la expresión de Joyce, ser el dios de la creación o limpiarse las uñas" (15). Luego, añade que al orbe poético se le debe una obligación, aunque "en ocasiones, como en el caso de Lautremont, creerá romperlo, dominarlo, detenerlo cuando quiera" (15). El anacronismo demuestra que el *orbe poético* es un concepto que se corresponde menos con el Góngora histórico que con el que prepararon los vanguardistas españoles. Y esto hay que subrayarlo con puntualidad. El *orbe poético* es un método de escritura que coincide con el que había desarrollado Guillermo de Torre en *Literaturas europeas de vanguardia*. Vale la pena repetir una frase ya citada, debido al valor que cobra en este contexto: "La inquietud subjetiva, no debiendo presentarse escuetamente por sí misma, irradia hacia las materiales concreciones, las transforma y vivifica y, al penetrarlas, les insufla un espíritu nuevo, reformando sus aspectos y, en definitiva, recreándoles estéticamente" (312-313).

Lezama rechaza la propuesta de Góngora y reivindica la *penetración ambiental* que propone Garcilaso. Aunque el concepto se refiere a la elaboración del paisaje, en el transcurso del ensayo, le da mayor precisión y destaca que en la representación de la naturaleza el elemento central es la estilización.

Refiriéndose a los cuadros de Claudio de Lorena, afirma que "Los árboles penetran admitidos por la estilización, el agua se presenta inamovible en su fatiga y la luz tímida más de reflejo que de mantenida proyección" (25). El paisaje es la naturaleza en tanto esta ha pasado por un grado de refracción que se manifiesta en la humanización de sus elementos. Lezama lo subraya a través de la hipálage: en los cuadros de Lorena, la luz es tímida y el agua se encuentra fatigada. La poética de Garcilaso es similar: en ella se diluye "el momento del paisaje en la fugacidad anecdótica del estado de ánimo" (29). Con esta estilización, Lezama propone un método distinto al orbe poético de las vanguardias: si en este la subjetividad sale de sí para rendir el mundo a su antojo, la penetración ambiental se construye a partir de una cierta distancia entre el hombre y la naturaleza, distancia que hay que entender como diferencia, esa pequeña diferencia que le imprime la hipálage, mediante la cual la naturaleza se humaniza.

Para desarrollar esta cuestión, utiliza además la palabra secreto. Como sintetiza Rubén Ríos Ávila (2014), Lezama "expande el radio de acción del término secreto, pero su intención permanece siempre, valga la redundancia, secreta". En principio, se trata del "estado de ánimo" mediante el cual Garcilaso o Lorena estilizan la naturaleza, pero debido a la ambigüedad en la que lo mantiene, el secreto adquiere una mayor complejidad. En sentido estricto, es lo que define la distancia que el poeta o el pintor mantienen con su entorno, pues el secreto marca la diferencia que existe entre una naturaleza que permanece muda y la reproducción que de ella hace el artista. El secreto se realiza por ejemplo en la hipálage, que hace que en los cuadros de Lorena el agua se muestre cansada y la luz tímida. El cansancio y la timidez son estados de ánimo mediante los cuales el pintor se acerca a la naturaleza; pero a la vez se aleja, en tanto ella nunca es tímida ni está cansada, pues el río y la luz se despliegan con total indiferencia. Por esta razón, y en su reverso, el secreto es, también, el enigma de la naturaleza, pues para Lezama la naturaleza salta a los ojos ansiosa de nominación. El secreto es una pregunta que se abre entre lo subjetivo y lo objetivo, entre el ser humano y el afuera. De un lado, es el estado de ánimo, esa disposición intransferible que tiene cada persona para mirar el mundo; del otro, es el enigma de la naturaleza que solicita representación. En el hombre, el secreto es la ventana, incluso, la forma individual e intransferible que tiene esa ventana. Se trata de los accidentes particulares de la retina y las circunvoluciones del cerebro: los rayos de luz se asocian en la memoria con algunos estados de ánimo. En la naturaleza, el secreto es el hueco que el hombre debe llenar. Por esta razón, el concepto se refiere a la fisura por la cual el sujeto está separado de las cosas. Esto significa que el secreto no es una sustancia interior: no es un contenido, por ejemplo, un recuerdo melancólico, sino que debemos pensar el secreto, incluso ese recuerdo, como aquello que le da forma a la materia percibida, es decir, como algo que el escritor o el pintor no pueden dominar. Del lado de la naturaleza, es lo desconocido, pues se trata de un interrogante que lo punza desde el Afuera.

Aunque los caminos de Garcilaso y Góngora se separan, Lezama los hace confluir para el diseño de una poética neobarroca. Con el orbe poético, recupera la libertad de las vanguardias y, con la penetración ambiental, repone la fuerza de lo desconocido. Si Lezama levanta un nuevo Barroco, es porque radicaliza la problemática de lo originario y la pone en el centro de sus preocupaciones.

El secreto de Narciso

El escritor desarrolla el tema a partir de la figura de Narciso. En "El secreto de Garcilaso", retrata al poeta durante el asedio a la torre de Muy, en el que termina su vida, con un verso de *Fragments du Narcise,* de Paul Valéry: "Es el primer momento del Narciso, evocado en los versos de Valéry: "Tú solo, mi cuerpo, mi querido cuerpo, te amo, único objeto que me defiende de los muertos"" (32). Entonces, Garcilaso descubre a un hombre que se dirige a la batalla gritando que le permitan ganar un poco de honra en ella. Esas palabras le devuelven el valor: "Es el otro momento destructivo del Narciso, rectamente tocado en el verso de Valéry: 'Oh mi cuerpo, mi querido cuerpo, templo que me separas de mi divinidad'" (33). Ese cuerpo tiene varios sentidos. Se trata, en primer lugar, de una imagen que viene de afuera. Lezama retoma la división entre la sensación y la percepción: aunque sentimos nuestro cuerpo, muchas veces lo hacemos de manera fragmentaria, por ejemplo, cuando tenemos un dolor de muelas; solo frente al espejo lo contemplamos como unidad. El cuerpo, también, tiene para Lezama una relación compleja con la muerte, ya que resguarda a Garcilaso de ella, pero también, es el ropaje gracias al cual esta aparece de manera anticipada. En paralelo, y como se puede ver en el momento en el que Garcilaso decide volver a la batalla, el hueco que esconde el reflejo es un templo religioso que lo separa de la divinidad. Al descubrir esto, resuelve su miedo a través de un salto de fe. Pero ese salto no es el resultado de una iluminación sobrenatural, pues se trata de una decisión humana: es una convicción de Garcilaso, no un mensaje de Dios. Por otra parte, hay que destacar que el poeta toma la decisión cuando aparece ese Otro que es Carlos V. El Emperador no dice nada, porque le alcanza con su mirada: "Al retroceder ha mirado hacia atrás y ha visto sobre él el ojo de mármol del Emperador" (32). Ese ojo lo punza y lo interroga, pero no dice nada. La pregunta, una pregunta que sostiene al escritor, es el ¿qué quiere de mí? de la conceptualización lacaniana. El poeta responde a través de un acto sacrificial.

Lezama le da una forma poética a esta cuestión en "Muerte de Narciso". Al principio del texto, muestra al personaje cuando se acerca a la orilla:

> Dánae teje el tiempo dorado por el Nilo,
> Envolviendo los labios que pasaban
> Entre labios y vuelos desligados.
> La mano o el labio o el pájaro nevaban.
> Era el círculo en nieve que se abría.
> Mano era sin sangre la seda que borraba
> La perfección que muere de rodillas
> Y en su celo se esconde y se divierte.
> Vertical desde el mármol no miraba
> La frente que se abría en loto húmedo (1985: 13).

Lezama compone una atmósfera onírica por medio de la radicalidad de las metáforas y el abandono del orden sintáctico a favor del encadenamiento libre de las imágenes. Para reforzar esto, emplea también el pretérito imperfecto, tiempo ambiguo e indefinido que utilizamos para relatar los sueños, ya que cuando contamos un sueño no decimos que *pasó* tal cosa o tal otra, sino que los colores *eran* de determinada manera, *estábamos* en algún lugar y *tratábamos* de alcanzar algún objeto. Narciso va a buscarse a la fuente de los sueños de la misma manera que el poema toma de ese reverso las torsiones plásticas de las cosas transfiriéndolas al lenguaje. Pero en estos versos iniciales, el personaje todavía no descubre el reflejo: "Vertical desde el mármol no miraba/la frente que se abría en loto húmedo". Esto se encuentra resaltado por el empleo extraño que Lezama hace del verbo nevar. Si bien el escritor lo utiliza para describir el lento dibujo de la imagen sobre el agua, el verbo nevar, como cualquier otro verbo de la naturaleza, es impersonal. ¿Qué es lo que nieva? Por un lado, partes del cuerpo (el labio y la mano); y por el otro, un pájaro. Esta última palabra tiene un doble interés. El pájaro parece aludir a los cisnes del simbolismo, pero en este momento puntual, la palabra todavía no tiene una determinación semántica clara. Puede tratarse de una metáfora para nombrar a Narciso, pues luego los pájaros remiten al personaje, incluso con la connotación homosexual que la palabra tiene en Cuba, pero al principio el pájaro vuela sobre un mar incierto de significados e interpretaciones.

Cuando Narciso encuentra la imagen, queda atrapado por ella. Lezama refuerza esa suspensión a través del cambio en los verbos: si la primera estrofa está en pretérito imperfecto, el resto del poema, hasta el último verso, se encuentra en presente, como si la búsqueda de Narciso se estirara hasta volverse infinita. Pero eso que lo fija no es solo una imagen hermosa de la cual se enamora. Aunque eso está en el poema, lo fundamental es que es el signo de un misterio. Cuando descubre el reflejo, ese misterio lo captura. Lezama lo expone de la siguiente manera:

> Pluma morada, no mojada, pez mirándome, sepulcro.
> Ecuestres faisanes ya no advierten mano sin eco, pulso desdoblado:
> Los dedos en inmóvil calendario y el hastío en su trono cejijunto.
> Lenta se forma ola en la marmórea cavidad que mira
> Por espaldas que nunca me preguntan, en veneno
> Que nunca se pervierte y en su escudo ni potros ni faisanes (14-15).

La mirada se multiplica a partir de cuatro perspectivas: los ojos del que narra, los ojos de Narciso, los del reflejo y los de los "ecuestres faisanes", tal vez unos caballitos de mar. Este cuadro cubista (recordemos su relación compleja con las vanguardias) se organiza a partir del interrogante que abre el verso en primera persona: "espaldas que nunca me preguntan". ¿Por qué Narciso dice "nunca me preguntan"? La respuesta tal vez se encuentre en que Lezama retoma las versiones griegas, en las que Narciso nunca reconoce la imagen como propia. Entonces, podríamos completar el verso diciendo "nunca me preguntan quién soy". Pero si es cierto que recupera las versiones griegas, hay que verlas al trasluz de las reescrituras modernas del mito, pues con los griegos Lezama profundiza la idea de que la parte que le falta al sujeto es una parte que ya ni siquiera puede designar como propia. Además, es una traición completar el verso de esa manera. Narciso se desespera ante un interrogante que queda abierto, tan abierto que no tiene palabras que lo formulen. ¿Qué es lo que las espaldas nunca le preguntan? El reflejo no lo dice, porque no puede hablar, y de esa forma la pregunta se abre como un abismo. Va de Narciso al reflejo y del reflejo a Narciso, del mismo modo que el verso pasa de la tercera a la primera persona. ¿Qué rebota de uno a otro lado? Lo que rebota es un misterio, y de manera más clara: el enigma de la existencia.

Lezama asume ese interrogante en el lenguaje que emplea. Lo único seguro de "Muerte de Narciso" es que jamás vamos a saber qué quieren decir cada una de las palabras que lo componen. Si el poema se sostiene es porque se refiere a un mito conocido y porque transmite un enigma sin respuesta a sus lectores: ¿qué significa lo que digo? Podemos odiar "Muerte de Narciso" y, entonces, el encanto no se produce, pero si por alguna razón nos cautiva, lo único que vamos a hacer es preguntarnos por su significado. Lezama produce en la situación comunicativa lo mismo que lo que plantea a través del mito: si Narciso se debate sobre un interrogante abismal, nosotros quedamos suspendidos ante la pregunta abierta por la significación.

El estilo

El estilo de la mayoría de los escritores se puede caracterizar con bastante precisión y sus causas son, en general, rastreables. A los vanguardistas los identificamos con eso que se llama el estallido del lenguaje y a los escritores clásicos los comprendemos por su irónica contención. De Lezama sabemos qué leía, qué le gustaba y su verso acusa una serie de influencias reconocibles, pero eso no explica por qué escribía así. Aunque lo primero que se suele decir de sus poemas es que son difíciles (y luego se repite el muy sabido "sólo lo difícil es estimulante"), esa dificultad está causada por una impresión, que es la mía pero que creo compartida, y es la inseguridad. Ante Góngora uno suele quedar desarmado, pero basta con mirar a pie de página las glosas de Alonso para descubrir que ese laberinto tiene un sentido exacto. Puede que no tengamos la voluntad de llegar hasta las últimas consecuencias y como todo hecho lingüístico somos conscientes de que nunca vamos a llegar a ellas, pero sabemos que hay un horizonte de segura claridad que podemos alcanzar si estamos dispuestos a realizar el trabajo. En Lezama, en cambio, la interpretación nos deja siempre inseguros.

Irlemar Chiampi (1991) demuestra que el propósito de muchos pasajes de *Paradiso* es eliminar la legibilidad del texto. Hay en esa obra momentos ininterpretables que causan una profunda inseguridad. Desde luego, podemos identificar los caminos mediante los cuales Lezama logra ese efecto. El primero de ellos lo ha individualizado Carlos Belvedere (2000): su estilo no solo se forma por la sobrecarga de referencias culturales, sino también por el procedimiento contrario de la supresión. Si sus textos son difíciles, esto se debe a que en ellos suprime elementos que nos darían ciertas claves interpretativas. La escritura de Lezama es una escritura narcisista no solo porque desarrolla el tema de Narciso, sino también porque se dirige a un lector que es una copia de sí. Al igual que los dialogantes de "X y XX", que intercambian sugerencias de una manera inesperadamente natural, Lezama se habla a sí mismo utilizando elementos que pertenecen a su rara y abultada biblioteca. Su seguridad (no hay obra más segura que la suya) nos genera inseguridad. A esta práctica de la supresión se le puede agregar otra: Lezama compone una obra impura, pues se queda en la antesala del símbolo, formando una escritura indeterminada desde el punto de vista de la significación.

Veámoslo a partir de *Enemigo rumor*. Una de las secciones del poemario se titula "Filosofía del clavel". ¿Qué quiso decir Lezama con eso? Tal vez, nunca lo sepamos con exactitud, pero una cosa es casi segura: el clavel reemplaza la rosa. Para Lezama la rosa está agotada porque se trata de una belleza inmarcesible, una "joven flor platónica", como dice Borges en "La rosa" (1998: 30). En "Madrigal", escribe lo siguiente: "El tallo de una rosa se ha enfurecido con las avispas/ que impedían que su cintura fuese y viniese con las mareas/ cuando estaba tan tranquila en las graderías de un templo" (31). La flor está asediada por un enjambre que le quita el aura que flota sobre ella. Lezama deja incluso que la manosee un marinero mientras las avispas la vencen y se le pegan "tenazmente a los flancos" (32). Los maltratos terminan por partirle el tallo, de modo que la flor inclina la cabeza y espera a "los cazadores de medianoche" (33).

En "Discurso para despertar a las hilanderas", presenta el reverso de la poesía pura que simboliza la rosa. Allí se refiere a la anémona marina a través de una serie de metáforas: "Hondero normando", "nardo despierto", "árbol de la marea" y "engendro de rosa". A diferencia de la rosa, que está situada en un templo, la anémona es un engendro que forma su cuerpo gracias a una turbia nube de insectos que se levanta cuando pasa un caballo. Teje su cuerpo con esa materia que flota a su alrededor ("hilo tras hilo hasta el cartílago de la más fría anémona" (29)) y convierte la impureza en una explosión de color. Si temáticamente el texto reivindica el trabajo con lo impuro, también lo hace en términos formales, en tanto se acerca al símbolo sin alcanzarlo jamás. Comparada explícitamente con una torre ("torre y marea que ya la noche exprime"), la anémona está a punto de convertirse en símbolo de la poesía y las islas y el agua en signo de los sueños y la noche, pero Lezama no llega a ese punto culminante de la significación. Para Benjamin la alegoría se produce cuando el melancólico recolecta objetos para darles una nueva significación. El proceder de Lezama es semejante, solo que en su caso la materia es tan pesada que su lenguaje queda antes de la barnizada perfección del símbolo, sin conseguir la equivalencia término por término de la alegoría medieval.

Como revela en varios momentos de su obra ("Soledades habitadas por Luis Cernuda" y "Razón que sea"), Lezama quiso verse en el espejo de Paul Cezanne. En el famoso cuadro *Naturaleza muerta*, Ernst Gombrich destaca la multitud de errores en la perspectiva: "El frutero está tan torpemente diseñado que ni siquiera su pie queda centrado. La mesa no solo se inclina de izquierda a derecha sino que también parece como si estuviera desnivelada hacia adelante" (2012: 542). Por estos motivos, muchos calificaron sus pinturas como lamentables mamarrachos, pues no superaban las de un aprendiz con mediano talento para la representación. Cezanne pintaba mal, de la misma manera que Lezama escribía mal. En "Razón que sea", presentación de *Espuela de plata*, une su destino al del pintor: "Los críticos porque el mismo

Cézanne había exclamado: *el contorno me huye*, creyeron que este fracasaba. Ese contorno perforado, agujereado por mil puntos, mal que pese es el único campo donde se siguen planteando las batallas que nos interesan" (I, 51). Los dos son incorrectos porque liberan el arte de lo que se considera una representación adecuada. Pero Lezama, más radical que Cézanne, sacrifica la comprensión del lector. Muchos cometieron ese atentado y, para comprobarlo, alcanza con hojear algunos de los textos nacidos de una cierta escritura automática que se encuentran en cada recodo del siglo XX. Pero la diferencia de Lezama es que, en su caso, tuvo una razón profunda que imanta su trabajo. Esa razón la aprendió de los simbolistas, la reorganizó con el catolicismo y la radicalizó gracias a que las vanguardias habían cuestionado de manera irreversible los pruritos éticos y estéticos de la representación: la búsqueda de una fuente de sentido que es determinante en el hombre, pero que este no puede determinar. El propósito de su obra no es generar un significado palpable, sino engendrar un misterio. En esto se parece a Lacan. Uno los lee o no los lee, los aprecia o no los aprecia, pero cualquiera sea la actitud que tomemos, eso se explica porque nos interesa o no nos interesa el misterio que de todos modos no se va a resolver, porque ese misterio, el de Lezama y el de Lacan, quiere presentarse como el misterio que nos gobierna desde lo profundo de nuestra subjetividad. Esos autores no comunican lo incomunicable, sino que comunican la incomunicación.

Sutura

Lezama le dio un despliegue cultural a su propuesta en "Coloquio con Juan Ramón Jiménez". En ese texto de 1938, transcripción libre de las charlas que mantuvo con el poeta español, piensa la cultura cubana por medio del concepto de "sentimiento de lontananza". Para Arnaldo Cruz-Malavé (1994), con él alude al sentimiento de desarraigo que tienen los habitantes de la Isla, de modo que el escritor se referiría a la melancólica convicción de los cubaq nos de estar desterrados del Paraíso. A la luz de "El secreto de Garcilaso", se puede precisar esta cuestión diciendo que Lezama habla de una manera muy concreta de la mirada. Para verlo, podemos comparar el sentimiento de lontananza con la pintura figurativa de perspectiva clásica. Tomemos, por ejemplo, los paisajes. Aunque en este tipo de cuadros la nostalgia está causada por el tema y el estilo de la representación, el efecto se logra también gracias al punto de fuga. El punto de fuga no solo determina las líneas proyectivas del cuadro, sino también, la distancia a la cual debemos pararnos para ver correctamente las proporciones, porque esa línea tiene que quedar a la altura de nuestros ojos. Podemos decir, en consecuencia, que el punto de fuga determina nuestra mirada. En muchos cuadros, la naturaleza está representada desde lejos, y eso genera una impresión nostálgica, que se refuerza por la distancia desde la cual debemos mirar. En el sentimiento de lontananza, juegan estos valores. Entre los cubanos, hay una presencia constante de la línea del horizonte que se pierde en el mar, de modo que la mirada de los isleños se forma a partir de la lejanía del punto de fuga. Cuando vuelven a lo propio, todo aparece marcado por la distancia, pues incluso en lo cotidiano se abre la falla entre lo que se ve y el rumor que produce el punto de fuga asimilado al borde del mar.

El *sentimiento de lontananza* tiene dos planos. En primer lugar, Lezama reorganiza la cultura a partir de una conexión alegórica entre las cosas y el punto de fuga. En este sentido, toma la frustración nacional, pues en el "Coloquio" alude concretamente a la inexistencia de una narrativa de ese tipo, y transforma ese sentimiento en la marca característica de los cubanos. Por eso, articula el *sentimiento de lontananza* con el concepto de "resaca". Con él pone de relieve que las corrientes universales de la cultura llegan a la Isla y esta genera sobre ellas una cierta refracción y algunas leves modificaciones en sus movimientos. Lo nacional no se encuentra en la búsqueda de lo local, y en este caso hay que entender que debe abandonarse la temática afrocubana, pues lo cubano se encuentra en la inflexión nostálgica con que los escritores tratan los temas universales.[6] Ahora bien, segundo plano del *sentimiento de lontananza*, las condiciones para organizar la cultura se encuentran en una operación compleja sobre lo originario. Primero, Lezama arranca ese concepto del pasado y lo traslada al porvenir. Lo originario es el horizonte y el punto de fuga, es decir, una plenitud utópica que hay que buscar. Segundo, ese horizonte es imposible: es una falla, una grieta, una rasgadura, porque uno no puede alcanzarlo. Tercero, Lezama establece una sutura con lo originario, en

---

[6] La crítica ha trabajado abundantemente el concepto de "resaca". Para un panorama del concepto, remito a los trabajos de Juan Pablo Lupi y Nancy Calomarde en *Lezama Lima: Orígenes, revolución y después*, coordinado por esta última y por Teresa Basile. Lezama piensa la insularidad a partir de la apertura a lo universal, pues entiende el litoral, para retomar el concepto de Mary Louis Pratt (1997), como una zona de contacto, destacando que la tradición de los cubanos es la biblioteca universal. Esta visión sobre Cuba rompe con la poesía afrocubana. Hans Otto-Dill describe la oposición de una manera concisa: "Guillén, popular, mulato, con su recurso al folclore afrocubano, su compromiso político-social, sus himnos a la naturaleza, su idea del Caribe como unidad geográfico-cultural mayor", se opone a "José Lezama Lima, elitario, lúdico, occidental y cosmopolita, con su concepto del paisaje cultural y de la identidad cultural latinoamericana" (1999: 183). El primero inserta la Isla en las Antillas; el segundo la articula con el Continente y la disocia del Caribe por su singularidad. Para Duanel Díaz (2005), si Guillén elige el Caribe mulato, Lezama coloca la isla en el Atlántico, conectándola con lo Occidental.

tanto articula el presente y el porvenir a través de la teleología, de la misma manera que en un cuadro el pintor integra las cosas por medio del punto de fuga.

La teleología establece una articulación cultural que es a la vez abierta y cerrada. Es abierta porque, contrario a los escritores nacionalistas, comienza con la imposibilidad de definir lo nacional. En este sentido, Lezama anticipa un tipo de pensamiento sobre la literatura y la sociedad que va a ganar terreno desde la segunda mitad del siglo XX. Para el escritor, una sociedad es posible toda vez que reconozca su imposibilidad. Para decirlo con el caso concreto al que se refiere: Cuba es posible debido a que en el presente carece de una tradición sólida, es decir, en tanto no es actualmente una verdadera comunidad. El fundamento radical de su obra se encuentra en que para Lezama eso no solo caracteriza la situación de los años treinta, cuarenta o cincuenta, sino que esas son las condiciones de toda sociedad, pues lo que haría que una sociedad esté completa no se encuentra en el mundo terreno. Sin embargo, Lezama cierra sus reflexiones en tanto le asigna a lo originario un significado trascendental. En este sentido, y más allá de las preferencias literarias sobre tal o cual escritor, asume de una manera plena el Barroco: repone en clave moderna la estructura fundamental de la Contrarreforma, pues subordina el lenguaje y la política a la religión.

Espuela de plata

Lezama puso en práctica estas ideas en *Espuela de plata* (seis números, publicados entre 1939 y 1941). En esa segunda revista, demuestra la capacidad que tiene lo originario para pensar la organización de la cultura y ordenar el grupo que él lidera. Para advertirlo, recordemos el superpoblado y cambiante espacio de dirección. El primer número de *Espuela de plata* tiene tres directores, Lezama, Mariano Rodríguez y Pérez Cisneros, y el consejo de redacción cuenta con siete integrantes: Jorge Arche, José Ardevol, Gastón Baquero, Alfredo Lozano, René Portocarrero, Justo Rodríguez Santos y Cintio Vitier[7]. De por sí numeroso, este espacio no hizo otra cosa que aumentar. En el segundo número, se incorporaron Manuel Altolaguirre, Eugenio Florit y Amelia Pelaez; en el cuarto, Virgilio Piñera; y en el quinto, el padre Ángel Gaztelu. El último número muestra una transformación completa: Gaztelu pasa a la dirección, Piñera protesta por carta, pero permanece en el consejo, y de él

---

[7] La conducción tripartita tiene una explicación de origen: *Espuela de plata* es el resultado de la fusión del proyecto de Lezama, sacar una revista de poesía, con el de Mariano Rodríguez, que estaba a punto de crear una publicación sobre arte plástico.

desaparecen Altolaguirre, Baquero, Florit, Rodríguez Santos y Vitier. Si bien estos cambios reflejan desacuerdos profundos, incluso eso subraya la intensión de Lezama de mantener un espacio heterogéneo. Por otra parte, *Espuela de plata* es una revista de poesía que también se ocupa del arte (imprime obras de Mariano Rodríguez, René Portocarrero, Amelia Peláez, Alfredo Lozano, González Puig y Jorge Arche) y le presta una considerable atención a la música[8]. Estos intereses múltiples están reforzados por la pluralidad de los colaboradores, pues entre ellos se encuentran el agnóstico Piñera y el nada moderno y muy católico padre Gaztelu.

Lezama organizó este espacio colectivo por medio de la redacción de todos los manifiestos y pronunciamientos colectivos y a través de la publicación de textos que tienen tal peso que imantan el resto de las colaboraciones. Pero si logró esto, es porque en ellos puso en el centro la problemática de lo originario. Aunque esa dimensión se encuentra en "Razón que sea", rara presentación, conformada por aforismos herméticos que apuntan en su mayor parte a lo religioso, podemos tomar como ejemplo característico "Doctrinal de la anémona".

En ese texto, publicado en el primer número casi como segundo manifiesto de la revista, Lezama compone una alegoría sobre la forma en que el hombre puede tratar con lo desconocido. En la primera frase, sitúa los elementos esenciales: "Las dulzuras y la metafísica del aire, el imperio de las torres y aquel suave tacto marino que reemplaza a la quemazón de arena y cordaje" (I: 3). El mar es una fuerza que invade y aterroriza: "Los líquidos invaden mientras el hombre sentado en su túmulo se desespera, frotándose los labios con cisnes y anémonas" (3). La solución se encuentra en la integración del mar y el aire a través de la llama, que es una escultura en el aire, tiene humedad y se mueve como el agua cuando la agitan las olas. El hombre debe asimilar el misterio existencial, representado por el mar, para que el espíritu se vuelva llama. La torre convierte esa asimilación en empresa colectiva:

> no basta que el hombre forme paralelas con su cara y la espalda del cielo, sino que esperaremos la construcción de altos muros, visibles desde lejos por el tapiz que sirve de base a las torres del imperio, donde podrá construirse tenazmente, silencioso despliegue, la metafísica del aire. Los altos muros no suenan mientras albergan a la llama y la necesaria suma de aire que se va recorriendo o alimentando la filosofía del clavel y el crótalo pitagóreo. La altura del muro y

---

[8] Así lo refleja la publicación de dos artículos importantes sobre el tema, "Agua clara en el caracol del oído", de José Ardevol, y "Teatro de Clavecín", de Antonio Quevedo, y la incorporación de las publicidades de la Sociedad Coral de La Habana y de *La musicalia*, revista que dirigieron María Muñoz y Antonio Quevedo.

el tapiz de la base han purificado de tal manera el aire que éste absorbido duramente en la llama, puede ya reconocer y tocar la anémona nocturna (I, 4)[9].

"Doctrinal de la anémona" simboliza esta reunión del aire y el mar desde el título: la anémona es, por un lado, una flor, flor del aire como la llaman, y por el otro, es un animal marino. El tema gana en profundidad si reponemos algunas observaciones de Bergson. De acuerdo con *La evolución creadora*, las plantas fabrican su materia orgánica con sustancias minerales, y esa aptitud las dispensa de moverse y sentir; los animales están obligados, en cambio, a ir en busca de su alimento: han evolucionado de tal forma que consiguen desplazarse y tienen una conciencia cada vez más amplia y clara a medida que se asciende en la escala. Aunque la anémona pertenece al reino animal, ha involucionado, porque por algún motivo ha preferido la inmovilidad. De acuerdo con Bergson, se retrotrae a una conciencia y una fijeza vegetales, que de pronto interrumpe cuando siente en sus tentáculos la cercanía de la presa. Lezama sigue de cerca estas ideas, pero la anémona muestra para él un sentido inverso: desciende hasta los principios de la vida y, al fijarse en el lecho marino, se aproxima al origen. Por otra parte, la anémona es también un símbolo de lo colectivo, porque "no basta que el hombre forme paralelas con su cara y la espalda del cielo". A partir de esto, Lezama imanta *Espuela de plata* con una teleología, pues organiza el presente a partir de lo originario y establece un solapamiento según el cual el hombre y Cuba se definen por una relación similar con lo desconocido. Si Lezama vertebra el espacio colectivo de la revista, esto no se debe solo a que "Doctrinal de la anémona" declara estos principios, pues en realidad, como es su costumbre, también lo logra gracias al estilo. Como en "Muerte de Narciso", Lezama comunica menos un significado que un interrogante sobre lo que dice y esto impacta de una manera muy concreta en la organización del grupo. Si "Doctrinal de la anémona" declara que para construir una cultura es necesario preguntarse en clave cubana por lo originario, ese texto barroco se convierte él mismo en borde de ese enigma. De este modo, articula al resto de los textos que se publican en la revista, pues todos ellos son en parte interpretaciones de sus enunciados. Con esto, Lezama crea una poesía colectiva: se apropia de la palabra de los otros y proyecta ese colectivo como la expresión cubana.

---

[9] Cabe agregar que, con el imperio de las torres, Lezama elude la mención de la tierra, pues las torres conectan al hombre con el aire y el mar. Como demuestra Jorge Marturano (2013), esta elusión implica la búsqueda de una cultura nacional a partir de la apertura a lo universal (En Basile y Calomarde, (2013: 205-232)).

Nadie parecía

Aunque conceptualmente sólido, el núcleo teleológico-religioso con que Lezama organizó *Espuela de plata* generó problemas irresolubles en el grupo. El problema surgió cuando el escritor hizo más explícita su posición: antes de que saliera el último número, propuso que el padre Ángel Gaztelu se convirtiera en el cuarto director. Virgilio Piñera protestó en carta del 29 de mayo de 1941, reprochándole a Lezama que, de manera inconsulta, hubiera decidido que *Espuela de plata* se transformara en una revista católica. Los pormenores de esta crisis han sido estudiados con profundidad por Enrico Mario Santí, Duanel Díaz Infante y José Antonio Ponte. Basta, en este contexto, con destacar que Lezama profundizó su posición sobre lo originario con *Nadie parecía. Cuaderno de lo Bello con Dios* (diez números, publicados entre 1942 y 1944).

Dirigida por Lezama y Gaztelu, la idea de la publicación se puede deducir de las relaciones que entabló con el presente y el pasado. A diferencia de *Espuela de plata*, *Nadie parecía* careció de una buena representación de literatura extranjera actual, de acuerdo con una estrategia que había diseñado en *Espuela de plata*, algo que se aprecia en las dos secciones dedicadas a la traducción. La primera se llama "Espiga alta de siempre" y, como su nombre lo indica, está dedicada a la publicación de autores clásicos, mientras que la segunda tiene por título "Ojo fijo de hoy" y está proyectada para la difusión de los escritores modernos. Aunque con esto Lezama mantiene la doble referencia a lo clásico y lo actual, hay un notorio desbalance entre las dos, ya que "Espiga alta de siempre" aparece en seis de los diez números, mientras que "Ojo fijo de hoy" lo hace únicamente en la quinta y la sexta salida de la publicación. Además, en la sección moderna se publican textos que se levantan en contra de la modernidad. Allí aparece, por ejemplo, un artículo de Wladimir Weidle sobre la obra de Franz Kafka. El crítico sostiene que el presente está dominado por "la ley inexorable del absurdo". Kafka no intentó emanciparse de esa situación, sino que se internó en la noche de la burocracia para demostrar que la sociedad contemporánea es un artefacto implacable que aplasta al ser humano. Opuesto al canto auroral de una nueva modernidad, Kafka demuestra que el mundo es una pesadilla. En otro texto, William Butler Yeats esboza una respuesta a esta dramática situación. El autor sostiene que T. S. Eliot no es un gran poeta y solo le reconoce algunos méritos a *The Hollow Men* y *Ash Wednesday*. Dos o tres amigos, comenta el autor, atribuyen estos aciertos "a un enriquecimiento emocional motivado por lo religioso", pero "esta religiosidad comparada con la de John Gray, Francis Thompson, Lionel Johnson en *El ángel oscuro*, carece de toda fuerte emoción" (1943: 5, 71). Para *Nadie parecía* esta falta no es una cuestión menor. Si Kafka demuestra que el mundo es una pesadilla, Yeats sugiere que la esterilidad se debe a la ausencia de religiosidad. Por este camino, Lezama acentúa la dimensión católica de su programa: hay que volver a la religión para regenerar al hombre y la contemporaneidad.

Para afirmar esta perspectiva, los directores ponen en el centro a San Juan de la Cruz. El nombre de la revista, tan raro, proviene de una frase de "Noche oscura". La elección de ese texto es por supuesto significativa. Los tres significados que tiene la noche en "Noche oscura", como punto de partida (ausencia de Dios), como camino de ascensión (la fe ciega) y como meta (Dios es una noche porque los ojos no pueden verlo) (Thompson, 1992) la convierten en un símbolo exacto del programa de Lezama en tanto pone de relieve tanto la aridez del mundo moderno como la necesidad de reorientarlo a partir de una fuente trascendental que de todos modos permanece inaccesible. La revista publicó, además, dos ensayos sobre San Juan: "Ascética de San Juan de la Cruz", del presbítero Ignacio Biain, y "San Juan de la Cruz en su noche oscura", de Ángel Gaztelu.

El ensayo de Biain tiene la seca severidad de una sotana. Aunque destaca sus méritos literarios, para el autor San Juan es menos un maestro literario que un maestro espiritual. Para reforzar esta idea, jerarquiza la ascética y la mística: los ejercicios de purificación son fundamentales, mientras que la elevación poética es un corolario de esa práctica, de manera que puede haber ascetismo sin misticismo, pero no misticismo sin purificación. En "San Juan de la Cruz en su noche oscura", Gaztelu coincide con Biain, aunque rescata a San Juan como poeta. El padre enumera los temas básicos de "Noche oscura": la oscuridad, la iluminación que el alma lleva en el corazón, la cautela de su paso, el "nadie parecía" y "el gozo completo de la perfecta unión" (1943: VI, 78). Para completar su lectura, hace una semblanza de la vida de San Juan. Gaztelu recuerda la cárcel que padeció por apoyar la reforma que había impulsado Santa Teresa. Enumera los abandonos y las soledades, las purgaciones y las sequedades, todas las pérdidas que sufrió San Juan. Encerrado en un calabozo en el que apenas cabe su cuerpo, Dios, sin embargo, no lo abandona. "Él le visitó en la noche, como a David y le enseñó en la cárcel los encantos de la libertad, por la escasa y alta ventana" (78). Entonces, mira a través de ella los pájaros, las luces y los colores, las aguas, los montes y los animales. Como el alma en la "Noche oscura", San Juan pugna por salir. "Una buena noche se le ofreció la oportunidad y se descolgó presto y decidido de una ventana por una cuerda, hecha con pedazos de mantas viejas y una raída túnica, al patio murado de la prisión" (78). San Juan se evade de la cárcel, como en su texto el alma se libera del cuerpo, y corre al convento de las Carmelitas Descalzas:

corre por la noche hacia el convento de las Carmelitas Descalzas. Golpea el torno: Fray Juan soy, vengo escapado de la cárcel. Le permiten la entrada en clausura para confesar a una monja enferma. Después ya con la alegría de la libertad, al verle la comunidad tan desmejorado y anémico le ofrece peras asadas con canela y él les paga su caridad, recitándole los versos compuestos en la prisión, entre ellos, muchas estrofas del *Cántico espiritual* (78).

La vida y la obra de San Juan son orientaciones precisas. El hombre debe asumir un momento ascético y rechazar el mundo capitalista y desestructurado en el que le tocó vivir. Se trata de una cárcel, labrada por la burocracia que Kafka denuncia de una manera contundente en sus relatos. Pero al vaciar de este modo el mundo, el hombre tiene que saltar para encontrar la potencia que le devuelva el sentido a la vida.

Orígenes

En *Orígenes* (1944-1956), el pensamiento de Lezama llega a su madurez[10]. Como destaca José Rodríguez Feo, el otro director, con la elección del nombre de la revista, Lezama buscó plantear lo que la palabra quiere decir como sustantivo común: lo originario. La nota de presentación es elocuente en este sentido. Firmada por "Los editores", el estilo, entre solemne e irónico, es de Lezama. Escribe en el párrafo inicial:

> Queremos situarnos cerca de aquellas fuerzas de creación, de todo fuerte nacimiento, donde hay que ir a buscar la pureza o impureza, la cualidad o descalificación de todo arte. Toda obra ofrecida dentro del tipo humanista de cultura, o es una creación en la que el hombre muestra su tensión, su fiebre, sus momentos más vigilados y valiosos, o es por el contrario, una manifestación banal de decorativa simpleza. Nos interesa fundamentalmente aquellos momentos de creación en los que el germen se convierte en criatura y lo desconocido va siendo ocupado en la medida en que esto es posible y en que no engendra una desdichada arrogancia (1944: I, 7).

---

[10] Hablar de *Orígenes* es en parte repetir la bibliografía que se ha ido acumulando gracias a Marcelo Uribe, Jesús Barquet, Adriana Kanzepolsky, Nancy Calomarde, Jorge Luis Arcos, Jesús Barquet, José Antonio Ponte, Duanel Díaz, Rafael Rojas, los propios protagonistas, empezando por Lezama y José Rodríguez Feo y continuando por Cintio Vitier y Fina García Marruz…. Aunque la brevedad de mis comentarios impide tomar referencias de todos ellos, quisiera destacar que este recorrido es en parte una síntesis y una paráfrasis de los trabajos notables de esos autores.

El punto de partida de Lezama son las tierras ganadas en *Nadie parecía*, pues retoma la noche oscura y propone que la obra de arte solo tiene validez si busca lo desconocido. En el anteúltimo párrafo, vuelve al enfrentamiento del ser y la nada:

> Cualquiera que sea la actitud que se adopte para valorar el fenómeno artístico, sabemos hoy que nos encontramos ante la dilatada vastedad de un mundo cuantitativo sucesivo, donde las revoluciones y los peces impresionistas, las glorificaciones y la lepra, las más herméticas formas de la clausura y las más dionisíacas descargas populares, ofrecen una violenta riqueza sucesiva que es necesario reducir, en la dolorosa reducción del yo a la nada y de ésta a un nacimiento (9).

Lezama tuvo plena conciencia de este programa, como lo demuestra un puñado de textos conocidos y fundamentales. El primero de ellos es "Después de lo raro, la extrañeza", publicado en el número 6. En ese texto, Lezama comenta *Extrañeza de estar* (1945), de Vitier, y hace una reflexión sobre la poesía cubana en la que afirma que esta se topa con la inexistencia de una verdadera tradición nacional. Para Lezama, se abren ante el escritor tres posibilidades: la declamación profética, la creencia de que la tradición se encuentra en el presente y el uso de la profecía como forma de ocupar el vacío de la tradición. Lezama rechaza las dos primeras opciones, que identifica con el surrealismo, porque en ellas la literatura se abisma en un caos lingüístico sin continuidad. Rescata en cambio la tercera posibilidad y, para ratificar su propuesta, toma como ejemplo a los escritores de *Espuela de plata*, quienes afirman una "profecía para diseñar la gracia y el destino de nuestras próximas ciudades" (1945: VI, 52). Esta ocupación del vacío se plantea en términos del ser y del existir. Lezama recuerda que "el griego no deseaba las aventuras e intensidades de un existir puro, sino que el misterio más atrayente para ellos era contemplar cómo el ser va surgiendo, apoderándose del existir hasta ocuparlo totalmente" (53). A partir de esta propuesta, condena lo que llama una "poesía de la clandestinidad", que busca "el existir sin ser para prestarle una errancia y unas decisiones tumultuosas" (54), pues se trata de una poesía de la pérdida o la disolución de los grandes pilares de la cultura. Levanta, en cambio, una "poesía de la fidelidad": la ocupación permanente del ser en el enfrentamiento de la existencia con la nada, nacimiento que, como un soplo o una embriaguez, puede repartirse por "toda la arcilla".

Lezama profundiza el tema en la sección "Señales". En su primera aparición (número 15, de 1947), se ocupa de la cultura cubana. En "Un fracaso, una vergüenza que alguien paga", se refiere a la desintegración nacional y el lugar de los intelectuales. Como un eco de su abandono de la militancia estudiantil, sostiene allí que la tarea no está en la política, sino en la construcción de la cultura: "Existe entre nosotros otra suerte de política, otra suerte de regir la ciudad de una manera profunda y secreta. Han sido nuestros artistas, los que procuran definir, comunicar sangre, diseñar movimientos" (XV, 44-45). En "Generaciones fueron y generaciones vinieron", rechaza las rupturas vanguardistas y caracteriza la misión de su generación como una búsqueda de los orígenes de la cultura. Propone para esto la noción de "protoplasma histórico". El protoplasma es la sustancia constitutiva de las células, que contiene una gran cantidad de agua en la que están en suspensión numerosos cuerpos orgánicos y algunas sales minerales. En clave metafórica, se trata del caldo de cultivo en el que se encuentran recuerdos, vivencias y sentimientos, toda una memoria a partir de la cual los escritores pueden desarrollar una cultura. Desde ese punto de vista, "cada generación son todas las generaciones; las dadas, las que se disfrutan, y las que se desconocen y nos interrogan despiadadamente" (45). Por eso, "lo que en una generación interesa no es su perfil consumado o su escándalo momentáneo, sino en qué forma potenció su protoplasma o acreció su levadura" (45). El descenso al protoplasma supone la creación desde lo desconocido porque ahí el ser está por crearse y surgir. El escritor "crea, no la tradición y el orgullo banal de lo ya hecho, sino la otra tradición, la verdaderamente americana, la de impulsión alegre hacia lo que desconocemos" (45).

La propuesta llega a su esclarecimiento definitivo en "La Cuba secreta". El ensayo de María Zambrano es una reseña de *Diez poetas cubanos*, antología de Vitier, conformada por Lezama y una parte importante del grupo. En lugar de comentar directamente el volumen, Zambrano comienza el texto diciendo que Cuba es su "patria prenatal". Para aclarar el concepto, utiliza términos muy cercanos al protoplasma histórico y a la noche oscura que Lezama había presentado en *Nadie parecía*: lo prenatal es "un estado de puro olvido" (1948: XX, 3-4), un palpitar en la oscuridad, una memoria ancestral que todavía no ha surgido. La verdadera poesía se sitúa en ese origen: "la patria pre-natal es la poesía viviente, el fundamento poético de la vida, el secreto de nuestro ser terrenal" (4). La antología de Vitier demuestra que Cuba se encuentra en lo originario y es la patria de lo pre-natal: "Los *Diez poetas cubanos* nos dicen diferentemente la misma cosa: que la isla dormida comienza a despertar como han despertado un día todas las tierras que han sido después historia" (4). Como lo comprueba ahora en Cuba, la poesía comienza con la "sobreabundancia del ser y sus riquezas; no el vacío, sino la riqueza del mundo acarreada incesantemente por los sentidos y el obscuro sentido ante esa riqueza de la *fysis* en su despertar" (5).

Lezama concluye esta larga saga con la creación del concepto de imagen.

Una de sus mejores exposiciones se encuentra en la carta que le escribe a Zambrano en 1954:

> Partí de la poesía y estoy ahora en ese momento en que quisiera ahondar en esa encarnación o hipóstasis de las imágenes, en que su gravitación reobra sobre nosotros con sus claridades o con sus confusas claridades. El acto naciente, la separación del germen y el acto que forma la poesía y su sentido nos ayudan a pasar el muro, todos esos interrogantes me punzan, me atenacean despertándome la más llevadera alegría (1979: 71).

Habitualmente, entendemos que una "imagen" es una representación que mantiene una relación motivada con el modelo. Lezama descarta esta definición para convertir el concepto en signo de lo desconocido, que en este caso designa a partir del más allá del muro. La imagen es como la tela de un cuadro o un *trompe-l'oeil*, pues lleva a que el espectador postule que detrás de ella hay algo, no un vacío, sino algo que coincide con la plenitud buscada. Lezama sacraliza ese más allá de la tela por medio del empleo del concepto neoplatónico de "hipóstasis". En el sentido estricto que le da Plotino, hipóstasis significa el descenso de la escala de los seres desde lo Uno. Por su propia voluntad, lo Uno genera el Alma Universal, y el Alma Universal genera la Imagen. El alma del hombre, encarnada en el cuerpo, es una consecuencia de esta derivación. Aunque Lezama no es tan prolijo, el neoplatonismo le permite manifestar que si bien el escritor da el paso inicial al decidir capturar la imagen, no puede predecir las consecuencias a las que llega. ¿Cómo lo logra Lezama? A través de la creación de un texto que se queda antes del símbolo, porque encarna una imagen reconocible (Narciso, la anémona, la isla), que a través de su enigma conecta con lo desconocido.

Los límites de lo originario

Con la imagen, el ciclo romántico del Barroco llega a su momento de culminación. Pero al mismo tiempo, encuentra un límite que no puede atravesar. Para verlo, remitámonos a la prolija fórmula que Lezama propone en la presentación de *Orígenes*: el yo debe reducirse a la nada y de la nada debe nacer el ser. Si con ella asume la mística de San Juan, también revela, a su pesar, que su punto de partida es la nada. Para decirlo de manera más fuerte, la fuente de sentido, lo originario, no es un ser, sino un vacío. El ser, la fuente, la teleología, son suplementos que Lezama realiza con el lenguaje. Podemos comprender la operación a partir de la lógica de la pantalla, que Oscar Wilde presenta en "La esfinge sin secreto". Una mujer hace una serie de actos misteriosos que enloquecen a los hombres, hasta que alguien se da cuenta de que los hace para plantar un misterio, porque detrás no hay nada. La indagación sobre lo originario, también, es una consecuencia que Lezama extrae de la pantalla. Su obra está poblada de ellas: es la imagen del padre muerto; es la Biblia y Homero de *Espuela de plata*; es la llama con la que resuelve el misterio en "Doctrinal de la anémona"; es el olor del fruto que desaparece en *Enemigo rumor*; es el mulo que cae por el barranco; es la teoría de la imagen, que resume toda su indagación anterior; y es el hermético estilo de su obra, mediante el cual comunica un interrogante sobre lo que dice. ¿Qué encubre todo esto? Encubre el vacío que enfrenta Lezama. Pero como toda pantalla, da que pensar: uno supone que detrás hay algo que le da sentido a la vida. Si Lezama asume el Barroco, pues subordina la política y el lenguaje a la religión, convierte su propia obra en una tela replegada por medio de la cual convierte el vacío en una promesa de plenitud. Por este camino, lleva a la cúspide el dominio romántico, pero, también, lo dirige hacia su destrucción: lo originario es un reclamo del lenguaje y una necesidad de la cultura, pero también el vacío que se borra con la tela.

Las mismas conclusiones podemos sacar por el lado de la religión. Lezama es un testimonio de que la religión está en condiciones de resistir a la tendencia hacia la secularización que recorre la historia desde hace siglos. Si la religión persiste, es porque establece los principios sobre los cuales el sujeto puede darle sentido a la mezcla de azares que componen su vida. El proceso de secularización no destruye esa necesidad del ser humano, sino que la desplaza hacia la nación, por ejemplo, o hacia esas formas de lo privado que son el amor o la amistad. Debemos mirar desde otro ángulo la idea de que Lezama enfatiza de manera conservadora la explicación católica del mundo. Si tomamos en cuenta que el proceso de secularización está enmarañado con la religión, podemos decir que su obra pone de manifiesto el punto al que llega ese proceso hacia los años cincuenta. En efecto, la literatura de Lezama puede tomarse como uno de los últimos esfuerzos por definir de una manera religiosa lo originario, pero en ese esfuerzo revela que la sustancia originaria se ha alejado tanto del ser humano que este solo puede visualizarlo como lo invisible o lo desconocido. Su literatura se detiene en el ¿qué quiere de mí? que formula el sujeto al Otro lacaniano, pregunta que está a punto de pronunciar Garcilaso ante su reflejo, bajo la mirada de mármol de Carlos V, pregunta que rebota de Narciso a la imagen y de la imagen a Narciso, y que Lezama extiende, retoma y repliega en su lenguaje arrebolado, para convertir su escritura en una interpelación única y constante hacia un Otro que, de todos modos, permanece mudo. El Barroco queda, entonces, enfrentado a un interrogante; o mejor dicho, se convierte en interrogante transformándose en un límite que no va a poder pasar sin abandonar de una vez por todas la búsqueda de ese absoluto tantas veces reclamado y tantas veces postergado. Pero antes de sacar conclusiones definitivas, veamos cómo aparece esto en las ideas políticas a partir de un repaso del tramo que va de *Orígenes* a la Revolución.

El programa político

Para retomar los conceptos de Reinhart Kosselek, Lezama piensa la realidad cubana a partir del espacio de experiencia y el horizonte de expectativas. Plantea, por una parte, que existe un pasado que todavía está vivo, conformado por las tradiciones culturales que se formaron en el siglo XIX, y, por el otro, un horizonte de expectativas, como futuro utópico hacia el cual caminar. Para Kosselek, la modernidad se caracteriza por una separación cada vez más fuerte entre estos dos tiempos que Lezama caracteriza con precisión. Un hombre del Medioevo podía estar seguro de que los años siguientes se desenvolverían de la misma manera, porque no existían cambios abruptos en la tecnología, y porque se situaba debajo de la Ciudad de Dios. En algún momento, con seguridad entre los siglos XVIII y XIX, eso cambió: se reemplazó el valor del estatismo por el de la transformación y se perdieron los horizontes de certezas que garantizaban la estabilidad. Lezama estaría de acuerdo con este diagnóstico. En su obra advierte que la realidad cubana se despedaza con el avance del capitalismo: por una parte, se disuelven las costumbres acendradas, y, por la otra, se apaga la luminosidad del futuro. Contra esto, lucha por recuperar esos dos tiempos y establecer entre ellos una sutura: la revolución futura, la que venga finalmente a cumplir lo que dejó en suspenso la imperfecta revolución de independencia, tiene que forjar una sociedad que se corresponda con el espacio de experiencia heredado. Su obra busca soldar esos dos tiempos para influir desde lo poético en una transformación nacional.

Esta propuesta se encuentra desarrollada en las crónicas *Sucesiva o las coordenadas habaneras*, que Lezama escribe para el *Diario de la Marina* entre 1949 y 1950. Las opiniones que allí presenta deben comprenderse en el contexto muy concreto de los cambios que se estaban produciendo en La Habana desde principios del siglo XX. La ciudad vive por entonces un crecimiento acelerado (pasa del cuarto de millón en 1900 al millón y medio de personas en 1950), y el Estado lo acompaña con transformaciones arquitectónicas de envergadura que tienen como propósito darle una imagen moderna y pujante a la capital. Merecen destacarse las innovaciones de Jean-Claude Nicolas Forestier: desde los años veinte, el arquitecto envuelve La Habana Vieja con una pantalla de edificios altos, valora el flujo turístico, le otorga importancia a las terminales marítima y de trenes y al sistema de avenidas que las conectan con los espacios centrales y propone una importante forestación que cambia, entre otras cosas, el paseo del Prado. En paralelo, se consolida un sistema monumental de obras estatales y privadas. Se insertan oficinas, bancos, almacenes, ministerios y se establece el eje del Capitolio, el Palacio Presidencial y los conjuntos recreativos españoles. Como demuestra Roberto Segre, el resultado de estas transformaciones es la instauración de dos centros, el del barrio tradicional de La Habana Vieja y el moderno El Vedado[11].

La crítica ha resaltado de manera recurrente la actitud tradicionalista que a Lezama le despertaron estas innovaciones. Aunque tiene ya muchos años, el artículo de Abel Prieto sobre las crónicas mantiene una vigencia indiscutida en este sentido. De acuerdo con el crítico, Lezama le habla a la pequeña burguesía tradicional y diseña una "política secreta, integradora de los valores de lo cubano y de las potencialidades del hombre en general, forjada por una minoría de escritores y artistas" (15). En el diario, rescata el catolicismo y lo nacional como formas precapitalistas en las que sobreviven "el diálogo medieval entre los hombres –no corrompido aún por las leyes del mercado" (19). De este modo, sutura el pasado con el futuro, punto de fuga en el horizonte, en el que coloca la utopía de redención nacional. Por otra parte, hay que subrayar que Lezama publica estas opiniones en el *Diario de la Marina*. Como demuestra Rafael Rojas, la participación de Lezama en ese periódico, como así también la atención que este les prestó a su obra y a los libros de Vitier, revelan que el origenismo no solo no estuvo aislado, sino que varios de sus integrantes se vieron involucrados en la agenda anticomunista que el medio compartía con Batista, pues el catolicismo que aquellos profesaron era "un elemento altamente valorado por las autoridades culturales del último régimen batistiano" (2006: 132)[12].

---

[11] En "Los olores de la calle" (1995), Gilberto Seguí confronta la imagen tradicional de La Habana Vieja con las novedades de El Vedado recordando los nuevos cines, las escaleras mecánicas, el aire acondicionado, las cafeterías modernas, el ritmo del *rock and roll* y el cha-cha-chá y el *american way of life*. Según su olfato, en La Habana Vieja se cocinaba y mucho la comida tradicional (a las seis de la tarde se "tenía la impresión de que la ciudad en pleno iba a cenar con picadillo" (33)), mientras que El Vedado no olía a comida, tal vez porque las cafeterías modernas imponen una aséptica rapidez, pero también porque los nuevos edificios olían a vinilo, la pintura que estaba reemplazando a la lechada de cal.

[12] A esto debemos sumarle las relaciones no menos contradictorias del escritor con el poder. Como es célebre, cuando rompe relaciones con Rodríguez Feo, el gobierno de Batista le ofrece financiamiento, y Lezama lo rechaza con un duro editorial: "Si andamos diez años con vuestra indiferencia, no nos regalen ahora, se lo suplicamos, el fruto fétido de su admiración". Pero como ha demostrado Rafael Rojas, la participación en el *Diario de la Marina* revela otra faceta: el catolicismo de Lezama y sus principales colaboradores era en realidad "un elemento altamente valorado por las autoridades culturales del último régimen batistiano" y fueron las páginas de

Esta inflexión conservadora relampaguea incluso en el estilo arcaizante y el tono coloquial con el que Lezama se dirige a sus lectores. Su mirada recorre La Habana en búsqueda del casco colonial e intenta descubrir aquellos valores que, amenazados por el proceso de modernización, quiere permanentes. Como dice Guadalupe Silva, "En La Habana de Lezama no parece existir la urgencia de otras capitales. Hay tiempo para la conversación, la preparación de comidas, el paladeo de los libros y el lento paseo". Se trata de una "ciudad construida para la experiencia y no para el consumo", que "expresa algo que para él era propio del "criollo auténtico": su capacidad de disfrute"[13] (Silva, 2013: 292). Si estas costumbres demoradas y tranquilas conforman un espacio de experiencia que conecta el presente con el pasado, Lezama subraya el valor que les otorga a partir de la reivindicación del "habanero de varias generaciones", nombre con el que designa a los ciudadanos, que, por familia y herencia, conocen las tradiciones urbanas[14]. Por eso, a lo largo de su obra Lezama le concedió tanta importancia a la familia. En sus cartas, repite que su madre "engendró una prole clásica, con hijos, nietos, biznietos" (1979: 92). En carta a Eloísa, de diciembre de 1971, le expone con tristeza una de las causas por las cuales se quedó en Cuba: "Alguien tenía que guardar las bóvedas del cementerio, donde están nuestros padres y nuestros abuelos, guardar de cerca los recuerdos, las ropas, los cofres y todos los lugares en donde nuestra sangre dejó una sombra" (237). Como se ve en *Paradiso*, la ciudad forma un todo con la familia extensa y las costumbres acendradas. Más allá de lo cubano y más allá de tal o cual rasgo puntual, Lezama encarna una actitud romántica, que mira con nostalgia e intenta mantener con vida el pasado e incluso la herencia histórica del capitalismo: la familia, la religión, las comunidades barriales, las charlas y las festividades.

Por este motivo, repudia los atentados contra el patrimonio arquitectónico de la capital. A unas cuadras de su casa, estaban demoliendo el Mercado de los Polvorines para levantar en su lugar el Palacio de Bellas Artes. El hecho le despierta las siguientes críticas: "nuestros edificios, legados por la colonia,

---

ese periódico las que explicitaron esa valoración. Por cierto, no se trata de una prolija divisoria de aguas: si bien es verdad que Lezama rechazó el financiamiento del gobierno para sostener la publicación de *Orígenes*, no solo participó en el diario y en él salieron reseñas de algunos libros de Vitier y una nota importante sobre su labor, sino que además fue el Instituto Nacional de Cultura el que dio a conocer nada menos que *La expresión americana*.

[13] El artículo pertenece al volumen colectivo coordinado por Teresa Basile y Nancy Calomarde (2013: 99)

[14] El concepto aparece en la entrega número 13 de *Sucesiva o las coordenadas habaneras*: "El habanero de varias generaciones, conoce entre la sutileza de las atmósferas de su ciudad, cuando el aire, las nubes y las lluvias entrelazadas, alquitaran la casta noble de su invierno" (611-612). El "habanero de varias generaciones" aparece en todas las crónicas a través del sujeto en primera del plural que emplea Lezama.

enteros sobre su base, [son] destruidos por la impiedad de una cuartería que ha instalado allí su jauría" (1977: 604). En sus caminatas, cruzaba casi a diario el Paseo del Prado. Una década atrás, Forestier lo había convertido en un moderno pulmón para la nueva capital. En una de las notas, muestra su desagrado al afirmar que los paseos pueden funcionar en otras ciudades, pero en La Habana no, porque las personas hacen lo contrario de lo que deberían hacer: se sientan y quedan mudas en los bancos, lo que presagia un futuro de sórdida delincuencia. Estas críticas no apuntan solo a la ciudad material, porque Lezama sabe que el cambio en la trama urbana implica una disolución de las costumbres.[15]

Pero a pesar de todo esto, las crónicas son lo suficientemente complejas como para reducirlas a solo esta dimensión. Aunque Lezama es un romántico, pues reivindica el espacio de experiencia ante un presente que ve con temor, debemos recordar que no siempre la modernización y el progresismo coinciden. De hecho, el escritor reivindica la ciudad heredada en el contexto de una serie de transformaciones que resultaban inquietantes. Si bien aparece con posterioridad a la publicación de las crónicas, podemos resaltar como ejemplo que, en 1956, los arquitectos José Luis Sert y Lester Wiener le presentaron a Fulgencio Batista un ambicioso plan para hacer de la ciudad una capital moderna. El centro debía albergar la "ciudad comercial radiocéntrica" y las demás funciones tenían que redistribuirse de forma estratégica por el territorio (Segre, 1993). Con esto buscaban potenciar el negocio turístico, en el que tenían una especial importancia los casinos y los hoteles, que se situarían en La Habana Este y Varadero. Para revalorizar el centro colonial, Sert y Wiener proponían una demolición selectiva para esponjar el tejido urbano con el objetivo de quitar las casas habitacionales y despejar las obras monumentales a través de paseos arbolados para establecer nuevas vías de acceso que conectaran el centro con las diferentes áreas de la zona metropolitana. Ante una modernización de estas características, deberíamos evaluar dos veces las crónicas de Lezama. Pero lo fundamental es que, si en ellas reivindica un pasado que está bajo amenaza, no lo hace solo con una mirada nostálgica y conservadora, pues a decir verdad un proyecto exclusivamente centrado en ella está condenado a arrumbarse en el pasado; si las crónicas tienen la potencia que tienen, es porque en ellas Lezama establece un modelo rico de ciudad e imagina un porvenir.

Veamos primero ese modelo. Lezama lo construye a partir de dos conceptos. El primero de ellos es el de la ciudad-estado:

---

[15] Para no repetir ejemplos, reparemos en su impresión sobre los cambios culinarios: "El habanero ha ido perdiendo gusto y gracia por la comida. Que el domingo no se come, que los planes, que el contrato con cocineros que solo hacen el almuerzo, que las latas de conserva, todo ello ha contribuido a un olvido forzoso del buen yantar" (613).

> A veces, el que transcurre en pequeña ciudad, complejo inesencial de muchos habaneros, cree que todos los signos le son hostiles, y que es esa misma pequeñez la causa de males e imposibilidades. Pero [...] es el momento cultural de las pequeñas ciudades, es necesaria la vuelta al estado-ciudad, sólo de las pequeñas ciudades (Atenas, Florencia, Weimar) puede surgir el tipo de cultura que tenga la medida del hombre (622).

El segundo concepto para su modelo de ciudad es el "ideal medieval de la vecinería", que define como "el orgullo de crecer en un barrio, que a su vez crece dentro de la ciudad, que a su vez tiene que manifestarse ya en forma universal" (598). En los dos casos, el escritor se inscribe en una tradición democrática y republicana y reivindica el poder de la sociedad civil en detrimento de un gobierno que a lo largo de las crónicas se muestra autoritario. Esta inspiración es evidente en sus reflexiones sobre la ciudad-estado, pues pone como ejemplos a Atenas, Florencia y Weimar, tres ciudades que se han convertido en símbolos consumados de la democracia urbana. Lo mismo hay que decir del "ideal medieval de la vecinería". La palabra "medieval" puede prestarse a confusiones, porque todavía pesa la imagen grotesca de que la Edad Media es una época autoritaria y oscura. El prestigio que para nosotros tiene el Renacimiento impuso la idea de que la Italia del quinientos es una segunda Grecia en la que se creó lo mejor de la cultura occidental, pero esa impresión es problemática en lo que respecta a las organizaciones políticas, porque el esplendor de las ciudades-estado no se produjo en los tiempos de Rafael y Miguel Ángel, sino en las ciudades mercantilistas bajomedievales. El siglo XVI no es el momento de las ciudades-estado, sino el de su ocaso en manos de los principados. Lezama no se contradice al articular el concepto con lo medieval, sino que revela que su reflexión se ajusta a los hechos[16].

Este modelo de ciudad se despliega en tres planos. En primer lugar, Lezama elabora un ideal democrático y republicano. En consonancia con él, reproduce de manera implícita la división tradicional entre Estado y sociedad civil. Para Lezama los destinos de la comunidad deben estar en manos de los ciudadanos. No es el Estado, o por lo menos no es el Estado actual, el que puede garantizar una vida fructífera, sino que son los hombres y las mujeres de a pie, que deben organizarse en instituciones públicas como los patronatos

---

[16] Como demuestra Maurizio Viroli, entre los siglos XI y XII gran parte de las ciudades italianas estaban gobernadas por un alto magistrado que concentraba los poderes jurídicos, militares y administrativos. Aunque tenía la suma del poder público, era elegido por los ciudadanos, su cargo duraba en algunos casos un año y al finalizar su mandato tenía que rendir cuentas sobre su accionar. Fue entre los siglos XIII y XIV que la mayoría de las ciudades perdieron este sistema de gobierno en manos de familias poderosas. El Renacimiento significa el fin de las organizaciones políticas apoyadas en los ciudadanos y es el comienzo de los principados, que se van a fortalecer más y más hasta la crisis del siglo XVII.

o en círculos intelectuales como los que él lidera con sus revistas literarias. Este modelo urbano es tanto más notable cuanto que en las crónicas se dedica con recurrencia a atacar las decisiones gubernamentales. En una de sus colaboraciones, se refiere a la caída del turismo internacional. Lezama no menciona ninguna causa, pero la ambigua apreciación que sigue apunta al gobierno: "Basta con darles un alfilerazo a los motivos de esos alejamientos, para que vayan brotando en fila, en sucesión de avestruz en su postura favorita, de tragaespada, de autodestrucción por insensatez y galope somnoliento" (631). ¿Es demasiado forzado interpretar que el potro está gobernado por el jinete y que con esa metáfora hace un reproche encubierto al Estado? Esa lectura se refuerza con la crítica que hace a la falta de imantación estatal. De particular importancia es la nota que escribe contra la demolición del Mercado de los Polvorines. Lezama rechaza esa decisión y sostiene que el verdadero poder tiene que estar en manos de la sociedad civil: "Cada vecinería debía hacer sus propios patronatos para pinchar a las autoridades adormecidas por licores espesos", pues de otra forma las ruinas serán "un índice que señale esqueletos y estupideces" (604).

En un segundo plano, Lezama intenta establecer una sutura entre el espacio de experiencia y el horizonte de expectativas. Para esto, estructura las crónicas alrededor del ideal medieval de la vecinería. Lo que le permite dos cosas. Por una parte, invalida el poder del Estado, pues demuestra que el gobierno no es el resultado de la población, sino una estructura que la somete. Esto es particularmente claro en la arquitectura monumental, ya que se impone de manera autoritaria, pues elimina viejos edificios, ordena la circulación y, con sus amplios volúmenes, obliga a que las personas los miren con esa forma de sumisión que es la cabeza levantada. Pero al mismo tiempo, el ideal medieval le permite a Lezama elegir como representativo un sector de la ciudad. En este plano, y dando un giro conservador, objetiva las herencias hispánicas, el catolicismo y las formas precapitalistas de sociabilidad, representadas por la familia, las amistades y las comunidades barriales. El ideal medieval es un programa mediante el cual Lezama toma esa forma de vida y la proyecta al futuro a través de la propuesta utópica de que su fortalecimiento va a establecer una transformación futura del poder.

En un tercer plano, se puede advertir que la sutura del espacio de experiencia y el horizonte de expectativas no logra cumplirse del todo. Esa fisura se debe a dos razones. Primero, la realidad inmediata no se corresponde con el ideal, pues por más que Lezama proteste, el poder no lo tienen los patricios, sino un Estado que responde a intereses venales; y segundo, por muy conservadoras que puedan ser sus opiniones, para lograr la realización de ese ideal, es necesaria una revolución. No hablo de una revolución poética, sino de algo muy concreto: el poder tiene que volver a los ciudadanos, para transformar la estructura de su distribución. Vale la pena destacar que el escritor ni siquiera mira de frente esa exigencia de su programa. Nunca dice: "lo que necesitamos es una revolución". Al fin y al cabo no es una palabra tan explosiva. Uno siempre tiene a mano esos amables matices socialdemócratas mediante los cuales se hace una forma temerosa postergación. Si Lezama no pronuncia la palabra "revolución" es porque sabe formular un programa, pero no puede predecir cómo ni cuándo ese programa se va a cumplir. Por este motivo, la sutura del espacio de experiencia y el horizonte de expectativas se desgarra.

A través de esa fisura, el futuro se instala como lo que fue desde el principio: un punto en el mar. En las crónicas, introduce el tema a través de descripciones cuidadas del clima invernal. El habanero recupera entonces la familia, la tradición, el relato de cocina y la comida criolla, pero también vuelve omnipresente la nostalgia del porvenir. Escribe sobre los pintores:

> Siempre en estos días habrá que recordar, repitiéndonos cada tanto, esas dos clases de criollos. Los que se contentan con un verde y un azul en su paleta. Y los que en estos días le añaden siempre unos gránulos grises [y] un fino meditar sobre nubes de ausencias y olvidos (615-616).

Durante el invierno, la cultura se hace más presente porque la isla se vuelve más lejana. En ese momento sutil, en el que vuelven las tradiciones, reaparece también el punto de fuga en el cielo, ese azul que lleva a meditar en un futuro inasible, pero siempre anunciado. Si el invierno sutura el espacio de experiencia y el horizonte de expectativas, también demuestra la fisura leve por donde se cuela lo que no está. El programa político de Lezama se resume en el hombre que va a la playa vacía, levanta la cabeza y, mientras piensa, se pone a esperar.

La revolución

La espera se cuenta en presente o en pretérito imperfecto. Si digo "te esperé", señalo que ya no te espero más porque llegaste o me dejaste plantado. La espera solo transcurre en presente o en imperfecto: espero o esperaba a una mujer. Se trata de un tiempo abierto en el cual todo puede suceder, incluso si lo que espero es una tontería. Espero: puede pasar que venga, que no venga, que me ponga feliz o que me decepcione. Mientras transcurre la espera, las cosas pierden sentido o se emborrachan de él. La espera nos pone en contacto con algo que es más y menos que lo que esperamos. Hay ahí un vínculo más fundamental, no tanto con quien está por venir, sino con una ausencia que se vuelve notoria, ausencia que nos acompaña desde el principio de nuestras vidas y en la cual se sitúan las personas que nos interesan. La espera es un tiempo que se abre como un compás (un compás de espera). No hay nada más habitual que ese estado: esperamos la comida, el avión, la salida del sol, el fin de semana. La espera, esa puerta abierta al futuro, nos hace vivir y hace que esta vida sea tolerable. ¿Qué sucede cuando la espera concluye? Decepción, alegría, tristeza, temor, pero sobre todo, el reinicio de ese estado entre dos que es el esperar.

A lo largo de su obra, Lezama creó su obra en el tiempo de espera que media entre la revolución de independencia, juzgada inconclusa, y la revolución verdadera. Esa forma de procesar el tiempo evitó el reduccionismo ideológico: si se acercó a la mirada religiosa, se mantuvo a resguardo del dogma y se vinculó con la ausencia; si intentó suturar el pasado con el porvenir, abrió esa sutura por medio del sentimiento de lontananza. Situado en ese tiempo, fue testigo, el 1º de enero de 1959, de la irrupción de algo que de pronto terminó con esa espera. En su obra, el acontecimiento figura como un evento inesperado. ¿Qué genera? Ante todo, el fin de la espera. No es que decepcione o colme, sino que, lisa y llanamente, termina con él. Esto significa que la Revolución construye un tiempo nuevo que convierte a Lezama en una figura del pasado y destruye la sutura que él había intentado mantener.

Aunque han corrido ríos de tinta sobre las relaciones de Lezama con la Revolución, siguen en pie dos tipos de interpretaciones sobre el tema. Vitier se propone demostrar la conexión profunda de Lezama con la Revolución. En muchos aspectos, hay que reconocer que su lectura demuestra justo lo contrario, ya que tiene que hacer un verdadero esfuerzo para que la teleología católica coincida con un gobierno que se convierte al comunismo a poco de andar. Contraria a esta perspectiva, y en franca polémica con ella, existe un segundo tipo de propuesta, como la que recientemente presentó César Salgado en "Lezama Lima y el Moncada": Lezama es un disidente silencioso[17]. Aunque cala de manera más profunda en el problema, se debe recordar que la conexión de Lezama con la Revolución, tan prolijamente labrada por Vitier, no fue una creación de los críticos, sino del propio Lezama, que, después de 1959, se apresuró a demostrar que esa conexión efectivamente existía. Con sus más y sus menos, las dos interpretaciones dan cuenta de una parte de la verdad, no porque acierten en tal o cual punto en particular –que sí lo hacen por supuesto– sino en tanto articulan con una parte de la escritura de Lezama, pues la Revolución fracturó el espacio de experiencia y el horizonte de expectativa. Por esta razón, Lezama suturó de dos maneras diferentes

---

[17] El artículo se encuentra en Basile y Calomarde (2013: 121-142).

su subjetividad: en público, se asumió como revolucionario; en privado, como disidente.

Esta contradicción no deja de ser razonable. Con el nuevo gobierno, la situación laboral de Lezama dio un giro a la vez positivo y negativo. Mientras publicaba *Espuela de plata* y *Nadie parecía,* se ganaba la vida con un magro sueldo burocrático. Primero, en las dependencias del Consejo Superior de Defensa Social, y luego, en la Dirección de Cultura del Ministerio de Educación. Ese fue el mísero lugar que le dio la república a uno de los escritores más importantes de la historia cubana. En contraste, la Revolución le permitió vivir un ascenso sostenido: en 1959 comenzó a dirigir el Departamento de Literatura y Publicaciones del Consejo Nacional de Cultura y dos años después pasó a ocupar una de las vicepresidencias de la Unión de Escritores y Artistas Cubanos; si antes tenía que pedir prestado para pagar sus libros, en el primer decenio de la Revolución, saca *Dador, Paradiso, La cantidad hechizada* y *Poesía completa*. Lezama tenía razones para celebrar la Revolución. Pero también para detestarla, pues la Revolución empujó al exilio a varios amigos y a sus dos hermanas. A esto debemos agregarle el quiebre que se produce cuando Heberto Padilla lo denuncia en su lamentable confesión de 1971. Las consecuencias son conocidas: Lezama queda confinado a un silencio que dura hasta su muerte en 1976.

El escritor sutura su obra en estos dos flancos en los que se desgaja su vida. En el ámbito de lo público, sostiene que 1959 realiza las esperanzas de los cubanos. En "Lectura" (1959), texto que, de acuerdo con Ciro Bianchi Ross, leyó en un ciclo de conferencias organizado por la Federación Estudiantil Universitaria, afirma que ningún honor prefiere al que se ganó en la mañana del 30 de septiembre de 1930, durante las jornadas de protesta en que las fuerzas de Machado mataron al dirigente estudiantil Rafael Trejo. A partir de ese recuerdo, Lezama sutura su escritura y su subjetividad con el triunfo del 1º de enero. Tomando como eje su teoría de la imagen, elabora una narrativa que comienza con la muerte de Trejo y concluye con la Revolución. En un pasaje, se refiere al retorno de Martí a Cuba y sostiene que "fue el preludio de la era poética entre nosotros, que ahora nuestro pueblo comienza a vivir, era inmensamente afirmativa, cenital, creadora" (1981: 104). En la invocación al ángel de la Jiribilla, concluye de una manera inequívoca: "Mostramos la mayor cantidad de luz que puede, hoy por hoy, mostrar un pueblo en la tierra" (1981 110). Notemos, no obstante, el esfuerzo que realiza Lezama. No se trata de un esfuerzo ideológico, ya que en ese plano hay una notable naturalidad, pues por más que se inspiren en fuentes diferentes, la narrativa teleológica y la narrativa revolucionaria funcionan en el tiempo de la profecía. Pero sí hay un esfuerzo personal: para buscar un recuerdo que lo integre al nuevo espíritu, debe dirigirse a 1930, evocar un episodio que indudablemente sufrió (podemos creerle, por qué no), pero que sepultó durante décadas tras el portazo que le dio a la política activa en su etapa en la Universidad.

Pasemos ahora al ámbito privado. Los esfuerzos póstumos por encontrar en su correspondencia alguna opinión a favor de la Revolución no pasan más allá de la carta en la que le cuenta a Eloísa que el gobierno acababa de publicar *Paradiso* sin costo alguno. Aparte de alguna que otra celebración más, sus comentarios sobre el presente son siempre dramáticos. En sus cartas, se refiere a la soledad, la destrucción de la familia, la lejanía de muchos de sus amigos, las carencias materiales de todo tipo. En 1961 le escribe a Eloísa: "Existen los cubanos que sufren fuera, y los que sufren igualmente, quizás más, estando dentro de la quemazón y la pavorosa inquietud de un destino incierto" (138). Vuelve en 1963 sobre el tema: "Algunos ingenuos creen que son patriotas los que están fuera de Cuba y degenerados los que están dentro. Patriotas somos los que con el hambre, las colas, la escasez de todo, sufren y esperan" (156). Le dice un año más tarde a Carlos Luis: "No sabíamos que aquellos días felices que pasábamos entre amigos, ya hoy son un recuerdo desesperado. Somos unos peregrinos móviles e inmóviles. Todos nos habíamos encontrado por prodigio y misteriosamente alguien dio la señal de dispersión" (92).

¿Cómo congeniar estas opiniones? La respuesta más simple es afirmar que las cartas dicen la verdad y los textos públicos son una fachada. Esta hipótesis se basa en el prejuicio de que entre amigos y familiares decimos lo que pensamos. Ese prejuicio está montado sobre otro: la verdad es un espíritu sin palabras y sin intermediaciones sociales. Pero la verdad, la verdad verdadera, la que haría transparente el pensamiento, no se dice, sino que se hurta en el lenguaje. Y con esto no quiero plantear una traba teórica, sino subrayar que si tenemos que hablar de la verdad, debemos reconocer que esta siempre se enuncia en una situación comunicativa y depende de quien escucha o lee. Hay una verdad en las cartas, que depende de los familiares y los amigos que están en el exilio, y hay una verdad en lo público, que está ligada a los lectores y la Revolución. Lezama puede mentir en los textos que saca hasta 1968, como también puede mentir en las cartas, para mostrar, por ejemplo, cierta cercanía con sus interlocutores. Lo único que importa es que su palabra se fractura, porque se produce un quiebre en el concepto de lo originario, en tanto se vuelven irreductibles el espacio de experiencia y el horizonte de expectativas. La Revolución fractura lo originario que ocupaba el centro de su desarrollo intelectual, porque se levanta como el verdadero triunfo de lo que la historia anunciaba y desplaza las notas conservadoras y progresistas a un pasado que queda irremediablemente perdido.

Por todo esto, en sus cartas elabora una sutura diferente a sus ensayos públicos. Les escribe a sus hermanas el 30 de mayo de 1965:

> Recibí los dos frascos de Himrod. Como es un remedio usado desde la infancia, pienso que sus evaporaciones nos vuelven a reunir en nuestra casa de Prado, 9. Rodeado por el humo las veo surgir a ustedes. A Rosita llegando del Sagrado Corazón, muy fragante y cuidada, sacando su banqueta para el portal hasta la hora de la comida. Tú, Eloísa, eres entonces muy pequeña, tienes cinco o seis años, miras con tus ojos chiquitos donde el asombro se hace más grande y sigues a Mamá por todas partes. Por la noche, Abuela en su silla grande, perfumándose las manos, mientras van llegando Augusto, Alberto. Y ya a las once todos nos recogemos, cada uno ocupando su pieza para el sueño. Ese ya es mi mundo, la realidad y la irrealidad está tan entrelazadas que apenas distingo lo sucedido, el suceso actual y las infinitas posibilidades del suceder (170).

Tras el caso Padilla, sus cartas van perdiendo dramatismo y a partir de 1975 las críticas y los apoyos terminan disolviéndose. Desde su casa de Trocadero, comienza a hablar de los achaques de la vejez, los padecimientos de María Luisa, la muerte de Rosa, las operaciones de Eloísa y la imposibilidad de meter sus piernas en un pantalón que le queda chico. Resignado a la lejanía, Lezama se vuelve concreto, como si buscara apresar el hogar, la ciudad y los secretos íntimos de la cotidianidad. La "secreta vida heroica" de la que le habla a Julián Orbón se convierte en el intento por mantener mediante las cartas los lazos familiares y las amistades desperdigadas.

En "Pensamientos en La Habana" (1944), Lezama dice lo siguiente: "yo continúo trabajando la madera,/ como una uña despierta" (1985: 158). En esos versos, se refiere a que el cubano tiene que tomar la cultura extranjera y darle un sentido nuevo. Allí se encuentran todavía los tres vectores de lo originario: está el pasado luminoso, el presente vacío y el futuro prometido. En "El pabellón del vacío", último poema de *Fragmentos a su imán* (1977), retoma la uña, pero esta vez para escarbar en las paredes de la ciudad en búsqueda del tokonoma, ese espacio elevado de las casas japonesas donde sus habitantes colocan dibujos. Lezama lo transforma en un pabellón imaginario, existente detrás de cada cosa, donde vive la ciudad perdida: "De pronto, recuerdo,/ con las uñas voy abriendo/ el *tokonoma* en la pared" (1985: 547). En los años cincuenta, la uña fabrica la polis con la mirada puesta en el futuro; en los setenta, sirve para buscar el pasado entre los huecos de una capital que se volvió ajena. Si en los ensayos de los sesenta Lezama sutura su obra con la Revolución, en las cartas y en sus últimos poemas, sutura su obra y su vida al pasado perdido.

Este vuelco es simbólico para la historia del Barroco. Si Lezama lleva al límite el ciclo que comienza con los románticos alemanes, es porque mantiene la indagación sobre lo originario y formula un programa político de reorganización social. 1959 pone fin a la teleología, de la misma manera que la búsqueda de lo originario se topa con la imposibilidad de su clausura. En los dos casos, el dominio romántico queda en un borde insuperable. En esa etapa en la que Lezama y el largo curso del barroco vuelven con nostalgia la vista atrás, se produce un quiebre que en más de un sentido recuerda el de la crisis de la Ilustración: cambian las ideas sobre el ser humano y la sociedad y cambian las ideas sobre la política, la religión y el lenguaje. Pero lo que ahora entra en crisis es la idea de que se puede encontrar una sutura. Precisamente en una sociedad que se quiere ordenada como la nacida con la Revolución de 1959, Lezama descubre que ese proyecto es irrealizable. No lo dice así, por supuesto, y tal vez no fue consciente de la crisis que su subjetividad demuestra, pero solo de ese modo se puede comprender el dolor que recorre su correspondencia. Ese dolor, notémoslo, está causado por el hecho de que la revolución que vendría a darle una forma definitiva a lo cubano produjo en su caso y en el de muchos otros un verdadero desgarrón subjetivo. La utopía, no solo la revolucionaria efectiva, sino también, la que levantó Lezama con la teleología insular, sutura en la medida en que desgarra. Así, tras un siglo y medio de intentos dramáticos y soluciones tan efectivas como precarias, el barroco romántico se agota, pues lo originario se transforma en vacío y la organización política lleva en su extremo al descubrimiento de contradicciones irreductibles que muestran que la sociedad se encuentra cada vez más fragmentada. Los barrocos que vienen después asumen esa lección y afirman contra Lezama y sus precursores que Góngora permite mostrar que la sutura es imposible y reconducen su lenguaje hacia la nueva revolución: disolver de una vez por todas la herencia histórica del capitalismo por medio de la acentuación de los antagonismos de la sociedad.

TERCERA PARTE

Dominio lacaniano (1949-1992)

XI. El corte de Lacan

Lacan y el Barroco

Lacan se interesó por la cultura del siglo XVII desde muy temprano. En *Las formaciones del inconsciente* (1957-1958), el autor retoma las tradiciones alemanas y checas sobre el humor de las que se había servido Freud, incorpora ejemplos franceses e ingleses y, lo que es más importante en este contexto, destaca la línea española: "[En este momento] Dejo de lado la tradición principal, la española, porque es demasiado importante como para que no hayamos de remitirnos a ella abundantemente más tarde" (1999: 23). Lacan no cumple su promesa, tal vez, porque tenía un conocimiento poco profundo de la literatura española. Entre lo que conocía se encontraba Gracián, que había causado un gran interés en la Francia del siglo XVIII y era uno de los escritores favoritos de Schopenhauer[1]. Pero igualmente, tendió un puente entre la obra de Freud y cierto campo de la literatura en lengua española perteneciente al 1600. Asimismo, en la segunda clase se refiere a lo que llama el estilo manierista para designar las particularidades retóricas de su artículo "La instancia de la letra en el inconsciente". Para Lacan el manierismo cumple una función irreemplazable porque "En vista del terreno por el que nos desplazamos, en vez de mediante un uso del concepto nos vemos obligados a proceder mediante un abuso del concepto" (1999: 69). El psicoanálisis se apoya en la lógica del chiste, lógica que es la misma que se encuentra en esos otros "abusos del concepto" que son predominantes durante el siglo XVII, tanto en sus realizaciones prácticas como en lo que respecta a la reflexión teórica.

---

[1] Efectivamente, Lacan conocía a Gracián y entendía que era un antecedente de Freud. Escribe en "La cosa freudiana": "Freud se sitúa entonces en el linaje de los moralistas en quienes se encarna una tradición de análisis humanista, vía láctea en el cielo de la cultura europea donde Baltasar Gracián y La Rochefoucauld representan estrellas de primera magnitud y Nietzsche una nova tan fulgurante como rápidamente vuelta a las tinieblas" (1991: 389).

Pero en Lacan, la recuperación del Barroco no es únicamente una consecuencia de los juegos verbales a los que se ve obligado el psicoanálisis, sino que su interés está ligado también a una comprensión del sujeto que tiene sus fundamentos en el mito de Narciso. La base de su propuesta se encuentra en el famoso "El estadio del espejo". Según los célebres argumentos de ese artículo, entre los seis y los dieciocho meses de edad, el infante tiene una experiencia fragmentada del cuerpo y se encuentra en una dependencia tal de su madre que no concibe una frontera nítida que lo separe de ella. Demuestra un gran atraso motriz en comparación con otros mamíferos (no puede mantenerse en pie ni alimentarse por sí mismo), pero los supera en tanto logra reconocer su imagen en el espejo. A partir de esa imagen, el niño asume su cuerpo como unidad, logra instalarse en el mundo y obtiene su primera identificación. Esta imagen no tiene consistencia alguna (se trata de un juego de luces que rebotan en la superficie) y resulta asimismo alienante.

A lo largo de *Los escritos técnicos de Freud* (1953-1954), Lacan profundiza esta idea a partir del famoso experimento de óptica que toma de la *Optique et photométrie dites géometriques,* de Henri Bouasse, que resproduzco a continuación:

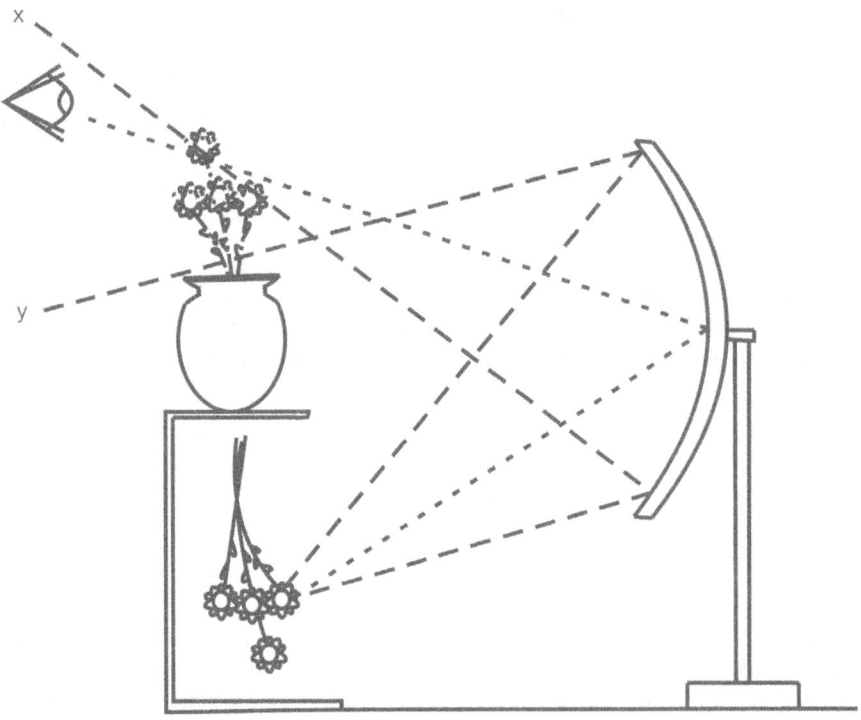

Delante de un espejo cóncavo que dibuja una parábola, se coloca una caja, encima un florero y, dentro de la caja, que está abierta solo en la cara que da al espejo, un ramo de flores. El experimento predice que si un sujeto se sitúa en un ángulo adecuado podrá percibir las flores como si estas estuvieran colocadas en el florero. Con unas leves modificaciones, Lacan utiliza el modelo para hacer una presentación más completa del estadio del espejo. Para esto, invierte los objetos que utiliza Bouasse (coloca el florero dentro de la caja y las flores sobre ella) y propone que el florero es el cuerpo y las flores son los diferentes objetos que el sujeto encuentra y a partir de los cuales puede pensarse. El artefacto le permite demostrar lo que sucede en la primera constitución del yo, durante el estadio del espejo. El cuerpo real, del cual el sujeto únicamente tiene una experiencia fragmentada, se presenta como totalidad gracias al espejo. El esquema demuestra además que el interés que el niño tiene por los objetos se explica porque, en parte, le devuelven su imagen y sirven por lo tanto para sostener su identificación. Hay que resaltar, asimismo, que la ilusión solo se produce si el sujeto mira desde el lugar adecuado. Puede que se encuentre demasiado atrás o demasiado adelante, entonces, no tendría acceso a la imagen, de modo que no aprehendería la separación y la articulación que existe entre el mundo imaginario y el mundo real, y se perdería en una continuidad confusa de cosas.

Aunque representa bien la propuesta del "estadio del espejo", el modelo de Bouasse tiene el inconveniente de que no logra expresar con claridad que, en la experiencia humana, el sujeto se orienta gracias a la participación de otro, como se puede ver en que, cuando un niño se mira en el espejo, se da vuelta para buscar a un adulto que ratifique que ese que está ahí es él. Para demostrar esta cuestión, en la clase del 24 de marzo, produce un modelo óptico más complejo, que retoma luego en "Observación sobre el informe de Daniel Lagache", de donde lo reproduzco:

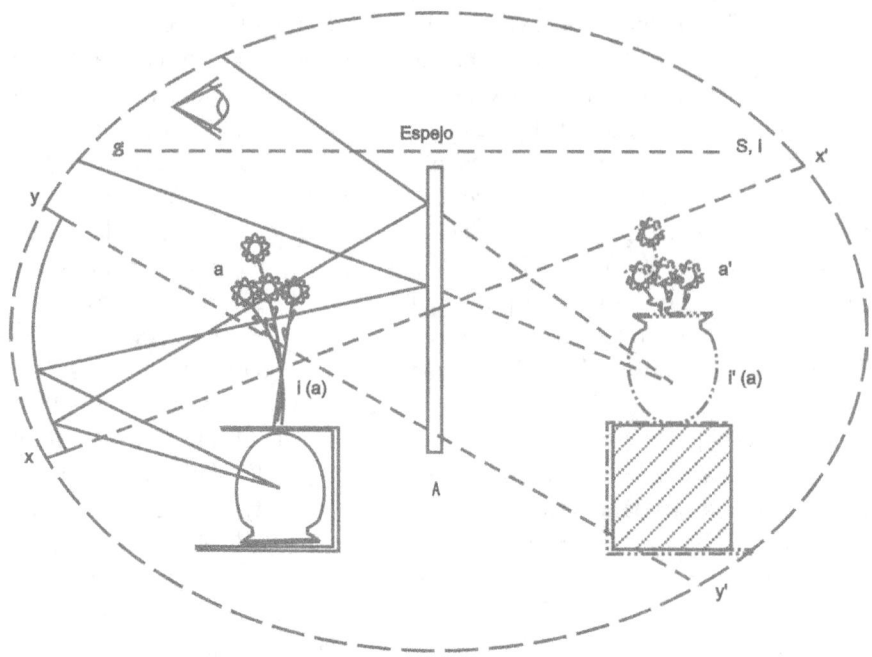

Lacan coloca el espejo cóncavo detrás del espacio que ocupa el sujeto y enfrente de él, detrás de las flores y el florero, sitúa un espejo plano, que funciona como Otro. La ilusión ahora se produce gracias a este enfrentamiento en el que rebotan los rayos de luz. La modificación permite demostrar una serie de cuestiones cruciales. En primer lugar, vale la pena destacarlo, el sujeto no tiene consistencia alguna, no hay un ser previo a la estructura, sino que es un efecto de ella. Narciso, no nos olvidemos de él, no tiene una sustancia que lo identifique. En cierto modo, Lezama habría estado de acuerdo con esta perspectiva. Cuando en su poema, Narciso se acerca al río, todavía no puede verse en el espejo porque no se ha inclinado sobre el agua, algo que el cubano subraya al presentar una imagen fragmentada del cuerpo: la mano, el labio, el pájaro. Lacan da un segundo paso significativo. En el modelo óptico que elabora, el sujeto ve las flores y el florero, aunque para lograr esa ilusión tiene que colocarse en un espacio desde el cual sus ojos no se reflejan en el espejo plano. Para ver, y esto significa para ser un sujeto, es necesario perder la mirada. Por este motivo, debe suponer que la mirada se encuentra detrás de la ilusión, es decir, detrás del semejante que nos cautiva, algo que Lacan destaca colocando allí el punto S. Nuevamente, Lezama podría compartir esta conceptualización. Se trata del punto de fuga de los cuadros de perspectiva clásica, a los que volveremos enseguida. Los cubanos miran las cosas cotidianas y, si éstas interesan, es porque están marcadas por ese horizonte que es imposible determinar. Para decirlo con Didi-Huberman, lo que vemos nos mira, para Lezama y para Lacan, pero mientras el primero repone un significado trascendental, el segundo demuestra que esa mirada es ubicua, estructurante y ausente, triple condición que la convierte en significante. Por esa razón, en el punto detrás del espejo, donde tendrían que estar los ojos del sujeto, Lacan coloca la letra I, que designa el ideal del yo. La identificación imaginaria con el reflejo solo puede operar en tanto existe una determinación y, por lo tanto, una identificación simbólica a través del ideal del yo. Todo aquello que nos interesa, todo lo que deseamos o detestamos está regulado por la mirada del Otro. Si el mundo nos interesa, no solo es porque nos identificamos con él, sino, también, porque hay una mirada que nos mira, desde la cual nos sentimos reconfortados. Slavoj Žižek lo dice con claridad al establecer la diferencia entre identificación imaginaria e identificación simbólica: si "la identificación imaginaria es la identificación con la imagen en la que nos resultamos amables, con la imagen que representa 'lo que nos gustaría ser'", "la identificación simbólica es la identificación con el lugar *desde el que* nos observan, *desde el que* nos miramos de modo que nos resultamos amables, dignos de amor" (2003: 147). Por este camino doble (la realidad aparece bajo la mirada del Otro y se estructura a partir del ideal del yo), Lacan vacía a Narciso de todo contenido.

Aunque, en principio, el interés de Lacan por el siglo XVII surge de los juegos retóricos, está causado, también, por esta compleja reelaboración del mito de Narciso. A diferencia de la versión de Lezama, Narciso se convierte en una estructura en la cual se enfrentan una serie de imágenes y miradas que se articulan sobre el vacío. Lacan mismo explicitó los vínculos de esta elaboración con el siglo XVII, como podemos ver en un pasaje de "Observación sobre el informe de Daniel Lagache":

> Juegos de la orilla con la onda, observémoslo, con que ha encantado siempre, de Tristan l'Hermite hasta Cyrano, el manierismo preclásico, no sin motivación inconsciente, puesto que la poesía no hacía con ello más que adelantarse a la revolución del sujeto, que se connota en filosofía por llevar a la existencia a la función de atributo primero, no sin tomar sus efectos de una ciencia, de una política y de una sociedad nuevas.
>
> Las complacencias del arte que las acompañan, ¿no se explican en el precio atribuido en la misma época a los artificios de la anamorfosis? Del divorcio existencial en que el cuerpo se desvanece en la espacialidad, pues esos artificios que instalan en el soporte mismo de la perspectiva una imagen oculta revocan la sustancia que se ha perdido en ella (660).

Lacan se interesa por el siglo XVII debido a la importancia que ese período le otorga a los espejos, los disfraces y las simulaciones, las fiestas cortesanas en las cuales la diversión estaba puesta en las máscaras, las pelucas y los engaños de los artistas, teatralidad mundana que Calderón llevó al extremo con sus elaboradas tramoyas. Su desarrollo teórico sobre los espejos, formado él mismo gracias a un torcimiento manierista del narcisismo freudiano, reencuentra la idea barroca de que el hombre es una articulación de representaciones. En este plano, es importante volver a la comparación con Lezama. En un sentido histórico, la comparación no tiene razón de ser porque Lezama y Lacan ni se conocieron ni se leyeron, pero, de todos modos, la comparación no solo es posible, sino también fundamental. El dato simbólico en este aspecto es que, tanto uno como otro, comienzan a partir del mito de Narciso. La coincidencia no es menor porque abordan la problemática de lo originario y, para darle mayor precisión al tema, inician sus reflexiones preguntándose por el origen de la subjetividad. Pero además, y como dije en el capítulo anterior, en Lezama se amontonan los tiempos, pues lleva al límite la historia del Barroco, que es la pregunta por lo originario que recorre el dominio romántico. En este sentido, se puede decir con justicia que Lacan opera sobre la obra de Lezama, pues lo que se advierte en el pensamiento sobre la mirada es un vuelco leve pero fundamental. En Lezama, Narciso se sostiene de un enigma imposible de esclarecer y con él lleva el dominio romántico a un límite definitorio. El escritor se percata de que la causa fundamental aparece por sus efectos y sus bordes, por la traza significante que la reclama y la imposibilita. Sus ideas sobre la política, las relaciones humanas, el vínculo del hombre con la naturaleza y las amistades y los amores están tramadas sobre la base de ese hueco. Si la sociedad se puede pensar, es porque en ella falta la causa fundamental que la haría completa; si el hombre se relaciona con la naturaleza, es a través de un misterio que muestra la distancia irreductible que lo separa de ella; si las amistades e incluso la literatura existen, es porque existe un secreto inconfesado que todos reconocen aunque no puedan explicitar. Pero en un movimiento propio de lo religioso, Lezama sigue creyendo en la existencia de ese origen, es decir, en que el secreto, el misterio, la unidad son sustancias reales. El aporte de Lacan consiste en atravesar el límite del Barroco: mantiene la estructura, pero la vacía de todo contenido previo a lo que ella genera.

Barroco de la mirada

En *Las tres estéticas de Lacan*, Massimo Recalcati destaca que la comprensión lacaniana del arte sigue la misma evolución que su desarrollo teórico.

En el primer tramo de su obra, Lacan propone una "estética del vacío". Aunque para Recalcati ese concepto tiene un sentido específico (en ese período, Lacan entiende el arte como una forma de bordear la Cosa, es decir, la madre primordial), podemos utilizarlo con cierta libertad para comprender el primer Barroco de Lacan, un Barroco que piensa al sujeto como un efecto de los espejos. En el ciclo de seminarios que dicta entre 1962 y 1966 (*La angustia*, *Los cuatro conceptos fundamentales del psicoanálisis* y *El objeto del psicoanálisis*), empieza a desarrollar una nueva concepción estética a partir del objeto *a*.

El objeto *a* está representado por aquellos elementos que caen durante la entrada del sujeto a lo simbólico. En lo que respecta a la estética, el eje pasa por la mirada. ¿Cómo es posible que la mirada funcione como objeto *a*? La respuesta está implícita en el modelo óptico tal cual lo presenta en "Observación sobre el informe de Daniel Lagache". En nuestra breve descripción del modelo, vimos que, para que el sujeto pueda ver la ilusión, debe colocarse en un ángulo desde el cual le es imposible encontrar sus ojos en el espejo. La realidad es visible porque en ella desaparece la mirada. La clave del modelo óptico se encuentra en que, por más que no entre en el campo de la visión, esa mirada opera de una manera concreta, porque es la que establece el lugar exacto desde el cual contemplar. Esto se debe a que, del otro lado del espejo, especifica el ángulo en el cual tenemos que situarnos para percibir la ilusión. Si tomamos en cuenta que esa mirada es un significante, podemos concluir que todo lo que amamos y odiamos está regulado por esa mirada que desaparece y se borra, mirada del Otro que estuvo encarnada por los padres o por los que ocuparon ese lugar. De acuerdo con esto, el sujeto ve porque el Otro lo mira, y esto tiene dos interpretaciones: en primer lugar, el sujeto encuentra otros sujetos que le resultan de una determinada manera porque mantiene una relación imaginaria orientada por la mirada del Otro; y en segundo lugar, la mirada como objeto *a* se convierte en el foco de luz que ilumina determinados objetos y oscurece otros porque al fin y al cabo el sujeto se puede interesar por ellos si ese interés resulta aceptable para el Otro.

En este juego óptico, la pintura cumple un rol central. Para comprenderlo, podemos volver a los argumentos que empleé en relación con el sentimiento de lontananza de Lezama Lima. En los cuadros figurativos, el pintor dirige las líneas proyectivas hacia un punto de fuga con el propósito de generar una cierta ilusión de espacio y profundidad. En la interpretación lacaniana, esta situación es homologable al esquema óptico. El punto de fuga funciona como la mirada, porque en ambos casos se trata del elemento mediante el cual la imagen tiene sentido y organización. Sin punto de fuga, el cuadro sería una masa amorfa, del mismo modo que sin la mirada del Otro, el mundo carecería de sentido. Si el esquema óptico demuestra que la mirada desaparece del campo visual, otro tanto podemos decir del punto de fuga, que ya vimos que en Lezama permitía pensar el horizonte: sabemos cómo opera, pues las líneas proyectivas confluyen en él, pero no podemos identificarlo, porque es un punto situado en un infinito al cual no tenemos acceso. En tercer lugar, tanto la mirada como el punto de fuga nos colocan en un sitio determinado para lograr la percepción. Para decirlo con Slavoj Žižek, el otro nos cautiva porque entramos en una relación satisfactoria para la mirada del Otro. En el cuadro, sucede algo similar: el punto de fuga determina el lugar exacto donde debemos colocarnos porque nuestros ojos tienen que estar a la misma altura que ese punto para percibir la ilusión que establece el juego de la perspectiva. Si el cuadro nos agrada, no solo es porque nos identificamos con lo que efectivamente vemos, sino también porque nos resulta placentero el punto de vista en el cual nos sitúa el punto de fuga. Si vemos, es porque el cuadro nos mira, es decir, nos interpela y nos sitúa en un determinado lugar.

Esta colocación puede resultarnos apaciguante o tensa. El pintor puede representar un paisaje bucólico, como el que aparece en muchos cuadros románticos, ante el cual sentimos una serena nostalgia, o puede generar perspectivas perturbadoras, ya sea porque nos acerca demasiado a la tela o porque deforma las figuras. Por otra parte, ese lugar en el que se nos coloca está marcado ideológicamente. Pensemos, por ejemplo, en los mosaicos bizantinos, a los cuales se refiere Lacan en *Los cuatro conceptos*. En esas figuras, Cristo nos mira porque efectivamente aparece de frente, para mirar los actos que realizamos en la Iglesia. Pero esto no lo dice todo porque, según argumenta Lacan, "El valor del ícono estriba en que el Dios que representa también lo mira. Se supone que complace a Dios" (119). El logro del artista consiste en que ha construido una imagen detrás de la cual se encuentra la mirada de Dios. Si los mosaicos nos agradan, no es solo porque nos identificamos con la figura representada, sino también porque nos resultamos agradables ante los ojos de Dios: nos integramos bien al cuadro, no al de los mosaicos, sino a ese otro que es el rebaño, el valle de lágrimas, la vida en espera. Esto permite pensar la ideología, como demuestra Žižek a partir de los cuadros de Brueghel. En ellos se ven escenas idílicas de la pobreza, pero la clave no se encuentra en la identificación imaginaria que nos proponen, sino en que esas representaciones son amables para la aristocracia que los mira (Žižek, 2003: 149). Si el espectador resulta reconfortado, es porque participa del ideal aristocrático de la vida.

Tras este complejo desarrollo teórico, Lacan vuelve al Barroco. En *El objeto del psicoanálisis*, se detiene en *Las Meninas*. El motivo circunstancial por el que se ocupa de ese cuadro es la publicación de *Las palabras y las cosas*. El mismo Foucault asiste a una de sus clases, en la que Lacan se debate sobre el sentido del cuadro y la importancia del libro que el filósofo acaba de publicar. Tal vez, la urgencia por ocuparse de Velázquez, que es una urgencia por dejar su marca en uno de los libros más brillantes que se han escrito, explica que durante los primeros encuentros la marcha de su discurso sea titubeante. Entre esos titubeos, hay que destacar un momento de duda. Según recuerda en una de sus clases, Velázquez podría haber pintado el cuadro gracias a un espejo situado frente a la escena. Por esta razón, podemos ver no solo a la Infanta y a todo el séquito que la rodea, sino también al pintor. Lacan critica esa interpretación: si usó un espejo, Velázquez tendría que estar tomando el pincel con la mano izquierda, debido a la inversión especular, cosa que no sucede. Pero luego de este momento de duda, presenta una admirable interpretación de *Las meninas*.

Velázquez –argumenta Lacan– puede o no puede haber utilizado un espejo, pero lo cierto es que el cuadro así lo sugiere. A partir de esta hipótesis, retoma su modelo óptico, transformado tras su reflexión sobre la mirada. De acuerdo con el esquema, Velázquez se ha colocado en el ángulo correcto para apreciar la imagen que se forma en el espejo plano. Entonces, dirige su mirada a la Infanta. Ese personaje, con su vestido acampanado y su pelo rubio, recuerda por casualidad el florero que utilizó Lacan en su modelo. Más allá de esta coincidencia asombrosa, la Infanta se presenta como objeto de deseo y, por lo tanto, como pivote para la identificación imaginaria del pintor. Como predice en "Observación sobre el informe de Daniel Lagache", esta relación se sostiene gracias a la mirada del Otro. En el cuadro, esa mirada está encarnada por los reyes, que aparecen borrosamente en el espejo que se encuentra detrás de la sala. Ejercen una mirada dominante: todos los personajes giran a su alrededor. Pero los cuerpos de la pareja real se han consumido a tal punto que de ellos ha quedado casi exclusivamente la mirada. Este juego le permite a Lacan convertir a los reyes en la mirada del Otro. Velázquez mira hacia ellos, pero no los ve porque se borran detrás de la imagen. Representantes de una monarquía en tránsito irremediable hacia la decadencia, orientan la mirada hacia la figura de la Infanta. ¿Y qué encuentran, el pintor y el espectador, en ella? Lo contrario de la decadencia: una figura iluminada por el porvenir.

Para Lacan, el Barroco se anticipó al psicoanálisis porque logró pensar las paradojas de la percepción. Como todo pintor, Velázquez exterioriza su deseo, que es el de una España pujante. Superando a muchos pintores, sugiere, también, la mirada bajo la cual ese deseo se produce. La mirada es el objeto *a*, núcleo estructurante, pero no estructurado, del campo de la visión, por lo tanto, perdido detrás de la pantalla. Velázquez articula todos los recursos técnicos para sugerir con el cuadro y por el cuadro la incidencia de la mirada. Lo más significativo es que, con esto, parece haber descubierto su imposibilidad. El pintor quiere transmitir el peso de la mirada, pero solo puede sugerirla con una esquirla imaginaria que la señala y la traiciona: no sabríamos nada de los reyes, ni siquiera que en el cuadro están implicados, si Velázquez no hubiera dado esas pinceladas en el fondo de la sala para situarlos en el registro imaginario. Aunque están a punto de disolverse, sus figuras todavía están ahí como testimonio de la imposibilidad de representar el objeto *a*.

Barroco y verdad

En su interpretación de *Las meninas*, Lacan piensa el Barroco como una cuestión de lenguaje, política y religión. En primer lugar, la cultura del siglo XVII aparece como una forma de organizar lingüísticamente la realidad. Aunque se ocupa de cuadros, esas imágenes están estructuradas por el significante, tanto por lo que este produce, como sistema que organiza el campo visual, como por aquello que hace desaparecer, esto es, la mirada del Otro. Si se me permite utilizar una comparación rápida, podemos decir que para Lezama el Barroco es una cuestión de significado porque el material significante es para él la forma humana mediante la cual se le puede dar cierta visibilización a la fuente de sentido, mientras que para Lacan el Barroco muestra la incidencia del significante como núcleo estructural a partir del cual se construye la realidad. En segundo lugar, la cultura del siglo XVII inaugura un pensamiento sobre la política que, representado por la importancia que le confiere a la pareja real de *Las meninas*, se resume en la mirada del Otro. A pesar de la secularización, el estado laico hereda esa estructura porque la ideología está sostenida a partir de ese elemento simbólico de la identificación. Aunque tiene importantes antecedentes, entre los cuales se destaca la obra de Levi-Strauss, Lacan da el paso inaugural por el cual la fuente de sentido, esa que organiza las épocas culturales, puede pensarse como un nudo estructural que organiza la comunidad y que opera sobre los saberes. Inaugura, así, una reflexión sobre la política que, como se advierte en Laclau y Mouffe, permite pensarla como una operación significante. En tercer y último lugar, tanto la inversión del signo lingüístico como la comprensión política a partir de la mirada del Otro, conllevan un restablecimiento de la religión. Podemos verlo al final de su interpretación de *Las meninas*: en la primera clase que le dedica al cuadro, destaca la opinión de Luca Giordano (1634-1705) de que el cuadro es la teología de la pintura; en la última, indica que la Infanta está parada justo en medio de la cruz que estructura el cuadro; unas palabras después, destaca la cruz de la orden de Santiago que figura en el pecho del pintor. El cuadro está impregnado de religiosidad, pero como sucede con la lengua y la política, Lacan da vuelta el planteo: Dios no es un ser, sino un lugar en la estructura.

Lacan le da una formulación definitiva a estas indagaciones en "Del

Barroco", clase del 8 de marzo de 1972, perteneciente al seminario *Aun*. En esa oportunidad, interpreta el período a partir de dos tesis encadenadas: el Barroco es el arte de la Contrarreforma y la Contrarreforma es una vuelta a las fuentes de la cristiandad. Si con la primera enmarca la cultura del siglo XVII en la estructura política y religiosa que emana del Concilio de Trento, con la segunda elabora una interpretación compleja que tiene como eje la visión de la pintura desarrollada en su conceptualización sobre la mirada. Según dice en su exposición, a fines de 1500, la pintura se había poblado de dioses de la Antigüedad. Para la Iglesia, se trataba de un verdadero problema no solo porque desconfiaba de que las personas se deleitaran con representaciones paganas, sino también porque se tenía conciencia desde hacía siglos de que la pintura era un vehículo irremplazable para la evangelización. Por este motivo, el Concilio de Trento y los autores y pintores que con posterioridad desarrollaron las ideas que emanaron de él impulsaron una vuelta a las fuentes de la cristiandad. Como vimos antes, esta vuelta también puede comprenderse de otra manera. Frente al trabajo laico del humanismo, que consiste en colocar la Biblia en un plano de igualdad con otros textos a partir de las traducciones y el conocimiento lingüístico, el Concilio de Trento convierte la Vulgata en fuente y, por lo tanto, en inscripción simbólica primera. Si la Contrarreforma tuvo el éxito que tuvo, esto no se debe a que se amplificaron las fuerzas represivas, sino a que diseñó una estructura social similar a la del sujeto. Como inscripción simbólica primera, la Vulgata es aquello que no cesa de escribirse, es decir, establece los principios y los límites del campo social y cultural. Pero igual de importante es que, por este camino, el Concilio evoca también lo que no cesa de no escribirse, el núcleo estructurante y no estructurado de lo real.

Para ver este aspecto, remitámonos a la pintura barroca. Según observa Lacan en su clase del 8 de mayo, esta hace una exhibición de cuerpos que atraviesan un trance místico o son torturados en el martirio. Sin embargo, en esas imágenes obscenas, hay una ausencia significativa: los pintores nunca representan una cópula sexual. La pintura barroca demuestra por este camino que la relación sexual no existe (es decir, no existe la complementariedad ni la verdadera apertura hacia el otro, lo cual implica además que no hay comunicación, sino un entrecruzamiento de fantasías). Si el Barroco sostiene que la Biblia es lo que no cesa de escribirse, el arte también descubre lo que no cesa de no escribirse, ese agujero de lo real que impide que exista un verdadero contacto intersubjetivo. En este caso, sin embargo, habría que decir que Lacan va demasiado rápido en su argumentación. El Concilio de Trento nunca prohibió la representación de los actos sexuales, pues a la Iglesia ni siquiera se le ocurrió que alguien podía exhibir semejante cosa en una iglesia. Lo que ordena el decreto sobre el arte es que los pintores sigan un estricto decoro. Con esto, no prohíben la representación de escenas sexuales, sino la desnudez. Aunque es cierto que el Barroco no muestra relaciones sexuales, lo más llamativo es que los cuerpos siempre están vestidos o, al menos, están cubiertos por un trapo pudoroso que por arte de magia, por descuido, cayó ahí.

Si bien esta exigencia de ocultar los cuerpos está orientada por un fervor puritano, hay que decir que el puritanismo no puede explicarlo todo. Los pintores barrocos se las arreglaron para hacer que sus cuadros derrochen erotismo y crispen los deseos sin caer en una grosera explicitud. La razón profunda de la prohibición barroca de la desnudez se encuentra en otro lado. Para verla, volvamos a *Dialogo degli errori de´pittori*. En ese tratado, Gilio critica el *Juicio Final* porque considera que Miguel Ángel ha abusado del desnudo. Por las mismas fechas, Pío V ordena que se cubran las figuras más escandalosas del fresco con unos pequeños trapos que, pintados sobre la obra, ocultan su desnudez. Los fundamentos de Gilio son notables. En su obra, Miguel Ángel siguió al pie de la letra el texto del Apocalipsis, porque durante el Juicio las almas no solo volverán a sus cuerpos, sino que también perderán la vergüenza que inundó el mundo cuando Adán y Eva probaron la fruta prohibida. Para Gilio, y esto hay que subrayarlo, los desnudos de Miguel Ángel dicen la verdad. El problema, añade el autor, es que los hombres que van a mirar el cuadro se encuentran en un mundo en el cual impera la vergüenza, de modo que la desnudez, por más fiel que sea al texto bíblico, los puede llevar a tener pensamientos pecaminosos. Si la observación no es un mero gesto puritano, es porque Gilio y Pío V se dan cuenta de que la pintura de Miguel Ángel encierra una paradoja. Si bien la obra trata de mostrar la verdad del Juicio Final, el resultado es erróneo porque la verdad se oculta a los ojos de los espectadores, pues al tener un saber sobre el sexo, ven aquello que no es, una imagen lasciva. Para que la pintura tenga el efecto buscado, la verdad tiene que estar cubierta por un trapo. Gilio y Pio V demuestran con esto que la verdad nunca aparece desnuda, sino que siempre está revestida por la ficción, pero además, ponen de manifiesto que el deseo, incluso el deseo de ver detrás de los trapos, opera a partir de la represión, porque es el ocultamiento lo que hace que la verdad pulse sobre la realidad, y conecta con lo que no cesa de no escribirse de lo real. La verdad del cuerpo desnudo, tal como se encontraba antes del saber sobre el sexo, se revela imposible[2].

Pero si en cierto sentido el argumento sobre la supresión de la cópula va

---

[2] En este sentido, el *Juicio Final* materializa la diferencia entre el saber y la verdad. Desde un punto de vista teórico, Daniel Koren y Nora Markman señalan lo siguiente: "Lacan hace hincapié en que la cuestión de la verdad se introduce como una "diferencia dialéctica" en relación con el saber. La verdad no es un saber por venir ni una realización del saber. Lacan sitúa la emergencia de la verdad evocando la noción heideggeriana de *Aletheia*, como revelación. Pero se trata de una revelación muy particular: la que lleva al sujeto al encuentro con lo real del sexo. La verdad ha de decirse sobre el sexo; solo que esta verdad es imposible de decir y esta imposibilidad retorna como una falla en el saber" (2009: 81-82).

demasiado rápido en relación con el Barroco, desde otro ángulo la propuesta de Lacan está justificada, pues el acento sobre la cópula le permite demostrar de mejor manera que la verdad, ese agujero de lo real que está detrás del trapo es lo que define y a la vez hace imposible la relación entre los sujetos. Por este motivo, Lacan concluye que, en la pintura barroca, la cópula "Está tan fuera de campo como lo está en la realidad humana, a la cual sustenta, empero, con los fantasmas con que está constituida" (2001: 138-139). Para demostrarlo, podemos retomar sus ideas sobre la castración a partir del esquema de la sexuación, en el cual distribuye su álgebra (el sujeto, el Otro, el objeto *a*, el significante fálico) en dos campos que se corresponden con lo masculino y lo femenino:

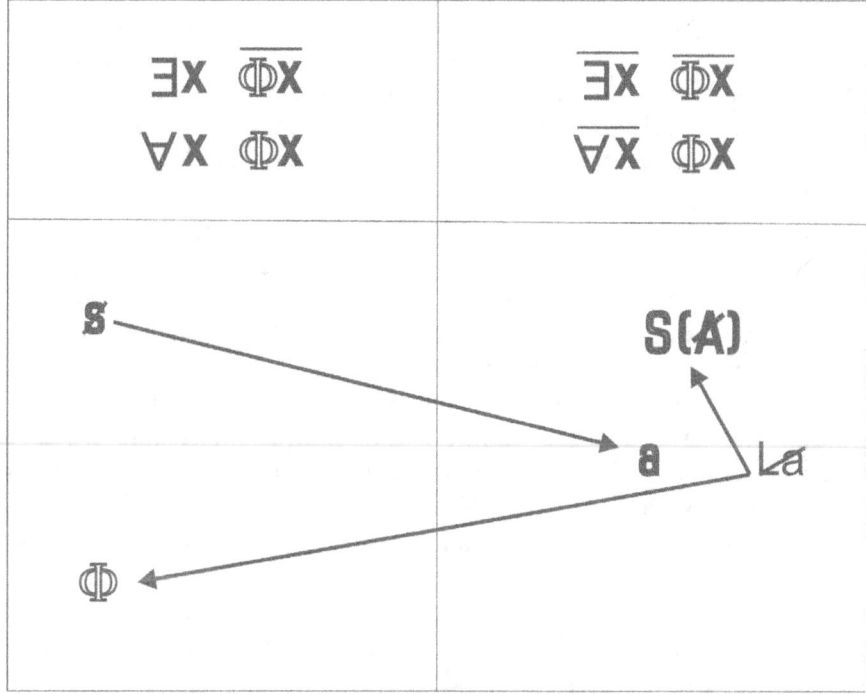

Del lado de la sexualidad masculina, Lacan coloca al sujeto ($) y el significante fálico (Φ). A pesar de esta co-presencia, y a pesar del rol estructurante que este tiene para su experiencia, el sujeto no tiene acceso directo a él. En cambio, dirige su deseo al objeto *a*, que se encuentra del lado de la mujer. El hombre no se relaciona con ella, sino con el objeto perdido que le sobreimprime. Por eso, define el amor como "dar lo que no se tiene a alguien que no lo es". Lacan preside esta estructura masculina con dos fórmulas. En la primera, afirma que "el hombre en tanto todo se inscribe mediante la función fálica"

(2001: 96), es decir, ingresa al mundo tras la castración. Pero para hacerlo debe suponer que existe uno que no esté castrado. Ese uno es Dios. Lacan explica el tema a partir de *Tótem y tabú* y *Moisés y la religión monoteísta*. Para Freud, las religiones pueden comprenderse como modalidades distintas de asumir la culpa por la muerte del padre de la horda primitiva. En los inicios de la cultura, los hijos que asesinaron al padre levantaron la religión totémica como expiación, y establecieron la prohibición del incesto. Cuando esa culpa quedó sepultada en el olvido, el pueblo judío la revivió al matar a ese padre que es Moisés. Con el cristianismo, Jesús asumió la culpa de los hermanos y se inmoló, y así, revivió al padre en la memoria colectiva. Esta historia está representada en el esquema de la sexuación: si todos los hombres se someten a la castración, hay uno, padre de la horda primitiva o Dios, que no lo está. Se trata de la excepción a la castración, reconstrucción mítica que permite hablar de un ser absolutamente pleno. Para que ese mito viva, el hombre debe sacrificar una parte. Si el Barroco vuelve a las fuentes de la catolicidad, es porque representa a Cristo como aquel que está en condiciones de salvar a Dios. Así como hay un lado masculino en el siglo XVII, hay un arte que representa ese sufrimiento. En *Aun* lo sintetiza con los siguientes términos, hablando de los evangelios como "la historieta de Cristo": "Es cierto que la historieta de Cristo se presenta, no como la empresa de salvar a los hombres, sino a Dios. Ha de reconocerse que quien se encargó de esta empresa, Cristo, en este caso, pagó lo suyo, y es poco decir" (2001: 131). La pintura barroca, con su cristología y sus mártires, volvió a exhibir esta cuestión.

Del otro lado, la sexualidad femenina aparece representada por el significante de una falta en el Otro (S($\cancel{A}$)) y por el artículo tachado "$\cancel{\text{La}}$". Si el hombre busca el objeto *a* del lado de la mujer, esta busca en lo masculino la función fálica. Por esta razón, le corresponden dos fórmulas distintas a las del hombre. En la primera, Lacan sostiene que no existe excepción a la función fálica, es decir, no hay sujeto que no esté marcado por la castración, mientras que, en la segunda, afirma que las mujeres se colocan fuera de la función fálica. En esto no hay contradicción. Lacan sostiene que la función fálica se encuentra fuera del campo de la mujer, es decir, ella escapa a la ley universal, lo cual lo lleva a formular la controvertida tesis de que la mujer no tiene vocación universal (no hay una definición universal de lo femenino), razón por la cual tacha el artículo definido. $\cancel{\text{La}}$ mujer no existe, pero hay una multiplicidad de mujeres. Desde el punto de vista de la ley, una mujer es no-toda, pero con esto Lacan pone de manifiesto que siempre es algo más que la función fálica, que hay en ella un exceso. Esto se encuentra representado por las direcciones que toma su deseo. Por un lado, una mujer se vincula con la función fálica, colocada del lado del hombre, pues solo puede sostenerse a través de la referencia a una ley universal que le es exterior. Pero a la vez, se vincula con el S (A̸). En Lacan, el significante de una falta en el Otro significa que no hay un Otro del Otro, es decir, no hay un lenguaje sobre el lenguaje. El significante de una falta en el Otro constituye la frontera o la bisagra de lo simbólico. Si la mujer se vincula con la función fálica y tiene por lo tanto un goce fálico, accede, también, a un goce femenino, el vínculo entre el lenguaje y lo real. La mujer no existe porque se relaciona con este deseo excesivo. De este modo, accede a la verdad (el empalme del significante con lo real), aunque, como no existe un lenguaje del lenguaje, no puede decir nada de eso. Si del lado del hombre el Barroco define una línea que es la que se estructura alrededor del cuerpo de Jesús, del lado de la mujer, brota la mística barroca. Como demuestra *El éxtasis de Santa Teresa*, se trata de una forma de goce: no es un sacrificio para salvar a Dios, sino una conexión, un alumbramiento, una experiencia con un deseo infinito.

Como dice en *Aun*, Lacan se coloca del lado del Barroco. Debemos agregar que lo hace desde la mística, pues perfila su indagación por la vía femenina: "Estas jaculaciones místicas no son ni palabrería ni verborrea; son, a fin de cuentas, lo mejor que hay para leer –nota a pie de página: *añadir los Escritos de Jacques Lacan*, porque son del mismo registro" (92). Lacan afirma, entonces, que "quedarán todos convencidos de que creo en Dios. Creo en el goce de la mujer, en cuanto está de más" (92).

No todo

A partir de la propuesta de Lacan, se pueden sacar una serie de conclusiones preliminares. En primer lugar, hay que destacar que el autor encontró una lógica novedosa que está en condiciones de operar en una multitud de campos que exceden el del psicoanálisis. En *Los cuatro conceptos,* presenta la famosa disyuntiva de la bolsa y la vida mediante la cual demuestra que las opciones no siempre son por una o por otra cosa: si uno elige la bolsa, pierde la bolsa y la vida; si uno elige la vida, obtiene una vida cercenada. Por medio de esta disyuntiva, presenta la tesis de la castración de un modo novedoso, pero esa lógica permite pensar lo político, como lo demuestra el "libertad o muerte" de la Revolución francesa. Por supuesto que se elige la libertad, pero la muerte es algo que de todas maneras va a llegar. En este caso, no solo se termina optando por las dos opciones, sino que, además, se muestra el carácter limitado de la libertad. Esta incursión aguda en el terreno de la lógica se encuentra desde el principio de sus trabajos. Pensemos, por ejemplo, en "El tiempo lógico y el acerto de certidumbre anticipada". El director de una cárcel les promete a tres prisioneros que liberará a aquel que averigüe de qué color, blanco o negro, es el círculo que tiene en la espalda, algo que pueden hacer deduciéndolo del que tienen los otros dos. Para complicar las cosas, les muestra la cantidad total de círculos: tres blancos y tres negros. No viene al caso recordar los argumentos que despliega Lacan; sí la conclusión, elaborada bajo la forma de un silogismo, que todos de alguna manera hemos realizado: 1. un hombre sabe lo que no es un hombre, 2. los hombres se reconocen entre ellos por ser hombres, 3. yo afirmo ser un hombre por temor de que los hombres me convenzan de no ser un hombre.

¿No es esto lo que sucede en una institución? Me permito exponerlo con una anécdota personal. En un congreso, una persona importante leyó una ponencia impecable. Los primeros párrafos eran, sin embargo, oscuros, porque en ellos exponía una suerte de alegoría protagonizada por un monstruo. Cuando terminó, una persona del público, también importante, levantó la mano e hizo la pregunta que rondaba en la sala: ¿quién es el monstruo? Entonces, una tercera persona, en este caso una más del montón, dijo a viva voz "todos sabemos de quién se trata". Acto seguido, ni la autora de la ponencia dijo nada ni nadie del público insistió, porque nadie quiso quedar expuesto como un ignorante. Las carreras universitarias son una muestra de lo que acabo de exponer. Al principio, uno escucha las clases sin entender del todo, pero finge que lo hace. El salto no es en vano: fingir es la mentira primera gracias a la cual nos instalamos en el sistema educativo y obtenemos un título de grado. La lógica que introduce Lacan se puede definir de una manera resumida: es la lógica del no-todo. Una carrera universitaria, una vida, una sociedad, no se pueden definir por una positividad, sino por la inexistencia de esa positividad, lo cual hace que lo simbólico siempre esté fracturado.

Si Lacan cambia el pensamiento, transforma, también, la historia del Barroco. Y esto debe entenderse de dos maneras. En primer lugar, permite comprender esa historia por fuera del dominio romántico. Después de Lacan, uno no puede ver en cosas como la religión, la razón, la nación o en grupos, como la clase obrera, los depositarios de una verdad que explica el decurso histórico. En segundo lugar, segunda transformación de la historia del Barroco, Lacan inaugura lo que viene después. A partir de los años sesenta, los términos se invierten: los neobarrocos dejan de buscar un orden, como lo hicieron los románticos, y toman como referencia la cultura del siglo XVII a fin de subvertir lo social.

XII. Neobarroco y capitalismo

El significante y el heredero

Severo Sarduy funda el neobarroco de la segunda mitad del siglo XX a través de una vuelta lacaniana a la obra de Lezama Lima. Los ejes de este movimiento se encuentran en "El Barroco y el Neobarroco" (1972) y en "El heredero" (1988). En el primero de esos ensayos, Sarduy sostiene que D'Ors piensa el Barroco como un "retorno a lo primigenio, en tanto que *naturaleza*" (1386) y sintetiza su perspectiva destacando la convicción de que "Pan, dios de la naturaleza, preside toda la obra barroca auténtica" (1386). Más allá del intelectual catalán, estas palabras resumen la lectura que el Modernismo había hecho de la cultura del siglo XVII y, en ellas, resuena la comprensión de Lezama de que el Barroco es un lenguaje que está en condiciones de pensar la relación del hombre con la naturaleza. Sarduy rompe con este planteo y señala que la cultura del siglo XVII es, por el contrario, "la apoteosis del artificio, la ironía y la irrisión de la naturaleza", es decir, la "artificialización" (1387).

Sarduy deja de lado la inflexión romántica de Lezama y propone una visión diferente tanto de la estética como de los conceptos que le dan forma. En primer lugar, el Barroco es una cuestión de lenguaje, pero no se trata ya de la búsqueda de una fuente de sentido, sino que, tras la inversión lacaniana del signo, ese lenguaje se convierte en un tejido semiológico que produce la realidad. En segundo lugar, y como correlato de esta propuesta, Sarduy elimina el catolicismo de Lezama y propone lo que Gustavo Guerrero (1999) denomina una "religión del vacío", es decir, una mística de la vacuidad, que es lo impensable del hombre en tanto estructurado por el lenguaje. En tercer lugar, el escritor rompe con la organización tradicional que Lezama defiende en su obra y establece una política literaria mediante la cual destruir las estructuras que organizan el capitalismo clásico. En sintonía con esto, establece una nueva jerarquía conceptual: por primera vez en la historia del Barroco, el lenguaje se convierte en el factor dominante y, por medio de este giro, establece las condiciones de posibilidad de la política y la religión.

Esta ruptura se completa con un retorno a Lezama que Sarduy inicia en los años sesenta y que llega a su punto máximo en "El heredero". En ese ensayo de 1987, elabora un movimiento complejo de herencia y diferenciación que se sostiene en la idea de que los textos inaugurales vuelven en el presente no para repetir lo mismo, sino para hacer posible el porvenir. En esta línea, le da una interesante profundidad a la palabra heredero. Para Sarduy, el primer heredero es Lezama porque hereda el Barroco del siglo XVII, es decir, se apropia de un saber y funda un nuevo estado literario y cultural. El autor de *Paradiso* opera de la misma manera que Freud, quien "al leer las imágenes inacabadas de nuestra noche física y el acertijo de palabras que las atraviesan, descubre y hereda un espacio, un lugar, el del inconsciente" (1412). Pero si Lezama hereda el Barroco, sus lectores también son los herederos de su obra. El que hereda, por ejemplo Sarduy, no puede repetir la palabra heredada porque la verdadera herencia se logra cuando se coloca esa palabra, la de Lezama, en un contexto distinto del suyo, lo cual supone "practicar esa escucha inédita, única, que escapa a la glosa y a la imitación" y que implica "injertar sentido" (1412-1413). En otro plano, heredar es asumir la pasión de Lezama, especialmente su homosexualidad, no como una práctica en sí misma positiva, sino como aquello que se encuentra en los márgenes de lo aceptado. Sarduy vuelve al autor de *Paradiso* del mismo modo que Lacan retorna a Freud: toma su palabra y la injerta en la explosión teórica del capitalismo avanzado. Esta herencia es una forma de vaciamiento. Si Lacan vuelve a Freud para mostrar que toda la mitología en la que se enredó el psicoanálisis es un delirio imaginario, Sarduy vuelve a Lezama para borrar del Barroco la naturaleza y dar por terminado el mito de que dentro del sujeto Pan toca la siringa para exacerbar los deseos[1].

---

[1] Hay un dato que permite caracterizar este trabajo de desplazamiento y apropiación de la obra de Lezama. Como recuerda Rafael Rojas, Cintio Vitier, como coordinador de la edición de *Paradiso*, cambió el título del ensayo de Sarduy, "El heredero", por "Un heredero" (2013: 81). Esos cambios pueden estar motivados por los celos y las desconfianzas, pero la corrección de Vitier es razonable: Sarduy es uno de los herederos de Lezama, no solo porque hay otros (todo el grupo *Orígenes*, sin ir más lejos), sino también porque Sarduy vuelve a Lezama transformando su obra.

La visión semiológica

Pero haríamos mal en comprender esta reescritura de Lezama solo como el resultado de la lectura de Lacan. Si la inversión del signo lingüístico tiene importancia, esto se debe a que se trata de una invención tanto como de un descubrimiento de lo que pasa en la sociedad. El sujeto lacaniano aparece con la crisis del capitalismo clásico, que el autor de los *Escritos* había percibido a partir de la depreciación de la imagen del padre en el artículo *La familia*[2]. Esta depreciación está acompañada por una crisis de lo originario. Como demuestra Theodor Adorno, la conciencia sobre la mediación disuelve la ilusión de una experiencia originaria y, aparte de barrer con lo religioso, subvierte la idea del hombre como una sustancia que se expresa a través del lenguaje[3]. Si Sarduy formula su neobarroco tras leer a Lacan, lo hace también sobre la base de una experiencia anterior en la que descubre la dimensión semiológica de la realidad.

La trayectoria cubana del escritor es una buena muestra de lo que acabo de decir. Nacido en Camagüey, en 1937, Sarduy comienza a publicar desde muy temprano (su primer poema aparece en 1953). Cuando se muda, junto a su familia, a La Habana, participa del ámbito modernizador del campo intelectual, mediante colaboraciones en *Ciclón*, revista dirigida por Virgilio Piñera y José Rodríguez Feo, surgida tras la ruptura de *Orígenes* y en franca polémica con la obra tradicional de Lezama y su grupo. Desde este momento, Sarduy plantea una salida a la búsqueda esencialista del origenismo: articula con el existencialismo sartreano y el nihilismo que Piñera desarrolla desde "La isla en peso". Tras el triunfo del Movimiento 26 de Julio, el joven escritor se alinea con la revolución y publica en los medios nacidos al calor del nuevo clima político. Dirige la página *Arte y literatura*, que aparece con regularidad en *Diario libre*, y saca varios textos en el periódico *Revolución* y en su suplemento cultural, *Lunes de revolución*, dirigido por Guillermo Cabrera Infante.[4] Escribe poemas, algunos de ellos de impronta revolucionaria, tres cuentos, que tienen un propósito directamente propagandístico, y, sobre todo, se desempeña como crítico de artes plásticas, con textos en los que, a pesar de varias concesiones, reivindica el arte abstracto. Con este pequeño capital acumulado, obtiene una beca para estudiar historia del arte en Europa. El barco

---

[2] Sobre este aspecto, ver Elizabeth Roudinesco (2005: 221-222).
[3] Para la crítica a lo originario por parte de Adorno, me baso especialmente en "El ensayo como forma".
[4] Para un panorama de la cultura cubana de la época y de *Lunes de revolución* en particular, ver William Luis (2003) y el volumen más reciente de Leandro Estupiñán (2015).

zarpa en diciembre de 1959 y en diciembre del año siguiente debía volver. Pero Sarduy no lo hizo: pasó toda su vida en Francia, donde murió en 1992.[5]

En la novela, Sarduy toma varias de las técnicas centrales del Nouevau-Roman. Vale la pena recordar que la poética había tenido una recepción atenta en Cuba y todavía durante los primeros años sesenta era objeto de debate. Pero se trataba, evidentemente, de una narrativa que resultaba problemática, como se desprende de una polémica célebre, que mantuvieron José Antonio Portuondo y Ambrosio Fornet durante 1964, cuyos textos recogió Graziela Pogolotti en *Polémicas culturales de los 60*. Esto se advierte en los textos del primero de los autores recién mencionados: para Portuondo, y vale subrayar que se trata de un crítico central para la Revolución, el Nouveau-Roman propone una narrativa alienada y su adopción en Cuba resulta cuestionable debido a que está incapacitada para comprender los desafíos de la hora. Las razones son simples: el Nouveau-Roman rechaza las profundidades y condena el pronunciamiento directo y explícito del autor o el narrador, justo aquello que la situación abierta en 1959 reclamaba de los intelectuales.

En *Gestos*, Sarduy adoptó esta estética, problemática para la Revolución, para contar una historia mínima que se desarrolla en los últimos meses de la dictadura de Batista. En la novela, el escritor trabaja con un narrador limitado en términos cognitivos, articula la narración en un presente irrenunciable y reduce la anécdota a su mínima expresión. *Gestos* cuenta los vaivenes de una negra o mulata que se dedica a lavar ropa para afuera y, por la noche, canta en los clubes nocturnos de la zona portuaria de La Habana. Pertenece, además, a una célula de la guerrilla urbana, de modo que coloca bombas en los lugares que le asignan sus superiores. El más importante de estos sabotajes es el que realiza a la central eléctrica de La Habana, que se describe a poco de concluir. Luego, la vemos disfrazada con una bandera cubana en un auto durante la proclamación de un candidato a presidente mientras sabotea el desfile tirando tachuelas para reventar los neumáticos de la procesión. La novela concluye con una escena en la cual los tiros y los incendios ocupan La Habana.

Con la adopción del *Nouveau Roman*, Sarduy suprime los juicios sobre la realidad representada. Esto se refuerza con el uso exclusivo del presente: el narrador pierde espesor histórico porque, aunque hay momentos en los que conecta las acciones, no alcanza a tener una visión global de lo que sucede. La mirada de *Gestos* capta las relaciones de espacio y tiempo y ordena la percepción, pero carece de la memoria suficiente como para establecer una

---

[5] Sobre estos datos, ver *La ruta de Severo Sarduy*, de Roberto González Echeverría (1987), el prólogo de Manuel Díaz Martínez a la correspondencia de Sarduy (1996) y el extenso y completo texto de François Wahl publicado en la *Obra Completa* (1999).

organización más allá de elementos circunstanciales. De este modo, suprime la existencia de un significado trascendental que le dé causalidad a los acontecimientos que relata. Este nihilismo cobra dimensión cuando describe el reverso de la ciudad. El movimiento es significativo porque supone pasar de la superficie a la profundidad. Esa era la opción de Lezama y esa es la opción de la Revolución: la era republicana es la superficie bajo la cual la historia une la independencia inconclusa y la revolución definitiva. Pero cuando Sarduy pasa a lo profundo, lo único que encuentra son redes de cables y tuberías que trasladan la energía de la ciudad.

El eje de esta visión se encuentra en la central eléctrica, un edificio que en la novela cumple dos funciones: es el objetivo principal de la guerrilla y es el lugar en donde nace el tendido eléctrico de la ciudad. Cuando la mujer entra al generador, para poner una bomba, el narrador lo describe de la siguiente manera:

> Una pizarra ocupa la pared derecha. Dos tenazas provistas de ruedas entintadas trazan una línea ondulante sobre un papel cuadriculado. La rejilla del piso deja ver las dos salas precedentes; los volúmenes, los colores, las texturas se mueven por olas. Las escaleras se reúnen en un solo tronco, los conmutadores se deshacen contra las columnas marmóreas. Las luces salen del centro de la tierra: hondas fallas azules. Un aire caliente satura el espacio y se filtra por los huecos de las rejas. Los cables se unen en haces cubiertos con anillos de teipe, luego despliegan y toman distintos colores y cifras. Al fondo aparece el gran generador que resume en su forma los contornos de varios aparatos reunidos en una arquitectura semicircular (310-311).

González Echeverría interpreta el fragmento como una metáfora de la escritura y sostiene que el enunciado "Las luces salen del centro de la tierra" es una afirmación de que la planta toma la energía del suelo. Al unir las dos lecturas, concluye que la novela tiene como propósito demostrar que "la lengua literaria está enraizada en la tierra misma –metáfora de la cultura, lugar común en la ideología nacionalista latinoamericana– de donde emana la savia que le da sentido y coherencia" (90). Volar la planta es volar los anclajes que proponen la Revolución y el origenismo clásico. Pero tal vez esta lectura reponga demasiadas cosas. Por supuesto, la central eléctrica anuda el lenguaje urbano, porque produce uno de sus insumos básicos; pero entender que la central es una metáfora de la cultura es sobreinterpretar este tipo de descripciones. El ángulo más crítico de la novela es que demuestra que en el centro no hay nada. Para Sarduy la vida no tiene un significado por fuera de la historia: es una red de signos sin fondo alguno.

En sintonía con esta visión nihilista, Gestos plantea, con sutileza, una mirada crítica sobre el proceso abierto en 1959: cuenta la Revolución desde sectores urbanos que fueron censurados o marcados por tabúes morales, como los cabarets y los bares, en los que concurrían personajes de dudosa reputación. En este sentido, la novela integra un catálogo de obras problemáticas, entre las que se encuentra el célebre cortometraje *PM*. Dirigida por Sabá Cabrera Infante y Orlando Jiménez Leal, la breve película es un documental en el que se muestra la vida nocturna de La Habana: una embarcación llega al puerto y bajan una serie de personas, la cámara recorre algunos bares, filma a la gente bailando, fumando y tomando y a la madrugada vuelve a mostrar la embarcación mientras se aleja con los últimos trasnochados. Si *PM* merece destacarse, es porque, situada en ese período de resoluciones drásticas que se toman durante 1960, constituye el objeto sobre el cual se levantan las censuras sobre este tipo de exhibiciones y representaciones.

En efecto, aunque la televisión ya había pasado el film, el ICAIC recomendó su censura. Evaluada solo un mes después de Playa Girón, para la institución oficial el film ofrece "una pintura parcial de la vida nocturna habanera, que empobrece, desfigura y desvirtúa la actitud que mantiene el pueblo cubano contra los ata¬ques arteros de la contrarrevolución a las órdenes del imperialismo yanqui"[6]. La prohibición de PM levantó las protestas de *Lunes de revolución*, la formación intelectual de la cual salió el film, y la protesta generó, a su vez, el discurso de Fidel Castro "Palabras a los intelectuales", en el que ratificó las decisiones adoptadas por el ICAIC. Pero la prohibición excede las circunstancias particulares de la exhibición. En definitiva, si se exigió compromiso por parte del arte y la literatura, también se prohibieron determinadas zonas de la ciudad y algunas prácticas, juzgadas inmorales. Todavía en 1971, Leopoldo Ávila recuerda la película, para subrayar su idea de que *Tres tristes tigres* habla de "La Habana de los borrachos, los homosexuales, los toxicómanos y las prostitutas" (1971: 22). Escribe el autor: En entrevista con Monegal, Caín vuelve a "PM" –la vieja y tediosa peliculita sobre la prostitución y el homosexualismo que hizo célebre a su hermano– y dice que cuando la Revolución rechazó esa película él –el sagaz Caín– se dio cuenta de que en realidad no se condenaba a la película, sino a lo que ella representaba. Es decir, que al barrer la Revolución con aquellos vicios y problemas que venían del pasado, Cabrera se sintió barrido (23).

Las coincidencias entre *Gestos* y *PM* son notorias. Tanto la *Nouvelle vague* como el *Nouveau roman*, los modelos de la novela y el film, comparten la concepción de que el arte debe mirar, describir, anotar, pero jamás explicar.

---

[6] "Acuerdo del ICAIC sobre la prohibición del film *PM*", documento recogido en Luis (2003: 223).

El paseo de *PM* por los clubes nocturnos del puerto y las andanzas del personaje de *Gestos* coinciden con la alocada carrera delictiva de Belmondo en *Sin aliento*, pues ninguna de estas producciones nos da las razones por las cuales las cosas suceden como suceden. Solamente, toman una serie de eventos que se encadenan y dejan en claro que ese encadenamiento podría haber sido de otra manera, pues si hay una lógica que opera detrás, esta es incomprensible para las personas. Se pueden decir muchas cosas sobre los motivos por los cuales *PM* se detiene en los clubes del puerto, de la misma manera que la escena final de *Los cuatrocientos golpes* y final de *Gestos*, en el que prenden fuego la lotería, parecen sugerir una moraleja, pero esa moraleja es tan difusa que se revela como un hueco en la historia y, más importante aún, es un efecto a posteriori y no un presupuesto colocado al principio como sostén del relato. Además, la novela de Sarduy y *PM* cuentan la Revolución desde un sector de la ciudad que queda interdicto por el nuevo gobierno. Vale la pena resaltar, en ese marco, la constitución misma del personaje de *Gestos*. Con su superposición de disfraces, Sarduy sugiere que la cantante, en lugar de un personaje profundo, es una superficie replegada sobre sí. Encima, en un momento un barman le dice: "Usted es un poco barbuda, ¿no?" (281). En su aparente nimiedad, esas palabras travestizan al personaje, para colmo con ese símbolo revolucionario por excelencia que es la barba. En manos de Sarduy, el hombre nuevo se transforma en un travesti que trabaja en los cabarets y que el azar de las cosas mueve a su antojo[7].

Liberalismo y revolución

Para Sarduy, *Gestos* es una novela fundamental por tres razones. En primer lugar, sella su ruptura con la Revolución. En segundo lugar, la novela rompe con la concepción literaria de Lezama Lima, pues lo originario se convierte en un vacío. En tercer lugar, pero este es el nudo de toda la operación de *Gestos*, Sarduy descubre que la realidad es un entramado de significantes que operan sobre el vacío, produciendo nudos, formas de organización y fronteras que demarcan espacios y prácticas admisibles y prohibidos. La novela pone en acto una política literaria nueva que está ligada tanto a la forma como a la opción inseparable de determinados tópicos y locaciones. No se trata de que critique la obra de Lezama o la base de sustento de la Revolución. De hecho no hace eso, sino algo más fundamental: demuestra que

---

[7] Sarduy acentúa esto con ocasionales sobrecorrecciones al estilo de "Lo primero para hacer la revolución es ir bien vestido", es decir, cuando el personaje emplea innecesariamente el adjetivo masculino para colocarse como sujeto universal.

esos discursos suturan un vacío. Por su cuenta, pero en paralelo y tal vez ya con algo de conocimiento de la obra de Lacan, Sarduy desfonda el dominio romántico. En sintonía con esto, se coloca en las contradicciones de esa semiología social, esto es, elige aquellas zonas y aquellos personajes que están fuera de la articulación hegemónica que realiza el socialismo cubano.

Sarduy le da un perfil nítido a estas opciones en "El Barroco y el Neobarroco":

> Barroco que en su acción de bascular, en su caída, en su lenguaje *pinturero*, a veces estridente, abigarrado y caótico, metaforiza la impugnación de la entidad logocéntrica que hasta entonces lo y nos estructuraba desde su lejanía y su autoridad; barroco que recusa toda instauración, que metaforiza al orden discutido, al dios juzgado, a la ley transgredida. Barroco de la Revolución (1404).

La apuesta de Sarduy por una nueva revolución asume las propuestas de Derrida, como se puede ver en esa verdadera pasión de la época que es el cuestionamiento a "la entidad logocéntrica". Volveremos enseguida a esta cuestión, pero en este momento, es importante destacar ese sintagma con el que concluye el párrafo: "Barroco de la Revolución". La frase es todo un portazo a la historia que lo precede. Esto es claro tanto si lo evaluamos a partir del siglo XVII como si lo hacemos desde el primer tramo del ciclo romántico. En esos dos momentos, como quiera que se lo evalúe, el Barroco es un lenguaje conservador. Pues bien, Sarduy cambia completamente esa visión. Para verlo, podemos compararlo con Lezama.

Para Lezama la cultura del siglo XVII, transformada a partir de lo originario, es una respuesta ante una modernización que amenaza con barrer la herencia histórica del capitalismo. Por supuesto, eso no es todo. En Lezama, el Barroco también opera de otra forma, pues al mismo tiempo que se convierte en un modelo de reorganización, pone de relieve que la utopía es potente porque se encuentra aplazada. Si por una parte Lezama integra lo social por medio de la nación, por la otra afirma que esa unidad está siempre en el horizonte de la Isla. A pesar de la renuencia del autor de *Paradiso* a reducir su propuesta a una lógica, articula la cultura por medio de un círculo hermenéutico: se ocupa de las partes, es decir, los individuos, los intereses, las luchas y las contradicciones de los ciudadanos y luego postula una unidad de integración. Como esa unidad es una promesa, siempre se encuentra aplazada, de modo que idealmente el proceso se desarrollaría hasta el infinito.

El "Barroco de la Revolución" suprime el círculo hermenéutico lezamiano. Si está claro que invalida el significado trascendental, al mismo tiempo hay que destacar que saca el lenguaje barroco de la referencia a la unidad que está presente en el dominio romántico y lo articula con la pululación molecular, para decirlo con Deleuze, es decir, con las partes que caen de la totalización. Por esa razón Sarduy destruye tanto la lógica de la razón de Estado como la lógica romántica en la que había quedado integrada esa cultura y formula una política que apunta a la exacerbación de los antagonismos, acercándose más a Maquiavelo. Nada lo refleja mejor que la actitud opuesta que Lezama y Sarduy mantienen hacia el avance del capital. El primero trascendentaliza determinados valores como forma de enfrentar ese avance, mientras que Sarduy celebra que la urbanización disuelve los valores de la sociedad y la familia y entiende su obra como una forma de participar de ese proceso por medio del énfasis en la homosexualidad, el formalismo y la parodia, operatorias todas que demuestran que la identidad, la religión y la nación son suturas simbólicas sin trascendencia alguna.

Desde un punto de vista ideológico-político, esta propuesta de Sarduy tiene una enorme complejidad. En primer lugar, hay que decir con Rafael Rojas (2013) que se inscribe en las reivindicaciones libertarias de la izquierda europea post-68. Este aspecto es evidente si lo miramos desde el presente: Sarduy moviliza todos los recursos literarios para impugnar un orden que está tejido alrededor de definiciones totalizantes y pone fin a la idea de que existe una legitimidad por fuera de la historia. En sintonía con esto, trabaja con los micropoderes, que establecen relaciones de subordinación y dominación. En este aspecto, las opciones de Sarduy pueden comprenderse como el pasado mañana de la política de izquierda. Pero desde otro ángulo, hay que reconocer que para la América Latina de los años setenta esta propuesta era todo menos de izquierda, pues la izquierda latinoamericana se inclinaba hacia el socialismo y tenía como referencia la revolución cubana. Es cierto, el encierro de Herberto Padilla quebró el consenso intelectual sobre la Revolución, algo que puso de especial relieve Claudia Gilman (2003), pero igualmente se mantuvo una orientación socialista o filo-socialista, que reivindicaba lo nacional, como se puede apreciar en una revista crucial como *Los libros*, de Argentina (1969-1976). Si Sarduy se inscribe, por un lado, en la izquierda libertaria europea, por el otro, es un exiliado de la Revolución, con el peso que tiene esa condición en los años setenta, a pesar incluso del caso Padilla.

Estos dos planos explican el carácter controversial que siempre tuvo su obra y permiten caracterizar de una mejor manera las características de su "Barroco de la Revolución". En primer lugar, Sarduy tensa los antagonismos y propone una literatura subversiva tanto en lo literario como en lo político. Su obra rompe con la representación, invalida la visión clásica del personaje y trabaja con milimétrica artificialidad la prosa. Con esas operaciones pone en crisis conceptos nodales como nación, ser humano y normalidad sexual y articula con prácticas divergentes que pasan por fuera de la estructura simbólica tradicional. Sarduy convierte el Barroco en una lógica del no-todo, es decir, demuestra que los discursos no pueden suturar ni lo literario ni lo social. De acuerdo con el programa ahora clásico que Gilles Deleuze y Félix Guattari presentan en *El Antiedipo*, su barroco propone una aceleración revolucionaria del capital. Pero al mismo tiempo, esta apuesta revolucionaria solo puede desarrollarse en las sociedades liberales. En este sentido, su "Barroco de la Revolución" es inseparable de la organización democrática.

Esto quiere decir dos cosas. En primer lugar, aunque Sarduy evitó pronunciarse abiertamente contra el gobierno cubano, su obra es una ruptura con el socialismo real. Podemos verlo a partir de la interesante relectura que Raymond Williams hace del concepto de "hegemonía". El socialismo cubano propone una "hegemonía rígida", pues establece un modelo firme como el del hombre nuevo y eso lo lleva a tener serios problemas para articular y procesar los elementos que se resisten a él, como la homosexualidad, la droga o, incluso, textos como *Fuera del juego,* de Padilla. Las sociedades liberales, en el sentido de sociedades democráticas, mantienen en cambio una hegemonía abierta, porque en ellas el poder se disemina en núcleos locales y mantiene con la resistencia una relación más plástica, en tanto puede cambiar para procesarla. La lógica liberal-democrática, debemos precisar que lo hace articulando puntualmente con los focos de resistencia. No es un defensor de las virtudes del capitalismo avanzado, sino un escritor que apunta a aquello que se le resiste. Ahora bien, hay que destacar que las resistencias con las que trabaja y en las que se apoya no son externas a la sociedad, sino que, como demuestra Foucault en *La voluntad de saber*, forman una red con la diseminación del poder. Las sociedades liberales funcionan de este modo y hay que precisar que las resistencias son factores fundamentales en ellas. En este sentido, y a pesar del carácter libertario, Sarduy inscribe el neobarroco en ese sistema de poder. La lucha del escritor (tal vez toda lucha) tiene en consecuencia dos planos: uno explícito, que es el del pronunciamiento concreto, la apuesta libertaria del neobarroco, y uno tácito, que es la reivindicación de la sociedad en la cual esa lucha se puede desarrollar. Para decirlo también de otro modo, el neobarroco de Sarduy descubre y, al mismo tiempo, produce los antagonismos con los que trata el capitalismo avanzado.

Mundo Nuevo

Este lugar complejo se puede comprender a partir de la trayectoria de Sarduy poco después de salir de la Revolución. El escritor se contactó con la vanguardia parisina, gracias a que se vinculó con muchos de sus principales exponentes, en especial con Rolland Barthes, por intermedio del que fuera su pareja, el importante editor de Du Seuil, François Wahl. Pero en el ámbito latinoamericano se hizo conocido, inicialmente, por su participación en *Mundo Nuevo*. Por este motivo, es importante reparar, primero en la publicación, y luego en el lugar que en ella ocupó Sarduy. *Mundo Nuevo* apareció entre 1966 y 1971 y tuvo dos épocas bien definidas: la primera, que es la única que interesa en este libro, está dirigida por Emir Rodríguez Monegal y, situada su redacción en París, tira 25 números; la segunda se edita desde Buenos Aires bajo la dirección de Horacio Daniel Rodríguez[8]. Durante su primera época, *Mundo Nuevo* se propuso reflejar la nueva cultura que estaba emergiendo en América Latina e interpeló al público nacido de la masificación de las políticas educativas y el interés que en los años sesenta despertaron las novedades culturales. Para lograrlo, se ocupó de los principales temas de la actualidad literaria e intelectual, entre los que se destacan los nuevos escritores latinoamericanos, las nuevas teorías literarias y el interés en la floreciente industria editorial. Incorporó, además, algunas técnicas periodísticas, como el uso de fotografías, la publicación de entrevistas y la desgrabación de charlas colectivas, y alternó textos complejos como los de Sarduy con ensayos en los que se advierte un alto grado de comunicabilidad con sus lectores.

Pero la crítica no recuerda *Mundo Nuevo* por estas brillantes novedades, sino por su oscura pertenencia al anticomunista y pro norteamericano Congreso por la Libertad de la Cultura. Antes de que saliera el primer número se conoció, además, una investigación del *New York Times* en la que se ponía al descubierto que esa institución recibía financiamiento de la CIA y tenía entre sus propósitos prestar apoyo a intelectuales exiliados de los regímenes socialistas[9]. Aunque, como director de la revista, Monegal se llamó a silencio mientras pudo, el reconocimiento por parte del Congreso de esos contactos y la confesión del ex agente Thomas Braden de que habían colocado a uno de sus oficiales en él lo llevó a publicar dos editoriales y un ensayo de carácter defensivo en los números 11, 13 y 14, de 1967[10]. Rodeado de argumentos de una notoria debilidad, el crítico uruguayo sostiene que las denuncias sobre el financiamiento de la CIA eran una operación de la propia agencia en respuesta a la "desviación liberal" del Congreso, integrado ahora por "intelectuales

---

[8] Los textos críticos sobre la publicación van desde *Caliban* a *Entre la pluma y el fusil*, de Claudia Gilman, pasando por el fundamental *Mundo Nuevo. Cultura y Guerra Fría en la década del '60*, de María Eugenia Mudrovcic, texto del que extraigo los principales datos que repongo a continuación.

[9] La noticia del financiamiento de la CIA se propagó gracias a que *Marcha* publicó la traducción de los artículos entre el 6 y el 27 de mayo de 1966. A partir de entonces, los hechos se precipitan.

[10] La confesión de Braden apareció en el *Saturday Evening Post*. Las sospechas recayeron sobre su director, Michael Josselson. Poco después, el Congreso reconoció el vínculo financiero con la CIA, aunque la Asamblea alegó que hasta entonces no tenía conocimiento de él.

independientes" que se pronunciaron "contra la política internacional de los Estados Unidos en el Vietnam y en América Latina" (1967: 14, 20).

Para María Eugenia Mudrovcic, esta defensa es inverosímil porque lo que hace Monegal es invertir la carga de la prueba e intentar una hipócrita victimización. Sin embargo, desde cierto punto de vista, el crítico uruguayo dice la verdad: *Mundo Nuevo* no solo supera, sino que además critica el anticomunismo tradicional, esa ideología paranoica y conservadora que todavía hoy se llama macartismo. Aunque es cierto que surge de instituciones tradicionales, y si bien recibe por vía indirecta apoyo de la CIA, intenta establecer una transformación renovadora. Como signo de esta actitud, se puede recordar el espacio que le dedica al XXXIV Congreso Internacional del PEN Club de 1966. En sus crónicas sobre el evento, Monegal celebra las gestiones de Arthur Miller para destrabar el ingreso de intelectuales de izquierda a Estados Unidos. Escribe, por ejemplo, lo que sigue:

> El éxito de esta gestión de Miller y del PEN Club Internacional se pudo ver precisamente en el XXXIV Congreso. Por eso, la presencia de escritores de los países socialistas del mundo entero y, sobre todo, de una delegación latinoamericana en que abundaban los escritores de izquierda era, de antemano, la mejor demostración de que el maccartismo había sufrido una gran derrota póstuma en los Estados Unidos y de que la Guerra Fría (por lo menos en el terreno intelectual) había dado paso al diálogo (1966: 5, 86).

Para Monegal, las gestiones de Miller son ejemplares, pues con ellas deja una ideología envejecida y levanta como bandera la libertad. En sintonía con esto, fractura la subordinación de la literatura a la ideología, de modo que proclama una autonomía plena para el escritor. Pero lo más significativo es que esta operación no se realiza en el aire, sino que se puede comprender como una transformación de lo heredado. En este caso, podemos verlo de una manera muy clara: Miller desarrolla esa nueva apertura dentro del PEN Club y en el interior del campo intelectual norteamericano. Lo mismo vale para la revista de Monegal. Si por una parte *Mundo Nuevo* pertenece al anticomunismo tradicional, por la otra, transforma esa ideología desde el interior forjando de manera dificultosa, es cierto, una política cultural que se apoya en los valores de la libertad, la autonomía y la modernización. Con esto, propone una forma mucho más prometedora de enfrentar al socialismo cubano. La libertad, la autonomía y en muchos aspectos la modernización son valores que se pueden mantener en sociedades liberales. Aunque ni Monegal ni Miller hacen una proclama abierta en este sentido, sus acciones son cuestionamientos directos e indirectos a las rigideces del comunismo y proclamas a favor de una apertura ideológica dentro de los países del capitalismo central a fin de avanzar hacia una nueva sociedad. Por este medio, formulan y a la vez realizan al menos parcialmente una utopía de libertad cuya base es la superación de las posiciones tradicionales.

Aunque se trata de una propuesta compleja, una verdadera madeja de actitudes que cubren una buena parte del espectro ideológico, el eje de esta propuesta es la formulación de un liberalismo renovado. Inserta en la lógica de la "fobia al Estado", con la que Foucault (2007) caracteriza al neoliberalismo, *Mundo Nuevo* critica el Estado agigantado, se levanta contra el intervencionismo en el ámbito de la cultura y fija como horizonte una autonomía pura en la que las obras literarias y artísticas no se vean subordinadas a debates ideológicos. Con una crítica a veces directa y otras veces velada a Cuba, *Mundo Nuevo* propicia un sistema cultural que pertenezca por entero a la sociedad civil y se desarrolle en un marco de plena competencia, que promueva una visión comercial que está ligada al éxito a través de las ventas de los libros y las entradas de cine y teatro. De manera complementaria, impulsa la creación de entidades orientadoras del gusto, representadas por las revistas y por una actividad editorial nueva, que *Mundo Nuevo* pone de relieve a través de la labor insigne de Boris Spivacow.

En este entramado, Sarduy estaba llamado a ocupar un lugar preponderante. Pero, significativamente, en *Mundo Nuevo* no se posiciona de la manera esperada. A diferencia de Cabrera Infante, que hizo de su exilio una forma de vida y literatura, Sarduy prefirió borrar toda marca que lo identificara con lo que la época articulaba con el nombre negativo y terrible de contrarrevolucionario. Esta decisión tiene un peso tal que, al día de hoy, a pesar de las interesantes hipótesis de González Echeverría y François Wahl, no se sabe a ciencia cierta por qué se fue de Cuba. Pero un significante (en este caso: las opiniones sobre la Revolución) no se destruye, sino que se tacha, se reprime, se desplaza. Si Sarduy evita las opiniones políticas, es porque las desplaza a lo privado. En una carta a Manuel Díaz Martínez (abril de 1967), se refiere, por ejemplo, a los problemas con el pasaporte, los contactos de *Mundo Nuevo* con la CIA y las críticas de Retamar:

> Más daño le hace ahora a Cuba su CIA interior (Roberto [Fernández Retamar] y su piña) que la otra, exterior, visible. El ataque de Pocho [Ambrosio Fornet] contra Carlos [Fuentes] y contra mí, en la *Casa*, es una joya de estupidez provinciana, verdad es que, si no fuera por eso, ¿cómo se iba a hablar en una mesa de Saint Germain de los "escritos" de Pocho? Neruda, de paso, antier, que ya está harto del terror fernandezco, prometió no dirigirles más la palabra (1996: 37-38).

En 1976 le escribe a González Echeverría:

> Tu amigo Carpentier, paso a aclararte, fue electo en el nuevo parlamento cubano. Cuba ahora es un país electoral, aunque por supuesto todos los candidatos son designados por el gobierno, y Castro, en esas elecciones y en las previsibles modificaciones legislativas, "salió" presidente de la República, Primer Ministro, Secretario del Partido, y por qué no, reina de belleza Palmolive[11].

A partir de este desplazamiento que Sarduy hace de la política a lo privado, la ideología entra en el murmullo inhallable de la oralidad y las experiencias que se pierden en lo anecdótico. En el mismo movimiento, la biografía cae en los bordes de la nimiedad, pues se convierte en aquello de lo cual ya no tiene sentido acordarse porque solo puede entorpecer el juego por todos visible de un lenguaje impersonal que es la condición y no la consecuencia de la subjetividad[12]. En *Mundo Nuevo*, Sarduy produce ese salto a través de la tesis de "Textos libres y textos planos": "La 'noción' de hombre perece" (1967: 8, 38). Si esa sentencia foucaultiana respalda el nuevo orden que buscaba construir Monegal, pues le da dimensión teórica a una cultura sin intromisión de las ideologías clásicas, también le permite a Sarduy afirmar el carácter revolucionario de su literatura, pues con ella apunta menos a vislumbrar una organización nueva que a subvertir lo heredado. Por este camino, el escritor convierte el Barroco en una microfísica del poder.

En *Mundo Nuevo,* Sarduy publica una serie de ensayos fundamentales, que después recoge en *Escrito sobre un cuerpo*, en los que define esta perspectiva. En "Por un arte urbano", publicado en el último número de la revista, elabora una interpretación de la ciudad. Sarduy afirma que, hasta el siglo XVI, las ciudades se organizaban con una topología en ángulo recto alrededor de la plaza central, en donde se situaban la casa de gobierno y la catedral. Con el Barroco, ese orden se derrumba porque comienzan a formarse barrios, aglomeraciones, paseos y nuevos lugares de concurrencia y sociabilidad. El cuadriculado y la plaza pierden sus privilegios y los habitantes se ven inmersos en una ciudad difícil de imaginar en su totalidad. Como es evidente, estas dos interpretaciones solo tienen validez bajo la lógica del anacronismo. Sarduy no habla del Renacimiento y el Barroco, sino de lo que estos le dicen a la actualidad. Por este motivo, el escritor se refiere casi de inmediato al presente, afirma que ya no es posible imaginar la ciudad en su conjunto sin la

---

[11] Citado por González Echeverría (1999: 1589).

[12] Con estas decisiones, Sarduy evita el lugar de escritor crítico con la Revolución (ese lugar que Cabrera Infante va a ocupar hasta la furia tras su desafección del 30 de julio de 1968). Con esta cautela, se convierte en uno de los modelos para el sistema ideológico que *Mundo Nuevo* buscaba diseñar.

mediación de mapas, guías y relatos, del mismo modo que ya no se la puede ordenar sin el empleo de símbolos, íconos, señales de tránsito, leyendas y numeraciones. La ciudad moderna es un texto, y lo es de manera metafórica y literal: es una red sin centro y es un espacio definido por la semiología. A partir de esto, Sarduy compone una teoría del poder y la revolución. En la ciudad renacentista, el poder ocupa el espacio central, porque se materializa en la casa de gobierno y la catedral y porque ambos edificios conectan con un significado trascendental, puesto que tanto el rey como el arzobispo ejercen sus funciones como metáforas de Dios. Con el Barroco, ese privilegio se pierde, ya que la ciudad se disemina: el poder se fuga de la plaza central, desarrollando recorridos y formas de organización alternativas y deja de pertenecer a una autoridad concreta para trasladarse al lenguaje. A partir de esta imagen anacrónica del Barroco, Sarduy concluye que la revolución ya no pasa por el derrocamiento material de un gobierno, sino por la deconstrucción que llevan adelante el arte, la literatura y las nuevas teorías del sujeto[13].

Sarduy transforma esta idea del poder en una poética neobarroca en "Sobre Góngora", un artículo que aparece casi en simultáneo en *Mundo Nuevo* y *Tel Quel*. Como advierte en nota al pie, el ensayo se apoya en tres pilares: las *Soledades*, las glosas de Dámaso Alonso y "los aportes del estructuralismo actual", que identifica con Barthes y Lacan. Para Sarduy, Góngora opera sobre el lenguaje metafórico del Renacimiento produciendo una metáfora al cuadrado. Asumiendo con frontalidad el anacronismo, el escritor afirma que la metáfora al cuadrado rompe la unidad del signo lingüístico, pues sustituye un significante que ya había sustituido la palabra referencial. El Barroco subvierte la lengua en tanto destituye el significado y conecta al lector con una trama abierta y no totalizable de significación. Sarduy profundiza esta perspectiva con su recuperación de la obra de Lezama.[14] En *Mundo Nuevo*,

---

[13] Esta sustitución de la Revolución política por la Revolución Neobarroca relumbra en una carta a Díaz Martínez, de agosto de 1970, en la que se refiere al ensayo que este había escrito sobre Miguel Hernández y le menciona *Escrito sobre un cuerpo*, en el que recoge este y el resto de los ensayos que publicó en *Mundo Nuevo*: "Era grande y tú lo dices con sencillez, cambiaría en tu ensayo la palabra conciencia –el poeta actúa sobre la conciencia– por la palabra lenguaje, pues pienso –ojalá que no halles demasiado aburrido mi librito *Escrito sobre un cuerpo*, que Pepe [Rodríguez Feo] tiene– que la actitud subversiva de la poesía está en la des-construcción de eso que para "los otros" es paradigna [sic] de la normalidad, de la percepción y la lógica: el lenguaje" (1996: 44).

[14] Aunque hay constancias firmes de que durante su vida en Cuba lo había valorado, una vez instalado en Francia su interés por él creció. Por una carta de Lezama a Eloísa, sabemos que, en 1963, se había contactado para proponerle la traducción de *Paradiso*, que todavía estaba inconclusa, para la editorial du Seuil. En efecto, en junio de 1963, Lezama le escribe a su hermana Eloísa: "Las "Editions du Seuil", una de las mejores casas editoriales de París, me ha dirigido carta, interesándose por la publicación de mi novela *Paradiso*, traducida al francés. Le he contestado que tan pronto se publique en Cuba, le escribiré para hablarle de las condiciones

esa actitud cristaliza especialmente en su ensayo "Dispersión/falsas notas. Homenaje a Lezama".

El texto, que aparece en el número 24 de *Mundo Nuevo*, participa del interés súbito que entre los latinoamericanos había despertado Lezama tras la publicación de *Paradiso*. El primero en escribir sobre la novela habría sido Cortázar con "Para llegar a Lezama", un ensayo que circuló por cartas hasta que finalmente apareció en *La vuelta al día en ochenta mundos* (1967)[15]. Mario Vargas Llosa se sumó con una reseña de 1967. Alertado por la calidad estética de Lezama y tal vez porque olfateó una polémica prometedora, Monegal salió al cruce denunciando que Cortázar y Vargas Llosa omitían la homosexualidad de la novela, un verdadero tabú para Cuba. Mudrovcic destaca que luego le cedió el espacio a Sarduy "para inaugurar otras lecturas posibles y estrechar así vínculos de 'pertenencia' indiscutibles" con el autor (107). Ahora bien, si "Dispersión/falsas notas" está determinado por estas circunstancias, lo menos que podemos decir es que Sarduy desplaza los propósitos de Monegal. El ensayo es un collage de citas de Vitier, Paz, Vargas Llosa, Jakobson, Burroughs, Barthes y Butor en el que Sarduy intercala sus propias reflexiones sobre la escritura. En el trabajo, polemiza con Cortázar, pero solo en dos frases, sin mencionarlo y casi al pasar. Aunque se refiere a la homosexualidad, la utiliza para hablar de manera más general del erotismo de la escritura. Sarduy no inscribe *Paradiso* en *Mundo Nuevo*, si debemos entender con esto que cumple con la intención de Monegal, sino que la rescribe a partir de su teoría de la escritura. Respaldando sus argumentos en Lacan, piensa a Lezama como un escritor que logró liquidar la ilusión representativa de la novela. Escribe en una de sus notas:

> La *démarche* lezamesca es, pues, metafórica. Pero la metáfora, el *doble* devorador de la realidad, desplazador del *origen*, es siempre y exclusivamente de naturaleza cultural. Como en Góngora, aquí es la cultura quien lee la naturaleza -la realidad- y no a la inversa; es el saber quien codifica y estructura la sucesión desmesurada de los hechos. Lo lingüístico arma con sus materiales un andamiaje, una geometría refleja que define y reemplaza a lo no lingüístico (1968: 24, 5).

---

de la traducción" (1979: 151). Luego, le escribe el 14 de marzo de 1964: "Amigo Severo Sarduy: Usted fue uno de los primeros en acercarse a *Paradiso*, todavía no estaba acabado de componer y ya usted mostraba una curiosidad inteligente por mi obra. No olvido lo que pesó su opinión en la casa "Seuil" para decidirse a publicar la traducción. Desde hace tiempo le debo unas letras y ahora es la oportunidad para darle las gracias" (1979: 113).
[15] Cortázar quiso publicarlo en *Mundo Nuevo*. Desistió de hacerlo por recomendaciones de Fernández Retamar.

Con "Dispersión/falsas notas", Sarduy determina tres lineamientos mediante los cuales le da un contorno definitivo al neobarroco: deja de lado la política inmediata para reinyectarla en el lenguaje, vuelve a Lezama para enganchar su obra a una de las palabras cubanas más resonantes y articula la revolución teórica que se produce en Francia durante los años sesenta y setenta. Con estos tres ejes, convierte el Barroco en una forma de impugnar las visiones tradicionales sobre el hombre y la sociedad.

La cosmología

Sarduy despliega esta propuesta en *Barroco* (1974). En ese ensayo notable, el escritor retoma la idea de Foucault de que la historia es una sucesión de cortes epistémicos discontinuos que definen lo que se puede decir, pensar y ver. Para Sarduy la historia de la cultura se puede comprender a partir de una investigación sobre la cosmología y establece a partir de las transformaciones que se producen en esa ciencia tres cortes fundamentales: "La cosmología antes del barroco" (de Platón a Galileo), "La cosmología barroca: Kepler" y "La cosmología después del barroco", referida a las teorías del Big Bang y el Steady State. En la segunda parte del libro, más breve y menos intensa, incluye tres ensayos sobre artes plásticas mediante los cuales saca las consecuencias de la nueva inestabilidad

Aunque cuenta con un apretado número de referencias bibliográficas y se inspira en Foucault, el apoyo teórico decisivo es Lacan. De él toma la concepción central del libro, que consiste en establecer una diferencia profunda entre Copérnico y Kepler. En la clase del 16 de enero de 1973 (*Aun*), Lacan se refiere a los dos científicos para reinterpretar la sentencia de Freud de que con el descubrimiento del inconsciente se produjo un giro copernicano. Según su punto de vista, habría que corregir esa afirmación porque, aunque es cierto que Copérnico demostró que la Tierra gira alrededor del Sol, ese cambio no afectó la estructura básica del universo, pues lo que hizo fue ratificar la noción de centro. Por este motivo, Lacan afirma que la subversión "no está en haber cambiado el punto de rotación de lo que gira sino en haber sustituido un *gira* por un *cae*" (2001: 56). Eso es lo que hizo Kepler:

> El punto álgido, como se les ocurrió percibir a algunos no es Copérnico, sino más bien Kepler, debido a que en él la cosa no gira de la misma manera: gira en elipse, y eso ya cuestiona la función del centro. En Kepler las cosas caen hacia algo que está en un punto de la elipse llamado foco, y, en el punto

simétrico, no hay nada. Esto ciertamente es un correctivo respecto a esa imagen de centro (56).

La elipse duplica los focos alrededor de los cuales se mueven los planetas. Esta revolución, según aduce Lacan, es similar a la de Freud. Si a partir de su obra el sujeto está descentrado, esto quiere decir que tiene dos focos, lo consciente y lo inconsciente. En este sentido, el psicoanálisis produce una subversión del sujeto, subversión que Lacan profundiza a través del significante: el sujeto está estructurado por el lenguaje y tiene dos focos, el significante amo que se excluye del conjunto y la batería de los significantes que conforman el saber. El significante amo es central, pero al mismo tiempo, impronunciable; el resto de los significantes brotan de su boca sin tener verdadero dominio sobre ellos. El sujeto es un efecto de esta interacción kepleriana.

Sarduy desarrolla su historia de la cultura a partir de este corte epistemológico central[16]. Para empezar, se ocupa del sistema ptolemaico y repone la idea de que, de acuerdo con él, el universo estaba dividido en regiones supra y sublunares. Esto suponía que, por encima de la luna, la materia era perfecta, mientras que la Tierra aparecía como un ámbito degradado. Como recuerda Sarduy, Copérnico derribó esa teoría y en su reemplazo propuso una visión homogénea del universo. Con esto, despojó el espacio de los contenidos religiosos y lo convirtió en una superficie que el hombre está en condiciones de medir y dividir a partir de la geometría. Los impactos que Sarduy extrae de esta reforma son de diverso tipo. En primer lugar, "la existencia terrestre ya no es considerada solamente como una etapa hacia la vida celeste: el *hombre que mide* no está de paso, su vida no es olvidable prólogo, vale la pena mejorarla, prolongarla" (1213). En consecuencia, se ordena la ciudad a partir de centros fijados *ex profeso* y planos geométricos diseñados de manera racional. Esta nueva concepción del espacio impactó en el campo del arte con la invención del punto de fuga y la perspectiva. Las cosas no son grandes o pequeñas por razones intrínsecas, sino porque están colocadas en un plano y se encuentran más lejos o más cerca de la persona que las mira. En cuanto a la arquitectura, la consecuencia más importante se encuentra en que se comenzó a emplear el cálculo para la solución de problemas en la edificación:

---

[16] Ciertamente, a la hora de escribir *Barroco,* Sarduy no tuvo oportunidad de leer *Aun,* pues el seminario se editó en 1975. Pero pudo conocer estas ideas por otros caminos: la asistencia a los seminarios, su relación con Wahl, editor, alumno y analizante de Lacan, y el acceso a las grabaciones de los seminarios que manejaba la editorial du Seuil. Por otra parte, hay que decir que aquella no fue la primera vez que Lacan habló de Copérnico y Kepler, aunque sí la más sistemática, porque en sus seminarios anteriores se encuentran referencias más o menos similares.

"Brunelleschi, en efecto, substituyó al empirismo medieval un método racional fundado en la geometrización del espacio, en la asimilación del espacio arquitectónico al espacio euclideano" (1211)[17].

En esta reforma generalizada de la ciencia y la vida, Galileo cumple, como destaca Sarduy, un rol fundamental. El científico comprueba empíricamente que "el Sol no es un globo pulido, uniformemente brillante [...]: tiene manchas; la Luna no es plana [...]: como la Tierra, es irregular y montañosa; la Vía Láctea no es un astro esplendente y continuo, sino un vasto conglomerado de estrellas" (1215). Estas demostraciones suponen un cambio equiparable al que motivó la teoría copernicana porque descubren que el universo se rige por las mismas leyes de la tierra. Pero al lado de estas destacables innovaciones, Sarduy le reprocha a Galileo que mantenga la noción copernicana de centro. Apoyándose en Koyré, sostiene que desconoció las innovaciones de Kepler y empleó los hallazgos de Copérnico en su versión más simple, aceptó la idea de que el Sol se encontraba en el centro y los planetas giraban alrededor en órbitas circulares. Esto se explica por dos razones. En primer lugar, Galileo toma como premisa que todos los cuerpos son móviles, lo cual lo lleva a concluir que el movimiento es circular porque, si lo hubiera supuesto rectilíneo, habría llegado a la conclusión de que se alejan de su punto de partida, lo que presentaba para Galileo una estructura imperfecta del universo. Sarduy complementa esto con una segunda razón: "La prioridad de la superficie esférica sirve a Galileo para mantener uno de los residuos del orden cósmico: la disposición concéntrica de los elementos" (1218). Según esta idea, los cuerpos más pesados se ubican en el centro y los más ligeros se van agrupando a su alrededor.

Para Sarduy, la propuesta de Galileo repercute en el ámbito cultural con su defensa de la expresión natural y su crítica a la artificialidad. En *Barroco*, sostiene que "A la dicotomía aristotélica natural/violento [...] irá substituyendo progresivamente la oposición natural/artificial" (1216-1217). Sarduy encuentra el modelo galileano por excelencia en Rafael. Rafael organiza el espacio a partir del círculo y, de este modo, exalta la forma perfecta del universo galileano. Sus cuadros de líneas clásicas, equilibradas, genialmente simples y etéreas estarían planteados a partir de la forma más natural y perfecta: cada personaje "se inserta con perfecto rigor en esa geometría y garantiza, al plegarse a ella sin esfuerzo, *naturalmente*, la euritmia como cualidad implícita de su generador, el círculo, su poder teológico" (1219). En sintonía con esto, Sarduy destaca las críticas de Galileo a la alegoría: "La alegoría obliga a la narración espontánea, 'originalmente bien visible y hecha para ser vista de

---

[17] La frase es una cita de Aragan (*The architecture of Brunelleschi and the origins of perspective theory*).

frente', a adaptarse a un sentido encarado oblicuamente, implícito" (1219). Sarduy cita *Consideraciones a Tasso*, texto en el cual Galileo compara las alegorías con las anamorfosis:

> la poesía alegórica oscurece el sentido original y lo deforma con sus invenciones alambicadas e inútiles como "esas pinturas que consideradas de lado y desde un punto de vista determinado, nos muestran una figura humana, pero están construidas siguiendo una regla de perspectiva tal que, vistas de frente, como se hace natural y comúnmente con las otras pinturas, no dan a ver más que una mezcla confusa y sin orden de líneas y de colores, donde con mucha aplicación se puede formar la imagen de ríos y de caminos sinuosos, de playas desiertas, de nubes y de extrañas quimeras" (1219).

Si el espacio es uniforme en todos sus rincones, si la materia es la misma en el suelo terrestre y en las estrellas, si este globo que habitamos gira alrededor del sol, lo que se produce es un desplazamiento, de manera tal que el ser humano ocupa el lugar central. A partir de esto, se puede comprender el rechazo de Galileo de la alegoría: para el mundo del Renacimiento el centro está ocupado por el significado y la expresión debe fijarse como propósito comunicar de una manera transparente las ideas.

La crisis del Barroco

Las anteriores glosas muestran una llamativa mezcla de conocimientos y desconocimientos históricos. Sarduy acierta al presentar las innovaciones de Copérnico y Galileo como aportes fundamentales al pensamiento moderno y, tal vez, se pueda comprobar que la cosmología tiene una repercusión como la que sugiere. Pero el escritor decide que la racionalización del discurso, la secularización del tiempo y el espacio y la colocación del hombre en el centro son reformas mediante las cuales se mantiene el pensamiento heredado. En este aspecto, casi no hace falta decirlo, Sarduy está errado. Si es que debemos buscar una posición revolucionaria en los siglos XVI y XVII, ella se encuentra en esas tres grandes innovaciones, porque las tres cuestionan la cosmovisión heredada. Colocar al hombre en el centro significa lesionar los presupuestos religiosos, racionalizar el discurso implica establecer una lengua crítica que destruye el sistema escolástico y asume como única conducción la razón individual, secularizar el tiempo y el espacio es un acto mediante el cual se desconoce el sistema eclesiástico e instaura la idea de que los hombres son iguales y solo se diferencian por la mayor o menor riqueza y poder. Precisamente, eso es lo que comienza a poner en crisis el sistema intelectual y político medieval. Esto puede ponerse en relación con un hecho que, en este marco, resulta significativo. En un breve comentario, Sarduy dice que no se refiere a los siglos XVIII y XIX porque no hay en ellos innovaciones cosmológicas. Aunque el argumento es atendible, resulta por lo menos llamativo: en un ensayo en el que se habla constantemente de "subversión", no se dice nada sobre la era de las revoluciones.

Pueden postularse diversos motivos que expliquen esta visión dogmática de la historia. En primer lugar, hay que reconocerlo, Sarduy no tiene un conocimiento profundo del pasado. Si lo comparamos con Lezama, podemos incluso advertir que se ha producido un adelgazamiento de la biblioteca. El autor de *La expresión americana* maneja al detalle muchos de los escritores de los siglos XVI y XVII, mientras que Sarduy se contenta con trabajar con el reducido grupo de los canonizados. Vale destacar, por otra parte, que este adelgazamiento es una de las constantes de la evolución histórica del neobarroco. Si saltamos a Néstor Perlongher, podemos ver que el escritor argentino ni siquiera le dedica un solo texto al siglo XVII. Ahora bien, Sarduy permite poner de relieve que esta pérdida del conocimiento histórico está asociada a que para el neobarroco el pasado se ha convertido en una superficie de signos que le hablan a la actualidad. Esto se encuentra detrás de sus valoraciones de Copérnico y Galileo. Si para Sarduy los elementos que ambos ponen en juego carecen de poder disruptivo, esto no se debe a que se ocupa del pasado, sino a que los mira en relación con la actualidad. Cuando el escritor se detiene en la secularización y la racionalización del discurso, lo que ve son los fundamentos de un proyecto que se impone con la Ilustración y que continúa como una racionalidad arreglada a fines que produce una subjetividad normalizada y se apoya en la eficiencia comunicativa. Copérnico y Galileo no le interesan por lo que son en sí, sino por lo que le dicen al presente. Pueden haber generado una revolución en su momento, pero en algún punto esas innovaciones se convirtieron en hegemonía.

Esta lógica explica su visión sobre el Barroco. Para Sarduy, el siglo XVII es un lenguaje anacrónico que socava el orden social y cultural del capitalismo clásico. Para demostrarlo, se detiene en la cosmología de Kepler. De acuerdo con Sarduy, Kepler cuestiona el mundo armónico del clasicismo a través de la comprobación de dos tesis: los planetas se mueven en elipse y el universo está limitado. La primera repercute en todos los niveles de la cultura debido a que destituye la noción de centro. De esta forma, queda invalidada la astronomía clásica, y el hombre es desalojado del lugar central. En efecto, y como demuestra Lacan, el sujeto es una consecuencia del circuito que se establece entre lo consciente y lo inconsciente y el sujeto del enunciado y el sujeto de la enunciación. Por un traslado anacrónico, la elipse de Kepler se confunde con la pasión de Lacan por las curvas, como podemos ver en el grafo del deseo, establecido a través del punto de capitón. Este desdoblamiento del sujeto cuestiona la racionalización del discurso que establece Galileo, pues la retórica del Barroco adquiere nueva legitimidad, en tanto no se trata de un ornamento que oscurece la frase, sino de un retorcimiento por medio del cual emerge el inconsciente. Todo esto se profundiza con la segunda tesis de Kepler. Si el universo es finito, esto no significa que el hombre quede colocado en un espacio circunscrito y controlado, sino que, por el contrario, queda en relación con un Afuera infinito e imposible de pensar. Esto rompe la uniformidad del espacio y el tiempo, no porque reponga el mundo religioso, sino porque instaura un Otro radicalmente separado del sujeto que funciona como causa desde su terrible vacuidad. Por este camino, el Barroco anticipa los descubrimientos del Big Ban, el inconsciente, la lingüística moderna y la teoría de la relatividad.

Tras esta superposición de los siglos XVII y XX, Sarduy se detiene en las repercusiones culturales del Barroco. Dentro de ellas, ocupa un lugar destacado la ciudad. El espacio renacentista y el espacio racional de los siglos XVIII y XIX se organizan a partir de un significante totémico (lo que en "Por un arte urbano" comprende como casa de gobierno y catedral). Si tomamos como referencia el esquema de la sexuación de Lacan, podemos decir que ambos períodos tienen una organización de tipo masculina. El significante fálico y logocéntrico (obelisco, plaza central, incluso mojón de la naturaleza) es el punto de referencia desde el cual se establece la ley para el orden urbano y las identidades que genera. Los períodos barrocos están orientados en cambio hacia el no-todo de la mujer. Se trata de ciudades abiertas, conectadas con un vacío irrepresentable. La ciudad se fragmenta, entonces, en series diferenciales que se modulan sin una referencia exterior:

> la ciudad barroca, al contrario, se presenta como una trama abierta, no referible a un significante privilegiado que la imante y le otorgue sentido: Pietro de Cortona "prolonga el discurso arquitectónico a la escena urbana circundante y expresa así, de modo clarísimo, la nueva concepción del monumento como elemento de un tejido continuo al cual se conjuga dialécticamente" (1226).

¿Pero se puede decir que el Barroco disuelve el centro en un rizoma? La Inquisición, la razón de Estado, los dogmas del Concilio de Trento, el teatro y la poesía de impronta en general conservadora invalidan esa conclusión. Aunque se trata de un período que actualmente es útil comprender como crisis, el siglo XVII moviliza todas esas instituciones para frenar la avanzada humanista. Si esto demuestra la mirada sesgada de Sarduy, también pone de relieve que el escritor no mira el Barroco, sino las posibilidades críticas que este tiene para revolucionar la actualidad. Por esa razón, las ciudades que describe son ciudades anacrónicas, en las que ya aparece la dictadura de la moda y los medios masivos de comunicación:

> Apoteosis, casi histérica, de lo nuevo, y hasta lo estrafalario: obeliscos, fuentes *grotescas* para desvirtuar la monotonía de las avenidas, ruinas, o falsas ruinas, para ahondar y negar el cauce mudo del pasado cuya historia "se encuentra más bien en las huellas que ha dejado en las formas vivas". Los periódicos envejecen el acontecimiento de ayer con la galaxia sin conexión alguna –excepto su simultaneidad– de acontecimientos de hoy; la moda, siempre cambiante, ridiculiza el traje ya visto: es imposible –no hay grado cero del vestuario– no seguirla (1227).

Si el Barroco tiene vigencia, esa vigencia se debe, para Sarduy, a que es un lenguaje que permite revelar la condición semiológica de la realidad y puede montarse sobre los flujos para acelerar la disolución del capitalismo tradicional.

XIII. El desengaño
(Sarduy, Perlongher, Deleuze)

De la subversión al control

A partir de los años ochenta, se abre paso un clima pesimista que cubre con sus sombras el programa de la revolución cultural. Comparemos dos textos, uno optimista y otro pesimista, de Deleuze. De acuerdo con las reflexiones que propone en *El pliegue*, a fines del siglo XX retorna el poder explicativo de la mónada leibniziana y con ella vuelve el pliegue, el despliegue y el repliegue, por ejemplo, en la música, la literatura, los sistemas informáticos, la plástica y las cadenas de ADN. Aunque Deleuze no menciona un solo escritor del 1600, aunque sus interpretaciones sobre alguien muy conocido como El Greco son demasiado parciales, aunque podemos dudar de su conocimiento sobre el Barroco, su propuesta no deja de ser interesante tanto por lo que dice sobre el presente como por las posibilidades que abre para leer el pasado, aspecto este último que podemos ejemplificar con un rápido bosquejo de las *Soledades*. Si bien en la mirada del náufrago hay una representación del mundo circundante, esos fenómenos son signos que evocan signos, según una trama que revela que todo el mundo está plegado en su interior. Pero lo fundamental es que esta concepción permite explicar el presente, porque el Barroco en parte vuelve y en parte lo hace cambiado. En el siglo XVII, la mónada se encuentra cerrada y, en su interior, está alojado el mejor de los mundos posibles; en el presente, la mónada también permite comprender el mundo, pero ahora está abierta, afirma varios mundos posibles a la vez. Internet es un buen ejemplo: por un lado, el laberinto de información evoca la sobrecarga con la que el hombre barroco mira las cosas; y por el otro, conecta con una red que viene de afuera y lleva a ese nuevo náufrago a participar de realidades divergentes.

Pasemos ahora a "Post-Scriptum sobre las sociedades de control" (1990). En ese ensayo, Deleuze mira a la distancia estas ideas. En primer lugar, hace un repaso sobre la sociedad disciplinaria. Podemos decir que los moldes de la prisión, el manicomio, la escuela y la fábrica estaban basados en la lógica de las mónadas, es decir, en el encierro y la inclusión del mundo en su interior porque cada uno de esos dispositivos se organizaba de la misma manera. La prisión, el manicomio, la escuela, la fábrica son compartimentos separados del resto y definen sujetos, objetos y reglamentan las acciones y las palabras que se pueden realizar y decir en ellos. A la vez, contienen el mundo en su interior porque reproducen desde distintos ángulos una misma lógica disciplinar. La revolución cultural de los años '70, que con Guattari definieron en *El Antiedipo*, se levantó contra ese tipo de instituciones. Tanto los devenires minoritarios como el neobarroco trabajaron con las partes caídas del sistema y repusieron el no-todo de Lacan como un descubrimiento que es a la vez práctico y teórico.

Para Deleuze esa subversión ha triunfado, pero en "Post-scriptum" sugiere que ese triunfo es equívoco: produjo una mutación de la hegemonía y una transformación del orden social por medio de la creación de las sociedades de control. A diferencia de la rigidez de la disciplina, las sociedades de control se basan en un "moldeado autodeformante que cambia constantemente y a cada instante" (279). El sistema ahora es plástico, maleable y neoleibniziano: ya no trabaja con el cierre de las mónadas, sino que las mónadas, desde las instituciones a los individuos, están abiertas al exterior, de modo que el deseo, lejos de estar prohibido, conecta con el capital y se transforma él mismo en una fuerza que al mismo tiempo controla. Nada lo refleja mejor que la publicidad: se excitan los deseos, no se los reprime; y de esa forma, se los conduce a determinados objetos y no a otros. La sociedad aparece ahora como una red de conexiones diseminadas entre el poder y la resistencia, un rizoma que logra estabilidad por la forma cambiante que esa dinámica le proporciona. La disciplina a largo plazo (la formación de ciudadanos) se transforma en un control cortoplacista e inacabable. "El hombre ya no está encerrado sino endeudado" (284) es la nueva situación en el sistema neoleibniziano. Para Deleuze, el mundo contemporáneo es barroco porque se ha vuelto un mundo de control en red.

El desengaño

En Sarduy, el desengaño aparece bastante antes que en Deleuze. En una entrevista de 1985, el escritor le dice a Julio Ortega que el arte de los países "superdesarrollados" le ha dejado de interesar. Le comenta que, tras salir de una muestra en Nueva York, se sintió viejo porque se dio cuenta de que en las principales capitales del mundo no despierta interés "crear una significación, literaria o plástica, que resulte subversiva, irrecuperable, y que, de un modo u otro, amenace el sistema establecido, el confort, el pensamiento común"[1]. Vale la pena destacar que, en ese momento, tiene 48 años y está escribiendo una obra cuyas dimensiones son tan valiosas como la coherencia interna que la estructura. Pero el sentimiento de vejez no se mide ni por la edad ni por el cumplimiento de una tarea, sino por la comprobación de que lo que uno hace ha sido puesto de lado por la historia. Sarduy ya no se encuentra reflejado en el mundo, por lo menos no en el mundo "superdesarrollado", porque los artistas han avanzado por una senda en la cual la revolución ya no tiene lugar. Aunque podemos hablar de desencanto o desilusión, en el siglo XVII hay otra palabra que describe ese tipo de sentimientos: el desengaño. Los últimos años de Sarduy se pueden comprender como una forma moderna del desengaño barroco. Por supuesto, hay excepciones: en *Colibrí* (1984), mantiene el optimismo milimétrico del neobarroco, pero luego escribe *Cocuyo* (1990) y *Pájaros de la playa* (1993), en las que no solo siente el golpe de una enfermedad que lo va a matar, sino también un desengaño respecto del mundo que lo rodea.

Los signos de este pesimismo comienzan a asomar en *La simulación* (1982). En ese libro de ensayos, Sarduy recopila textos en su mayor parte aparecidos en diversos medios, entre los cuales hay que destacar *La Nación*, de Buenos Aires. El escritor repone allí los principales argumentos del Neobarroco: la simulación, la anamorfosis, el cuerpo, el travestismo. Hay en esos textos una reivindicación todavía firme de la voluntad subversiva. Pero se pueden percibir algunas grietas y, sobre todo, un cambio notable: aquellos conceptos no se abren a la sociedad, sino que comienzan a quedar encerrados en el espacio circunscripto del arte y la literatura. De particular importancia en este contexto, es el trabajo que le dedica a Robert Rauschenberg. Para Sarduy, Rauschenberg es la última expresión de las tensiones con las cuales el siglo XX transformó la institución arte mediante la colocación de objetos en principio ajenos a ella. Según su perspectiva, la revolución la inician los futuristas y llega a su cúspide con Duchamp. A mediados de siglo, queda restringida al campo estético y, luego, la disrupción termina por convertirse en la lógica que ordena el arte. Cuando Rauschenberg hace su primera exposición (1950), "reincide en esta actitud y se integra en lo que [...] es ya

---

[1] La entrevista, titulada "Severo Sarduy: escribir con colores", se publicó originalmente en *Diario 16*, Madrid, 23 de junio de 1985. Cito por la reproducción de la *Obra completa* (1999: 1824-1825).

una tradición: desconstitución de la imagen, práctica del arte por el absurdo, subversión de toda lógica del cuadro" (1326). Por supuesto, el artista busca abrir de nuevo el marco de la pintura o la escultura a nuevas formas. Sarduy destaca que Rauschenberg incluye en el cuadro lo extranjero o lo insignificante e innova porque repone los detritus que dejamos en lo cotidiano. Esto pone en crisis los fundamentos del arte occidental: Rauschenberg no trabaja con la imagen, sino con su destrucción, pues coloca en el museo aquello que está a punto de arrumbarse en el basurero. Pero a la vez, se puede percibir en esta lectura que la mirada se restringe, como si la revolución quedara circunscripta solo a las tensiones estéticas.

Otro tanto se advierte en "Jeroglífico de muerte". En su versión original, el ensayo es un catálogo para la exposición de las muñecas que realiza Marta Kuhn Weber en la Galerie 13, en 1973. Aunque todavía nos encontramos en plena efervescencia del programa revolucionario, en un pasaje Sarduy se refiere a la institución arte y comprende la dinámica por la cual se incorporan objetos externos a ella mediante un empleo significativo del concepto de "metáfora al cuadrado":

> Sin duda ese paso –el del objeto en bruto al objeto de arte– es el efecto de una veladura, de una erosión brusca: algo se borra. Se eliminan, o al menos se metaforizan, se *transponen* –que es el verbo que siempre se emplea en el vocabulario al uso, estetizante o no– todas las marcas que en el objeto indicaban el síntoma puro. Se practica, para franquear la clausura del arte, una metáfora al cuadrado, pues el síntoma es ya una metáfora (1320).

En *Escrito sobre un cuerpo* y *Barroco*, la "metáfora al cuadrado" es el eje de la subversión neobarroca. Con ella, el escritor suprime la representación, rompe el signo lingüístico y conecta el significante con una trama abierta de significados que, por otra parte, giran alrededor de los deseos reprimidos. En este texto sobre Marta Kuhn Weber, la idea aplica en cambio a la institución arte y como vemos tiene un sentido negativo. Si la palabra y la imagen todavía revelan los síntomas, los museos y la crítica especializada los controlan y los convierten en signos meramente estéticos al cruzarlos con la gran metáfora de la institución[2]. Esta restricción de la mirada preanuncia que el proyecto revolucionario se fosiliza. Si para Deleuze las sociedades disciplinarias dejan

---

[2] Si la obra de Marta Kuhn Weber tiene valor, esto se debe a que evita esta neutralización y logra mantener abierta la herida a través de sus muñecas ominosas. Podemos ampliar el razonamiento comparándolo con la teoría de Pierre Bourdieu. El sociólogo entiende que los síntomas artísticos, literarios y aun científicos están controlados por la lógica del campo en el que cada una de esas expresiones se incluye. En "La lógica de la ciencia" (1995), los instintos básicos se subliman a partir de las reglas sociales. Así, el control cruzado entre los concurrentes convierte la libido dominandi en libido scientifica, amor puro a la verdad. En este sentido, la

paso a las sociedades de control, que se apoyan en una concepción de orden autodeformante, *La simulación* descubre que la subversión se convierte en la lógica institucional que regula el arte y la literatura. Esto provoca dos tipos de decepciones. En primer lugar, Sarduy descubre que la resistencia, en este caso la resistencia estética, no se encuentra fuera de la institución a la que esta ataca. La historia de la incorporación de objetos extraños al arte está motorizada por una voluntad disruptiva que se vuelve necesaria y termina por formar con lo establecido una red. En segundo lugar, segundo motivo de la decepción, Sarduy descubre que esa práctica se ha automatizado. Si el museo es una metáfora al cuadrado, esto significa que la resistencia ha perdido algo, no sabemos qué exactamente, pero Sarduy tiende a pensarlo como un deseo digamos que incontrolado. En este caso, la decepción se debe a que todos esperan la revuelta con una ansiedad superficial.

Tanto la restricción de la mirada al campo del arte como las decepciones que genera la situación estética actual ponen de manifiesto una lógica social. Volvamos, para verlo, al texto sobre la ciudad que publica en *Mundo Nuevo*. En el Barroco, pero ese nombre es una anacronía para hablar del siglo XX, el poder dejó de estar en el Estado y la Iglesia y se diseminó en las ciudades, y privilegiadamente en el leguaje. La concepción tiene un carácter doblemente subversivo: por un lado, hace suya una nueva idea del poder que se está gestando, sobre todo, en Francia en los mismos años en los que escribe Sarduy; y por el otro, es un acto de esclarecimiento porque viene a demostrar que el Estado o la Iglesia, pero también los gobiernos actuales, no tienen ninguna base por fuera de la historia que los conformó. En este sentido, y esto es algo que en el ensayo no dice, pero que se puede reponer a partir de *De donde son los cantantes*, Sarduy cuestiona las fuentes de legitimidad de la nación y del pueblo, e incluso, esa imagen utópica que es el hombre nuevo. El escritor impugna el capitalismo clásico y solapadamente el socialismo real. Pero si miramos el ensayo en el interior de *Mundo Nuevo*, las cosas cambian un poco. Esto no se debe a que haga suya la fobia al Estado de la revista. Sarduy no siente esa fobia porque para él el Estado ha dejado de ser el centro desde el cual emana el poder. Ni siquiera hace una crítica al totalitarismo, que en última instancia sería la formación de un gobierno que busca mantener bajo control las contradicciones. Si al mirarlo dentro de *Mundo Nuevo* el ensayo cambia de sentido, esto se debe a que, sin confesarlo y tal vez sin sospecharlo, Sarduy describe una sociedad democrática y, en el más amplio sentido del término, liberal.

---

lógica del campo "funciona como instancia de censura y principio de sublimación" (2003: 112-113). Aunque Sarduy no llega a este nivel de detalle, podemos retraducir su perspectiva señalando que los síntomas reprimidos que puede expresar el escritor o el artista se subliman en la lógica del campo artístico o literario.

Pero si el mundo se ha vuelto neobarroco y la revuelta ha triunfado, ¿por qué la decepción, el pesimismo, el desengaño? La explicación más clara es que, en sus últimos trabajos, Deleuze y Sarduy comprueban que la revolución cultural fue una fuerza imprescindible para transformar las sociedades liberales. El neobarroco operó en términos subversivos en la medida en que articuló la palabra pública con las partes caídas de la sociedad y, de este modo, exacerbó antagonismos nuevos. No buscó la lucha obrera o las consignas tercermundistas, sino los devenires minoritarios. Por primera vez, el Barroco asumió una posición revolucionaria. Sin embargo, el descubrimiento de esos nuevos antagonismos puso en juego una conceptualización distinta del poder. La sociedad liberal abandonó las viejas fuentes de legitimidad (la nación, las identidades establecidas, el ser que preexiste a los lenguajes) y, por primera vez, asumió el tipo de lógica del conflicto que para Maquiavelo mantiene unida a la sociedad. Las sociedades de control pueden suturar el conflicto, la falla estructural que hace que una sociedad nunca esté completa, recordando la nación o poniendo de relieve determinados mitos, pero, al mismo tiempo, trabaja y celebra lo incompleto: en la sociedad, en los sujetos, en las disciplinas, en las artes y la literatura. Por este motivo, dejó de ser una máquina de prohibición para convertirse en una máquina de captura de los deseos. El deseo se articula con la demanda, es decir, se articula con la palabra, los discursos, los lenguajes que nos constituyen; pero a la vez, el deseo es irreductible a ella. Esa falla es lo que hace a una sociedad incompleta. Pues, si bien es cierto que las sociedades de control suprimen determinadas demandas, ordenan, también, las subjetividades a partir de la diferencia entre el deseo y la demanda, entre la hegemonía y la contrahegemonía, entre el poder y la resistencia, estableciendo una revolución permanente del capital.

Néstor Perlongher

Para darle mayor amplitud a esta comprensión del neobarroco, quisiera hacer un alto en la trayectoria de Sarduy para presentar una síntesis de la obra de Néstor Perlongher. Desde un punto de vista general, Perlongher recorre un camino similar al de Sarduy. Si el cubano comienza como un revolucionario, el argentino ingresa en 1968 en Política Obrera (luego Partido Obrero). Tres años después, abandona el grupo porque no logra que se pronuncie a favor de la cuestión gay y comienza a militar en el Frente de Liberación Homosexual[3]. Aunque este es un espacio novedoso, participa en el juego político de los

---

[3] Extraigo estos datos del itinerario biográfico de *Prosa plebeya*, 225.

años setenta. Como recuerda Perlongher, el Frente "cree en la 'liberación nacional y social' y aspira al logro de las reivindicaciones específicamente homosexuales en ese contexto"[4]. Estas palabras dicen más de lo que parecen. Como recuerda José Luis de Diego, la "liberación nacional y social" es un esfuerzo de síntesis mediante el cual los militantes y los intelectuales de la época intentaban reunir el peronismo y la nueva izquierda (2004: 51). El Frente aspira a sumarse a ese armado y sus integrantes participan de la marcha para celebrar la asunción de Héctor Cámpora el 25 de mayo de 1973 con una bandera que reproduce un verso de la Marcha Peronista: "para que reine en el pueblo el amor y la igualdad" (80). El 20 de junio, marchan a Ezeiza para el arribo de Perón. El semanario *Así* convoca a Perlongher y a otros dos militantes del Frente para realizarles una entrevista. En ella dicen formar parte de "todo ese sector del pueblo que está luchando por cambiar las pautas económicas, sociales, jurídicas y morales que sustentan al régimen y que Perón denominó de dominación" (244)[5].

Como es de esperar, el proyecto dura poco. Con Perón en el poder, continúan las razias y las detenciones a los gays. El "ala fascista del peronismo" empapela las calles con carteles contra "el ERP, los homosexuales y los drogadictos"; en un reportaje, la JP niega que participen en sus filas y en un acto montonero se lanza la consigna "No somos putos, no somos faloperos"[6]. La ruptura queda sellada. Aislado, el Frente se derrumba en 1976. Entonces, Perlongher rompe con la política tradicional y se aboca a las identidades contraculturales. Si Sarduy reemplaza la revolución cubana por la microfísica del poder, Perlongher abandona el peronismo y el FLH para abocarse a la revolución cultural. Desarrolla entonces una poética anárquica que se enmarca en Deleuze y se convierte así en el principal introductor de su obra en la Argen-

---

[4] Se trata de "Historia del Frente de Liberación Homosexual", capítulo del libro de Zelma Acevedo, *Homosexualidad: hacia la destrucción de los mitos*, Buenos Aires: Ediciones del Ser, 1985.

[5] "La batalla homosexual en Argentina", *Así*, 3 de julio de 1973. Reproducido en *Prosa plebeya*, 248. Esta inclusión del FLH se atiene al sistema de estrategias del discurso peronista. En particular, aceptan lo que Sigal y Verón denominan la intransferibilidad de la enunciación del General, es decir, la idea de que, dentro del peronismo, "los únicos actos de enunciación legítimos son aquellos que reproducen enunciados previos, o que explicitan enunciados virtuales del Líder" (Sigal, Silvia y Verón, Eliseo, (2003: 203). Cualquiera que quisiera reconocerse dentro del movimiento debía hablar mediante citas o interpretaciones de los discursos del General, o bien, a lo sumo, con ideas que éste habría dicho. Si bien los militantes del FLH no aspiran a convertirse en dirigentes peronistas en un sentido estricto, con sus respuestas al semanario *Así*, siguen una estrategia englobable en este esquema. El razonamiento es sencillo: Perón dice que hay que liberarse del actual régimen de dominación; la liberación también consiste en la liberación gay; por lo tanto, sin decirlo, Perón habilitó la lucha que emprende el FLH.

[6] "Historia del Frente de Liberación Homosexual", 80.

tina. Más cerca, su propuesta tiene como fuente la revista *Literal*. Si Sarduy crea el Neobarroco al situarse como heredero de Lezama, el argentino inventa el neobarroso, concepto con el que comprende la manifestación argentina de la poética, al presentarse como heredero de Osvaldo Lamborghini, uno de los editores de aquella publicación[7].

En "El matrimonio entre la utopía y el poder" (1973), escrito a dúo por Lamborghini y Germán García, *Literal* propone una visión crítica sobre la realidad argentina y los enfoques políticos tradicionales. Los autores elaboran una interpretación de la cultura y la política que se mueve bajo la lógica del no-todo que Lacan resume a través de la imposibilidad de hablar de la verdad. El epígrafe del ensayo es una síntesis de esa tesis y una contestación apenas encubierta a la célebre frase de Perón "La única verdad es la realidad": "Cualquiera se adapta a la realidad, a la verdad siempre se la reprime" (35). En el manifiesto, García y Lamborghini destacan que, mientras la utopía es un orden terminado y articulado, la sociedad se define por la imposibilidad de totalizarse en una estructura cerrada. Nuevamente, encontramos la oposición estructural que se practica entre la razón de Estado y las ideas políticas de Maquiavelo: si las organizaciones humanas se caracterizan por el conflicto, la utopía es la apelación a una Ciudad de Dios mediante la cual la razón de Estado encubre el conflicto y domina desde el poder central. En "El matrimonio entre la utopía y el poder", la utopía está encarnada por la palabra de Perón, que se dirige a todas las demandas y las articula en un orden de felicidad perdida y prometida. La palabra-amo se coloca en el agujero de lo simbólico, como un obturador que tapona y a la vez oculta la falla estructural de la sociedad. Pero, aunque esto genera una ficción de plenitud, Perón no está en condiciones de cumplir con todas las expectativas, pues la totalización deja sus restos: prácticas que quedan reprimidas y funcionan como aquello que revela la ficcionalidad de la utopía y como lo que escapa a la sobredeterminación. Para *Literal*, se trata de las palabras gratuitas de la literatura, los deseos sexuales y las búsquedas de la droga, que se fugan del populismo y las moralidades revolucionarias de los 70. Escriben García y Lamborghini:

> Todo intento de restituir supone una ruptura que "filtra" un afuera peligroso en un adentro que ya no protege. Se teme una trasmutación de todos los valores que conduzca al caos, a lo indiferente, a lo informe. La mezcla entre el discurso político y el sexual es un efecto de esta inquietud: un incesto de clases, una mezcla de sexos, que amenaza con destruir (o borrar) las jerarquías del

---

[7] Sobre *Literal*, hay una amplia bibliografía. Hay que destacar el artículo de Alberto Giordano (1999), junto con los texto de Maximiliano Crespi (2005), Diego Peller (2011) y Juan Mendoza (2011a y b).

Orden [...] La acción desautorizada, la homosexualidad, la droga: el que se droga niega la realidad de la producción, el homosexual la reproducción, la acción desautorizada niega el sistema de jerarquías que organiza lo intercambios sociales. Los agentes del caos son todos los que han sustituido el bien por el deseo: sea éste un deseo de poder, un deseo de justicia, un deseo de goce" (42)[8].

Perlongher (volvamos ahora a él) hace suyo este programa y, a lo largo de los años ochenta, le da un contenido y una forma rutilantes. En su poesía, libera los deseos: deseos de poder, presentes en los nazis y los juegos sado-masoquistas de *Austria-Hungría*, deseos de justicia, explicitados en el trabajo sobre los desaparecidos que hace en "Cadáveres", deseos de goce, que en *Alambres* brotan de las porosidades de la historia, la literatura y la realidad argentinas.

Perlongher también asume este programa en la prosa, el reverso del canto, como dice Jorge Panesi (1997), especialmente, en *La prostitución masculina*[9]. En esa tesis de maestría en Antropología Social, se ocupa del ejercicio de la prostitución en San Pablo. El punto de partida del texto es que esa actividad se ofrece en el centro administrativo de la ciudad. Para comprender esta colocación, retoma los conceptos de "región moral", de Robert Park, y "gueto gay", de Marin Levine. La región moral es un término que caracteriza la ambivalencia de los centros urbanos: por un lado, "punto de concentración administrativa y comercial"; por el otro, "lugar de reunión de las poblaciones ambulantes que "sueltan", allí, sus impulsos reprimidos por la civilización" (28). La contrapartida es el "gueto gay". Según Perlongher, el gueto tiene una ventaja: mientras la región moral integra a prostitutas, prostitutos y ladrones, el gueto apela a una serie de rasgos característicos de lo que llamaríamos la "cultura gay". El gueto funciona en las comunidades norteamericanas y constituye una normalización foucaultiana de la homosexualidad, pues produce una localización específica mediante la cual los homosexuales asumen una identidad socialmente reconocida o en proceso de reconocimiento que los separa de los marginales y los lleva a adoptar el estilo de la clase media burguesa, con su tendencia a la monogamia y su inserción en el mundo laboral.

Perlongher temporaliza estos conceptos a través de una perspectiva deleuziana. En un primer momento, los homosexuales responden a la marginación mediante el callejeo por la "región moral", que funciona como superficie de

---

[8] Vale la pena hacerle un homenaje a estas palabras, pues son innovadoras. Aunque tiene una formulación mucho más desprolija y por momentos oscura, "El matrimonio entre la utopía y el poder" practica un tipo de deconstrucción de la organización política que años después van a desarrollar Laclau y Mouffe en *Hegemonía y estrategia socialista*.

[9] Defiende la tesis en la Universidad de Campinas, en 1986. El título original era "O negocio do michê. Prostituçáo viril em São Paulo".

desterritorialización; en un segundo momento, hay una reterritorialización parcial, porque los involucrados empiezan a establecer lugares de concurrencia, como bares, cafés, esquinas y veredas, al mismo tiempo que se imponen modas en el vestir y especificidades dialectales; en un tercer tiempo, se refuerza la reterritorialización mediante el gueto a la norteamericana: "las masas fluctuantes son sustituidas por poblaciones localmente fijas [...] las poblaciones de los guetos *gays* dejan de ser marginales y rompen sus vínculos de contigüidad con los restantes frecuentadores de la "región moral"" (32)[10]. Este proceso estructura dos extremos en cuanto a la subjetividad: en la región moral, hay una indeterminación de las subjetividades porque los protagonistas asumen roles diferentes de acuerdo con el deseo y colindan con vagabundos y ladrones; mientras que, en el gueto gay, la homosexualidad se normaliza.

Perlongher hace tres operaciones en su tesis. En primer lugar, se apropia del cuestionamiento al programa de las ciencias humanas que se había definido con el estructuralismo clásico, como lo llama José Sazbón (2009), en tanto rompe las premisas básicas de la racionalidad, la centralidad del sujeto y la hipótesis de que el lenguaje puede dar cuenta de la realidad de una manera transparente[11]. La prostitución funciona como punto de fuga de las perspectivas teóricas centradas en el sujeto. Para demostrarlo, Perlongher recupera las críticas de Jean-Marie Benoist a la noción estable de sujeto, pues se trata de una "actitud homogeneizante que suprime las diferencias y la diversidad cultural y las reabsorbe en el seno de una identidad de tipo trascendental o kantiano, sea materialista o espiritualista", lo cual implica "un obstáculo metodológico que hace estragos en el ejercicio de la investigación" por el recurso de "no dejar subsistir las diferencias" (99). En segundo lugar, Perlongher

---

[10] Perlongher propone una solución de esta diferencia a través de una noción amplia y nómade del "gueto", zona intermedia entre la región moral y el gueto a la norteamericana. De todos modos, mantiene esos dos extremos como puntos de referencia y, en ese sentido, los empleo en lo sucesivo.

[11] Como señala José Sazbón, el posestructuralismo se centra en una crítica a la idea de la ciencia como "actividad racional" orientada a descubrir y explicar entidades y situaciones objetivas. Para Deleuze, Foucault, Derrida, en parte también para Lacan, y tras ellos para Perlongher, el pilar que sostiene esa concepción de la ciencia es que el lenguaje está en condiciones de hablar efectivamente del mundo que vemos todos los días y es precisamente contra esa hipótesis contra la que movilizan todo el arsenal crítico. Los posestructuralistas radicalizan una perspectiva que ya se anunciaba en la *Antropología estructural*, según la cual, las cosas están tramadas por el lenguaje; y se fijan como tarea no la descripción del mundo, sino la deconstrucción de los lenguajes que hablan de él. Asimismo, discuten la centralidad del sujeto y rechazan "la constelación cognoscitiva que daba por buenas las nociones de realidad, praxis, contradicción, dialéctica, trascendencia, desarrollo y síntesis superadora" (120). Como señala Sazbón, el posestructuralismo impugnó así el programa de las ciencias humanas y convirtió la idea de razón, antes la columna vertebral del saber, en una hipótesis de trabajo.

reformula el "sujeto de la ciencia". En la introducción, recupera los trabajos sobre la figura del antropólogo y define su investigación a partir del "observador participante", que interactúa con los grupos estudiados, pero además, establece una serie de precisiones que eliminan el yo trascendental que asegura la objetividad racional del discurso universitario y las ciencias humanas. Por un lado, sostiene que, como los prostitutos son más jóvenes que él, no está en condiciones de integrarse al grupo, sino que debe comportarse como un cliente potencial. Esto lo obliga a respetar los "rituales de interacción" y ocultar su condición de antropólogo, que solo revela cuando la entrevista se prolonga durante cierto tiempo. Perlongher reconoce además la incidencia del azar, porque los prostitutos no son siempre los mismos y los encuentros son casuales, lo cual significa que en su trabajo incorpora lo aleatorio como componente central. En tercer lugar, y en parte como consecuencia de estas decisiones, su estudio de la prostitución se sustenta en el saber que se elabora en la prostitución. Según Perlongher, los que participan de ella han engendrado una clasificación hiperbólica: 59 categorías, entre otras, miché, miché comilón, miché gillette, semimiché, tapado, taxiboy, modelito, mamita, travesti, marica, maricón, marica podrida, marica jodida, marica tirada, que van desde una feminización exacerbada a una reivindicación de la condición viril como sujeto activo en el acto sexual, sistema clasificatorio que se redobla en función de la edad y la pertenencia de clase. Para comprender esta clasificación, Perlongher asume una concepción lacaniana: los nombres no se definen por su capacidad de nombrar el mundo, sino que su proliferación está motorizada por la discrepancia que existe entre la palabra y el deseo. Los clientes piensan, se piensan y se reconocen con el lenguaje disponible, pero se desconocen y se evaden a partir de todo aquello que este no cubre. La tesis de Perlongher trabaja en este mismo sentido: reterritorializa la prostitución en un lenguaje inestable, que incorpora lo azaroso del deseo que caracteriza a la región moral.

Tanto en su tesis como en su poesía, Perlongher desarrolla una microfísica de la resistencia que se atrinchera en las zonas marginales. La homosexualidad es el símbolo de los restos no totalizados que atacan el sistema y desde lo minoritario buscan subvertir su organización. Perlongher propone un anarquismo radicalizado: si en términos de Foucault la sociedad es una red en la que se tensan y se complementan las fuerzas de poder y resistencia, el discurso de Perlongher cristaliza siempre en las trincheras del deseo, región moral que le permite discutir las ciencias humanas, la última dictadura cívico-militar, el peronismo, la izquierda tradicional, la democracia de Alfonsín y la guerra de Malvinas. Pero las condiciones bajo las cuales canta y cuenta revelan que esa posición está envuelta en una red que, en última instancia, lleva menos a la desorganización que a una mutación de la hegemonía. El autor lo anticipa en el cuerpo mismo de su tesis: la región moral es una fiesta de los lúmpenes que tiene como horizonte el gueto normalizado. ¿No es esta tensión lo que caracteriza el discurso mismo que maneja? Si el poeta deambula por las zonas marginales para reinscribirse en el campo literario, el antropólogo disfruta de la prostitución para luego situarse en el discurso de la universidad y obtener un título de posgrado.

Las consecuencias de este juego complejo aparecen cuando Perlongher se ocupa de la irrupción del sida. Si Sarduy comienza a desengañarse a principios de los años ochenta y sigue un proceso que se acentúa al final de su vida, el argentino encuentra el desengaño a fines de los 80 y al borde de la muerte cuando él, enfermo de sida, constata lo que llama desde el título de uno de sus mejores ensayos "La desaparición de la homosexualidad". Perlongher retoma a Foucault y observa que, con el sida, los homosexuales dejan de asumir su deseo como disidencia y plantean una lucha por la igualdad. No solo la región moral se disuelve en gueto, sino que la hegemonía se transforma para atrapar lo que caía de ella. El sida obliga a abandonar el callejeo, la promiscuidad y los ámbitos lúmpenes para acomodarse en la estructura familiar. A Perlongher este giro le causó un profundo rechazo, porque implica la desaparición del componente subversivo de la homosexualidad. Nada lo refleja mejor que el hecho de que las conclusiones de "La desaparición de la homosexualidad" se encuentren en el post-scriptum de *La prostitución masculina*. Ese género, el del post-scriptum, marca un final, como también lo marca el post-scriptum de Deleuze: es la forma mediante la cual los autores comprueban que la lucha condujo a un nuevo orden social. El mundo se ha vuelto neobarroco: nada podría ser más terrible, pues la poética únicamente valía como revuelta y marginalidad[12].

---

[12] La edición en castellano de *La prostitución masculina* es de 1993, y Perlongher muere en 1992. El post-scriptum pudo haber sido redactado ese último año, porque está en la órbita de "La desaparición de la homosexualidad", publicado en *El porteño,* en noviembre de 1991.

XIV. El desengaño en primera persona

La escritura autobiográfica

Volvamos ahora a Sarduy. El desengaño de sus últimos años se puede advertir en la inflexión que se produce en su escritura, pues se abre paso una prosa sentenciosa y pesimista que llega a su despliegue máximo en *Cocuyo*. Pero además, hay que destacar que Sarduy no se queda en el lamento, sino que busca redimensionar el neobarroco a partir del desarrollo de un proyecto autobiográfico que bajo ningún concepto podía aparecer en su obra anterior. La bisagra entre un período y otro, nuevamente, se encuentra en *La simulación*. El rasgo más visible es que, en ese ensayo, hay estampas autobiográficas con las cuales Sarduy ejemplifica varios de los conceptos que pone en juego. Pero en el libro, hay un texto que permite comprender más claramente el pasaje de un período a otro: "Fractura del monólogo".

Publicado originalmente en *El país*, de España, el 14 de enero de 1979, en él Sarduy comenta la obra del artista plástico Enrique Broglia. Como punto de partida, observa que en sus autorretratos hay "un exceso opaco de significación: perturbación del mensaje facial que sin ella se volvería más nítido, puntual, unido, sin quebraduras" (1317). Esa tachadura del rostro, "que viene a introducirse como un suplemento ruidoso y a perturbar la reflexión" (1317), es para Sarduy la escritura. En este caso, hay que entender la escritura no en términos alfabéticos, sino la escritura en el sentido que Lacan le confiere al término en "Lituraterre" y en el posfacio de *Los cuatro conceptos fundamentales del psicoanálisis*[1]. Como explica Massimo Recalcati, en esos textos, Lacan representa el lugar de lo simbólico como una nube. Se trata del sistema significante en tanto este es universal. De esa nube "llueve significado y goce, pero su existencia material sobre la tierra es un hecho absolutamente singular; fruto de una contingencia inasimilable respecto a

---

[1] Publicados ambos en 1971 y 1973.

cualquier determinación significante" (2006: 28). De acuerdo con el apólogo, la lluvia deja un surco accidentado y distinto cada vez. Como esas marcas en la tierra, la escritura "resulta vinculada al gesto singular, a lo irrepetible del ejercicio caligráfico" (28). En "Lituraterre", Lacan habla del litoral, que podemos interpretar como el trazo que demarca la diferencia entre el significante y el significado. Ese trazo es la escritura: aquello que resulta determinante y universal del lado del significante establece un límite con el significado en cada caso singular. Por esta razón, la escritura no tiene las propiedades del significante, pues al repetirse no se diferencia, sino que es aquello que vuelve siempre como singularidad. De ahí que Lacan hable en ese texto de la caligrafía china, en la que "lo singular de la mano aplasta lo universal" (24). Como sostiene Sarduy en su comentario sobre Broglia, "la escritura constituye al sujeto, lo define a sí mismo y lo sutura" (1318), debido a que es el borde singular, el trazo, la marca que diferencia y a la vez articula el saber (la batería de significantes) y la verdad (lo real). El escrito, la letra, el litoral, es lo que no cesa de escribirse, porque es el nudo fundamental del que brota la palabra, y conecta con lo que no cesa de no escribirse de lo real[2].

Si en los años sesenta y en los setenta Sarduy organiza el Neobarroco de acuerdo con la estética lacaniana del vacío, a partir de *La simulación,* sigue lo que Recalcati llama la estética de la letra: una preocupación por el trazo singular. Por este camino, el neobarroco abandona el cuestionamiento del sujeto y se convierte en una poética que busca los rasgos contingentes a partir de los cuales se puede evocar lo real. Pero si el comentario sobre Broglia es una bisagra, esto se debe a que dibuja dos caminos posibles. El primero, que es el que sigue en ese texto, consiste en reinscribir el programa de la revolución cultural. Al colocar la escritura en el autorretrato, Broglia produce una ruptura de la identidad: atravesado por la grafía, el rostro se separa, de manera tal que se producen "islotes faciales, placas tectónicas que empuja y separa un magma incandescente de letras" (1318): "el rostro se va convirtiendo en una esfera respirante y densa, como la de nuestro planeta; su fantasma inmemorial es el estallido, la falla, o bien la erosión irreversible y lenta" (1318). Sarduy utiliza la noción lacaniana de escritura para reactualizar su lucha contra la identidad como forma de revolucionar la cultura, aspecto que se encuentra plasmado en la reducción de ese trazo, al que Broglia progresivamente le quita todo rasgo reconocible y produce esferas agrietadas, que ponen de manifiesto las *"ruinas de la identidad"* (1318). Pero la restricción de la mirada al campo autónomo del arte, que Sarduy lleva a cabo en *La simulación,* implica un desengaño

---

[2] Como destaca Elizabeth Roudinesco en su comentario del posfacio a *Los cuatro conceptos*: al darle el nombre de *Escritos,* Lacan convierte sus textos "en un "litoral", una inscripción a partir de la cual podía establecerse una nueva elaboración doctrinal" (522).

respecto del poder revolucionario del arte en este sentido. Al transformarse el neobarroco en la lógica de control del campo estético, la comprobación de que el individuo es hablado por el lenguaje cambia de sentido, pues ya no supone una acción revolucionaria, sino que pone de manifiesto que esa amplificación de los discursos es la nueva forma de control. Por ese motivo, el rasgo, la escritura, se convierten en resto no totalizable, marca singular a partir de la cual se reasume la resistencia como giro autobiográfico del neobarroco. Si el comentario sobre Broglia repone el programa estético de *Escrito sobre un cuerpo, Cobra* y *Barroco,* abre, también, la inflexión autobiográfica, en tanto esa escritura puede reivindicar una singularidad que se opone a la organización social.

De los últimos trabajos de Sarduy, *El Cristo de la rue Jacob* es el más claro en este sentido. El volumen tiene dos secciones: "Arqueología de la piel", compuesta por seis relatos autobiográficos, y "Lección de lo efímero", miscelánea de ensayos anteriormente publicados. En la presentación, sostiene que las dos partes están unidas por la idea de la marca o la huella. La parte autobiográfica está compuesta por fragmentos en los que recuerda cómo se produjeron las cicatrices que tiene en el cuerpo. Sarduy afirma que se trata de una escritura: "Sólo cuenta en la historia individual lo que ha quedado cifrado en el cuerpo y que por ello mismo sigue hablando, narrando, simulando el evento que lo inscribió" (51). En la miscelánea, propone motivaciones autobiográficas, regidas por las huellas que se han escrito en la memoria:

> La segunda parte es también un inventario de marcas, pero no físicas sino mnémicas: lo que ha quedado en la memoria de un modo más fuerte que el recuerdo aunque menos que la obsesión. Imágenes –la de una ciudad, la de un cuadro–, incidentes, eventos, muertes. Un encuentro fortuito en el bosque, después del paso de los ciervos; una frase banal, pero imborrable; la foto de una niña atrapada en los escombros, que va a morir unos segundos más tarde y se despide de los suyos; una carta de Lezama Lima; algunos párrafos para completar el texto póstumo de un amigo (51).

Mientras en los años sesenta la escritura en el cuerpo era una forma de diseminar al sujeto, en *El Cristo* es un modo de recuperar aquello que se resta de lo universal. Si tomamos la forma retórica de la diseminación y la recolección, *Cobra* y *Escrito sobre un cuerpo* representan la diseminación de los signos, y *El Cristo* encarna la recolección, arqueología que recupera los signos e intenta reasumir una subjetividad. Por ese motivo, en el ensayo, la escritura muestra el dramatismo de la vida.

En el relato homónimo al libro, Sarduy cuenta que en Estados Unidos alguien lo derriba para mostrarle su conocimiento de las artes marciales. En el hospital donde lo cosen, ve la horrible cotidianidad: las carreras de los médicos, la desesperación, las dudas sobre si tal o cual pasará la noche. Luego, lo llevan a una capilla atiborrada de feligreses, donde un pastor le exige algo a Dios con intimidaciones y amenazas. Un blanco en la página designa el paso del tiempo (semanas, meses, años, tal vez lo que tarda un avión en traerlo de vuelta a París). En un café que queda en Jacob y Bonaparte, ve pasar un camión que lleva un cuadro en el que se ve un Cristo flagelado. "Comprendí en seguida que quería decirme algo. El Cristo, o más bien la Pintura, que siempre me ha hablado. O más bien era yo quien quería decirle algo. Sí, era eso". Enseguida, evocamos la iglesia norteamericana y la muerte que atestó el hospital un domingo a la mañana. "Quería decírselo con fuerza, en el mismo tono que había empleado el pastor de Princeton University. Quería decirle algo en ese tono, de eso estoy seguro. Pero nunca supe qué" (59). La cicatriz es lo que no cesa de escribirse, porque está ahí recordando la anécdota, pero es también la constancia de un fracaso, porque Sarduy no supo qué decirle al Cristo que se va calle abajo convirtiéndose en lo que no cesa de no escribirse. La subjetividad es el efecto de un corte, un corte en la piel, que cobra una dimensión sideral, porque es aquello que lo separa de algo que se vuelve imposible de expresar.

En *El Cristo de la rue Jacob,* la escritura es la comprobación no menos dramática del paso del tiempo. En "El *Libro Tibetano de los Muertos*", una de las entradas de la segunda parte, cuenta que, en el Tíbet, compra un pesado volumen con el que inicia una agenda; al poco tiempo, se suicida Calvert Casey, y entonces, reflexiona:

> Tachar las señas de un amigo ganado por esa ausencia que nos empecinamos en creer pasajera, substituirlo por otro, marcarlo con un signo que señale la inutilidad definitiva de su dirección –una cruz sería el más brutal y grotesco–, borrar para dejar entre las letras alineadas e idénticas un renglón vacío, indicio ostensible de la falta, sería como anularlo de nuevo, como entregarlo, cómplice de la vacuidad, a otra muerte dentro de la muerte, excluyéndolo para siempre del día azul de tinta, de la más escueta y denotativa de las escrituras: verdadera desaparición para quien ha vivido diseminando palabras (83-84).

La agenda se transforma en un *Libro Tibetano de los Muertos*. Para 1986 se han añadido Héctor Murena, María Rosa Oliver, Barthes, Lezama, Piñera, Gombrowicz, Calvino, Monegal y José Bianco. Amigos y escritores forman un pasado que clausura el mundo que Sarduy había habitado. Si la cicatriz señala lo que no cesa de no escribirse, la escritura de la agenda es un signo que se repite para mostrar el paso irremediable del tiempo. En los dos casos, la letra pone en relación al sujeto con una plenitud imposible porque, de un lado, Cristo se pierde en una ciudad que ya no tiene nada que ver con la teología, mientras que del otro, le da sentido al tiempo una vez que este pasó. Si el Barroco es una cuestión de lenguaje, política y religión, el desengaño muestra el vacío que deja lo religioso, convierte el lenguaje en la escritura dramática de lo singular y reencuentra la política como subjetividad.

Cocuyo

La cúspide de los últimos años de Sarduy es *Cocuyo* (1990). Su anteúltima novela se caracteriza por el abandono de la prosa lujosa y el uso de un estilo apretado que recuerda el laconismo de Quevedo y de Gracián. En sintonía con esto, Sarduy vuelve a las tradiciones acendradas de la narrativa. Cocuyo es un personaje clásico: recuerda los tipos conflictivos aclimatados en la narrativa del siglo xix. La historia comienza con un drama familiar y se desarrolla en un espacio concreto y con una cronología impecable. No hay cortes ni saltos en la trama, tampoco injertos textuales desmedidos, sino que se atiene a las unidades de acción, lugar e incluso de tiempo, pues Sarduy aborda la historia solo en el tramo en el que esta se torna significativa. *Cocuyo* puede tomarse, asimismo, como una escritura autobiográfica, si acentuamos la noción lacaniana de escritura. En una entrevista con Gustavo Guerrero, afirma que "El libro no es una autobiografía, aunque todos los detalles son reales, sino más bien lo que se llama, en un fresco, la sinopia, la base gráfica, el trazo primero y su desmesurada consecuencia en el sentir y el percibir de un niño, de Cocuyo" (1835)[3]. En sus papeles autobiográficos, Sarduy revela que por lo menos dos de esos trazos articulan su vida con la del personaje: ambos se enamoran de una muchacha que se llama Ada y coleccionan postales del *Album de Oro Zoológico*. La novela no es una autobiografía en el sentido tradicional del término, sino una *escritura autobiográfica*: Sarduy toma esas huellas y compone una historia distinta ensamblada en un mundo de ficción[4].

La historia de *Cocuyo* se inicia con un conflicto familiar. Durante un huracán, los integrantes de la familia se encierran en la casa. Cocuyo se trepa a

---

[3] En su versión original, la entrevista salió en *El diario de Caracas* el 24 de enero de 1993. Cito por la reproducción de la *Obra completa*.
[4] En "Para una autobiografía pulverizada…" afirma que su primer "amor, como se cuenta en *Cocuyo* fue Ada. Un día le dije: "¿sabes que si el corazón se para nos morimos?"" (11). En la novela, el narrador descubre los mismos pensamientos en el personaje: "Si el corazón se para, llega la muerte. Por eso no quería que Ada durmiera, que no durmiera nunca, para que el

un ojo de buey y se pone a contar lo que ve, pero de pronto, se produce una escena espantosa: una chapa de zinc vuela por el aire y le corta la cabeza a un negro que corre con un baúl en la mano. Cocuyo se queda mudo: "Sucede que a veces, ante lo que hay que decir, las palabras se ablandan y cuelgan, fláccidas y salivosas, como lenguas de ahorcado. Y es que lo que vio Cocuyo por el ojo de buey, como se dice, no tenía nombre" (809). La familia lo reprueba y las tías le exigen que se haga macho y cuente lo sucedido. El niño se retira para prepararles tilo y espolvorea las tazas con matarratas. Acarrean a toda la familia al hospital con una supuesta "somnolencia poshuracánica", pero los oficiantes descubren la verdad. Entonces, Cocuyo escapa y se refugia en lo de La Bondadosa.

El tema de *Cocuyo* se encuentra planteado de una manera ágil en estas primeras páginas de la novela. La decapitación del negro desarma el mundo querido y seguro de la infancia e incluso invalida la escena del mago, tantas veces vista por el personaje, que corta a la modelo para luego mostrar que está entera. El evento es la forma que para el personaje asume lo real, algo intratable que viene a cortar su vida de la misma manera que la chapa le corta la cabeza al negro que corre. Para dejar de ser un niño y hacerse macho, Cocuyo tiene que contar el evento, es decir, necesita transformar el horror tamizándolo por lo simbólico, acto iniciático por medio del cual accedería a la adultez. Pero el personaje no puede hacerlo porque la lengua le cuelga fláccida como a un ahorcado. No procesa ese evento por medio de una negación simbólica, sino que lo hace a través del rechazo: es un trauma que logra por el momento, y solo por el momento, aplazar.

Para arreglárselas con esta situación tensa, Cocuyo produce –y Sarduy utiliza expresamente esa palabra– una fobia. Se trata, es cierto, de una fobia particular: surge del horror que le produce la decapitación del negro. Pero de todos modos se ajusta a los parámetros que Freud propuso en el clásico *Análisis de la fobia de un niño de cinco años (El caso "Juanito")* (1909). ¿Qué es, al final de cuentas, una fobia? Se trata del miedo a determinados objetos o a determinados lugares, pero Freud anota dos cuestiones de una singular importancia: primero, la fobia de Juanito se produce en el momento en el que se están dando los pasos fundamentales del Edipo, y segundo, la fobia es la forma que el chico tiene para organizar un cierto equilibrio psíquico porque lo que sucede es que si se siente desalojado de la relación con la madre, advierte al mismo tiempo que el padre no está a la altura de las circunstancias. El significante fóbico le permite armar su realidad en esa situación angustiante de

---

corazón no se le olvidara de latir" (1999: 838). En "Así me duermo...", confiesa que de niño coleccionaba "las minuciosas postalitas del *Album de Oro Zoológico*". Sarduy le transmite esa pasión a Cocuyo: cuando se encuentra aterrorizado, su hermana le pregunta para tranquilizarlo si no quiere hojear el álbum.

la espera, pues lo ayuda a marcar un territorio (un adentro en el que se siente seguro y un afuera en el cual se siente desprotegido) y, al mismo tiempo, con la plasticidad que tiene el significante fóbico, hecho para representar diversas cosas, está en condiciones de encarnar los actores principales de su drama. El personaje de Sarduy desarrolla una fobia de este tipo, solo que en Juanito la fobia es un pedido para que el padre termine con la situación angustiante que vive, mientras que en Cocuyo es un modo de dejar lo real fuera de lo simbólico y rechazar el ingreso a la adultez.

La primera parte de la novela muestra el triunfo de esta rebeldía. Cocuyo intenta matar a su familia y, cuando lo descubren, huye a la casa de La Bondadosa. La residencia de esa matrona tiene en un sector un orfanato para niñas y en el otro oficinas judiciales. Cocuyo hace su cama entre legajos y expedientes, trabaja como mozo o cadete para los abogados. Allí encuentra dos formas de organizar la realidad por fuera del mundo de los adultos. La primera es la escritura. Aunque Cocuyo duerme entre los expedientes, no sabe leer. Una vez, La Bondadosa le muestra una cartilla, sin la paciencia necesaria para enseñarle el abecedario. Los abogados, de vez en cuando, "le señalaban un membrete y le gritaban, separando las sílabas una a una tirándole de la oreja, el apellido que estaba impreso" (870). Nada más. Pero un día, "al empujar con los pies unos documentos impresos, cuando se despertó, comprendió que podía leer los membretes de los abogados y hasta las firmas" (869). Poco después, se produce una escena de escritura:

> Recordó que aún llevaba en el bolsillo el cuaderno robado y el lápiz. Los sacó y trazó en la primera página unos garabatos deformes, ideogramas grotescos que escribió en vertical. Luego los borró, y los cambió por otros igualmente chapuceros. Dios sabe qué serían. Pero para él, significaban muy claro:
>
> Poema
> de
> la
> Plaza
> del
> Vapor (889).

La verticalidad del poema recuerda el caballo que Juanito dibuja en uno de sus papeles, parece poner en pie al negro decapitado y marca como un tótem ese espacio de la plaza del vapor al que se refiere. Pero a pesar de todo esto, se trata de una escritura que puede decir cualquier cosa, porque no está regulado por la lógica del significante, sino que es un trazo en el papel y, por lo tanto, una marca que se mantiene abierta a todo tipo de interpretaciones.

Si Cocuyo rechaza la decapitación del negro, con el "Poema de la Plaza del Vapor" se mantiene en la marca, la huella, la singularidad. Organiza el espacio y la mente, funciona como trazo en el papel, pero carece de lógica externa que le dé sustento y sentido. En su solitaria singularidad, replica su negativa a ingresar al entramado significante que estructura el mundo de los adultos.

En paralelo con esta escritura personal, Cocuyo organiza su mundo enamorándose de Ada, una chica que vive en el patronato que está detrás de las oficinas judiciales. Desde el principio, el personaje la coloca en un lugar sublime:

> Cocuyo se acercó y le tocó, tímido, el hatajo de cuadernos:
> —¿Cómo te llamas?
> —Ada —respondió displicente la pelirroja, como importunada por un animalejo que volara a su alrededor.
> —¿Hada? —reflexionó el cabezón—. No es un nombre de persona real, sino de cuento (834).

La relación de Cocuyo con Ada recuerda el tipo de relación que pone en juego el amor cortés. Como demuestra Lacan en *La ética del psicoanálisis*, "No hay posibilidad de cantar a la Dama, en su posición poética, sin el presupuesto de una barrera que la rodea y la aísla" (2000: 183). La mujer se convierte en una pantalla mediante la cual el poeta inviste al objeto perpetuamente buscado e inexistente del deseo. Podemos decir, tomando como ejemplo los trapos que cubren las partes más graves de la desnudez de *El juicio final*, que en el amor cortés la mujer funciona como una tela por cuyo intermedio se puede intuir la verdad del deseo. Pero en Cocuyo, esta relación tiene una serie de particularidades. En un plano, la confusión entre Ada y Hada repone una relación semejante a la del amor cortés; pero en otro plano, esa confusión se produce por el desconocimiento de la escritura, pues si algo no puede saber Cocuyo es el valor que tiene la "h", pues se trata de una letra muda, hecha para distinguir palabras homófonas como esas con las que se enreda. Notemos que gracias a esto el personaje se mantiene en el mundo infantil (lo dice de manera explícita: el nombre de la chica es un nombre "de cuento"). Tal como la construye, Ada forma un sistema con la escritura y la fobia, porque es una forma de mantenerse más acá del mundo de los adultos. Pero también, deberíamos tomar en cuenta que el silencio de la "h" se encuentra en otros momentos de la novela: es la mudez en la que cae cuando ve al negro decapitado y es la imposibilidad de descifrar su escritura personal.

En los comentarios filológicos para la *Obra completa*, Gustavo Guerrero descubre que el primer manuscrito de *Cocuyo* termina con la escritura del poema. Sarduy habría concluido con el triunfo del personaje. Lo mismo podemos decir de su amor por Ada. Cocuyo mantiene a la muchacha en una relación platónica, sin que medie ningún tipo de vínculo más allá de la expresión de deseos y el deslumbramiento que dice sentir. Pero, aislados, el enamoramiento y la escritura personal funcionan como los trazos de una fobia: Sarduy se niega a ver lo que hay detrás de los elementos inestables y abiertos con los que Cocuyo construye su realidad. Por eso, la novela continúa: porque una fobia se tiene que resolver. Esa resolución es, por supuesto, trágica, como se advierte en que Sarduy la desarrolla a partir de un capítulo que tiene el significativo título de "La desilusión".

Después de redactar el poema, y después de su iniciación sexual, vemos a Cocuyo deambular por las calles "como si estuviera habitado por otro". Se cruza, entonces, a una negra santera que le anuncia que va a "descubrir algo junto al agua" y que no vuelve más a su casa (890). Guiado por una ex pupila de La Bondadosa, baja por la escalera de una torre a las entrañas de la tierra. Sarduy ya había hecho un movimiento semejante en *Gestos*. Pero en aquella novela, le servía para mostrar que, detrás de la superficie de los signos, no hay nada. En *Cocuyo*, se trata ahora de otra cosa; por supuesto, no de una esencia que organiza los signos de la superficie, sino de una serie de escenas terribles que, como las catacumbas de Sade, muestran el reverso obsceno de la realidad. En ese sótano de la realidad, Cocuyo descubre una escena terrible: "Frente a la asistencia súbitamente motivada" de señores adustos, sentados en sillitas de mimbre al estilo de iglesias rurales o empobrecidas, "apareció, vestida de blanco, Ada" (894). La visión es fugaz, como si la iluminara un trueno imposible en esas catacumbas ominosas. Pero aun así, puede ver y el narrador repone con palabras lo que nuevamente le sería imposible contar al personaje. No prosigue una pirámide de goce sádico sobre el cuerpo de la víctima, sino una auscultación médica: uno de los hombres le baja el párpado a Ada, prueba el sudor y examina los cabellos. No es una orgía, es la venta de la muchacha.

Desilusión es una palabra endeble para calificar esta crueldad. Se puede pensar que Sarduy genera un anticlímax portentoso, pero es todo lo contrario: en ese sacrificio, Ada se realiza como Hada porque el reverso sádico lleva al máximo la sublimación de la Dama, ya que su cuerpo dibuja el hueco de su deseo. Veamos cómo aparece ante la tortura, con la mirada hacia arriba, como los mártires del Barroco:

> Ada estaba lívida. Un temblor incontrolable parecía ganarla desde las manos; un frío repentino desde los pies. No sabía por qué volvía la vista hacia arriba, como si no quisiera afrontar la mirada de los deseosos, que se posaba, untuosa, sobre su cuerpo, sus gestos húmedos (894-895).

Ada mira hacia arriba, presa del horror y la vergüenza. Es el único gesto decidido de todo su cuerpo tembloroso. Mira hacia arriba y al vacío, y dibuja más allá ese hueco donde puede sustraerse a la tortura. Luego, está Cocuyo. No hay contacto físico, porque para ella la tortura es la mirada: los hombres que se han reunido en el sótano se dedican a mirar y desear. En ese espacio terrible se realiza la escritura alfabética, ésa que Cocuyo no posee, de la misma manera que se anuda la ley, representada por las oficinas judiciales de La Bondadosa, con la obscenidad, pues de lo que se trata es de la venta de la muchacha para que repita en el prostíbulo una y otra vez esa escena. Hay un contrato, una transacción, una venta que hace pasar la ley desde la superficie de los expedientes y los legajos a ese pozo oscuro en el cual empalma con el deseo.

Cuando sale disparado de la caverna, donde, al revés de Platón, descubrió la verdad, Cocuyo todavía se resiste a esa imagen fugaz. Pero no va a poder regresar al mundo infantil que erigió trabajosamente gracias a su fobia rebelde. Si antes había ensamblado una estructura simbólica suturada y sin fisuras, ahora, comprende que la realidad es un manto plagado de agujeros (el hueco de la torre por donde baja Cocuyo, el negro decapitado, la pasión de Ada), y esos agujeros son otras tantas cavernas en las cuales se articulan la ley y el deseo. Entonces, se para en el puerto y ve un gran mercado de compraventa de carne humana (Sarduy se toma la libertad de llevar esto al extremo: describe un mercado de esclavos, sin nexo comparativo alguno) y ante la vista de esa escena acepta la desilusión: "Comprendió, invadido por ese vértigo y esa fetidez, cómo, por años y años, lo habían manipulado, lo habían utilizado, fácil presa de los cabecillas, para sus juegos venenosos, para el minucioso trabajo de la simulación" (901). Luego, corre hacia el prostíbulo "El Pabellón de la Orquídea Pura", complemento de la casa de La Bondadosa, que tenía un banderín que decía "El Pabellón", para comprobar de nuevo esa desilusión. La escena repite la tragedia: la muchacha es obligada a mostrarse ante hombres libidinosos. Cocuyo reza: "Dios mío, que todo sea una alucinación, una borrachera, que me despierte ahora mismo en otro lugar, que el nombre que he escuchado no sea el de Ada" (911). Pero Dios no lo escucha y la imagen que tiene adelante es real. Entonces, arremete "a puñetazo limpio, contra el paraván, contra la imagen insoportable de ese cuerpo desnudo y maculado" (912). En ese rapto de violencia, Ada desaparece como una anamorfosis.

Aunque repite el descubrimiento trágico de la caverna, la confirmación que Cocuyo hace en el prostíbulo añade algunos elementos de particular importancia. Cuando se enamora, confunde a Ada con Hada, confusión que surge de su ignorancia y que lo mantiene dentro del mundo infantil. En este sentido, la muchacha funciona de la misma manera que la escritura personal que inventa y con la que redacta el Poema de la Plaza del Vapor: son dos formas de componer un signo similar al de la fobia, porque le permiten organizar un espacio, una vida, pero al mismo tiempo se mantienen abiertos a una significación descomunal y absolutamente plena, sin fisuras, mediante los cuales aplaza ese hueco de los simbólico que es lo real, que había visto de pronto con el negro decapitado. Las dos escenas en las que se juega su desilusión hacen intervenir de una manera particular la escritura. En la primera, la de las catacumbas, la muchacha es vendida y se firma un contrato; en la segunda, con mayor sutileza, Sarduy hace girar las connotaciones que giran alrededor de la "h" con la que Cocuyo confunde a Ada con un hada. En primer lugar, el personaje está obligado a mostrar su cuerpo, pero debe permanecer muda, como esa letra; en segundo lugar, aparece y desaparece como una anamorfosis, imagen evanescente que recuerda la función del significante, que en la "h" adquiere una dimensión al extremo, porque es una letra que sólo funciona para marcar diferencias. Por estos dos motivos, en el prostíbulo, y de una manera contraria a lo que esperaba Cocuyo, Ada, ese eje de su fobia a los adultos, se transformar en Hada, un signo ya marcado por lo simbólico.

El reverso del mundo lo lleva a rechazar el mundo, desdoblado en realidad y obscenidad. Sarduy completa la novela para realizar su desengaño mostrando un mundo terrible que lleva a su personaje a la maldición final:

> Se juró volver, para exterminarlos a todos. Y a él mismo con ellos, y así limpiar el universo de tanto estiércol. Sabía muy bien dónde comprar matarratas, y cómo mezclarlo, sin que nadie se diera cuenta, con el ron.
> Se volvió boca arriba.
> En el cielo, las constelaciones encendidas parecían girar (914).

Pero ya no es posible el rechazo de lo real. Lo vio con sus propios ojos y lo comprobó gracias a una experiencia que es propia. Por ese motivo, la fobia queda reemplazada por una escritura: si Ada queda atrapada por el significante, cuerpo que une la ley con la obscenidad, la escritura singular, esa que Cocuyo encontró a través de su poema, se escribe en el cuerpo como marca terrible del desengaño:

> Sólo entonces se dio cuenta de que estaba herido, no sabía cuándo ni qué lo había lesionado así: le sangraban los brazos y los pies:
> —Estas heridas —dijo en voz alta—, no voy a curarlas. Son las *marcas de la mentira, las firmas en mi cuerpo* de la indignidad (913, subrayado en el texto).

Volvamos ahora al dato inicial: la novela está unida a la experiencia de Sarduy a través de los trazos primeros de su biografía. Por supuesto, podemos dudar del dato, pero muestra la interpretación que el escritor quiso darle. Sarduy crea un mundo posible que duplica la realidad de su biografía. Por este motivo, podemos afirmar que la desilusión de *Cocuyo* revela la desilusión del escritor. La forma y el contenido del poema de la Plaza del Vapor recuerdan los caligramas abstractos de *Big Bang*. El texto de Cocuyo es un modo de llenar los huecos de la estructura simbólica, esas fisuras por las que se cuela lo real, a fin de mantener un signo y una vida de rebeldía; los poemas de los años '70 de Sarduy constituyen del mismo modo una encarnación del barroco "horror al vacío" y tienen como propósito mostrar una destrucción del significante a fin de transformarlo en un trazo con el que se destituye al mismo tiempo las determinaciones subjetivas. Si nos quedamos en sus rasgos principales, Ada es la representación de toda esa primera etapa de su escritura. Para Cocuyo se trata de una pantalla que le permite mantener a raya lo real, mientras que para Sarduy ese personaje se desarrolla como obra, incluso en el sentido de que su perspectiva sobre el Barroco sigue la vía femenina que traza Lacan, planteando el "devenir mujer", de Deleuze. El Neobarroco de la revolución cultural huye de la sociedad disciplinaria, convierte el objeto de deseo en punto de fuga, parte que falta y que se persigue con un significante cada vez más loco y liberado. Pero desde el reverso, Ada y la obra encubren un real que no queda controlado por la escritura. Por esa razón, en un determinado momento, lo real vuelve. En *Cocuyo,* se trata de una desilusión respecto de la realidad; en el escritor, es el descubrimiento de que el neobarroco expresa una ley que articula el deseo revolucionario con un poder que vive precisamente de las tensiones que aquel genera. Sarduy encuentra el desengaño en esa relación perversa por la cual el objeto sublime no revoluciona, sino que es uno de los mecanismos mediante los cuales el nuevo sistema produce la orden perversa y dominante de gozar. Lacan lo había dicho con San Pablo en "El discurso a los católicos": el mandamiento crea el pecado. La ley y el pecado son una misma cosa, la prohibición es una orden perversa que instala el deseo. Sarduy lo reconoce al final de su vida: el deseo se ha transformado en el complemento de una ley artística y social que permite hacer viable el sistema.

El sida y el misticismo

Sarduy se convierte, entonces, en un místico del fracaso. Escribe una novela más, *Pájaros de la playa* (1993), publicada póstuma, en la que retrata a un cosmólogo con la sangre enferma. La identificación imaginaria con el personaje ya no necesita la denegación simbólica que practicó en *Cocuyo*, pues se muere y no hay remedio para esa enfermedad nueva y extraña, se muere y no hay por qué poner distancia entre su estilo y el de los personajes. Esa situación al límite desconoce toda diferencia: ambos escriben tratando de darle sentido a la muerte, que no tiene ningún sentido, y eso es mucho decir. Sarduy reconoce esto y dirige la atención hacia sí en los epigramas de *El estampido de la vacuidad*, trazos autobiográficos con los que clausura su escritura porque la pluma se le cae de las manos. En ese cuaderno, amontona reflexión tras reflexión. Sarduy habla del fracaso y de la inminencia de la muerte. Como Lezama, vuelve a San Juan. Como si hubiera leído "San Juan de la Cruz en su noche", del padre Gaztelu, recuerda la cárcel. Admira en San Juan la tenacidad, la fe, la esperanza a pesar de la enfermedad y las adversidades. "Lo encierran en Toledo, por nueve meses, en una celda de seis pies por diez. Sin agua, sin luz: para leer los Evangelios tiene que subir hasta un minúsculo tragaluz agujereado cerca del techo". "Se le pudre y agusana la espalda, herida por latigazos de los Calzados, para que renuncie a la Reforma". "Se ve obligado a vivir con el cubo de sus propios excrementos. Le entran vómitos, disentería y hasta quizás arrepentimientos y culpabilidad". Pero en ese infierno, "concibe, se aprende de memoria, canta de rodillas y a gritos las primeras liras del *Cántico*", como si "para subir hasta lo absoluto y conocer la disolución en el Uno fuera necesario bajar hasta la podredumbre, rozar lo inmundo, perderse en el asco y la corrupción" (109).

La última frase describe los últimos años de Sarduy: la cárcel es el hospital, el hambre, la enfermedad, la muerte imparable que llega. Se le pudre el cuerpo como a San Juan, pero a diferencia de Lezama no puede creer en Dios, porque los seres divinos "No abandonan jamás esa *noche*, ese hueco negro que, para siempre, los devoró" (106). Las sombras del Barroco retornan para anunciar aquello que únicamente pueden anunciar a un moribundo a fines del siglo XX: la vida es un soplo o un sueño calderoniano, pero lo más terrible es que carece de sentido. En ese final enfermo y seguro, Sarduy transforma su laconismo en un misticismo finisecular sobre el fracaso de hablar de la nada, aunque en ese final enfermo y seguro es lo único de lo que aspira a hablar.

Lo mismo sucede con Perlongher. Enfermo de sida, escribe "Canción de la muerte en bicicleta":

> Ahora que me estoy muriendo
> Ahora que me estoy muriendo
>
> La sofocación alza del cielorraso relámpagos enanos
> Que se dispersan en la noche definitiva e impasible (359).

En estos momentos dramáticos, el neobarroco vuelve a articular la política, la religión y el lenguaje. La política se plantea como desengaño, pues la revolución genera un nuevo sistema, el lenguaje adquiere el torvo perfil del laconismo y la religión es una relación estoica con un vacío del cual no se puede decir ni esperar nada. No hace falta reponer las distancias que hay entre el Barroco y el neobarroco, porque se advierten enseguida, especialmente, en relación con el sentimiento religioso, que deja de ser positivo para convertirse en el eje mismo de la negatividad. Pero los últimos textos de Perlongher y de Sarduy colocan el neobarroco en un centro que espejea de una manera admirablemente ajustada con el siglo XVII. En el Barroco, los escritores cantan para mantener hasta donde pueden un sistema en el que, sin embargo, descubren a cada paso la crisis profunda que lo socava; los neobarrocos vienen de participar de una revolución cultural, aunque llegan a la conclusión de que ese proceso llevó a un reordenamiento social. Los primeros son conservadores; los segundos, revolucionarios; los primeros conjuran los movimientos desestabilizadores; los neobarrocos los aceleran; pero vistos a la distancia, ambos son los cantos de cisne de un orden social que finalmente los termina poniendo de lado. Los barrocos son operadores de la hegemonía: definen desde el centro una política, una religión y un lenguaje para mantener el imperio; los neobarrocos reconocen que, al final de cuentas, el margen que ocupaban se transforma en la lógica poder/resistencia que organiza lo social. Los primeros son hegemónicos por convicción y por extracción social y los segundos son marginales por esas mismas razones, pero en ellos el margen del Barroco termina por cerrarse, de modo que se descubren como lo que no querían: agentes insospechados de la nueva hegemonía. Puede ser que el Barroco asuma nuevas aventuras, pero con Sarduy y Perlongher da un vuelco que cambia para siempre las consideraciones que podemos hacernos sobre él. Ambos encarnan la revolución teórica que nos permite comprender el ciclo que va desde el Concilio de Trento al sida, porque muestran que no hay esencias que regulen la historia, sino una lucha siempre renovada por organizar la sociedad y liberar los conflictos que la mantienen con vida, y también porque invierten los términos bajo los cuales esa historia se desenvolvió: por primera vez, articulan el Barroco con los antagonismos para descubrir que esa articulación terminó por engendrar un nuevo orden social.

Conclusiones

A lo largo de la historia, el Barroco es un lenguaje que se ocupa de manera primordial del poder. En este aspecto, el período tiene la particularidad de ser, a la vez, separable e inseparable del momento histórico en el que se desarrolló. Es inseparable porque no podemos aprovechar los argumentos de la razón de Estado para pensar la política actual; es separable porque el enfrentamiento entre ese discurso y Maquiavelo muestra cómo se mueve la historia que he desarrollado, pues esta opera como un péndulo entre el descubrimiento del conflicto y los intentos de ordenarlo de alguna manera. Esta doble condición pone de manifiesto que lo que está en juego en la historia del Barroco no es una lucha entre el conservadurismo y el progresismo, cualquiera sea la traducción que se le dé a esos conceptos. Más bien, muestra dos formas de pensar la sociedad, una apoyada en las luchas internas y otra en el descubrimiento de un punto nodal. Esta tensión se puede comprender a partir de tres vectores.

En primer lugar, la fuente de legitimidad y el conflicto son dos extremos entre los que se desarrollan las diferentes soluciones a la organización social. Esto significa que no hay, por un lado, una posición totalizante y, por el otro, una posición subversiva. Por el contrario, la voluntad de suturar la sociedad retoma el antagonismo sobre el cual opera y lo ordena ante todo en el programa que desarrolla. Tomemos como ejemplo el siglo XVII. El Concilio de Trento, la razón de Estado y la concepción imperial de la lengua son tres formas de organizar la religión, la política y el lenguaje, pero para hacerlo capturan las fuerzas liberadas por los humanistas del XVI, pues reconocen tanto la autonomía relativa de los saberes como la de la política al restringir el poder crítico del humanismo dentro de los límites de la Contrarreforma y de la monarquía. Lo inverso también es cierto. Aunque es deseable una sociedad absolutamente plural, ese tipo de sociedades se labran a partir de lo que Laclau y Mouffe denominan puntos de articulación.

En segundo lugar, y a pesar de que la oposición entre Maquiavelo y la razón de Estado funciona como un modelo para comprender la historia del Barroco, hay que recordar que esas dos fuerzas se diferencian de manera cualitativa en el transcurso del tiempo. Esto significa que el Barroco no compone una dialéctica histórica. Cada dominio crea un conflicto nuevo con el que desplaza la crisis a la que llega el dominio anterior. El antagonismo con el que trabaja Gracián no es el mismo que el de los ilustrados: en el primer caso, se trata de la lucha de los cortesanos; en el segundo, del estado de competencia de los ciudadanos. Lo mismo podemos decir de los otros dominios. Los románticos no miran el conflicto que instaura la burguesía, sino aquello que ven como la anarquía que deja la revolución y que el capitalismo acentúa; los neobarrocos poslacanianos no se ocupan de la clase obrera, sino de los nuevos antagonismos que representan las partículas no suturadas del capitalismo avanzado.

En tercer lugar, y por esta misma razón, se producen cambios estructurales entre un período y otro. Los siglos XVII y XVIII mantienen una fuente de legitimidad que es externa a la historia. Ahorrando ahora matices, en el Barroco, se trata de la religión; y en la Ilustración, de la razón universal, como se ve en el sistema de reformas que propone Luzán en *Memorias literarias de París* o en el sujeto que aparece en los textos bajo el molde del diario y el género epistolar. Si ya de por sí el salto de la religión a la razón implica una ruptura, la Revolución demarca una grieta insalvable porque pone en marcha una visión de la sociedad completamente nueva basada en la comprobación de que ya no hay referencias por fuera de la historia. Por esta razón, los románticos buscan organizar lo social a partir de ese punto de anclaje histórico que es la nación. Por más esencial que la vuelvan, la nación es un conjunto de valores, sentimientos, reflexiones y tradiciones formadas gracias a la coexistencia de seres humanos en una región determinada por un lapso de tiempo relativamente extenso. La misma situación se produce con el corte lacaniano. La inversión del signo lingüístico, con toda la carga que tiene ese giro, demuestra que el origen es una ficción de origen y que la causa de la historia está marcada por un significante dominante que articula con el vacío.

Pero la historia no es una mera sucesión de bloques sin articulación entre ellos. Si se puede elaborar una historia del Barroco, es porque existe una continuidad. Lo mismo cabe decir de los libros de Foucault. *Las palabras y las cosas*, *Historia de la locura en la época clásica* o *Vigilar y castigar* muestran que la historia está marcada por rupturas, pero a la vez, existen continuidades porque los documentos se organizan a partir de preguntas como ¿qué es el hombre?, ¿qué es la locura? y ¿qué es el castigo? La historia de esas preguntas podría llevarnos más atrás, a los griegos, por ejemplo, o podríamos desplazarnos geográficamente para preguntarnos cómo se pensaron esas cuestiones en otras civilizaciones. El Barroco demuestra que existe una continuidad de ese tipo. Para verlo, repongamos tres aspectos que he tocado de manera tangencial en este libro: la modernidad, el sujeto y la autonomía de la literatura.

Usado de manera restringida, el concepto de modernidad designa la situación que se desarrolla entre la era de las revoluciones y la actualidad. Se trata de un tiempo en el que se han perdido las referencias trascendentales y está impulsado por la búsqueda de una normativa desde lo contingente tanto sobre la sociedad y el arte como sobre el sistema de creencias. En la historia del Barroco, ese tiempo puede comprenderse a partir de la problemática de lo originario, motivo por el cual podemos decir que la modernidad está orientada menos por una certeza que por un interrogante sobre su condición. Pero el concepto marca fronteras que, en cierto modo, son arbitrarias. La pérdida de fundamentos trascendentales es el resultado del proceso que abre la Ilustración. Fueron los ilustrados los que posibilitaron esa nueva situación en tanto dirigieron sus críticas a los desbordes de la religión y se deslizaron hacia el pacto social. El retroceso, por supuesto, no se detiene ahí. Si desde cierto ángulo la Ilustración rompe con el siglo XVII, desde otro ángulo, continúa el ciclo comprendido entre el 1500 y el 1600. Basta con tomar en cuenta que los ilustrados pensaron la monarquía como un sistema de poder que continúa desde la invasión de los moros, continuaron el proceso de separación de lo religioso y lo secular que habían iniciado los tratadistas de la razón de Estado y volvieron al tipo de ejercicio crítico que pusieron en marcha los humanistas a principios del siglo XVI.

Lo mismo se advierte en relación con el pensamiento sobre el sujeto. Si miramos de cerca los debates, existen saltos abruptos entre los dominios intelectuales. El sujeto del siglo XVII es un compuesto de razón y naturaleza, es decir, un órgano de control y una materia degradada y pecaminosa. La Ilustración inaugura una propuesta centrada en una razón que, universal o interna, cartesiana o empirista, busca controlar la naturaleza en tanto ha estado demasiado tiempo surcada por los dogmas y los oscurantismos. Se trata de una posición a la vez práctica y teórica: desaloja de ella la visión barroca de lo pecaminoso y encuentra en ese movimiento los principios de la razón. El romanticismo da un nuevo vuelco: si antes lo sobrenatural era una fuente que producía un sujeto, ahora el sujeto postula un absoluto como forma de responder a sus limitaciones. Lacan comienza desde ese lugar, pero demuestra que la falta que se añora no es más que eso: una falta. Este enorme salto puede resumirse en que Lacan toma la causa final, bien utópico que establece una teleología, y la convierte en causa material poniendo de relieve que el sujeto es el resultado del lenguaje y la falta estructurante que este genera. Cuatro siglos testifican que, para este cambio, se necesitaron ríos de tinta y aventuras tan luminosas como oscuras. Pero a la vez, demuestran que existe una línea de continuidad que le da sentido al proceso porque en definitiva los campos sobre los que opera, razón, sensibilidad, fantasía, incluso sueños, están delimitados desde el siglo XVII.

Por último, detengámonos en las consecuencias de la historia del Barroco en relación con la estética. Como en la modernidad y la subjetividad, el corte profundo es el de la Revolución. Desde lejos, el quiebre es rotundo y el panorama claro. En los siglos XVII y XVIII, hay una mezcla de discursos que, después del siglo XIX, se considerarían separados. En el Antiguo Régimen, la palabra literatura refiere a "cultura escrita". Esto es cierto, y no hace falta repetirlo: los discursos sobre el gobierno, las indagaciones religiosas, la ciencia y la poesía se solapan. Incluso, textos que hoy consideraríamos separados, como las *Soledades* o *La poética*, tienen sentido en tanto el primero busca exaltar el imperio y el segundo articula con un sistema de reformas racionales. Lo mismo cabe decir de Bello y Gutiérrez: ambos buscan una poesía civil en la que lo estético se encuentra solapado con la economía y la conformación de los estados nacionales. Distinta es la situación que se nos presenta con los coetáneos alemanes y españoles y los modernistas hispanoamericanos. En ellos la literatura se vuelve un discurso separado porque se ocupa de problemas que le son particulares.

Pero si acercamos la vista, los cortes se difuminan. Ante todo, hay que destacar que la autonomía es una consecuencia del pensamiento estético del siglo XVIII. No fueron los románticos, sino los empiristas de la segunda mitad de esa centuria los que propusieron la tesis de que lo estético no se basa en una belleza ideal predefinida, sino en la capacidad que tiene el artista de representar fielmente el modelo. Desde entonces, la poesía y el arte se vuelven autónomos, porque se admite la representación de lo feo y lo monstruoso. ¿El retorno al pasado se detiene ahí? Por cierto que no. Aunque el neoclasicismo es un discurso a la vez político, económico y social, Luzán no mezcla las cosas, sino que entiende la poesía como un discurso separado del resto, ya que tiene reglas propias y posee como principal objetivo el deleite. Más atrás, en el siglo XVII, nos encontramos con una situación similar. Los escritores son conscientes de que la poesía y la narrativa se separan de los tratados sobre política y religión por cuestiones como el uso del verso, la presentación de una historia ficticia, la construcción de personajes, etcétera. Por otra parte, como demostró Pedro Ruiz Pérez en *El siglo del arte nuevo*, en el 1600, se asiste a la conformación de un campo literario, por más incipiente que este sea, como lo demuestran las polémicas entre los escritores. La ruptura de los modelos clásicos contribuye a esta cuestión: la poesía se desarrolla como una transformación de códigos poéticos heredados.

Se podría objetar que la separación de la literatura que se produce desde los románticos es muy distinta de la que acabo de describir, y efectivamente, esto es así. Para tomar los términos de la historia del Barroco, debemos decir que lo que propicia esa separación es la problemática de lo originario. Desde el siglo XIX, el sujeto busca en lo estético cosas que en otros campos no podría alcanzar. Pero al mismo tiempo, hay que destacar dos consecuencias paradójicas que tiene esta invención de la autonomía. En primer lugar, si lo originario autonomiza el arte y la literatura, al mismo tiempo, conecta lo estético con las indagaciones que sobre el mismo tema se realizan en la historia, la filosofía, el pensamiento político y aun la economía. En este sentido, si la autonomía es una separación, también reconecta la literatura con el resto de los discursos. En segundo lugar, esa condición particular de lo estético surge en el proceso de democratización de la sociedad y funciona como una forma de articular la poesía o el arte con lo nacional. La separación de la literatura surge, paradójicamente, en el momento en el que comienza a cumplir un propósito político de una notable intensidad, porque debe desarrollar una lengua nacional, fortalecer una tradición y capturar elementos que se encuentran en el pueblo, o bien debe criticar esos órdenes a fin de demostrar que todo eso es una operación de los lenguajes. En paralelo, y esta vez desde el lector, hay que recordar que nadie lee exclusivamente literatura. Esta es una verdad tanto para el lector especializado, que dedica parte de su tiempo a la filosofía, la psicología, la ciencia, la historia, el periodismo, etcétera, como también para alguien que lee un pequeño número de libros por año, ya que suele alternar entre una investigación periodística, un libro de autoayuda, una novela comercial y un clásico como El Quijote. La autonomía existe, por supuesto, porque la literatura es un discurso que construye de una manera específica la realidad. Pero esta surge del transcurso de una historia más extensa. Esa historia no es la historia de una especificidad que se llama literatura, sino de lo que se denomina, desde antes de las revoluciones, la cultura escrita.

Estas continuidades y discontinuidades se organizan a partir de una fuerza que está presente desde los humanistas y se denomina "secularización". Pero no debemos entenderla como la mera imposición de una visión racional de la vida. Si viéramos las cosas de ese modo, tendríamos que concluir que el dominio barroco y el dominio romántico son ajenos a ella, cuando en realidad ese no es el caso, porque perderíamos de vista el despliegue complejo que adquiere el proceso de secularización y, tal vez más grave aún, no podríamos comprender las rupturas que se producen entre los distintos dominios de la historia del Barroco. En lugar de la imposición de una visión racional de la vida, deberíamos comprender el tema a partir de los conceptos que he puesto en juego en este trabajo, de modo que podemos decir que, desde el siglo XVI, se advierte un estado de competencia entre la religión, la política y el lenguaje. Ese estado de competencia no es nuevo, pues siempre hubo tensiones entre esos órdenes, pero, en ese período, gana una intensidad mayor que marca el decurso de la historia posterior. Si miramos de una manera global el ciclo que he desarrollado, se puede notar, por una parte, que la religión y la política son estructuraciones discursivas altamente codificadas e institucionalizadas, mientras que el lenguaje, sin dejar de estar recorrido por estructuraciones, funciona como una superficie que está en condiciones de tensar esos órdenes y aun de disolverlos. Las discontinuidades que marcan los dominios pueden comprenderse a partir de los límites infranqueables a los que se llega en los diferentes momentos críticos de la historia.

Entre los humanistas, hay un acercamiento notable de razón, crítica y lenguaje a partir del conocimiento filológico y el trabajo de las traducciones. Conocer, saber, pensar, es operar con la escritura. El avance contra la religión y la política es una puesta en práctica de esta perspectiva. Ahora bien, el dominio barroco no puede comprenderse sin más como un retroceso conservador. A pesar de que lo escribió hace casi un siglo, Weisbach está acertado al decir que el Barroco surge de la crisis a la que llega la avanzada humanista a partir de hechos nodales como la escisión de la cristiandad y el asalto y saco de Roma. Podríamos agregar que el poder crítico choca contra las necesidades que precisamente se erigen en ese momento. Maquiavelo podía soñar para Florencia con una república estructurada solo a partir del conflicto, pero para las monarquías que dominan territorios extensos en el marco de la guerra religiosa esa propuesta no solo era problemática, sino irrealizable. El proceso de confesionalización, en el que se desarrolla una poesía de celebración monárquica y un pensamiento político cuyo pragmatismo sale de las lecciones de Tácito sobre el Imperio, impone un orden organizado bajo nuevas condiciones sobre una rearticulación tensa y problemática de los órdenes ya separados de la política y la religión. El dominio barroco es la configuración de un orden dentro del proceso de secularización que se ha desatado.

La Ilustración puede comprenderse bajo esta misma lógica. Nuevamente, se impulsa un poder crítico que está orientado a desanudar las grandes codificaciones políticas y teológicas y el predominio de la retórica y la agudeza por sobre la comunicación y la reflexión racional. Movimiento típico de la secularización, nos encontramos, sin embargo, con un proceso diferente al que se inicia con los humanistas. En España y en América, no se trata de la imposición de una república y el fin de la monarquía, sino de la orientación racional de la monarquía hacia el bienestar común y la creación de los fundamentos de una sociedad burguesa a partir del reconocimiento de derechos que son previos al Estado por medio de la independencia del poder judicial. En el mismo sentido, el sujeto y el lenguaje surgen como una crítica a los enredos de los códigos políticos y religiosos, pero también, emergen como un ordenamiento del Barroco. Por este motivo, el dominio racional es una operación de secularización que se produce sobre el orden instaurado por el siglo

XVII y no es una simple vuelta a la crítica humanista. Los límites, las crisis, vuelven a jugar un rol significativo. La Ilustración surge como una respuesta ante las fronteras políticas e intelectuales que no puede atravesar el Barroco.

Pero la Ilustración llega a una crisis no menos significativa. Por una parte transforma de manera inevitable el poder que juró defender; por la otra, la revolución muestra que no está en condiciones de elaborar un orden social. Por ese motivo, la historia se fractura con la Revolución y genera dos tiempos divergentes. Esa divergencia puede comprenderse a partir de la figura del quiasmo, que cruza sus vectores en 1789 y opone y acerca el dominio romántico y el dominio barroco. En el siglo XVII, la religión produce un sujeto; en el XIX, el sujeto encuentra lo religioso bajo la forma de un absoluto que lo limita; en el Barroco, el lenguaje reconcentrado se explica porque la religión le pone fronteras al lenguaje; entre los románticos, el lenguaje se libera de la normativa universal porque descubre aquello que no puede expresar. Como dice Foucault en *Las palabras y las cosas*, el sujeto aparece en lo que he llamado dominio romántico porque, en ese momento, descubre su finitud, una finitud que está anticipada por los límites de la Ilustración, pero en tanto esta ha sido reconceptualizada, pues se pasa de la deducción del sujeto desde la religión y la razón a la comprobación desde su experiencia de que está enfrentado a un origen que no puede comprender.

El dominio lacaniano se explica también bajo esta misma lógica de rupturas y continuidades y el espejo con el cual debe mirárselo es menos el siglo XVII que el de la Ilustración. Roberto Echavarren lo dice de una manera magistral al referirse a un corpus de poetas que, si bien no se pueden reducir al neobarroco, están involucrados en los impulsos que este pone en juego: "Las luces (*Aufklärung*) fomentan la autonomía, el imperativo ético, la crítica del conocimiento. Es el *Viva la libertá!*, cantado en el *Don Juan* de Mozart. No servir a un amo: *io non voglio più servir*, de Leporello y el Barbero" (2013: 9-10). Luego es todavía más fuerte, retomando una frase de *La promesa de la política* de Hannah Arendt: "No estar subordinado, no aceptar la sumisión. Porque "no se sabe qué es más escalofriante: la violencia o la utopía"" (10). Si de un lado el neobarroco proyecta horadar el lenguaje eficiente de la normalidad burguesa, desde el otro, el cuestionamiento del sujeto, la nación, las sexualidades normalizadas, todo el programa que se puso en marcha desde Lacan, busca terminar con la herencia histórica del capitalismo para lo cual pone en evidencia los totalitarismos que esa herencia permite, tanto a nivel estatal, como es el caso de Cuba, como a nivel local, como las violencias verbales y no verbales contra los otros. El neobarroco se incluye en el proceso de secularización, pues invalida el significado como fuente de legitimidad y pone en su reemplazo un significante vacío, desalojando de ese modo los residuos que todavía se arrastraban desde los primeros románticos. En este aspecto, es una acentuación completa del lenguaje, que termina de convertir la política y la religión en discursos ahora esclarecidos.

 La historia del Barroco muestra que las rupturas entre un dominio y otro son el resultado del proceso de secularización. Cuando se transforma el panorama intelectual, esa transformación se explica porque uno de los dominios llega a límites insuperables. Desde este punto de vista, el Barroco no es un vuelco conservador. En realidad, es el resultado de los límites con los que se topa el programa humanista, pues este por sí mismo no puede organizar una sociedad y una cultura en el contexto de las guerras de religión. En igual sentido, si la Ilustración reactiva la crítica a las codificaciones de la política y la religión, el dominio romántico surge en el momento en que esta llega a su imposibilidad, imposibilidad que los románticos capturan a partir del absoluto y lo originario. Esto no significa que la historia sea una marcha ascendente de la libertad y el progreso. Más bien, se trata de lo contrario: por una parte, el sujeto afirma una libertad que siempre se topa con limitaciones que lo dominan; y por la otra, pone de relieve que desde hace siglos estamos girando alrededor de los mismos problemas. Ciertamente, esos giros generaron una sociedad más igualitaria con el triunfo del estado de derecho, de la misma manera que impusieron una historización de los puntos de articulación, pues pasamos de la religión a lo nacional, de lo nacional a las operaciones significantes. Pero siguen con vigencia los mismos problemas de cómo organizar una comunidad y un arte y el descubrimiento de que no existen sustancias detrás de la historia no es algo en lo que vivimos, sino un descubrimiento que se realiza, como lo hacían los humanistas y los ilustrados, en la actividad crítica. La insistencia de Derrida sobre la salida siempre recomenzada de la metafísica lo comprueba de una manera cabal.

 Desde el fondo de su rechazo, los ilustrados veían en la época del Barroco la manifestación de la decadencia. La tesis se extendió luego a Mariano Picón-Salas, Ángel Rama y Jorge Luis Marzo. Enunciada de esa forma, carece de sustento, sobre todo, si tomamos en cuenta que, desde principios del siglo XIX, el Barroco se articuló con ideologías conservadoras, revolucionarias y libertarias. Pero si la emancipamos de esos juicios un tanto abruptos, podemos aprovecharla para pensar el Barroco en un sentido general. Este aparece en aquellos intelectuales que se ocupan de preguntarse por los límites de lo político, lo literario y lo estético. A veces, es un intento de poner límites, como el siglo XVII en relación con la crítica humanista; otras veces, es una forma de convertir los límites en modos de pensar la organización social, como en el ciclo que va de los románticos alemanes a Lezama Lima; y otras, es el descubrimiento de los límites del sujeto y la sociedad. La retórica del Barroco se define a partir de esta puesta al/de límite/s en la que está involucrada la cultura escrita dentro de la tensión entre el antagonismo y la organización social. Por eso, es un arte del exceso y el rebuscamiento: rebuscamiento debido al límite que la religión le impone a la cultura escrita en el siglo XVII, rebuscamiento debido al intento de nombrar el absoluto, como en el siglo XIX, rebuscamiento en tanto se enfrenta a la imposibilidad de lo real.

BIBLIOGRAFÍA CITADA

AAAV, *Coloquio internacional sobre la obra de José Lezama Lima*, Madrid, Espiral/Ensayo, 1984.

ADORNO, Theodor, *Notas de literatura*, Barcelona, Ariel, 1962.

ÁLAMOS DE BARRIENTOS, Baltasar, *Tácito español*, Madrid, Luis Sánchez, 1614.

ALBERTI, Rafael, *Cal y canto*, Madrid, Biblioteca Nueva, 2002.

ALBIAC BLANCO, María Dolores, *Razón y sentimiento*, Barcelona, Crítica, 2011.

ALDERETE, Bernardo de, *Origen y principio de la lengua castellana*, Madrid, Melchor Sánchez, 1674.

ALONSO, Dámaso, *Estudios y ensayos gongorinos*, Madrid, Gredos, 1955.

---------, "Claridad y belleza de las 'Soledades'", en *Obras Completas V*, Madrid, Gredos, 1978.

---------, "Góngora y la literatura contemporánea", en *Obras Completas V*, Madrid, Gredos, 1978.

---------, *Góngora y el "Polifemo"*, Madrid, Gredos, 1974.

ALTAMIRANO, Carlos y Beatriz SARLO, *Literatura/sociedad*, Buenos Aires, Edicial, 1993.

ANDERSON, Mathew Smith, *La Europa del siglo XVIII*, México, FCE, 1968.

ANKERSMIT, Frank, *Giro lingüístico, teoría literaria y teoría histórica*, Buenos Aires, Prometeo, 2011.

ANNINO, Antonio y François-Xavier GUERRA, *Inventando la nación*, México, Fondo de Cultura Económica, 2003.

ARCOS, Jorge Luis, *Orígenes, la pobreza irradiante*, La Habana, Letras Cubanas, 1994.

-------, (selección y prólogo), *Los poetas de Orígenes*, México, FCE, 2002.

-------, "*Orígenes*, ecumenismo, polémica y trascendencia", en Sosnowski,

Saúl (ed.), *La cultura de un siglo, América Latina en sus revistas*, Buenos Aires, Alianza, 1999, pp. 271-296.

-------, *La solución unitiva, Sobre el pensamiento poético de José Lezama Lima*, La Habana, Editorial Academia, 1990.

Asunción Silva, José, *De sobremesa*, Buenos Aires, Losada, 1992.

Arteaga, Esteban, *Investigaciones filosóficas sobre la belleza ideal*, Madrid, Antonio de Sancha, 1789.

Auerbach, Eric, *Mímesis*, México, FCE, 1996.

Ballón Aguirre, Enrique, "Censuras coloniales peruanas", *Lexis* 22,1, 1998, pp. 11-33.

Barbosa Homen, Pedro, *Discursos de la jurídica y verdadera razón de Estado*, Coimbra, Nicolás Carvallo, 1629.

Barquet, Jesús, "El grupo "Orígenes" y España", *Cuadernos hispanoamericanos* 513, 1993, pp. 31-48.

----------, *Consagración en La Habana, Las peculiaridades del grupo orígenes en el proceso cultural cubano*, Miami, Universidad de Miami, 1992.

Barthes, Roland, *Crítica y verdad*, México, Siglo XXI, 1996.

---------, *El placer del texto y Lección inaugural*, México, Siglo XXI, 1997.

---------, "La face baroque", en Severo Sarduy, *Obra completa*, tomo II, 1729-1730.

Basile, Teresa y Nancy Calomarde (comps.), *Lezama Lima, Orígenes, revolución y después*, Buenos Aires, Corregidor, 2013.

Belvedere, Carlos, *Los lamborghini*, Buenos Aires, Colihue, 2000.

Bello, Andrés, *Antología*, Madrid, Clásicos Castalia, 2009.

Benítez Rojo, Antonio, *La isla que se repite*, Hanover, Ediciones del Norte, 1989.

Benjamin, Walter, *El concepto de crítica de arte en el romanticismo alemán*, Barcelona, Península, 1988.

-----------, *El origen del drama barroco alemán*, Madrid, Taurus, 1990.

-----------, *Discursos interrumpidos I*, Madrid, Taurus, 1982.

Berbel Rodríguez, José, "Calderón imitado en el Neoclasicismo español, el enredo o la capa y espada en una tragedia de Luzán", en Felipe Pedraza Jiménez y Rafael González Cañal, *La comedia de enredo*, Murcia, Universidad de Castilla-La Mancha, 1998.

---------, *Orígenes de la tragedia neoclásica española*, Sevilla, Universidad de Sevilla, 2003.

Bergson, Henri, *La evolución creadora*, Barcelona, Planeta Agostini, 1985.

Berman, Marshall, *Todo lo sólido se desvanece en el aire*, Madrid, Siglo XXI, 1998.

Blecua, Alberto, Ignacio Arellano y Guillermo Serés, *El teatro del Siglo de Oro, Edición e interpretación*, Madrid, Iberoamericana-Vervuert, 2009.

Böhl von Faber, Johann Nikolaus, *Vindicaciones de Calderón y del Teatro Antiguo Español*, Cádiz, 1820.

------, *Tercera parte del Pasatiempo crítico*, Cádiz, Imprenta Carreño, s/a.

Borges, Jorge Luis, *El otro, el mismo*, en *Obras Completas 2*, España, Emecé, 1984.

Bossy, John, *Christianity in the West*, Oxford, Oxford University Press, 1985.

Bourdieu, Pierre, *Las reglas del arte*, Barcelona, Anagrama, 1995.

-----------, *Intelectuales, política y poder*, Buenos Aires, EUDEBA, 2003.

Bravo, Víctor, *El secreto en geranio convertido*, Caracas, Monte, Ávila, 1992.

Brown, Gerald, *Historia de la literatura española*, 6/1, Madrid, Ariel, 1983.

Bürger, Peter, *Teoría de la vanguardia*, Buenos Aires, Las Cuarenta, 2010.

Cabarrús, Francisco, *Cartas sobre los obstáculos que la naturaleza, la opinión y las leyes oponen a la felicidad pública*, Vitoria, Imprenta de don Pedro Real, 1808.

Cabrera Infante, Guillermo, *Vidas para leerlas*, Madrid, Alfaguara, 1998.

Cabriada, Juan de, *Carta phylosophica medica-chymica*, Madrid, Lucas Antonio de Bedmar, 1687.

Cadalso, José, *Cartas marruecas, Noches lúgubres*, Barcelona, Planeta, 1992.

Calderón de la Barca, Pedro, *Obras completas*, Madrid, Aguilar, 1952.

Calomarde, Nancy, *El diálogo oblicuo, Orígenes y Sur*, Córdoba, Alción, 2010.

Calvo, Florencia y Melchora Romanos (eds.), *El gran teatro de la historia, Calderón y el drama barroco*, Buenos Aires, EUDEBA, 2002.

Calvo, Florencia, *Los itinerarios del Imperio, La dramatización de la historia en el barroco español*, Buenos Aires, EUDEBA, 2007.

Cambaceres, Eugenio, *En la sangre*, Buenos Aires, Colihue, 1995.

Cantarino, Elena, "Gracián y el *Oráculo manual*, de los medios del arte de la prudencia y de la ocasión", Eikasia 37 (2011), 151-167, http://www.revistadefilosofia.com.

Capmany y Montpalau, Antonio, *Filosofía de la elocuencia*, Madrid, Antonio de Sancha, 1777.

Carnero, Guillermo, "Los dogmas neoclásicos en el ámbito teatral", *Anales de la literatura española* 10 (1994).

Carpentier, Alejo, *La música en Cuba*, México, FCE, 1972.

------------, *Obra completa, Volumen 1*, México, Siglo XXI, 1983.

------------, *Los pasos perdidos*, La Habana, Editorial Pueblo y Educación, 1989.

------------, *Ensayos*, México, Siglo XXI, 1990.

------------, *Obra completa, Volumen 13*, México, Siglo XXI, 1990.

------------, *El reino de este mundo*, Santiago de Chile, Editorial Andrés Bello, 1993.

------------, *El siglo de las luces*, Buenos Aires, Editorial Quetzal, 1994.

------------, *Guerra del tiempo, El acoso y otros relatos*, México, Siglo XXI, 2002.

------------, *Concierto barroco*, Buenos Aires, Nuestra América, 2005.

CARRIÓ DE LA VANDERA, Alonso, *El lazarillo de ciegos caminantes*, Caracas, Biblioteca Ayacucho, 1985.

CASAL, Julián, *Páginas de vida, Poesía y prosa*, Caracas, Biblioteca Ayacucho, 2007.

CASSIRER, Ernst, *Filosofía de la Ilustración*, México, FCE, 1993.

CERNUDA, Luis, *La realidad y el deseo*, Sevilla, Renacimiento, 2008.

CERVANTES, Miguel, *Don Quijote de la Mancha*, San Pablo, RAE, 2004.

CHAPLE, Sergio, *Estudios de narrativa cubana*, La Habana, Ediciones Unión, 1996.

CHECA BELTRÁN, José, *Pensamiento literario del siglo XVIII español*, Madrid, CSIC, 2004.

CHIAMPI, Irlemar, "Sobre la lectura interrupta de *Paradiso*", *Revista Iberoamericana* 154, 1991, pp. 65-76.

CHIARAMONTE, José Carlos, *La crítica ilustrada de la realidad*, Buenos Aires, CEAL, 1982.

COVARRUBIAS, Sebastián, *Tesoro de la lengua Castellana o Española*, Madrid, Iberoamericana-Vervuert, 2006.

CORTÁZAR, Julio, "Para llegar a Lezama Lima", en *La vuelta al día en ochenta mundos*, Madrid, Debate, 1993.

CRESPI, Maximiliano, "Una lectura literal", Jornadas Hum,H,A, Bahía Blanca, 2005.

CRUZ, Juana Inés, *Obras completas*, México, Editorial Porrúa, 2007.

CRUZ-MALAVÉ, Arnaldo, *El primitivo implorante*, Amsterdam, Rodopi, 1994.

D'ORS, Eugenio [1935], *Lo barroco*, Madrid, Tecnos, 1993.

DARÍO, Rubén, *Los raros*, Buenos Aires, Espasa-Calpe, 1952.

-------, *España contemporánea*, Barcelona, Lumen, 1987.

-------, *Autobiografías*, Buenos Aires, Ediciones Marymar, 1976.

-------, *Poesía completa*, edición y prólogo de Ángel Rama, Buenos Aires, Biblioteca Ayacucho, 1986.

-------, *Viajes de un cosmopolita extremo*, selección y prólogo de Graciela Montaldo, Buenos Aires, FCE, 2013.

DE DIEGO, José Luis, *¿Quién de nosotros escribirá el Facundo?*, La Plata, Al Margen, 2001.

DE LA CRUZ, San Juan, *Poesía completa y comentarios en prosa*, edición e introducción de Raquel Asún, Barcelona, Planeta, 2002.

DE TORRE, Guillermo, *Literaturas europeas de vanguardia*, Sevilla, Editorial Renacimiento, 2001.

DEL RÍO PARRA, Elena, *Cartografías de la conciencia española en la Edad de Oro*, México, FCE, 2008.

DELEUZE, Gilles, *El pliegue, Leibniz y el barroco*, Barcelona, Paidós, 1989.

---------, "Post-scriptum sobre las sociedades de control", en *Conversaciones*, Valencia, Pre-textos, 1996.

DELEUZE, Gilles y Félix GUATTARI, *El Antiedipo*, Buenos Aires, Corregidor, 1974.

----------, *Mil mesetas*, Barcelona, Pretextos, 1997.

DELUMEAU, Jean, *Le catholicisme entre Luther et Voltaire*, París, Presses Universitaires de France, 1979.

DENEHEIN, Elsa, *La résurgence de Gongora et la génération poétique de 1927*, París, Didier, 1962.

DERRIDA, Jacques, *De la gramatología*, México, Siglo XXI, 1998.

---------, *Márgenes de la filosofía*, Madrid, Cátedra, 1998.

DESCARTES, Rene, *El discurso del método, Meditaciones metafísicas*, Madrid, Austral, 1970.

DÍAZ INFANTE, Duanel, *Los límites del origenismo*, Madrid, Colibrí, 2005.

DIDI-HUBERMAN, Georges, *Lo que vemos, lo que nos mira*, Buenos Aires, Manantial, 2010.

----------, *Ante el tiempo*, Buenos Aires, Adriana Hidalgo, 2011.

DIEGO, Gerardo, *Obras Completas,* Tomo I, Madrid, Alfaguara, 1996.

DILL, Hans-Otto, "Identidad y heterogeneidad en la poesía cubana del siglo XX, Nicolás Guillén vs José Lezama Lima", *Anales de Literatura Hispanoamericana* 28, 1999, pp. 171-184.

DURÁN, Agustín, *Discurso*, Madrid, Imprenta Ortega y Compañía, 1828.

ECHAVARREN, Roberto (selección y prólogo), *Indios del espíritu*, Buenos Aires, La Flauta Mágica, 2013.

EGIDO, Aurora, "El arte de la memoria y el *Criticón*", *Gracián y su época*, Zaragosa, Institución Fernando el Católico, 1986.

---------, "Introducción", en *El Discreto*, Baltasar Gracián, Alianza, Madrid, 1997.

-------, *El Barroco de los modernos*, Valladolid, Universidad de Valladolid, 2009.

EGIDO, Teófanes, "El regalismo y las relaciones Iglesia-Estado en el siglo XVIII", en Antonio Mestre (coord.), *La Iglesia en la España de los siglos XVII y XVIII*, Madrid, La Editorial Católica, 1979.

ELLIOT, John, *La Europa dividida*, Barcelona, Crítica, 2002.

-------, *El conde-duque de Olivares*, Barcelona, Crítica, 2004.

ERASMO DE ROTTERDAM, *Elogio de la locura*, Buenos Aires, CEAL, 1969.

Espuela de Plata (1939-1941), Ed. Fac. Sevilla, Editorial Renacimiento, 2003.

ESCALANTE, Manuel, *Álamos de Barrientos y la teoría de la razón de Estado en España*, Barcelona, Fundamentos, 1975.

ESTUPIÑÁN, Leandro, *Lunes de revolución, un día de la revolución cubana*, Buenos Aires, Dunken, 2015.

FEIJOO, Benito, *Obras completas*, Proyecto de filosofía en español, http://www.filosofia.org/feijoo.htm.

FERNÁNDEZ ALBALADEJO, Pablo, *La crisis de la monarquía*, Barcelona, Crítica, 2009.

FERNÁNDEZ PRIETO, Celia, "Literatura y nacionalismo español (1808-1900)", en José María Pozuelo Yvancos, *Las ideas literarias*, Barcelona, Crítica, 2011.

FERNÁNDEZ RETAMAR, Roberto, *La poesía contemporánea en Cuba*, La Habana, Orígenes, 1954.

------------, *Todo caliban*, Concepción, Cuadernos Atenea, 1991.

FERNÁNDEZ, Teodosio, "Lectura surrealista del barroco, sor Juana Inés de la Cruz y Octavio Paz", en José María Ferri y José Carlos Rovira (eds.), *Parnaso de dos mundos,* Madrid, Iberoamericana-Vervuert, 2010.

FERNÁNDEZ-SANTAMARÍA, José Antonio, *Razón de Estado y política en el pensamiento español del Barroco*, Madrid, CEC, 1986.

FERRERES, Rafael, *Verlaine y los modernistas españoles*, Gredos, Madrid, 1975.

FLITTER, Derek, *Teoría y crítica del romanticismo español*, Cambridge, Cambridge University Press, 1995.

FOFFANI, Enrique (comp.), *La protesta de los cisnes,* Buenos Aires, Katatay, 2007.

FONTÁN, Antonio, *Príncipes y humanistas*, Madrid, Marcial Pons, 2008.

FOUCAULT, Michel, "¿Qué es la Ilustración?", en *Saber y Verdad*, Madrid, La Piqueta, 1991.

----------, *Historia de la locura en la época clásica*, México, FCE, 1992.

----------, "¿Qué es la crítica?", *Daimón, Revista de Filosofía* 11, 1995, pp. 5-25.

----------, *La voluntad de saber*, Buenos Aires, Siglo XXI, 1998.

----------, *La arqueología del saber*, México, Siglo XXI, 1999.

----------, *Las palabras y las cosas*, México, Siglo XXI, 1999.

----------, *Nietzsche, la Genealogía, la Historia*, Valencia, Pre-Textos, 2000.

----------, *Defender la sociedad*, Buenos Aires, FCE, 2001.

----------, *Nacimiento de la biopolítica*, Buenos Aires, FCE, 2004.

----------, *Seguridad, territorio, población*, Buenos Aires, FCE, 2006.

FRAGASSO, Lucas, "Crítica y melancolía", en Gabriela Massuh y Silvia Fehrlmann (eds.), *Sobre Walter Benjamin*, Buenos Aires, Alianza, 1993.

FREUD, Sigmund, *Obras Completas*, Madrid, Biblioteca Nueva, 1981.

GADAMER, Hans-Georg, *Verdad y método,* Salamanca, Sígueme, 1977.

GARCÍA LÓPEZ, Jorge, "El estilo de una corte, apuntes sobre Virgilio Malvezzi y el laconismo hispano", *Quaderns d'Italia* 6, 2001, pp. 155-169.

--------, "Quevedo y Saavedra, dos contornos del seiscientos", *La Perinola* 2, 1998, pp. 237-262.

GARCÍA LORCA, Federico, *Obras VI (prosa 1)*, Madrid, Akal, 1994.

----------, *Obras completas I, Poesía,* Barcelona, Galaxia Gutemberg - Círculo de Lectores, 1996.

----------, *Romancero gitano*, Barcelona, Biblioteca de la Literatura Universal, 2000.

GARCÍA SANTO-TOMÁS, Enrique, *La creación del "Fénix"*, Madrid, Gredos, 2000.

GARCÍA VEGA, Lorenzo, *Los años de Orígenes*, Buenos Aires, Bajo la Luna, 2007.

GAUTIER, Theophile, *Voyage en Espagne*, París, Charpentier, 1856.

GIDE, André, *Le traité du Narcisse, suivi de La tentative amoureuse*, París, Mermod, 1946.

GIES, David, *Agustín Durán*, London, Tamesis, 1975.

GILIO, Giovanni Andrae, *Dialogo degli errori de' pittori*, Fondazione Memofonte, http://www.memofonte.it/home/files/pdf/scritti_gilio.pdf.

GILMAN, Claudia, *Entre la pluma y el fusil,* Buenos Aires, Siglo XXI, 2003.

GIORDANO, Alberto, "*Literal* y *El frasquito,* las contradicciones de la vanguardia", en *Razones de la crítica*, Buenos Aires, Colihue, 1999.

GOMBRICH, Ernst, *La historia del arte*, New York, Phaidon, 2012.

GÓNGORA Y ARGOTE, Luis, *Romances*, Madrid, Cátedra, 1985.

---------, *Soledades*, Madrid, Sociedad de Estudios y Publicaciones, 1956.

---------, *Sonetos completos*, Madrid, Clásicos Castalia, 1992.

GONZÁLEZ ECHEVERRÍA, Roberto, *La ruta de Severo Sarduy*, Hanover, Ediciones del Norte, 1987.

-----------, *Alejo Carpentier, el peregrino en su patria*, Madrid, Gredos, 2004.

GRACIÁN, Baltasar, *Obras completas*, Buenos Aires, Poblet, 1943.

GRAMSCI, Antonio, *Antología*, Buenos Aires, Siglo XXI, 2004.

GRUZINSKI, Serge, *La guerra de las imágenes*, México, FCE, 1994.

GUERRERO, Gustavo, *La estrategia neobarroca,* Barcelona, Ediciones del Mall, 1987.

GUICCIARDINI, Francesco, *Opere inedite*, Firenze, Barbera, Bienchi e comp., 1857.

GUTIÉRREZ, Juan María, *Escritores coloniales americanos*, Buenos Aires, Raigal, 1957.

--------, *Cartas de un porteño*, prólogo de Jorge Myers, Buenos Aires, Taurus, 2003.

HABERMAS, Jürgen, *El discurso filosófico de la modernidad*, Colonia, Katz, 2008.

HALPERÍN DONGHI, Tulio, *Tradición política española e ideología revolucionaria de Mayo*, Buenos Aires, CEAL, 1985.

----------, *El espejo de la historia*, Buenos Aires, Sudamericana, 1998.

----------, *Historia contemporánea de América Latina*, Madrid, Alianza, 1997.

----------, *Vida y muerte de la república verdadera* (1910-1930), Buenos Aires, Ariel, 2000.

HATZFELD, Helmut, *Estudios sobre el Barroco,* Madrid, Gredos, 1964.

HAUSER, Arnold, *Origen de la literatura y del arte modernos*, Barcelona, Guadarrama, 1974.

HEGEL, Georg Wilhelm Friedrich, *Ciencia de la Lógica*, Buenos Aires, Hachette, 1968.

HEINE, Heinrich, *La escuela romántica*, Buenos Aires, Biblos, 2007.

HERRERA NAVARRO, Jerónimo, "Alonso Carrió de la Vandera, autor del *Lazarillo de ciegos caminantes*, prueba documental", *Cuadernos para investigación de la literatura hispánica*, N.º 29, 2004, pp. 499-514.

HOBBES, Thomas, *Leviatán*, Buenos Aires, Losada, 2011.

HOBSBAWM, Eric, "La crisis general del siglo XVII", en Trevor Aston, *Crisis en Europa (1560-1660)*, Madrid, Alianza, 1983.

----------, *Historia del siglo XX,* Barcelona, Crítica, 1997.

HSIA, Po-Chia, *El mundo de la renovación católica* (1540-1770), Madrid, Akal, 2010.

HUGO, Víctor, *Prefacio de* Cromwell, Buenos Aires, Editorial Goncourt, 1979.

HUME, David, *La norma del gusto y otros ensayos*, Barcelona, Península, 1983.

IRIARTE, Ignacio, "Barroco, hermenéutica y modernidad", *Studia Aurea*, N.º 5, 2011, pp. 71-127.

--------, "La biblioteca de Néstor Perlongher", *La Habana elegante* 53, 2013.

--------, "El rol del sujeto en las poéticas del siglo XVIII", *Dieciocho*, 38, 2014.
--------, "Barroco, modernismo, neobarroco", *Revista Orbis Tertius*, 21, 2015.
--------, "Lacan y el Barroco", *Escritura e imagen*, N.º 9, 2013.
--------, "Católicos, poetas y místicos en *Nadie parecía*", *Ciberletras* 28, 2012.
Iserloh, Erwin, "La Reforma Protestante", en Hubert Jedín (dir.), *Manual de historia de la Iglesia*, Tomo V, Barcelona, Herder, 1972.
Israel, Jonathan, *La ilustración radical*, México, FCE, 2011.
Jauralde Pou, Pablo, *Francisco Quevedo*, Madrid, Clásicos Castalia, 1999.
Jauss, Hans Robert, *La historia de la literatura como provocación*, Barcelona, Península, 2000.
Jedin, Hubert, *Historia del concilio de Trento*, Pamplona, Universidad de Navarra, 1972-1981.
Jovellanos, Gaspar Melchor, *Obras del excelentísimo señor don Gaspar Melchor de Jovellanos*, Tomos I y IV, Barcelona, Imprenta de Oliva, 1839/1840.
Kant, Immanuel, "Respuesta a la pregunta ¿qué es la Ilustración?", en *Filosofía de la historia*, Buenos Aires, Nova, 1964.
Kanzepolsky, Adriana, *Un dibujo del mundo, extranjeros en Orígenes*, Rosario, Beatriz Viterbo, 2004.
Lacan, Jacques, *Los escritos técnicos de Freud*, Buenos Aires, Paidós, 1981.
-------, *La ética del psicoanálisis*, Buenos Aires, Paidós, 1992.
-------, *Escritos 1 y 2*, Buenos Aires, Siglo XXI, 1999.
-------, *Las formaciones del inconsciente*, Buenos Aires, Paidós, 1999.
-------, *Aun*, Buenos Aires, Paidós, 2001.
-------, *Los cuatro conceptos fundamentales del psicoanálisis*, Buenos Aires, Paidós, 2005.
-------, *El triunfo de la religión*, Buenos Aires, Paidós, 2005.
-------, *El reverso del psicoanálisis*, Buenos Aires, Paidós, 2006.
-------, *Otros escritos*, Buenos Aires, Paidós, 2012.
-------, *El objeto del psicoanálisis*, inédito.
Laclau, Ernesto y Chantal Mouffe, *Hegemonía y estrategia socialista*, Madrid, Siglo XXI, 1987.
Lacoue-Labarthe, Philippe y Jean-Luc Nancy, *El absoluto literario*, Buenos Aires, Eterna Cadencia, 2012.
Lama, Víctor (comp.), *Poesía de la generación del '27, antología crítica comentada*, Madrid, EDAF, 1997.
Lancina, Juan Alfonso, *Comentarios políticos*, Madrid, Oficina de Melchor Álvarez, 1687.

Las Casas, Bartolomé, *Colección de las obras del venerable Obispo de Chiapa, Bartolomé de las Casas*, París, Rosa, 1822.

Lefort, Claude, "Maquiavelo y la *veritá effettuale*", en *El arte de escribir y lo político*, Barcelona, Hereder, 2007.

--------, *El pueblo y el poder*, Buenos Aires, Prometeo, 2014.

Levine, Susane-Jill, *Manuel Puig y la mujer araña*, Buenos Aires, Seix Barral, 2002.

Levi-Strauss, Claude, *Antropología estructural*, Barcelona, Paidós, 1995.

Lezama Lima, José, *Obras completas*, México, Aguilar, 1975/1977.

--------, "Lanzar la flecha bien lejos", en Carlos Espinosa, *Cercanía de Lezama Lima*, La Habana, Letras Cubanas, 1986.

--------, *La expresión americana*, prólogo de Irlemar Chiampi, México, FCE, 1993.

--------, *José Lezama Lima, Cartas (1939-1976)*, prólogo de Eloisa Lezama Lima, Madrid, Orígenes, 1979.

--------, *Imagen y posibilidad*, edición de Ciro Bianchi Ross, La Habana, Letras Cubanas, 1981.

--------, *Poesía completa*, La Habana, Letras Cubanas, 1985.

--------, *Cuentos*, La Habana, Letras Cubanas, 1987.

--------, *Paradiso*, Roma, Colección Archivos, 1988.

--------, *Confluencias*, prólogo de Abel Prieto, La Habana, Letras Cubanas, 1988.

--------, *Fascinación de la memoria*, La Habana, Letras Cubanas, 1993.

--------, *Diarios de José Lezama Lima*, México, Era, 1994.

--------, *Como las cartas no llegan...*, La Habana, Unión, 2000.

Lister, Elissa, "La identidad afrocaribeña en la narrativa de las antillas", en Lancelot Cowie y Nina Bruni, *Voces y letras del Caribe*, Mérida, El otro el mismo, 2005.

Literal (1973-1977), Ed. Fac., Buenos Aires, Biblioteca Nacional, 2011.

Locke, John, *Segundo tratado sobre el gobierno civil*, Colonia Suiza, Aguilar, 2010.

López de Ayala, Ignacio (comp. y trad.), *El sacrosanto y ecuménico Concilio de Trento*, Barcelona, Imprenta de Benito Espona, 1845.

López Raso, Pablo, "El triunfo de la imagen, de las catacumbas a los jesuitas", en Javier Gómez Diez (coord.), *La Compañía de Jesús en la América Española*, Madrid, Forum Hispanoamericano Francisco Vitoria, 2005.

López, François, "Rasgos peculiares de la Ilustración en España", en *Mayans y la Ilustración*, Valencia, 1981.

Löwy, Michel y Robert Sayre, *Rebelión y melancolía,* Buenos Aires, Nueva Visión, 2008.

Ludmer, Josefina, "Tretas del débil", en Patricia González y Eliana Ortega (eds.), *La sartén por el mango,* Río Piedras, Ediciones Huracán, 1984.

Luis, William, "Historia, naturaleza y memoria en *Viaje a la semilla*", *Revista Iberoamericana* 154, 1991, pp. 151-160.

------, *Lunes de Revolución, Literatura y cultura en los primeros años de la Revolución Cubana,* Madrid, Verbum, 2003.

Lunes de Revolución, 23 de marzo de 1959 - 6 de noviembre de 1961.

Lupi, Juan Pablo, "*Orígenes* ante la vanguardia", *Revista Iberoamericana* 224, 2008, pp. 615-633.

Luzán, Ignacio, *Memorias literarias de París,* Madrid, Imprenta de don Gabriel Ramírez, 1751.

--------, "Poesías", en Cueto, Leopoldo Augusto, *Poetas líricos del siglo XVIII,* Madrid, Rivadeneyra, 1869.

--------, *La poética,* Edición de Russell Sebold, Madrid, Cátedra, 2008.

Macanaz, Melchor, *Pedimento del fiscal,* Madrid, Imprenta Nacional, 1841.

Machado, Antonio, *Obras, Poesía y Prosa,* Losada, Buenos Aires, 1973.

Machiavelli, Niccolò, *Il Principe,* Turin, Einaudi, 1995.

Machover, Jacobo (ed.), *La Habana 1952-1961,* Madrid, Alianza, 1995.

Mainer, José-Carlos, *Modernidad y nacionalismo,* Crítica, Madrid, 2010.

Mallarmé, Stephan, *Poésies,* París, Flammarion, 1989.

Manzoni, Celina, *Un dilema cubano, Nacionalismo y vanguardia,* La Habana, Casa de las Américas, 2000.

Maravall, José Antonio, *La cultura del Barroco,* Barcelona, Ariel, 2002.

Maravall, José Antonio, *Estudios de historia del pensamiento español,* Madrid, Cultura Hispánica, 1975.

Marchart, Oliver, *El pensamiento político posfundacional,* Buenos Aires, FCE, 2009.

Marigó, Gema Areta, "Lezama, Virgilio y Severo, el bien y la ausencia", *Letral* 4, 2010.

Martí, José, *Obras Escogidas,* Tomo I, La Habana, Editorial de Ciencias Sociales, 1992.

Martínez Arancón, Ana, *La batalla en torno a Góngora,* Barcelona, Antonio Bosch, 1978.

Martínez Millán, José, "El confesionalismo de Felipe II y la Inquisición", *Trocadero* 6-7, 1995, pp. 103-124.

Martínez Millán, José, Henar Pizarro Llorente y Esther Jiménez Pablo, *Los jesuitas, Religión, política y educación (siglos XVI-XVIII)*, Madrid, Universidad Pontificia de Comillas, 2012.

Marzo, Jorge Luis, *La memoria administrada*, Madrid, Katz, 2010.

Mataix, Remedios, *La escritura de lo posible, El sistema poético de Lezama Lima*, Lleida, Universitad de Lleida, 2000.

Mayans, Gregorio, *Obras completas*, Valencia, Fundación Ignacio Larramendi / Generalitat Valenciana, http://bivaldi.gva.es/i18n/estaticos/contenido.cmd?pagina=estaticos/mayans/mayans_inicio.

McClelland, Ivy, *Ignacio de Luzán*, New York, Twayne Publishers, 1973.

Mella, Julio Antonio, *Mella, documentos y artículos*, La Habana, Editorial de Ciencias Sociales/Instituto Cubano del Libro, 1975.

Mendoza, Juan, "El pastiche literal", *Boletín del Centro de Estudios de Teoría y Crítica Literaria*, Universidad Nacional de Rosario, 16, 2011.

Mestre, Antonio, *Ilustración y reforma de la Iglesia, Pensamiento político-religioso de don Gregorio Mayans y Siscar*, Valencia, Ayuntamiento de Oliva, 1968.

-------- (coord.), *La Iglesia en la España de los siglos XVII y XVIII*, en García Villoslada, Ricardo, *Historia de la Iglesia en España*, Tomo IV, Madrid, La Editorial Católica, 1979.

Montaldo, Graciela, *La sensibilidad amenazada,* Rosario, Beatriz Viterbo Editora, 1994.

----------, *Ficciones culturales y fábulas de identidad en América Latina*, Rosario, Beatriz Viterbo, 2004.

Morán, Francisco, *Julián del Casal o los pliegues del deseo*, Madrid, Verbum, 2008.

Moreno Fraginals, Manuel, *Cuba/España, España/Cuba,* Barcelona, Crítica, 1995.

Mudrovcic, María Eugenia, *Mundo Nuevo,* Rosario, Beatriz Viterbo, 1997.

Mundo Nuevo (1966-1968), 1.ª época, París.

Nadie Parecía (1942-1944), Ed. Fac., Sevilla, Editorial Renacimiento, 2006.

Navarrete, Ignacio, *Los huérfanos de Petrarca,* Madrid, Gredos, 1998.

Navarro Lozano, Julián, *La Compañía de Jesús y el poder en la España de los Austrias*, Madrid, Cátedra, 2005.

Negri, Antonio, *Descartes político*, Madrid, Akal, 2008.

Núñez Rivera, Valentín, *Poesía y Biblia en el Siglo de Oro*, Madrid, Iberoamericana-Vervuert, 2010.

Orígenes (1944-1956), Ed. Fac., México y Madrid, El equilibrista-Turner, 1992.

Ortega y Gasset, José, *Espíritu de la letra*, Madrid, Revista de Occidente, 1958.

--------, *La deshumanización del Arte*, Madrid, Espasa Calpe, 2004.

ORTIZ, Fernando, *Contrapunteo cubano del tabaco y del azúcar*, Caracas, Biblioteca Ayacucho, 1978.

PADURA, Leonardo, *Un camino de medio siglo, Alejo Carpentier y la narrativa de lo real maravilloso*, México, FCE, 2002.

PALEOTTI, Gabriele, *Discorso intorno alle imagini sacre e profane*, Fondazione Memofonte, http://www.memofonte.it/home/files/pdf/scritti_paleotti.pdf [1582].

PALTI, Elías, *Aporías*, Buenos Aires, Alianza, 2001.

-------, *"Giro lingüístico" e historia intelectual*, Buenos Aires, Universidad Nacional de Quilmes, 1998.

PANESI, Jorge, *Críticas*, Buenos Aires, Norma, 2000.

PARDO BAZÁN, Emilia, "La nueva generación de novelistas y cuentistas en España" (1904), en Mainer, José Carlos, 2010, pp. 614-616.

PAZ, Octavio, *Sor Juana Inés de la Cruz o las trampas de la fe*, México, FCE, 1990.

PELLER, Diego, "Lacanismo literal", *Boletín del Centro de Estudios de Teoría y Crítica Literaria*, 16 (2011).

PÉREZ, Antonio, *Norte de príncipes*, Madrid, Imprenta de Don Pedro Marin, 1788.

PÉREZ, Joseph, *Breve historia de la Inquisición en España*, Barcelona, Crítica, 2003.

PÉREZ BAZO, Javier, "Las 'Soledades' gongorinas de Rafael Alberti y Federico García Lorca, o la imitación ejemplar", *Criticón*, N.º 74, 1998, pp. 125-154.

PÉREZ BONALDE, Juan Antonio, *Poesías y traducciones*, Caracas, Ediciones del Ministerio de Educación, 1947.

PERLONGHER, Néstor, *La prostitución masculina*, Buenos Aires, La Urraca, 1993.

----------, *Prosa plebeya*, Buenos Aires, Colihue, 1997.

----------, *Papeles insumisos*, Buenos Aires, Santiago Arcos, 2004.

----------, *Poesía completa*, Buenos Aires, Seix-Barral, 1997.

PICÓN-SALAS, Mariano, *De la conquista a la independencia*, México, FCE, 1975.

PIÑERA, Virgilio, "Terribilia meditans", en *Poesía y crítica*, México, Consejo Nacional para La Cultura y Las Artes, 1995.

--------, *La isla en peso*, La Habana, Ediciones Unión, 1998.

PIPES, Richard, *Propiedad y libertad*, Madrid, Turner/FCE, 2002.

PIQUER, Andrés, *Discurso sobre la aplicación de la filosofía a los asuntos de la religión para la juventud española*, Madrid, Joachin Ibarra, 1778.

POCOCK, John, *El momento maquiavélico*, Madrid, Tecnos, 2002.

Pogolotti, Graziella, *Polémicas culturales de los '60*, La Habana, Letras Cubanas, 2006.

Ponte, Antonio José, *El libro perdido de los origenistas*, Sevilla, Renacimiento, 2004.

Porrúa, Ana, *Caligrafía tonal*, Buenos Aires, Entropía, 2011.

Pratt, Mary Louise, *Ojos imperiales*, Buenos Aires, Universidad Nacional de Quilmes, 1997.

Prieto, Abel Enrique, "Sucesiva o coordenadas habaneras, Apuntes para el proyecto utópico de Lezama", *Casa de las Américas* 152, 1985, pp. 14-19.

Prieto, Adolfo, *El discurso criollista en la formación de la Argentina moderna*, Buenos Aires, Sudamericana, 1988.

Prodi, Paolo, "Introduction", en Paleotti, Gabriele, *Discourse on sacred and profane images*, Los Ángeles, Getty Research Institute, 2012.

Puyol Buil, Carlos, *Inquisición y política en el reinado de Felipe IV*, Madrid, CSIC, 1993.

Quevedo, Francisco, *Sueños y discursos*, Buenos Aires, Clásicos Castalia, 1986.

-----------, *El buscón*, Barcelona, Edicomunicación, 1994.

Quintero Herencia, Juan Carlos, *Fulguraciones del espacio, Letras e imaginario institucional de la Revolución Cubana*, Rosario, Beatriz Viterbo, 2002.

Hernández, Rafael y Rafael Rojas (eds.), *Ensayo cubano del siglo XX*, México, FCE, 2002.

Rama, Ángel, *Las máscaras democráticas del modernismo*, Montevideo, Fundación Ángel Rama, 1985.

-------, *La ciudad letrada*, Montevideo, Arca, 1998.

-------, *Transculturación narrativa en América Latina*, Buenos Aires, El Andariego, 2007.

Ramos, Julio, *Desencuentros de la modernidad en América Latina*, México, FCE, 1989.

Rancière, Jacques, *Política de la literatura*, Buenos Aires, El Zorzal, 2011.

Real de Azúa, Carlos, "Modernismo e ideologías", *Punto de Vista* 28, 1986.

Recalcati, Massimo, *Las tres estéticas de Lacan*, Buenos Aires, Ediciones del cifrado, 2006.

Reyes, Alfonso, *Obras Completas VII*, México, FCE, 1996.

Ribadeneyra, Pedro, *Tratado del Príncipe Cristiano*, Madrid, Imprenta P, Madrigal, 1595.

Ribas, Albert, *Biografía del vacío*, Barcelona, Destino, 2008.

Rico, José Manuel, "Algunas consideraciones sobre los procesos de canonización en la preceptiva literaria", en López Bueno, Begoña, en *En torno al canon, aproximaciones y estrategias*, Sevilla, Universidad de Sevilla, 2005.

Ríos Ávila, Rubén, "Introducción a 'El secreto de Garcilaso' de José Lezama Lima", *Biblioteca de La Habana Elegante*, 2014.

Ritvo, Juan, *Decadentismo y melancolía*, Córdoba, Alción, 2006.

Rivera García, Antonio, "La religión de la conquista del mundo, aproximación al *imperium mundi* jesuítico", *Eikasia* 37, 2011, pp. 59-81.

Rodríguez Campomanes, Pedro, *Tratado de la regalía de España*, París, Biblioteca Hispano-Americana, 1830.

Rodríguez Feo, José (1998), *Mi correspondencia con Lezama Lima,* La Habana, Ediciones Unión, 1989.

Rodríguez Pérsico, Adriana, *Relatos de época,* Rosario, Beatriz Viterbo, 2008.

Rojas, Rafael, *Tumbas sin sosiego,* Barcelona, Anagrama, 2006.

Romanos, Melchora, "El discurso contra las navegaciones en Góngora y sus comentaristas", en Ignacio Arellano (ed.), *Las Indias en la literatura del Siglo de Oro, homenaje a Jesús Cañedo*, Barcelona, Reichenberger, 1992.

Romero, José Luis, *Latinoamérica, las ciudades y las ideas*, Buenos Aires, Siglo XXI, 2005.

Rosa, Nicolás, *Artefacto*, Rosario, Beatriz Viterbo, 1992.

-------, *Tratados sobre Néstor Perlongher*, Buenos Aires, Ars, 1997.

Rotker, Susana, *La invención de la crónica*, Buenos Aires, Letra Buena, 1992.

Roudinesco, Elisabeth, *Lacan*, Buenos Aires, FCE, 2005.

Rubín de Celis, Manuel, *El Corresponsal del Censor*, Prólogo de Klaus-Dieter Ertler, Renate Hodab e Inmaculada Urzainqui, Madrid, Iberoamericana-Vervuert, 2009.

Ruiz Peréz, Pedro, *El siglo del arte nuevo*, Barcelona, Crítica, 2010.

Ruiz Torres, Pedro, *Reformismo e Ilustración*, Barcelona, Crítica, 2008.

Saavedra Fajardo, Diego, *Empresas políticas*, Madrid, Biblioteca de la Literatura y el Pensamiento Hispánicos, 1976.

Sade, D. A., *Julliete o el vicio recompensado*, Madrid, Babilonia, 1991.

Safouan, Moustapha (comp.), *Lacaniana II*, Buenos Aires, Paidós, 2009.

San Alberto, Joseph, *Cartas pastorales del ilustrísimo señor arzobispo de La Plata*, Madrid, Imprenta Real, 1793.

Sánchez Robayna, Andrés, *Tres estudios sobre Góngora*, Barcelona, Ediciones del Mall, 1983.

Santí, Enrico Mario, *Los bienes del siglo, Sobre cultura cubana*, México, FCE, 2002.

Sarduy, Severo, *Cartas*, selección y prólogo de Daniel Díaz Martínez, Madrid, Verbum, 1996.

---------, *Obra Completa*, Madrid, Archivos, 1999.

---------, *Severo Sarduy en Cuba 1953-1961*, compilación y prólogo de Cira Romero, Santiago de Cuba, Editorial Oriente, 2007.

Sarlo, Beatriz, "Oralidad y lenguas extranjeras", en Carlos Altamirano y Beatriz Sarlo, *Ensayos argentinos, De Sarmiento a la vanguardia*, Buenos Aires, Ariel, 1987.

Sauquillo, Julián, "Baltasar Álamos Barrientos en la (pre)modernidad tacitista", *Res publica*, 19, 2008, pp. 235-260.

Sazbón, José, *Nietzsche en Francia*, Buenos Aires, Universidad Nacional de Quilmes, 2009.

Schlegel, August, *A Course of Lectures on Dramatic Art and Literature*, London, Baldwin, Cradcock and Joy, 1815.

Schlegel, Friedrich, *Lectures on the History of Literature, Ancient and Modern*, London, Bell and Daldy, 1873.

------, *Conversación sobre la poesía*, prólogo de Laura Carugatti y Sandra Girón, Buenos Aires, Biblos, 2005.

Schmitt, Carl, *El concepto de lo político*, México, Folios, 1985.

Schwartz Lerner, Lía, "Quevedo junto a Góngora, recepción de un motivo clásico", Lía Schwartz Lerner e Isaías Lerner, *Homenaje a Ana María Barrenechea*, Madrid, Castalia, 1984.

---------, "El motivo de la 'auri sacre fames' en la sátira y en la literatura moral del siglo XVII", en Ignacio Arellano (ed.), *Las Indias en la literatura del Siglo de Oro, homenaje a Jesús Cañedo*, Barcelona, Reichenberger, 1992.

Segre, Roberto, "La Habana, Una Modernidad Atemporal", en López Rangel, Rafael, *Reflexiones sobre la Arquitectura y el Urbanismo Latinoamericanos*, 1993, http://www.rafaellopezrangel.com/.

Serés, Guillermo, "El concepto de *fantasía*, desde la estética clásica a la dieciochesca", *Anales de literatura española* 10, 1994, pp. 207-236.

Senellart, Michel, *Machiavélisme et raison d'État*, Paris, PUF, 1989.

Serrano Asenjo, José Enrique, "Las conferencias de Lorca en América", *Cuadernos Hispanoamericanos*, N.º 538, 1995, pp. 69-80.

Sigal, Silvia y Eliseo Verón, *Perón o muerte*, Buenos Aires, Eudeba, 2003.

Thompson, Colin, "La tradición mística occidental, dos corrientes distintas en la poesía de San Juan de la Cruz y de Fray Luis de León", *Edad de Oro* XI, 1992, pp. 187-194.

Tirso de Molina, *Trilogía de los Pizarro*, Kassel, Reichenberger, 1993.

Trevo-Roper, Hugh, *La crisis del siglo XVII*, Buenos Aires, Katz, 2009.

Tuck, Richard, "Grotius and Selden", en J. H. Burns (ed.), *The Cambridge History of Political Thought 1450-1700*, Cambridge, Cambridge University Press, 1991.

Urzainqui, Inmaculada, "Poética teatral, Presencia y prestigio de los críticos extranjeros", en Francisco Lafarga (ed.), *El teatro europeo en la España del siglo XVIII*, Lleida, Universitat de Lleida, 1997.

Valéry, Paul, *Política del espíritu*, Buenos Aires, Losada, 1945.

Valle y Caviedes, Juan, *Obra Completa*, Caracas, Biblioteca Ayacucho, 1984.

Vega, Lope de, *Arte nuevo de hacer comedias en este tiempo*, en Rozas, Juan Manuel, *Significado y doctrina del arte nuevo de Lope de Vega*, Madrid, Sociedad General Española de Librería, 1976.

-------, *Obras de Lope de Vega*, Madrid, Atlas, BAE, 1968.

Velasco Moreno, Eva, "Nuevas instituciones de sociabilidad, las academias de finales del siglo XVII y comienzos del XVIII", *Cuadernos dieciochistas* 1, 2000, pp. 39-55.

Velázquez Delgado, Jorge, *Antimaquiavelismo y razón de Estado*, México, Ediciones del Lirio, 2011.

Verbum (1937), Ed. Fac., Sevilla, Editorial Renacimiento, 2001.

Villanueva, Joaquín Lorenzo, *Catecismo de estado según los principios de la religión*, Madrid, Imprenta Real, 1793.

-------------, *De la lección de la sagrada Escritura en lenguas vulgares*, Valencia, Oficina de Benito Monfort, 1791.

Villanueva López, Jesús, "La influencia de Maquiavelo en las *Empresas políticas* de Diego Saavedra Fajardo", *Studia historica* 19, 1998, pp. 169-196.

Viroli, Maurizio, *De la política a la razón de Estado*, Madrid, Akal, 2009.

Vitier, Cintio, "Martí y Darío en Lezama", *Casa de las Américas*, N.º 152, 1985, pp. 4-13.

-------, *Lo cubano en la poesía*, La Habana, Letras Cubanas, 2002.

-------, "La aventura de *Orígenes*", en *Fascinación de la memoria*, 1993, pp. 309-337.

-------, *Para llegar a* Orígenes, La Habana, Editorial Letras Cubanas, 1994.

Wahl, François, "La escritura a orillas del estanque", en *Cuadernos Hispanoamericanos*, N.º 563, 1997.

-------, "Severo de la rue Jacob", en Severo Sarduy, 1999, pp.1447-1550.

Weisbach, Werner, *El barroco, arte de la Contrarreforma*, Madrid, Espasa-Calpe, 1948.

Wilde, Oscar, *Obras completas*, Madrid, Aguilar, 1967.

Wilson, Edward y José Manuel Blecua (eds.), *Las lágrimas de Jeremías castellanas*, Madrid, CSIC, 1953.

WÖLFFLIN, Heinrich, *Conceptos fundamentales en la historia del arte*, Madrid, Espasa-Calpe, 2007.

----------, *Renacimiento y Barroco*, Barcelona, Paidós, 1986.

ZAPATA, Diego Mateo, *Ocaso de las formas aristotélicas*, Madrid, Imprenta del Hospital General, 1745.

ŽIŽEK, Slavoj, *El sublime objeto de la ideología*, Buenos Aires, Siglo XXI, 2003.

www.ingramcontent.com/pod-product-compliance
Lightning Source LLC
Chambersburg PA
CBHW082104220526
45472CB00009B/2038